中國大歷史

卷二

春秋 战国

任德山 毛双民 编著

世界图书出版公司
广州·上海·西安·北京

图书在版编目（CIP）数据

中国大历史. 卷二, 春秋战国 / 任德山, 毛双民编
著. -- 广州 ：世界图书出版广东有限公司, 2020.3
（2022.5重印）
ISBN 978-7-5192-7353-8

Ⅰ. ①中… Ⅱ. ①任… ②毛… Ⅲ. ①中国历史—春
秋战国时代—通俗读物 Ⅳ. ①K209

中国版本图书馆CIP数据核字(2020)第036061号

书　　　名	中国大历史
	ZHONGGUO DA LISHI
编 著 者	任德山　毛双民
责任编辑	梁少玲　卢雁君
装帧设计	李腾月
出版发行	世界图书出版有限公司　世界图书出版广东有限公司
地　　　址	广州市海珠区新港西路大江冲25号
邮　　　编	510300
电　　　话	（020）84452179
网　　　址	http://www.gdst.com.cn/
邮　　　箱	wpc_gdst@163.com
经　　　销	新华书店
印　　　刷	鑫艺佳利（天津）印刷有限公司
开　　　本	710 mm×1 020 mm　1/16
印　　　张	171.75
字　　　数	2 748千字
版　　　次	2020年3月第1版　2022年5月第2次印刷
国际书号	ISBN 978-7-5192-7353-8
定　　　价	398.00元（全八册）

前　言

在人类古文明中，中华文明是唯一的从未中断过的文明。在悠久的岁月中，中华民族共同开发了祖国的河山，创造了波澜壮阔的历史和独具风采的文化。历史承载着文化，文化辉映着历史，这是我们必须极为珍惜的宝贵财富。

历史不仅记录了过去，更重要的是深刻影响着现在和未来。今天生活在祖国土地上的人们就是中华民族先民的后裔，是同一种文明按照自身的规律演进、发展、延绵、繁盛，以至于今。中华文明自始即具有本土性、多元性，展现出独特的风采。

中华民族具有巨大的凝聚力和包容性，其演变不是多元文明互相灭绝，而是互相整合。在长期的生息往来中，民族融合、文化交流，共同创造了灿烂的文明。中华文明还具有善于吸收域外异质文明的特点，对外来文化的消化和吸收，促进了中华文明的发展。

现在学习中国优秀传统文化蔚然成风，季羡林先生在生命的最后时光里为我们题写了"学习中国史，提倡大国学"这一寓意深刻的题词。国学是会通之学、根本之学，只有回到中华民族通史的丰厚土地上，我们才能真正理解和学好国学的百花万术。科学教育需要以通识为基础，方能有广阔的见识，有更大的发展。而通识总是在历史的坐标上才能对准真人真事，给我们以智慧的启迪。历史的辉煌鼓舞着我们要时刻焕发生机与自信，历史上的困难则提醒着我们永远要自强不息，安不忘危。

当人们溯历史的长河而上，通览各种知识和文化的产生、嬗变，体会文明的进程时，不仅会对创造了这些文明的先人们充满了温情与敬意，还会激发起自我创新文明的热情。

好的大历史要使人们对中华民族的历史有更为真实、全面的了解。中国史籍极为丰富，史学发达，近百年来更有长足进步。本部大历史运用了迄今为止中国史学公认成果，就是要保证历史的真实性。不仅所有的记录都出自正史，而且凡是可考的文物和历史人物都配有精美的图片以作诠释，细节的真实让读者读史时如亲临其境。

好的通史还要让人能一览上下五千年的全貌。本部大历史有民族的繁衍、文明的起源、帝国的更迭，历史事件与人物的成就；从政治、经济、文化到社会生活，做一全景式的展开，犹如一幅由远及近的画卷。中国文明曾经有光照世界的荣耀，也曾经历过苦难；有过科技创新和知识大量释出，走向"全球化"的开放，也曾闭关锁国、故步自封。这一切都给我们以警示。

本部大历史尽量做到叙事博洽和浅显，把中国历史的巨大图卷细心描绘，以使读者阅读时兴趣盎然。编著者像一个认真而充满爱心的讲解员，把读者带到历史大厦里边，深情地告诉大家："这就是我们不能忘记的过去，这里面有我们不可不知的遗产。"

任德山

普及中国历史，传承优秀文化

——学习季羡林先生为《中国大历史》题词感言

2009 年初，我受李克先生之托，到 301 医院请季羡林先生为即将出版的八卷本《中国大历史》题词，98 岁高龄的季老欣然命笔："普及中国史，提倡大国学。"这应该是季老百年生命历程中为出版物的最后题词，也是他始终关注历史文化知识普及、晚年再三强调的重要学术主张。季老认为，我们的"国学"应该是长期以来由多民族共同创造的涵盖广博、内容丰富的文化学术，而绝非乾嘉时期学者心目中以"汉学""宋学"为中心的"儒学"的代名词。也就是说，今天我们所要振兴的"国学"，绝非昔日"尊孔读经"的代名词或翻版，而是还中华民族历史的全貌，真正继承和发扬由生活在神州大地上的各民族共同创造的传统学术文化。因此，在八卷本《中国大历史》正式出版之后，我曾经写过一篇短文刊登在《光明日报》上，提出："季老再次重申应提倡'大国学'，值得引起出版、学术、教育界的关注。"

听八卷本《中国大历史》的策划者李克先生介绍，此书出版发行近三年来，多次重印，累计销售了 20 万册，受到了广大读者的欢迎。在书籍品种快速增长而总印数几乎停滞不前的情况下，这是十分可喜的。但是李克先生和他的团队并不满足于此，又邀请一些著名的历史学家对此书提出审改意见，认真地进行修订，使其精益求精，日臻完善，于是有了今天的《中国大历史》。

最近，《中共中央关于深化文化体制改革，推动社会主义文化大发展大繁荣若干重大问题的决定》强调要"建设优秀传统文化传承体系",指出:"优秀传统文化凝聚着中华民族自强不息的精神追求和历久弥新的精神财富,是发展社会主义先进文化的深厚基础,是建设中华民族共有精神家园的重要支撑。"中华大地是五十六个兄弟民族的共同家园,中国历史是各民族共生、共存、共发展的历史,中国传统文化是各民族共同创造的辉煌灿烂的多元一体文化,是共同拥有的精神财富——这就是"大国学"的基石。所以季老强调"'国学'就是中国的学问,传统文化就是国学","现在对传统文化的理解歧义很大。按我的观点,国学应该是'大国学'的范围,不是狭义的国学","国内各地域文化和五十六个民族的文化,就都包括在'国学'的范围之内"。今天,我们要建设优秀文化传承体系,就应该全面认识祖国传统文化,汲取历史的经验教训,跳出狭隘的"儒家""国学"的旧框架,以海涵神州的宽广胸怀,用放眼世界的远大眼光,努力探寻文化传承的规律。

要全面、正确地认识我们的传统文化,就必须普及准确的中国历史文化知识。而传播、普及文化知识的任务,主要靠学校、家庭和大众传媒来承担,其中历史文化精品读物担负重任,不可或缺。因此,注重史料的真实、严谨,注重新资料的开掘运用,注重立足现实、温故知新,注重文字通畅、图文并茂,达到学术性、可读性、现实性 的统一,就成为这本《中国大历史》努力追求的目标。效果如何,有待广大读者来评判,而努力本身,则是值得我们肯定和鼓励的。

*本文作者系中华书局编审,中国敦煌吐鲁番学会副会长兼秘书长,浙江大学、中国人民大学国学院兼职教授,敦煌研究院兼职研究员。

睿及中国之

提倡 大同之

守元村
水玉又

本书特点

◎ 以权威严谨的学术成果为基础，强调生动的历史细节，将历史娓娓道来。从中华民族源起直至清朝结束，将一部五千年历史化作现代、生动的表述，让尘封的历史重新焕发神采。鲜活的历史化作了真实的故事，潜伏其中的规律与真相昭然若揭。摆脱枯燥抽象的术语，赋予历史以激动人心的魅力。

◎ 立足现实重读历史，揭示民族兴衰荣辱中的智慧与经验。历史对于读者最大的功能在于鉴古知今。预知未来是最大的智慧，而这种大智慧就寓于历史之中。西方史学家说："历史是现在与过去之间永无止境的问答交流。"我们从来没有像今天这样感到世界在迅速缩小，未来充满挑战，要瞻望未来，历史的智慧就越来越重要。本书力求总结出具有时代性的历史观和历史智慧，"以供社会之需"。

◎ 这是一部百科全书式的中国大历史，完全不同于过去通史单一的朝代更迭的政经内容。本书全面系统地讲述了中华民族创造的政治文明、经济成就、礼乐文明、军事智慧，以及汉字、中医药、艺术、四大发明等科技文明。阅读本书，犹如参观最新展陈、最全内容和最详实讲解的中国历史博物馆。

◎ 这是一部具有审美情趣的《中国大历史》。大史学家夏曾佑先生说："历史必资图画。"本书独创的图史体系，搜集了超过五千幅古代珍品书画作品和文物照片，让丰富的人物图、文物图、军事图和图片说明组成了一部前所未有的图说中国史，使读者读起来赏心悦目，余味无穷。

目 录

东迁后的周王室，起初尚占有今陕西东部到豫中一带的地方，后来有些土地被秦、虢等国所割去，周的领土仅局限于洛阳周围几百里的范围之内。过去以封建从属关系而形成的统一纽带逐渐废弛，中原各诸侯国不再定期向天子述职和纳贡。周王室由于贫弱而不得不放弃天子的尊严，向诸侯伸手去「求赙」「求金」「求车」。周实际上已和一个小国差不多，它不能对各诸侯发号施令，反而在政治上、经济上都必须依附于强大的诸侯。东迁之后，周天子失去其天下共主的地位。西周时的「礼乐、征伐自天子出」，遂被「礼乐、征伐自诸侯出」所取代。

——翦伯赞

春秋战国文明历程

春 秋（前770—前476）
战 国（前475—前221）

春秋战国时期，周王室衰微，强大起来的诸侯国为获得霸主地位，展开了一场场争霸的激烈战争，先后出现"春秋五霸"和"战国七雄"。秦国自商鞅变法后，一跃成为七国中实力最强的国家，经过多年征战，终于统一了中国。这一时期生产力取得了一定的发展，铁器的使用和牛耕的推广标志着社会生产力的显著提高，促使当时的经济进一步发展，井田制逐渐被封建土地私有制所取代。由于政治、经济的发展，也促成了思想的空前活跃和文学艺术的繁荣，出现了老子和孔子这样的思想家。此后由于社会的变革，各种思想流派不断涌现，儒、法、道、墨等流派争芳斗艳，纷纷著书立说，出现了"百家争鸣"的局面。春秋战国时期的文化思想奠定了中国整个封建时代文化的基础，对中国古代文化有着非常深刻的影响。

●周平王

前770年，周平王东迁洛邑，东周开始。

前651年，齐桓公会诸侯于葵丘。

前684年，齐、鲁两国长勺之战，齐军战败。

前632年，晋、楚两国战于城濮，晋文公信守诺言退避三舍，楚军盲目进攻，最终失败。

●者减钟

前606年，楚庄王陈兵周王室边境，问鼎中原。

前555年，晋、鲁、宋等十二国征伐齐国，齐国战败。

前546年，宋都召开弭兵大会。

前494年，吴王夫差兴兵伐越，越国战败求和。

前482年，越国袭击吴都姑苏。

●越王勾践剑

前445年，魏文侯任用李悝实行变法。

春 秋 ——————————————— **战 国**

前800　　前700　　前600　　前500

●齐桓公

前685年，姜小白继位，是为齐桓公。

●晋文公复国图（局部）

前656年，晋国内乱，太子申生因遭受骊姬的陷害无法辩白而自杀，公子重耳、夷吾各为自保相继出逃。

前632年，晋文公会诸侯于践土，称霸。

●牺首鼎

前594年，鲁国初税亩。

前589年，晋齐两国鞌笄之战，齐军败。

前575年，晋、楚两国战于鄢陵，楚师大败。鄢陵一战后，楚国开始处于守势，处境越来越困难。

●孔子

前497年，孔子开始周游列国。

●持剑木俑

前481年，齐国田常杀齐简公。

●孔子游说诸侯。在政治格局分崩离析的时代，现实政治混乱无序，于是孔子试图为恢复天下秩序而奔走游说诸侯。

●晋文公复国图卷。骊姬之乱时，重耳离开晋国开始流亡，他先后到过狄地和齐、曹、宋、楚等国，到了秦国后，受到了秦穆公的热情招待，并派兵护送他回晋国。重耳在异地逃亡19年之后，终于重返晋国，登上君位。

前355年，申不害在韩国进行变法。

前325年，秦国称王。

前316年，秦国吞并巴国和蜀国后，秦王设巴郡并在巴蜀地区兴修水利，秦国国力得到提高。

前350年，秦国商鞅第二次宣布变法，秦国迁都咸阳。秦国自商鞅变法后开始崛起。

●三孔布币

前361年，魏国迁都大梁。

前313年，张仪出使楚国，以六百里地欺楚，楚国贪地而与齐国绝交。

前260年，秦国与赵国进行长平之战，秦国胜利，白起坑杀赵军四十多万，赵国从此没落。

●宴乐渔猎攻战纹壶

前279年，秦王与赵王相会于渑池。

●白起

前227年，燕国太子丹派勇士荆轲刺杀秦王，结果失败。

●荆轲刺秦王

●亮门访监

战 国

前400　　　　　　前300　　　　　　前200　　　　　　前100　　　　　　元年

前403年，周威烈王把韩、赵、魏三家正式封为诸侯。

前307年，赵国赵武灵王进行胡服骑射改革。

前256年，秦军在征讨韩、赵回师的路上，将周朝灭掉。

前334年，变法强国之后，各诸侯国纷纷称王。魏国与齐国在徐州会盟，魏国与齐国互尊对方为王。

●屈原

前278年，秦国攻入郢都，楚国迁都陈。屈原自沉于汨罗江。

前221年，秦国统一东方六国。

●秦始皇

前381年，楚悼王死，吴起被杀。吴起生前在楚国进行了一场巨大的改革，对楚国的发展有着深远的影响。

●秦公簋

前356年，秦国商鞅实行变法。商鞅编订户籍，奖励军功，重新确定了爵位和等级，并鼓励发展个体经济和农业。

春 秋

群雄并起　春秋无义战　礼崩乐坏

　　春秋时期是中国由奴隶制社会向封建制社会过渡的重要时期。中国儒家文化的创始人孔子曾经编写过一部记载鲁国历史的《春秋》，其时间跨度与春秋时代大体相当，所以后人就将这一历史阶段称为春秋时期，指从前770年—前476年，基本上是东周的前半期。

　　东周开始后，周王朝的国力逐渐衰微，无力控制诸侯国之间的征伐，小诸侯国多数被吞并，强大的诸侯国在局部地区实现统一。各国内部动乱时有发生，弑君现象屡见不鲜，西周东周交替时权力急剧变化。

　　前685年，齐桓公即位，他任命管仲为宰相整顿国政，使齐国迅速成为华夏各国中最富强的国家。然后齐桓公以"尊王攘夷"为口号，帮助其他小国抗击夷狄，或干涉其他国家的内政，此后又多次大会诸侯。前651年，齐桓公召集诸侯在葵丘会盟。周王室也派人参加，正式承认了齐桓公的霸主地位，齐桓公遂成为"春秋五霸"之首。自此，齐桓公建立了霸主的会盟制度。

　　齐桓公死后，齐国国势日衰，失去了担任霸主的实力。楚国兴起，消灭了邻近几个小国后，将矛头指向中原。宋襄公以抵抗楚国进攻为名试图再次大会诸侯成为霸主，宋楚两军在泓水交战的时候，宋襄公因讲求仁义受重伤而死。北方的晋国由于晋献公宠信骊姬，国政大乱，公子重耳被迫出外逃亡。

前636年，公子重耳继承晋国君位，是为晋文公。晋文公一心改革政治，发展经济，在诸侯中威望很高。前632年，晋文公率兵救宋，在城濮之战中大败楚军，成为新一代霸主。

晋文公死后，秦穆公谋求向东方发展。崤山之战，秦军被晋军打败，于是秦国转而向西，吞并了一些戎狄部族。楚国在城濮之战后向东发展，势力南到今云南，北达黄河。前597年，楚与晋会战于邲，楚军大获全胜，中原各小国纷纷归向楚，楚人称霸中原。后来晋楚两国再度爆发了两次大规模战争，连续不断的战争给人民带来了深重灾难，也引起了中小国家的厌倦，于是由宋国发起，各诸侯国于前579年和前546年，举行了两次"弭兵"会盟，此后战争大大减少。

中原诸侯争霸接近尾声时，地处江浙的吴、越开始发展。吴王阖闾重用孙武、伍子胥等人，国家日益强大。前496年，吴军挥师伐越。越王勾践率兵迎战，阖闾因伤逝世。前494年，吴王夫差为父报仇，再一次发兵讨伐越国，越国大败。吴王拒绝了伍子胥联齐灭越的建议，接受了越国的求和，并转兵向北进击，大败齐军，成为小霸。勾践卧薪尝胆，呕心沥血十年，终于在前473年消灭了吴国，吴王夫差羞愤自杀。勾践北上与齐、晋会盟于徐，成为春秋时期的最后一个霸主。

春秋时期也是中国古代文化发展的重要时期。周天子政治权威的动摇与衰落，使学在官府的局面被打破，典籍开始走向民间。春秋时代的艺术，主要是青铜器上面的雕刻。著名的三足羊首鼎就是春秋时代的青铜艺术品，它和西周时期的青铜器相比，工艺有了很大发展，纹饰也很讲究。春秋时期，铁制农具开始使用，促进了私田的发展，同时也为手工业提供了锐利的工具。春秋中期以后，各诸侯国已经大量使用货币。金属货币的流通，促进了手工业、商业的发展，各国经济交流日益频繁。此外，煮盐、漆器等生产活动也发展了起来。春秋时期，还产生了新的赋税制度。前594年，鲁国实行初税亩，国家根据土地面积向田主征收一定的实物税。这是古代田税的开始。前590年，鲁成公作丘甲，按土地面积征收一定量的军赋，从而使税和赋合而为一。

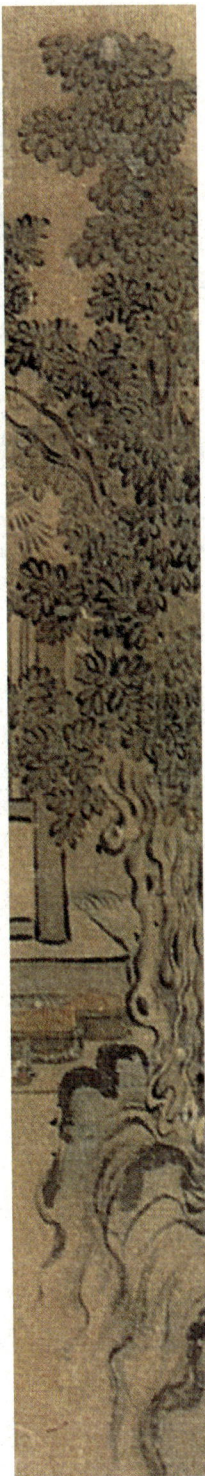

豳风图：井田制的没落

干将莫邪：手工业进步

老子出关：文化发展

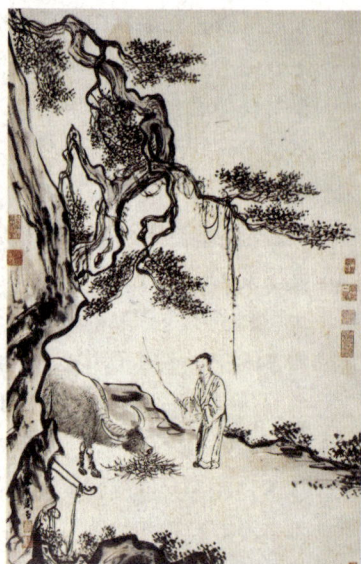

宁戚饭牛：广集贤人

晋文公复国：诸侯纷起

东周（春秋）世系：平王姬宜臼 >> 桓王姬林 >> 庄王姬佗 >> 釐王姬胡齐 >> 惠王姬阆 >>
襄王姬郑 >> 顷王姬壬臣 >> 匡王姬班 >> 定王姬瑜 >> 简王姬夷 >>
灵王姬泄心 >> 景王姬贵 >> 悼王姬猛 >> 敬王姬匄 >> 元王姬仁

春秋大事一览表

时 间	事 件
前770年	周平王东迁洛邑，东周开始。
前745年	晋昭侯封成师于曲沃。
前743年	郑庄公封其弟叔段于京。
前720年	周平王死，姬林即位为周桓王。
前719年	宋、卫、陈、蔡四国攻伐郑国，围郑都东门五日。
前713年	郑、齐、鲁以王命讨伐宋国，讨其不朝见周王之罪。
前709年	晋国曲沃武公杀晋哀侯。
前707年	周桓王伐郑国，郑将祝聃射中周桓王，王师败。
前694年	齐襄公使公子彭生杀死鲁桓公。
前685年	齐襄公死后，姜小白刚踏上齐国国土，鲁国遣送公子纠回国继位的管仲便一箭射去，姜小白借机装死，日夜兼程赶回国都继位，是为齐桓公。
前684年	齐、鲁两国战于长勺，齐军战败。长勺之战是齐桓公争霸斗争史上一次少有的挫折，也是齐鲁长期斗争中鲁国的一次罕见的胜利。
前678年	晋国曲沃武公灭晋侯，周王封武公为晋侯。
前675年	周王子颓攻逐惠王。
前664年	齐桓公伐山戎救燕国。
前661年	齐国帮邢国迁都。
前658年	晋献公借道于虞以伐虢。所谓唇亡齿寒，虢国被晋国消灭以后，失去了保障的虞国便在晋国回师的途中被顺带消灭。
前656年	晋国内乱，太子申生因遭受骊姬的陷害无法辩白而自杀，公子重耳、夷吾为自保相继出逃。
前651年	齐桓公会诸侯于葵丘。
前645年	秦、晋两国战于韩原。
前643年	齐桓公没有听取管仲临终之前的劝谏，坚持以易牙、竖刁等为心腹，结果饿死宫中。
前638年	宋襄公与楚国战于泓水，宋军战败。
前632年	晋、楚两国战于城濮，晋文公信守诺言退避三舍，楚军以为晋军怯阵而盲目进攻，最终失败。
前632年	晋文公会诸侯于践土，称霸。
前627年	秦国想要袭击郑国，郑国商人弦高假借王命犒劳秦师。秦师见事情泄露，灭滑后撤退。
前627年	秦、晋两国战于崤山。
前624年	秦国征伐晋国，渡河焚舟。

时　间	事　件
前624年	秦穆公封尸于崤山，后向西发展，称霸西戎。
前606年	楚庄王陈兵周王室边境，企图问鼎中原。
前605年	楚庄王平定令尹斗椒之乱，若敖族自此覆灭。
前597年	楚国征伐郑国，围郑都三个月，郑国投降。
前595年	楚国围困宋国，晋国不发兵救援，宋国投降。
前594年	鲁国初税亩。
前589年	晋齐两国鞌之战，齐师败绩。逢丑父与齐顷公互换衣服，齐顷公借口取水才得以逃脱。
前575年	晋、楚两国战于鄢陵，楚师大败。鄢陵一战后，楚国开始处于守势，处境越来越困难。
前574年	晋厉公杀大夫郤至等人。
前573年	晋国的栾书、中行偃杀死晋厉公，立晋悼公。
前555年	晋、鲁、宋等十二国征伐齐国，齐国战败。
前547年	卫国大夫宁喜杀卫侯，卫献公复国。
前546年	宋都召开弭兵大会。
前530年	鲁国季氏家臣叛乱。
前522年	楚国灭伍氏，伍子胥逃往吴国。
前519年	吴、楚两国鸡父之战。
前517年	鲁国季氏驱逐鲁昭公。
前515年	吴国专诸刺王僚，公子光继位。
前506年	吴、楚两国柏举大战，吴军攻入楚都郢，楚昭王出逃。
前505年	鲁国季氏家臣阳虎反叛。
前501年	鲁国"三家"联军打败阳虎。
前497年	孔子开始周游列国。
前496年	吴、越两国檇李之战，吴王阖闾受伤而死。
前494年	吴王夫差兴兵伐越，与越军战于夫椒，越国战败求和。
前493年	晋国赵氏与帮助齐国护送粮食的郑国战于戚，赵简子誓师。
前490年	晋国范氏、中行氏进攻赵鞅失败，逃往朝歌。
前484年	伯嚭挑拨离间，伍子胥因谗言而死。
前482年	越国袭击吴都姑苏。
前481年	齐国田常杀害齐简公。

周室势微

周平王东迁洛邑后，周天子控制诸侯的能力和军事力量日益丧失。虽然周天子仍有一定号召力，但在经济上和政治上都依赖于诸侯的支持，因此一些逐渐强大的诸侯国开始积极发展自己的势力，中国从一个统一的周王朝走向分裂的春秋时代。

诸侯纷起

春秋时期（前770年—前476年）是我国历史上第一次全国性大分裂的形成时期。前770年，周平王东迁，建立了东周。但此时的周王朝国力已经十分衰弱，其统治范围方圆还不足六百里，各诸侯国纷纷割据称雄，周王室统率诸侯的权力已经名存实亡。在此期间，全国共分为一百四十多个大小诸侯国，其中楚国、齐国、晋国、吴国、越国、秦国为势力较大的诸侯国。

郑 国

郑国（今陕西华州东）建国的时间并不长，它的第一位国王是周厉王的小儿子、宣王的弟弟姬友，史称郑桓公。

周幽王时，郑桓公官居周王室的司徒一职，掌管全国的土地和户籍。这个有先见之明的王室子弟大概看出西周运数将尽，决定搬家，远离是非之地。就这样，郑桓公将郑国的财产、部族、宗族连同商人、百姓一起都迁移到东虢和郐之间（今河南嵩山以东），号称新郑（今河南新郑一带），这就是郑国历史上有名的大迁移。

不过，郑桓公还是没能逃脱厄运，犬戎部落杀入中原后，郑桓公正在王都陪伴周幽王，结果成了周幽王的陪葬，死在犬戎人的刀下。于是桓公之子郑武公继位，他攻灭郐和东虢后，定首都为新郑。

卫 国

卫国在周王室的东北部，据有今河南北部、河北南部的大片土地，国都在朝歌（今河南淇县），是周武王之弟康叔所受封的国家。

康叔名叫姬封，本来受封于康地（今河南禹州境），而卫国原来是商朝的都城所在，被武王封给了商纣王的儿子武庚，并派管叔、蔡叔监管。管叔和

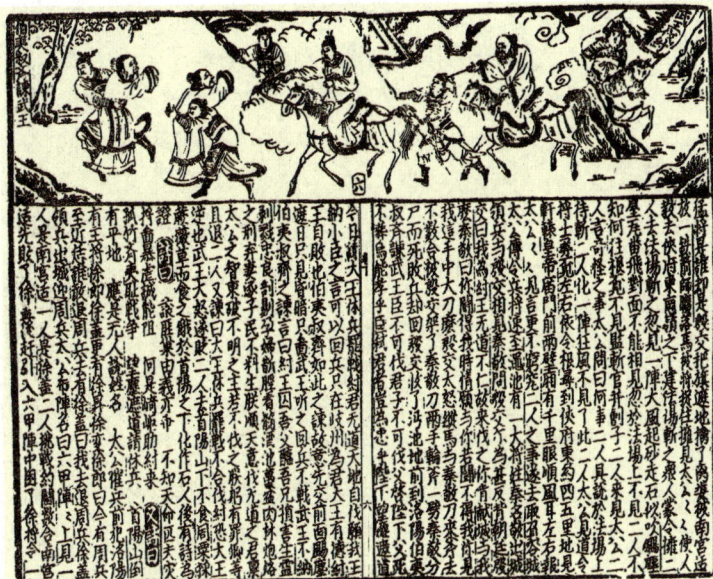

武王伐纣

牧野之战是周与商之间的一场战争，是我国古代的著名战例。它确立了周王朝对中原地区的统治秩序，为西周礼乐文明的繁荣兴盛开辟了道路。

蔡叔因为对周公旦摄政不满，联合武庚发动叛乱。周公旦平定了武庚等人的叛乱后，周成王就把这个地方改封给了康叔。后来周公又将原来商都周围地区和殷民士族封给康叔，建立了卫国。

西周末期，卫国的国君是卫武公姬和。犬戎杀死周幽王后，卫武公带着卫国的军队前来平乱，因此得到了周平王的嘉奖。

晋国

晋国在周王室的北边，受封建国的历史同卫国一样长，第一位封君是周成王的弟弟姬虞，国号为唐（今山西翼城西），后来姬虞的儿子姬燮将国号改称为晋。晋国的国都自此开始频繁迁徙，先后迁都于曲沃（今山西闻喜）、绛（即翼，今山西翼城东南）、新田（今山西侯马）等地。到了西周末年，晋文侯姬仇拥戴周平王东迁洛邑，并杀死了在西周故地自立的携王，为东周的缔造立下了大功，因而受到了周平王的嘉奖，其赏赐品仅是车子就达千辆之多。

秦国

秦国的始封君名叫非子，本来是一个替周孝王养马的低级官吏，因养马成绩突出，被封在今甘肃天水的秦地，并赐嬴姓，故称嬴秦。不过这时的秦国还称不上是一个诸侯国，没有资格向周王室纳贡。

后来秦国的力量逐渐强大，成了阻挡犬戎向周王室进攻的一道主要力量。周宣王时，秦国的国君秦仲在一次讨伐犬戎的战斗中丧命。秦仲死后，他的大儿子秦庄公率兄弟五人带兵继续同犬戎作战，取得一些小小的胜利，被封为"西垂大夫"。

周王室东迁时，秦襄公出兵护送，因此被封为诸侯。这时岐山以西的地区，周平王已是无力顾及，所以就做了个顺水人情，都送给了秦襄公。

虢国

虢国在周、秦、晋交界的地区，即今天河南三门峡一带，是周文王同胞兄弟建立的。

当初，周文王的两个弟弟分别被封为虢国国君，一个是东虢（今河南荥阳东北），一个是西虢（今陕西宝鸡东），两个虢国起着周王室东西两面屏障的作用。西周晚期到周宣王初年，西虢东迁，东迁后的虢国建都于上阳，地跨黄河两岸，形成了所谓的南、北二虢。不过一百年后，就被晋国灭掉了。

目前，考古工作者已经对虢国墓地进行了大规模发掘，发现了包括两座国君墓、一座国君夫人墓、两座太子墓在内的两百多座贵族墓葬，以及两万多件各类珍贵文物。

陈国

陈国国君本为妫姓，舜后裔，都宛丘（今河南淮阳附近），辖地大致为现在的河南东部和安徽一部分。

陈国是春秋战国时期中原列国的重要国家之一。其统治区域主要在豫东周口一带，存国时间近千年。黄帝族起于姬水，即今陕甘之交的岐山一带，陈部落的起源也当在附近。陈部落跟随黄帝部落四处征战，最后统一了黄河流域。陈部落也随着黄帝族东迁到中原肥沃的平原，最后在东夷族属的太昊部落旧地宛丘落脚。陈部落东迁后，由游牧生活走向定居生活。夏商时期，陈部落一直在豫东一带活动，也曾建立小的国家，分别臣属于夏、商。周武王灭商前夕，曾派大军攻取陈，一举夺取了陈地，切断了商朝同淮河流域赢、偃姓诸国的联系，为灭商创造了有利条件。

楚国

周王室的南边，也就是今河南南部丹江和淅水交汇的地方，便是楚国的国都丹阳。西周初年，楚国与周王室的关系交好过一段时期。可周昭王的两

历史细读

相传楚国人卞和所得的和氏璧，在春秋战国时期几经流转，后被秦始皇得到。秦始皇命人将其打造为传国玉玺，作为帝王专用的印玺。传国玉玺方圆四寸，上纽交五龙，正面刻有李斯所书"受命于天，既寿永昌"八个篆字，是皇权神授、正统合法的信物。此后，历代帝王都将此玺奉若奇珍而竞相争夺，因此传国玉玺屡易其主，时隐时现，最终销声匿迹。

次征楚打破了和平的曙光，以至于周昭王淹死在汉水里，"南征而不复"。周宣王为了阻止楚国向北扩张势力，不但倾全国之兵伐楚，还把自己的舅舅封在申地（今河南南阳），以牵制楚国。

为了防御楚人北上，在今天的河南、湖北两省交界地区，汉水和淮水之间，周王室星罗棋布地分封了一些诸侯国。在汉水以北有所谓的"汉阳诸姬"，可考的有随（又称曾，今湖北随州）、唐（今湖北随州西北）、应（今河南鲁山）、蔡（今河南上蔡）、胡（今河南漯河东）等。这一带是古代一些民族杂居之地，不仅有姬姓国，还有姜姓的申、吕（又称甫，今河南南阳市境）、许（初在今河南许昌，后迁到叶县）、厉（今湖北随州北），妫姓的陈（今河南淮阳）、息（今河南息县），嬴姓的江（今河南正阳）、黄（今河南潢川），偃姓的贰（今湖北广水）、轸（今湖北应城），曼姓的邓（今河南邓州境），允姓的鄀（今河南淅川），熊姓的罗（今湖北宜城西），等等。这些国家除了随、蔡两国外，在春秋时多被楚国所灭，并入了楚国版图。

楚国因北上不成，就向南发展势力。到西周末年，它已经控制了长江沿岸，势力达到今武昌、江陵一带。春秋初年，楚武王熊通要周王提升他的爵位。周王室的势力虽然大不如前，可骄傲的脾气却没有减少，根本瞧不起这个蛮荒之地的楚武王，一口便回绝了。楚武王大怒，将国都南迁到郢（今湖北江陵），然后自立为王，这在楚国发展史上具有划时代意义，也是春秋初期的一件大事，它宣告了一个南方大国的崛起。

楚武王的儿子文王建都于郢，国势更加强大，江汉一带的小国都害怕楚国。楚文王名叫熊赀，是一位非常强势的君主。《楚史》称他"强硬如挟雷带电，诡谲如翻云覆雨"。他做事既有迅捷、凌厉的一面，也有慎重、严谨的一面，不容易轻信和妄为，但信则不复疑，一发则不可收。据《韩非子·和氏篇》记载：楚人卞和采得一块璞，献给楚厉王，楚厉王命掌玉的官"玉人"去鉴定，玉人说是石头，和氏因欺君之罪被砍断了左脚。楚厉王死后，楚武王立，和氏再把那块璞献上去，玉人还说是石头，和氏又因此被砍断右脚。楚武王死后，和氏在山中抱着璞哭泣不止，最后连眼泪都哭干了，眼中流出的尽是鲜血，向刚刚继位的楚文王哭诉道："我不是为自己断足而悲伤，所悲伤的是美玉竟然被说成是石头，讲真话的人竟然被说成讲假话的人呀！"楚文王觉得需要验证，便命玉人雕琢那块璞，果然得到了一块美玉，加工成璧，名曰"和氏璧"。

楚文王的儿子楚成王在位时，楚国已经发展为一个方圆千里的超级大国，周边很多小诸侯都成为它的附庸。在此之后，楚国也开始加入到中原霸主之位的争夺中。

许国

许国是被周朝分封的姜姓诸侯国之一，其管辖范围为今河南许昌及临颍北、鄢陵西南这一广大地域。许国作为"中原之中"，在地理位置上有着无与伦比的优势。春秋时期，王权衰落，天子已无力控制各个诸侯国，一些逐渐强大的诸侯纷纷称王称霸，许国如同一叶扁舟在诸侯争霸中风雨飘摇，经常遭到强国的侵扰。因力量弱小，无法抵抗，只好委曲求全，小心周旋于强国之间，齐强时附齐，楚盛时附楚，晋来时归晋。即使这样，北方的郑国却始终怀有吞并许国的野心。据史书记载，在春秋五霸争战的一百二十多年间，许国先后遭受侵伐十一次，其中被郑国侵犯就有九次。

前 654 年，楚国攻打许国，许侯大败，于是"肉袒谢罪"，楚国才心满意足，退兵而去。楚成王时，再次进攻许国，许侯没有办法，第二次"肉袒谢罪"，请求和解。后来许国只能迁徙，以躲避楚国的锋芒。前 576 年，许灵公被迫迁到了叶（今河南叶县西南）。前 533 年，又迁至城父（今安徽亳州东南）。前 529 年，又迁回叶。前 524 年，迁到白羽（今河南西峡）。前 506 年，迁至容城（今河南鲁山东南）。此后虽然暂时有了一个较为长期的喘息时间，但是当时诸侯纷争，许国这样的小国仍然不能躲过被吞并的厄运。

经过这三番五次的折腾，许国已经是国穷财尽，徒有虚名。而郑国却仍然怕许国东山再起，前 504 年，郑国大将游速率军伐许，许国已经无力抵抗，十七世君许斯被俘，许国遂遭灭国之祸。灭国后，许国人迁移到中原以及江南，以国为氏，所以叫作许氏，这是许姓的一个主要来源。

此后在楚国的帮助下，许国后裔重新立国，许国又持续了一百余年，直

姜尚

姜尚，名望，字子牙，我国历史上著名的政治家、谋略家。相传他经常用直鱼钩在渭河边钓鱼，三年中一条鱼都有没钓到。人们都嘲笑他，他却无动于衷。周文王听说后，认为他是个贤人，便专门去见他，发现他果然有才能，于是对他说："我的先祖太公早就寄希望于你了。"因此，后人称他为太公望，民间一般称他为姜太公或姜子牙。他就是齐国的始祖。

至前 375 年，史料记载"许二十四世为楚所灭"，至此绵延七百余年的许国彻底退出了历史舞台。

齐国

燕国的南边，即今山东省的北部和东北部，是姜姓的齐国，始封君是西周开国元勋之一的姜尚。齐国靠近渤海，渔盐业发达，因此西周时期便是一个大国。它的东边是纪国（在今山东寿光），再往东的胶东半岛上是莱夷国，西面以济水为界，南面以泰山与鲁国分界。

齐国最初的都城设在临淄（今山东临淄），周公旦摄政时，三监作乱，淮夷也趁机反叛。周公旦于是命令姜尚说："东至海，西至河，南至穆陵，北至无棣，五侯九伯，实得征之。"齐国由此有了征伐权，没用多久，在齐国周围分布着的一些力量不强的小国都被齐国吞并了。

蔡国

周武王灭商后，封其五弟叔度（姬度）于蔡，蔡国建都于蔡，辖地大致为现在的河南驻马店市上蔡县一带。春秋初年，蔡国出兵与鲁、宋等国联合起来讨伐郑国。前 684 年，楚国利用蔡、息二国的矛盾，出兵俘虏了蔡哀侯，将蔡国纳入了楚国控制范围。从此在楚的压迫下，蔡国深受其害。前 531 年，楚一度灭蔡，三年后蔡平侯复国，并迁都吕亭（今河南新蔡）。前 506 年，蔡国曾随吴国伐楚，并攻入郢都。前 493 年，在楚国的逼迫下，蔡昭侯迁都州来（今安徽凤台），历经五世，于前 447 年再次被楚国所灭。

燕国

燕国是周王室的诸侯国中最北面的一个，都城在今天的北京地区，当时称为蓟。燕国的始封君是召公姬奭。周武王灭商后，封召公于燕地，史称燕召公，是周初王室三公之一，地位很高。

燕国据有今天河北省北半部的广大地区，东边是孤竹国，东北边是肃慎，东南与齐国接界，北边和西边则是戎狄的部族。

鲁国

在周王朝的众多诸侯国中，鲁国是姬姓"宗邦"，鲁国的第一代国君是周公旦的儿子姬伯禽，都城曲阜，在泰山以南，略有今山东省南部，兼涉河南、江苏、安徽三省之一隅。

因为鲁国的殷商势力极重，姬伯禽立志把鲁国建成宗周模式的东方据点，因此极力推行周朝的礼乐制度。在鲁国，周礼成为所有人行为的准则，任何违背周礼的举动，无论大小都会遭到指责，甚至被视为是"不祥"的举动。作为西周时期重要诸侯国的鲁国，到春秋时期，地位虽然有些衰落，但仍然具有一定经济、军事实力。鲁国都城曲阜规模宏大，在东方侯国都城中，是仅次于临淄的第二大都市。

在前594年，鲁国实行"初税亩"制度，即废除用奴隶劳动力耕种公田的"藉田制"，实行按亩收取谷物的税亩制。这一措施让人们在所分得的小块土地上耕种时，有了可以自由支配的时间，人身依附关系松弛了。为了扩大兵源，鲁国又于前590年"作丘甲"，让住在野鄙里的奴隶缴纳军赋，征收军事装备，同时允许他们当兵，由此物质与人力的基础都坚实起来了。

曹国

曹国国君为姬姓，始封君为周文王子曹叔振铎（姬振铎），建都陶丘，辖地大致为现在的山东省定陶一带。

后来曹国成了晋楚争霸的受害者。前637年，晋国重耳落难时经过曹国，曾受到曹共公的无礼对待。晋楚城濮之战时，晋国伐曹、卫救宋，把曹共公也抓走了。楚国失利后，曹国亲近并听命于晋国，而宋国则不断侵犯曹国。春秋晚期，不自量力的曹伯阳背弃晋国，又干预宋国内政，导致宋景公伐曹。前487年，宋国虏杀曹伯阳，曹亡。

宋国

宋国在鲁国的西南方，它是商朝的后裔，始封君是商纣王的异母兄微子，

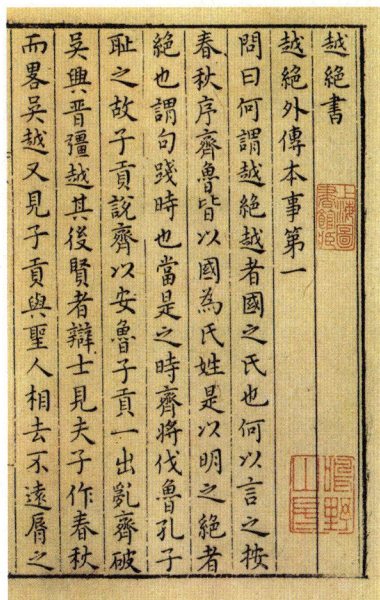

《越绝书》书影

《越绝书》是记载吴、越二国历史的重要典籍。它以记载春秋末年至战国初期吴、越争霸的历史事实为主，旁及诸侯列国，对这一历史时期吴、越一带的政治、经济、军事等都有涉及，其中有些记述为此书独详，因而它在我国典籍中占有特殊的地位。

国都在今河南商丘附近，其疆域最大时包括今河南东北部、江苏西北部、安徽北部和山东的西南部。宋国是中原各国通往东南吴越的交通要道，所以在春秋时期，成了各国争夺的对象。

吴国和越国

吴、越两国地处中国东南部。吴国的领土大致相当于今江苏中部、南部和安徽东部一带，相传吴国是周文王的伯父太伯建立的，起初都于梅里（今江苏无锡），后来迁到姑苏（今江苏苏州）。越国据有今浙江北部，国都为会稽（今浙江绍兴）。

在春秋时代的争霸斗争中，楚国位据长江中游，吴国位据下游。楚国北上与晋国争雄，晋国于是支持吴国从后方牵制楚国，楚国又把越国扶持起来对付吴国，以致春秋后期的争霸战争从中原的晋、楚转向了东南的吴、越。

以上这些，是相对较大的诸侯国，它们或是西周得天下后分封的子弟功臣，或是周王朝对当地原住居民所建政权的承认。这些大诸侯国中间，还夹杂着许多小国和部落。而这些错杂在大国之间的小国，在春秋这个历史进程中逐渐被吞并，成了大国的一个邑或县。

困顿的王室

祝聃射周王中肩

繻葛之战是郑国为称霸中原，在繻葛大败周室联军的一次反击作战。此战中祝聃一箭射中周王肩膀，让天子威严扫地，成为诸侯国无视天子竞相争霸的最显著标志之一。

这些大大小小的诸侯国，如众星捧月般围绕在周王室的四周。西周初年，周王室控制的土地比任何一个诸侯国都大。但自从平王东迁后，周王室从地方千余里的最大领土，沦落为方圆不足六百余里，和中等诸侯国差不多大小了。随着周王室的逐渐衰败，许多诸侯国开始不纳贡，也不按时朝见周天子，西周宗法制在此时遭到了彻底颠覆。昔日拥有无上权力的王室逐渐沦为了诸侯的附庸。

王子变人质

周王室东迁时，主要依靠的是郑国和晋国的力量，随着郑国日益强盛，周平王担心朝政大权会被郑庄公姬寤生操纵，因此刻意削弱郑庄公的权力。郑庄公不免心生怨恨，便以国内事务繁多为借口，不去周王都述职。

这一来正合周平王的心意，他趁机撤掉了郑庄公卿士的职务。郑庄公大怒，马上赶到洛邑，对周平王施加压力。周平王再三赔礼，无奈郑庄公仍旧不依不饶。最后，周平王只好提出让太子去郑国当人质。

当然，这个举动太有损天子的体面了，虽然周平王是被迫提出，但周王室的臣子们可不这么认为。于是郑庄公便让自己的儿子姬忽来洛邑当人质，而周太子则用学习的名义去郑国。郑庄公对此很是满意，虽然是互换人质，但实际上周平王却是要看他这个诸侯的脸色行事。

乞讨的周王

将儿子送去当人质后，周平王一直郁郁寡欢，没过几年就死了。周太子奔丧回国，一路上哀伤过度，回朝后也因病而死，由周太子的儿子姬林继位，史称周桓王。

周桓王这时才意识到，周王室是何等贫穷，祖父竟然连一件像样的陪葬品都没有。无奈之下，周桓王只得派人到鲁国去乞讨，这才将周平王比较体面地下葬了。

以前，周王室是赐给诸侯们财物，没想到现在要向诸侯们伸手，周王颜面大跌。可这种情形一直没有得到好转，到了周襄王（前651年—前619年

历史细读

如果诸侯死了，他的儿子在即位前必须穿上低等贵族的服装去朝见天子，由天子按他原来的爵位赐给他衣冠和圭、璧、璋等礼器，这叫"赐命"，对于新即位的诸侯来说是"受命"。只有经过这一赐一受，诸侯的爵位才算合法。可如今，新即位的诸侯都不去王都"受命"了，只派人去向周王索要。周王也只能忍住怒火，派人把册命送去。

在位）的时候，甚至连出门乘坐的车子也没有了。至于王室的一切用器，都要靠诸侯的供给。

宗法制的衰落

按西周时的制度，周天子每隔几年要到全国各地去巡视一番，以考察诸侯的政绩，叫作"巡狩"；而诸侯到一定时期也要前往王都朝见周王，叫作"述职"。诸侯有一次不到的，要贬降其爵位，两次不到的，要削减其封地，若连续三次不到，周王就要兴兵讨伐了。到了春秋时期，"述职"之事基本是没有了，即或有，也是为某种暂时的需要而进行的。

数典忘祖

周景王时，一次宴请晋国的荀跞。周景王指着鲁国送来的酒壶说："各国都有器物送给王室，为何唯独晋国没有呢？"荀跞的随从籍谈不屑地回答说："晋国受封时，王室就没有给我们器物，所以现在我们也没有什么东西可以拿来送王室的。"周景王很是生气，滔滔不绝地历数了王室封晋时赐予的土地和器物，籍谈一时无言以对。籍谈在晋国掌典籍之职，周景王于是讽刺他是"数典忘祖"。

不仅如此，为了得到诸侯的支持，周王有时不但会主动派人送去"王命"，还要外带一块祭肉，以表示对诸侯地位的承认。

当然，这些继承了王位的诸侯，并不一定就是嫡长子。在春秋时期，西周的宗法制度遭到了彻底颠覆，这也是春秋时代各国内部频繁斗争的原因。整个春秋时代，见于记载的就有几十个国君被杀或逃亡他国的事例，周王室也有三个天子逃难在外。

王室内部争斗不断

正因为周王室的力量被不断削弱,因此王室内部的争斗也时常发生。每发生一次,周王室就朝着衰败迈进了一步。

前693年,王室大臣周公黑肩密谋杀死周庄王,立庄王之弟王子克,因辛伯的告发,黑肩被杀,王子克逃到燕国。

前675年,周惠王的异母弟王子颓,在五个不满惠王的大夫拥护下,向惠王发动武装进攻。王子颓在南燕(今河南延津东北)和卫国的支持下自立为王。这场变乱闹了三年,最后在虢、郑两国的帮助下才被平定下去。

前649年,周襄王的弟弟王子带勾结戎人进攻王城,把东城门烧了。在秦、晋两国的援救下,戎人退兵,王子带逃到齐国避难。过了十年,王子带被周襄王召回,又与襄王的王后私通。襄王废掉王后,王后的娘家狄人于是拥戴王子带,起兵攻打襄王,襄王逃到郑国,流亡了近一年,直到晋文公即位,派大军攻杀了王子带,才把周襄王接回王都。

前520年,周景王死后,王子朝为夺取王位,攻杀了长子猛,占领了王宫。猛的弟弟王子匄虽然被立为敬王,但不能回宫,只得迁居到后来的"成周"。

争雄的序曲

　　东周王室的每次内乱，都要依靠诸侯的力量方能平息。靠诸侯力量坐上王位的周王，诸侯当然不会把他们放在眼里。地盘的缩小使周王室在经济上不能自立，多次的内乱又使王室在政治上丧失了尊严与地位。周王室大权的旁落引起了诸侯国之间的互相征伐，争霸战争拉开了序幕。在周朝的众多附属国中，郑国是最早造反的。

郑国小霸

桓公之子郑武公继位后，先后灭掉了郐、东虢，并定首都为新郑。他远交近攻，大力发展郑国的政治和经济，郑国开始逐渐变得强大起来。其子郑庄公即位后，曾打败了周桓王率领的诸侯联军，郑国势力达到了鼎盛时期，曾"小霸"一时。但郑庄公死后，郑国经历了十多年的君位之争，最终失去了争霸的机会。

武公之略

春秋时期，第一个向周王室发难的，当属郑国国君郑武公。

郑武公名叫姬掘突，郑桓公之子，是前 770 年继位的郑国第二代国君。郑武公一心图强，他定都新郑后，不但攻灭了郐和东虢，还相继把鄢、蔽、补、丹、依、历、睬、莘等十邑地都纳入了自己的版图。郑武公继而提出了解放殷商遗民的口号。这些殷商遗民多是有技术、会经商的能人，周灭商后被定为世袭奴隶。郑武公东迁后，看到他们是建设国家不可忽视的力量，就依靠这批力量大力开发滩涂荒地，扩建包括虎牢城在内的城池，兴办乡校，教化民众，广集民意，郑国由此开始走向强盛。

为了扩大疆域，郑武公可谓不择手段。前 763 年，郑武公召集会议，讨论应该向谁用兵。霉运当头的大臣关其思说："胡国最近，是最好的目标。"武公立刻拍案而起，义愤填膺地大吼道："郑、胡两国有长期的友谊，胡国国君又是我的女婿，你竟有这种不仁不义的想法，天理不容。"随即把关其思斩首。胡国国君大为感动，不再在边界设防。结果郑武公发动奇袭，灭掉了胡国。

值得一提的是，在今河南新郑李家楼大墓中，曾出土大批郑国的青铜器，精美异常。其中一件莲鹤方壶，造型十分美观别致。在莲瓣形的壶盖中央，立着一只清新俊逸的白鹤，展翅欲飞，伸颈欲鸣，突破了旧时青铜器凝重呆滞的传统。能制造如此精美的艺术品，反映了郑国冶铸金属的水平之高，表明郑国已经具有了发达的手工业技术，这为后来郑庄公争雄诸侯提供了物质条件。

郑国从郑武公开始，不仅把最初的国都定在了荥阳的京城，而且奠定了郑国雄厚的经济基础和政治基础。郑武公依靠自己的雄才大略，远交近攻，为郑庄公小霸奠定了基础。

郑庄公克段于鄢

郑武公的儿子名叫姬寤生，他就是与周王室交换人质的郑庄公。郑庄公出生时是难产，吓坏了母亲武姜，所以起名叫"寤生"，即"逆生"之意，因此武姜很不喜欢他，只宠爱幼子叔段。武姜多次让武公立幼子为王，可武公都没有答应。

待姬寤生成为郑国的国君后，武姜便请求将制（今河南荥阳东）作为叔段的封邑。郑庄公说："那里不行，因为制邑地势险要，是关系国家安危的军事要地。"武姜于是改而威逼庄公，把京（今河南荥阳东南）封给叔段。京乃郑国大邑，城垣高大，人口众多，且物产丰富，庄公心里不肯，但碍于母亲的请求，也只好答应。大夫祭仲进谏说："京邑比都城还要大，不可作为庶弟的封邑。"庄公说："这是母亲姜氏的要求，我不能不听啊！"

叔段到京邑后，号称京城太叔。他仗着母亲的支持，招募勇士，加固城垣，囤积粮草，训练甲兵，加紧扩张势力，与母亲武姜合谋，准备里应外合，袭郑篡权。

郑庄公其实非常清楚母亲不满意他继承王位，对她与叔段企图夺权的阴谋也非常清楚，但他一直不动声色。叔段在京城的反常举动引起了人们的议论，大夫祭仲又对庄公说："凡属都邑，城垣的周围超过三百丈，就是国家的祸害。所以先王之制规定，封邑大的不超过国都三分之一，中等的不超过五分之一，小的不超过九分之一，现在京城不合法度，您怎么能容忍呢？"庄公很无奈地说："母亲要这样，我哪里能避开这个灾祸呢？"祭仲说："姜氏哪有满足的时候？不如及早给叔段安置个地方，不要让他再发展蔓延，一旦蔓延就难于对付了。蔓延的野草尚且难除，何况是您受宠的兄弟呢？"庄公说："多行不义必自毙，先等等看吧。"

郑庄公的一次次退让，促使叔段篡国称君的野心日益增长。不久叔段命令西部和北部的边境同时听命于自己，接着又把京邑附近两座小城也收入他的管辖范围。大夫公子吕对庄公说："一个国家不能听命于两个国君，主公究竟打算怎么办呢？您如果要把君位让给太叔，下臣就去侍奉他；如果不让，那就请除掉他，不要让老百姓生二心。"庄公则不温不火地说："用不着除他，没有正义就不能得民心，迟早他会自取其祸。"

不久之后，在母亲武姜的怂恿下，叔段亲率甲兵万人准备袭击郑都，武

莲鹤方壶

壶是古代青铜酒具的一种，也是青铜礼器的重要种类之一，莲鹤方壶就是东周时期的代表器物。该壶造型气派，装饰华美，被专家誉为"青铜时代的绝唱"。莲鹤方壶以其俊美飘逸的身姿令国内外无数观众为之倾倒。

老莱子弄彩娱亲
孝顺父母自古以来就是中华民族的传统美德，因此郑庄公才对母亲的无理要求不加反驳。老莱子也是中国历史上著名的孝子。他七十二岁时，为了使老父母快乐，还经常穿着彩衣，做婴儿的动作，来取悦双亲。

姜说好给他开城门接应。郑庄公在得到叔段起兵日期的密报后说道："该是动手的时候了！"立即命令公子吕率两百辆战车讨伐叔段。京邑的百姓闻讯，纷纷背叛叔段。叔段大败溃逃，仓皇出奔鄢（今河南鄢陵西北）。庄公又攻打鄢，叔段外逃共国（今河南辉县）避难，所以历史上又称叔段为共叔段。郑庄公因为母亲姜氏与弟弟叔段串通一气，大修城邑，起兵叛乱，于是在平定叛乱之后，将母亲安置在城颍，并发誓说："不及黄泉，无相见也。"但是不久之后就后悔了。颍考叔献计说："君何患焉！若阙地及泉，隧而相见，其谁曰不然？"庄公听了颍考叔的话后，采取了这一建议，于是与母亲和好如初。

郑庄公"克段于鄢"，成功地处理了内政方面的问题，实现了国家的统一。

郑庄公小霸

此时的中原大地上，秦国正在西面与戎人作战，无暇东顾。晋国发生了内乱。楚国专力向南发展，扫荡身边的小国。齐国则忙着对付鲁国的纠缠。逐步强大起来的郑国，碰到的主要对手就剩下卫国了。

郑庄公之所以对卫国发难，是因为弟弟叔段被打败后，叔段之子公孙滑逃到了卫国。卫国不但接纳了公孙滑，还派兵夺取了郑国的廪延（今河南延津东北），用以安置公孙滑。恰在此时，宋国大夫公子冯与国君不合，逃亡到郑国，被郑庄公收留。宋国国君本来就对之前被郑国打败而心怀愤恨，如今

螭龙纹盘

这件春秋早期郑国的螭龙纹盘，折沿，附耳，低圈足。腹外花纹不清楚，内底饰螭龙纹，周围有十四条鱼构成的鱼纹带，简洁生动。此器风格远承商代，十分典型。

更是对郑庄公不满，于是联合了陈、蔡、卫三个诸侯国，组成了"多国部队"前去攻打郑国。

四国军队在前 719 年的夏天，将郑国国都的东门团团围住，可强攻了五天，始终打不开一个缺口，只得撤兵。不久后，四国军队卷土重来，再次攻打郑国国都。郑国的军队出城迎敌，但是被四国军队击败，丰收的稻子也被四国军队抢走，史称"东门之役"。

为了洗雪"东门之役"的耻辱，第二年，郑庄公发动了讨伐卫国的战争。郑国军队所向披靡，一直攻打到卫国都城郊外。卫国赶紧向邻近的燕国搬兵求援。

这一切都在郑庄公的意料之中，他派出三路主力军，列阵于燕军的正面，形成进攻的态势，同时迅速征调军队，悄悄绕到燕军背后。乘卫国的主力部队还没有赶到，处于正面的郑国三路大军向燕军发动了攻击。燕军只顾在正面迎敌，没有在背后设防，突然间又一支郑国军队从背后向燕军袭来，燕军腹背受敌，首尾难顾，大败而还。这次战争，在中国军事史上被称为是"首次迂回战"。

接着郑庄公又乘胜攻打宋国，一直打到宋国国都城下，宋人忙派使者向鲁国求救。这时郑庄公的使者也到了鲁国，主动提出把郑国在鲁国境内泰山脚下的一块祭田，同鲁国在许国的一块田相交换。面对利益，鲁国的天平向郑国倾斜了，索性派出军队和郑军汇合，一同打到了宋国境内。很快，宋、卫两国便举起了白旗。

在郑国与宋国的互相攻战中，齐国本来想站出来发挥一下和平大使的作用。不想郑国把鲁国争取了过来，处于有利地位，根本不愿意停战。后碍于齐国的面子，又怕同齐国搞坏关系，才不得不点头同意。前 715 年，齐、

历史文献

（周桓王与郑庄公）战于繻葛。命二拒曰："旝动而鼓！"蔡、卫、陈皆奔，王卒乱。郑师合以攻之，王卒大败。祝聃射王中肩，王亦能军。祝聃请从之，公曰："君子不欲多上人，况敢陵天子乎？苟自救也，社稷无陨，多矣。"

——《左传·桓公五年》

郑、宋、卫四国在瓦屋（今河南温县北）结盟。郑国人显示出了高姿态，表示不计较"东门之役的耻辱"，让齐国十分满意。

尽管郑庄公参加了瓦屋之盟，但他一直没有放弃对宋国的斗争。要找发动战争的借口总是有的，宋国由于内乱没有去朝见周王，郑国便以此为借口，在前713年，邀集齐、鲁两国，再一次讨伐宋国。鲁军首先败宋军于菅（今山东单县北），郑军接着占领了郜（今山东成武东南）和防（今山东金乡西南）两邑。宋、卫两军情急之下，派出一支军队准备袭击郑国的后方。郑庄公闻讯，只得放弃攻宋，紧急回师。这一战略本来很不错，但由于宋国军事人员的愚蠢行为却遭致失败。宋、卫这支联军并未抓紧时机进攻郑国，而是在中途召来蔡国进攻戴国（在今河南民权）。蔡人本是宋、卫阵营的，但对在宋、卫联军伐郑途中召它远道攻打戴国，很是不满，这样一来，宋、卫、蔡三国内部起了矛盾。郑庄公抓住时机，指挥军队迅速包围了三国军队，把他们全部歼灭。

借着齐、鲁两国的支持，郑庄公打败了山戎，还打败了入侵齐国的北戎。此时的郑庄公实际上已处于霸主地位，但他称霸的时间短、规模小，影响也不大，故被称为"小霸"。

称霸一方后，郑庄公也比较注意维护自己的声誉。前711年秋天，郑国联合齐国与鲁国，出兵讨伐许国（今河南许昌），许庄公不敌，逃到了卫国。

齐侯把许国让给鲁隐公，鲁隐公说："您说许国不恭，所以我跟随您讨伐他。已经讨伐了许国的罪了，虽然您让我占有许国，但我是怎么也不敢的。"于是就把许国给了郑庄公。

郑庄公让许国的大夫百里侍奉许庄公的弟弟，住在许国的东部，并对百里说："上天降祸给许国，实在是鬼神不满意许国的国君，而借我的手惩罚他。我连自己这些兄弟都不能相安，哪里还敢拿许国作为自己的功劳而占有呢？我有个弟弟，不能相安，还让他到处流浪，更别说会长久占有许国了。

先生您侍奉许庄公的弟弟，安抚这里的民众，我就派公孙获辅佐您。如果我长眠于地下，上天因为许国遵守礼仪而后悔取消对许国的惩罚，就会让许庄公回来掌管他的国家，我郑国将会常来拜会请安，如同旧时有联姻的亲戚一样，愿你们能纡尊降贵和我们来往啊。不让别的人觊觎这里，来和我郑国争夺这块地方。我的子孙他们连自己的存亡都照顾不过来，更别说能否顾及许国的国家大事了。我让您在这里，不单是为了许国着想，也借以巩固我的边境。"

于是，郑庄公派公孙获驻扎在许国西部，对他说："凡是你的器物钱财，不要放在许国。我死了，就马上离开这里！我先父最初是在这里得到的封地，如今周王室已经衰微了，周朝的子孙日渐失去了他们的地位。许国是神农氏的后代啊！上天已经厌倦周朝的德行了，我们能和许国争吗？"

有识之士评价郑庄公说："他这样做是遵守礼制的。礼制是可以治理国家，安定神灵，驯服百姓，利于后代的事啊！许国无法度而讨伐他，驯服了就赦免他，按照德操处置，衡量实力去做，看清天时然后行动，不连累后代，可以说是懂得礼制啊！"

一箭射掉了周天子的威严

郑庄公看到国家日益欣欣向荣的景象，再看看周王室的落败，不屑一顾的表情总是带在脸上。周桓王姬林年轻气盛，很看不惯郑庄公的飞扬跋扈，加上自己的父亲曾在郑国当过人质，便免去了郑庄公在王室的职务。

郑庄公为了报复，公然派军队进入王畿，把刚成熟的小麦和稻米统统割去了。周桓王除了气得七窍生烟外，竟然无法制止。

不久之后，郑国与宋国发生了战争，一直不分胜负。郑庄公看到王畿丰收，于是来到洛邑朝觐。周桓王心惊胆战地问他："今年郑国的粮食收成如何？"郑庄公说："托大王洪福，五谷丰登。"周桓王顿时如释重负，说道："那就好，王畿的粮食，我可以留下自己吃了。"然后周桓王送给郑庄公十车黍米，并说："请你收下，郑国如果再遇到荒年，请不要再来抢夺。"

郑庄公用绸缎把这十车黍米密密包住，招摇过市，说道："宋国久不朝贡，国王赐下十车绸缎，命我们讨伐宋国。"于是鲁国、齐国都派出军队，与郑国联盟，一举击败了宋国。

取得胜利后，郑庄公便把周王忘在了脑后。周桓王想到自己被利用了，又见郑庄公久不进贡，决定亲自率军队讨伐郑国。

前707年，周桓王统率周军，加上陈国、蔡国、虢国、卫国的四国部队，联合讨伐郑国。郑庄公率大夫祭仲、高渠弥等在繻葛（今河南长葛北）列阵御敌。当时周军分为三个军阵，周桓王率领左军和陈国军队力图打败郑

豳风图

春秋时耕作技术提高后农业产量大增，而且井田制崩溃，土地逐渐私有化。因此诸侯不得不陆续实行改革，允许土地买卖而向土地所有者征收田税，自耕农的生产积极性高涨。

庄公。郑庄公摆开了名为"鱼丽"的阵势，战车前冲，步卒后随，先打实力最弱的陈国军队，使蔡国和卫国军队因畏惧而仓皇退出战场，然后集中兵力从两边合击周军，周师大败。周桓王被郑国大夫祝聃一箭射中肩膀，忍痛勉强指挥军队逃出了重围。祝聃本来想要追逐活捉周桓王，郑庄公制止他说："君子不希望逼人太甚，何况欺凌天子呢？我们这是自卫，国家能够免于危亡就足够了。"战后郑庄公为了表示尊王，还特派大夫祭仲去慰问受伤的周桓王。

繻葛之战，周天子威严扫地，郑庄公则声威大振。各诸侯国见状，开始竞相扩大自己的势力。

四子争君

郑庄公英雄一世，却犯了两个重要的而且是致命的错误。一个是生前没有对太子姬忽（即郑昭公）之位作出妥善安排，以致自己一死，郑国立即陷入郑昭公和郑厉公（公子姬突）之争，使郑国形成两君并立的混乱局面；另一个重要失误是重用高渠弥，为郑国留下了严重的后患。

前 701 年，郑庄公病重，召大臣祭仲嘱托后事，立了太子姬忽为国君，史称郑昭公。郑庄公的另一个儿子姬突，母亲是宋国之女雍氏。雍氏一族在宋国很有势力，深得宋庄公的宠信，于是他们把祭仲诱骗到宋国，逼着他立姬突为君。祭仲为求自保，只好同意。不久祭仲带着姬突，也就是郑厉公回国，郑昭公被迫逃到卫国避难。

宋人立郑厉公的目的之一，无非是想多得到财物方面的报偿。郑厉公达到自己的目的后，就联合鲁国、纪国，同宋、齐、卫、燕等国打了一仗，获得大胜。第二年冬天，宋国又联合齐、卫、陈、蔡等国前来报仇，焚烧了郑都的城门，攻进城后，还把郑国祖庙屋顶上的大梁拆下来运走了。

对外军事失败的损失还没有恢复，郑国内部又起了矛盾。祭仲仗着郑厉公的宠信，渐渐不把国君放在眼里。郑厉公是一位比较能干的国君，渐渐地也无法忍受祭仲在政事上的专断。

前697年，郑厉公秘密吩咐祭仲的女婿雍纠，想要利用一次宴会的机会杀掉祭仲。这件事被雍纠的妻子知道了，忙跑回家问母亲道："父亲和丈夫哪一个亲些？"她的母亲回答说："只要是个男人都可以做你的丈夫，而父亲却只有一个，哪能相比呢！"雍纠的妻子听后，就把雍纠与郑厉公的密谋告诉了祭仲，祭仲立即将雍纠杀死。郑厉公见事情已经败露，就带着雍纠的尸体逃到蔡国去了。郑厉公出逃后，郑昭公趁机回国复位，郑厉公则据守在栎邑（今河南禹州），与郑昭公的政权相对立。

高渠弥乘间弑君
立下了赫赫战功的大将高渠弥，不为后继的君王尽忠，却将其弑杀，终落了个被人车裂的下场。

可惜郑昭公的命实在不好，做了国君只有两年，就于前695年，被大臣高渠弥杀死。当初郑昭公还是太子时，郑庄公想起用高渠弥，可是太子很厌恶高渠弥的为人，建议庄公不要任用他，庄公不听。这回昭公再次即位，高渠弥怕昭公加害他，于是来了个先下手为强，在和昭公一起出猎时，把昭公杀死，改立昭公之弟子亹为国君。

不久后，齐襄公召集诸侯在首止（今河南睢县东南）会盟，子亹不顾祭仲的劝阻，也要前去参加。齐襄公没成为国王前，曾与子亹有过争斗。但子亹认为，郑厉公在栎地居住，如果自己不参加诸侯盟会，诸侯会以此为借口，扶持厉公讨伐郑国。再说，齐襄公未必还记着以往的仇恨，说不定人家早忘了呢。于是子亹应约参加盟会，高渠弥陪同，祭仲则请了病假。事情不出祭仲所料，齐襄公看到子亹一副郑国国君的派头，想到以前的过节，恼怒之下，派人杀了子亹，并车裂了高渠弥。祭仲迎回在陈国的子婴，立为国君。

经过十几年的君位之争，郑国的威风已不复存在。前679年，逃亡在栎地的郑厉公组织军队攻打国都，抓到了大夫傅瑕。傅瑕对厉公说："你若放掉我，我帮助你回国做国君。"厉公就把他放了。果然，傅瑕回去后就杀死了国君子婴和他的两个儿子，迎接郑厉公回国。而厉公回国后的第一件事，就是把傅瑕这个不忠的臣子杀掉。

　　郑厉公最终夺得了王位，应该说在郑庄公的几个继承者中，郑厉公是最有作为的。前714年，北戎南下伐郑，郑国用车战，北戎用步卒，郑庄公担心战车不及步兵灵活，很是烦恼。当时还是公子突的厉公根据戎人打仗"胜不相让，败不相救"的弱点，提出分三段埋伏，用轻卒诱戎兵，使其小胜而争夺战利品，郑军再出伏兵进击，果然大败了北戎。

　　郑厉公在复位的五六年内，平定了王室之乱。可正当他准备大干一番的时候，却猝然死去，郑国失去了变成强国的机会，因为齐国首先强大了起来。

齐桓公率先称霸

　　齐桓公名为姜小白，是春秋时期第一位公认的霸主。他执政期间任用管仲等人治理国家，对内加强武备，发展生产，对外助燕败狄，援救邢、卫，并联合中原各国攻楚，与楚在召陵会盟。又安定周王室内乱，多次会盟诸侯，成为春秋历史上无可争议的"五霸"之首。

惊险即位

齐釐公当政 33 年，齐国政局相对稳定，国力日增，然而昙花一现，好景不长。待其子姜小白的兄长襄公即位后，齐国朝纲失常，政局混乱。性情暴躁的齐襄公被公孙无知杀死后，当时正在外逃亡的姜小白与公子纠争夺王位。姜小白被管仲射伤后诈死，最终获得了王位，是为齐桓公。

齐釐公的贡献

齐釐公是齐国进入春秋时代的第一个国君，也是一个非常有为的国君。齐釐公即位后，首先与郑国缔结盟约，然后又和邻近的鲁国以了婚姻之国。当其他国家发生争斗的时候，齐国总是以调停者的姿态出现，从中斡旋，有效地协调了中原各国的关系。

当时已经与齐国结成同盟的郑国，与宋、卫、陈、蔡等国不和睦。齐釐公认为，中原诸侯不团结，只会分散力量，给戎狄的侵犯造成可乘之机，遂努力争取使他们和好。前 715 年，郑国与宋、卫两国的国君在温地（今河南温县西南）会商，协调好之后，随即又在瓦屋（今河南省温县北）结盟。齐釐公主持了这次会盟，在诸侯国中引起很大反响，得到了列国的敬佩。鲁隐公特地派人到齐国表示祝贺，说齐国为民解除了战争之苦，是齐釐公之德。齐国在这些结盟中，由于没有参与战争，所以国力丝毫未受损害，反而增强了。

齐国力主尊王，团结对外，取得了一定效果，戎狄对中原的侵扰减少了，但是他们对中原的土地，特别是对财物的贪欲是压抑不住的。前 706 年，北戎发动了一场针对齐国的大规模战争，齐釐公为了有必胜的把握，首先向郑国求援，同时也向其他盟约国求援。郑国派太子姬忽率领军队支援齐国，齐、郑两军把北戎打得惨败，并抓获了戎军的两个将领太良和少良，活捉了甲首三百。齐釐公很是高兴，决定向来援的各国赠送部分牛、羊、猪及粮食等物资，以示谢礼。为了有次序地赠送，便请比较知礼的鲁国安排先后次序。谁知道鲁国没有按援救齐国的功劳大小来排定，却按照周天子所封爵位的顺序安排，这样就把救齐功劳最大的郑国排在了后边。郑太子姬忽非常生气，觉得鲁国小看了郑国。前 702 年，郑国约齐国征伐鲁国，并请卫国也出兵协助。三国与鲁国交战，一直打到离鲁都曲阜只有几十里处，情形十分危急。鲁国请宋国出面调停，因鲁国与周王室关系较密切，齐、鲁两国又是姻亲之国，再说郑国教训鲁国的目的已经达到，所以宋国一出面，三国便借梯下台。次年，齐、郑、卫、宋举行会盟，齐国作为东方大国的身份出面，调停了矛盾，

春秋时期的玉璜

春秋时期，王室诸侯都佩挂玉饰来标榜自己有"德"，所以当时玉雕艺术光辉灿烂。能体现时代精神的是大量龙、凤、虎形玉佩，造型优美，技法精巧，具有浓厚的中国气派和民族特色。

保持了齐国的地位和尊严。

终齐釐公一生，虽然征伐战争频繁，但均在齐国本土以外，故对于齐国国内相对稳定的局面，没有产生多少影响。因此齐国仍然可以保持发展势头，经济日益繁荣，国家日益强盛。直到齐釐公去世，留给其子齐襄公的仍然是一个富强的、居于盟主地位的强国。

不过齐釐公在教育子女方面大概存在着严重的缺陷，以至于女儿文姜和儿子诸儿（就是后来的齐襄公）发生了恋情。有苦难言的齐釐公曾向郑国提婚，想把文姜嫁给郑昭公，郑昭公以齐大非偶为由拒绝了。也可能郑昭公事先得知了这一隐情，所以才会拒绝。最后齐釐公把文姜嫁给了鲁国国君桓公。

齐国在齐釐公的统治下慢慢回到齐在周诸侯国中的大国地位，虽然此时齐国还没有到达它最鼎盛时期，但正是他的承前启后，为齐桓公姜小白日后称霸奠定了基础，可以说齐釐公是齐国霸主地位的奠基者。

暴躁的齐襄公

齐釐公的儿子诸儿，在父亲死后继承了齐国王位，史称齐襄公。

齐襄公就是在诸侯大会上，为报私仇杀死了郑国国君子亹的人。不但如此，他还将高渠弥车裂而死，声称是为了郑昭公报仇。齐襄公记仇，且喜怒无常，对身边近臣也极其残暴。一次齐襄公外出打猎，偶遇一只野猪，襄公举箭便射，哪知这只野猪竟像人一样站立起来，还发出哭泣声。齐襄公吓得摔下车来，连鞋都丢了。回到行宫后，齐襄公对管鞋的茀鞭打三百下，以发泄心中的怒气。

前695年，鲁、齐、纪三国会盟于黄（今山东淄博淄川区东北），约定友好，不互相攻伐。可没过几个月，齐国就侵占了鲁国边界，与鲁国战于奚（今山东滕州之奚公山下），鲁国大败，鲁桓公急忙指示守边官兵，加强战备。然而齐国的矛头并非指向鲁国，而是东邻纪国。很快齐国兴兵伐纪，取得纪国三个邑，将纪国截为两段。危机之中，纪侯的弟弟纪季向齐国投降，换得

正史史料

齐襄公通桓公夫人。公怒夫人，夫人以告齐侯。夏四月丙子，齐襄公飨公，公醉，使公子彭生抱鲁桓公，因命彭生摺其胁，公死于车。鲁人告于齐曰："寡君畏君之威，不敢宁居，来修好礼。礼成而不反，无所归咎，请得彭生以除丑于诸侯。"齐人杀彭生以说鲁。立太子同，是为庄公。庄公母夫人因留齐，不敢归鲁。

——《史记·鲁周公世家》

"先祀不废，社稷有奉"的保证。然而齐国在次年还是发兵吞并了纪国。纪侯无力抵抗，又不愿降齐，只好把政权交给已向齐国投降的弟弟纪季，自己出奔他国。至此纪国灭亡，土地全部归于齐。

前694年，齐襄公又召集诸侯到泺来会盟，鲁桓公也携夫人文姜来了。没想到，齐襄公与文姜一见面，禁不住旧情复燃，鲁桓公大为恼怒，斥责了文姜。齐襄公知道后，故意将鲁桓公灌醉，并让自己的弟弟公子彭生在送酒醉的鲁桓公回驿站的路上，将其杀死。从此以后，齐国与鲁国交恶，也被其他诸侯国所不齿。

前687年，襄公派连称与管至父二人驻守边境，承诺二人期满一年后，派人去代替他们。一年后二人却没有看到来接班的人，当他们提出要回朝时，却被齐襄公拒绝了。二人气愤至极，与公孙无知勾结起来，准备发动叛乱。

公孙无知是齐釐公的侄子，很得釐公的宠爱，他的车服、俸禄都和太子一样。齐襄公继位后，把公孙无知的待遇降低了等级，为此，公孙无知一直怀恨在心。前686年，叛乱终于爆发。连称、管至父勾结公孙无知，趁齐襄公打猎受伤之际，带人冲进襄公行宫。那个被鞭打三百、皮开肉绽的茀不计前仇，把襄公藏匿在门后，自己率领近卫军冲出去抵抗叛军，怎奈寡不敌众，全都被杀，齐襄公也被发现，身首异处。

姜小白诈死得王位

公孙无知杀了齐襄公后，自立为君。一年后公孙无知被大夫雍廪杀死，一时间齐国无主，一片混乱。

齐国正卿高傒与齐釐公的次子姜小白从小相好，一听说公孙无知被杀了，

玉冲牙

此玉器为春秋早期物，青玉质，体扁平，
牙形，形体和饰纹相同，两面都有双钩饰
张口侧身的夔龙。龙口有小孔，可系佩。

就派人将逃亡在外的姜小白接回来。鲁国听说公孙无知被杀后，马上发兵，
准备送小白的哥哥公子纠回国继承王位。同时，派管仲带兵堵截姜小白。

当姜小白的人马刚刚踏上齐国的土地时，管仲突然发难，一箭射向姜小
白，姜小白大惊，应声倒地。管仲一见，马上派人回鲁国报捷，鲁国国君庄
公大喜，吩咐不必急行军了，慢慢走吧。于是公子纠过了六天才到达齐国。

这时齐国已经有了新的君主了，他就是姜小白，史称齐桓公。原来管仲
那一箭射中的是姜小白的铜带钩，姜小白知道情况危急，便装死不动迷惑管
仲，然后躲在帐篷车里日夜兼程赶回了国都。

公子纠的母亲是鲁国王室之女，鲁庄公没能使公子纠夺取君位，当然不
肯罢休，于是把军队驻扎在临淄以东的乾时（今山东桓台南），威逼齐国。鲁
国认为齐桓公刚上台，齐国又刚经历了内乱，一定是不堪一击，没想到却被
齐军打得大败，连鲁庄公乘坐的车子都成了齐人的战利品。鲁庄公化装突围，
才免于被俘。

管仲拜相

齐国大败鲁军后，齐国的鲍叔牙给鲁庄公写了封信，说道："公子纠是齐
君的兄弟，不忍杀他，请鲁国自己杀掉他。公子纠的老师召忽、管仲是我们
的仇人，请鲁国把他们送来，要把他们剁成肉泥解恨。如不从命，还要出兵
讨伐鲁国。"鲁人害怕，杀了公子纠。召忽自知不保，也自杀了，管仲则被囚
禁送到了齐国。

管仲名夷吾，又名敬仲，字仲，颍上（今安徽颍上）人。管仲的父亲是
齐国的大夫，但很早就死了。管仲少年时生活十分贫苦，为了谋生，做过被

释槛囚鲍叔荐仲

鲍叔牙在帮助齐桓公即位后，为了齐国的霸业而推荐管仲为相，并甘居其下，终于使齐桓公成为一代霸主。鲍叔牙善于荐贤的故事也被传为佳话。

当时人认为微贱的商人，与朋友鲍叔牙到各地去经商。经商时赚了钱，管仲总是多分给自己，少分给鲍叔牙，而鲍叔牙对此从不计较。对此人们背地议论说，管仲贪财，不讲友谊。鲍叔牙知道后就替管仲解释，说管仲不是不讲友谊，他这样做，是由于他家贫困。

管仲也曾三次从军参加战斗，但三次都从战场上逃了回来，因此人们讥笑他贪生怕死。鲍叔牙又为他向人们解释，说管仲不是怕死，而是因为他家有年迈的母亲，全靠他一人供养，所以不得不那样做。

齐桓公即位后，急需找到有才干的人来辅佐，因此就准备请鲍叔牙出来任齐相，但鲍叔牙却推荐了管仲。管仲刺杀过齐桓公，桓公本来是要将管仲剁成肉泥的，可鲍叔牙劝说道："臣幸运地跟从了君上，君上现在成为了国君。如果君上只想治理齐国，那么有叔牙和高傒就够了。如果君上想成就天下霸业，那么非管仲不可。管仲到哪个国家，哪个国家就能强盛，不可以失去他。"

齐桓公听从了鲍叔牙的建议，以杀仇人为借口，把管仲接到齐国，命人择定吉日良辰，用"郊迎"的大礼，亲自迎接管仲进城，拜为相国。

曹刿论战

齐桓公饶了管仲，可不想原谅鲁国。一想到鲁国支持公子纠同自己作对，齐桓公就怒火中烧。在即位的第二年，即前684年，齐国派大军进攻鲁国。

齐鲁两军在长勺（今山东曲阜北）摆开战场，齐国在以往对鲁国的作战中一直占据上风，此时仗着人多势众，首先向鲁军发起了冲击。鲁庄公亲临战场迎敌，正想擂鼓迎击，却被陪同参战的曹刿阻止了。一直等到齐军向鲁军发起第三次冲锋后，曹刿才让鲁庄公击鼓，下令向齐军发起反击。

鲁军的一个冲锋反击就把齐军打垮了，鲁庄公大喜，急着追击，却又被曹刿拦住。他下车仔细查看了齐军退走的路径，又登车瞭望败逃的齐军阵容，然后才让鲁庄公下令追击。鲁军一直把齐军赶出国境，这就是著名的以少胜多的"长勺之战"。鲁庄公因为听从了曹刿的意见，掌握了反攻的大好时机，从而取得了胜利。

战争结束后，鲁庄公询问曹刿两次延缓出击、追击反而获胜的原因。曹刿回答说："战争是要靠勇气的，但鼓舞勇气要适时。击第一通鼓时，勇气最盛；击第二通鼓时，勇气就弱了些；等到击第三通鼓时，士兵的勇气也就用完了，这就叫'一鼓作气，再而衰，三而竭'。当齐军的勇气竭尽，我军士气正旺时出击便能取得胜利。齐国是个大国，军力情况我们并没有掌握，当他逃跑时，很难看出他们是真的败了还是佯装败退。我看到他们的车辙凌乱，军旗不整，兵士队列混乱，知道他们是真的败退了，所以才让您放心大胆地追击。"

"长勺之战"是齐桓公争霸斗争史上一次少有的挫折，也是齐、鲁二国长期斗争中鲁国的一次罕见的胜利。它对齐桓公调整和完善自己的争霸战略方针具有重大的影响。所以长勺之战吃了败仗后，齐桓公自知力量还不足，于是把重点转入整顿内政上，同时征服周围弱小的国家。前684年，齐桓公借口谭国（今山东龙山附近）对他不礼貌，将其灭掉。前681年，齐桓公在北杏（今山东东阿）召集诸侯，商讨平定宋国内乱之事，遂国（在今山东肥城）不到，齐桓公以此为口实又把他灭掉了。自此，齐国的国土越过泰山，到达了汶水北岸。

管仲的改革

齐国内部的整顿，就是在管仲的领导下进行的一场全方面的改革。

齐桓公曾问管仲如何才能使国家富强，管仲回答说要先得民心，先从爱惜百姓做起，国君能够爱惜百姓，百姓就自然愿意为国家效力。而爱惜百姓就得先使百姓富足，百姓富足而后国家才能富强。并建议要开发山林，并开发盐业、铁业，发展渔业，以此增加财源。齐桓公采纳了管仲的建议，授权让他主持一系列政治和经济改革。此次改革，使齐国国力大增，为齐国率先成为中原霸主奠定了坚实的基础。

规划行政

管仲对全国的行政区域进行了重新划分和整顿，把国都划分为六个工商乡和十五个士乡，共二十一个乡。

十五个士乡是齐国的主要兵源。齐桓公自己管理五个乡，上卿国子和高子各管五个乡。把国政分为三个部门，制订了三官制度。官吏有三宰，工业立三族，商业立三乡，川泽业立三虞，山林业立三衡。

郊外三十家为一邑，每邑设一司官。十邑为一卒，每卒设一卒师。十卒为一乡，每乡设一乡师。三乡为一县，每县设一县师。十县为一属，每属设大夫。全国共有五属，设五位大夫。每年年初，由五属大夫把属内情况向齐桓公汇报，督察其功过。

军事改革

在军队方面，管仲强调寓兵于农，规定国都中五家为一轨，每轨设一轨长。十轨为一里，每里设里有司。四里为一连，每连设一连长。十连为一乡，每乡设一乡良人。战时组成军队，每户出一人，一轨五人，五人为一伍，由轨长带领。一里五十人，五十人为一小戎，由里有司带领。一连二百人，二百人为一卒，由连长带领。一乡二千人，二千人为一旅，由乡良人带领。五乡一万人，立一元帅，一万人为一军，由五乡元帅率领。齐桓公、国子、高子三人就是元帅。

这样一来，保甲制和军队组织紧密地结合在一起，每年春秋以狩猎来训练军队，提高了军队的战斗力。管仲同时规定全国百姓不准随意迁徙，要做到夜间作战，只要听到声音就能辨别出敌我；白天作战，只要看见容貌，大家就都能认识。

为了解决军队的武器问题，规定犯罪可以用盔甲和武器来赎罪：犯重罪，可用甲与车戟来赎罪；犯小罪，可以用铜铁赎罪。这样就有效地补充了军队装备的不足。

相地衰征

相地衰征包括"均地"和"分货"两部分。

"均地"就是把土地分给各农户，国家和贵族不再保留公田。农户分到土地后，由一家一户独立进行生产，不再集体大规模地耕种公田，这叫作"分民"。

"分货"就是征收租税。农户不再耕公田出劳役，变为向国家或采邑主纳租税。至于税率，则根据土地的好坏不同，征收多少不等的赋税。这样使赋税负担趋于合理。管仲还设"轻重九府"，观察年景丰歉，按照人民的需求来收散粮食和物品。他还把居民的组织和军队的编制统一起来，士农工商分居，职业世代相传，保证了社会生产，也避免人们因谋求职业而使社会陷于动荡不安的局面。又规定国家铸造钱币，发展渔业、盐业，鼓励与境外的贸易，齐国经济开始繁荣起来。

官制改革

管仲着重治理"五属"的官吏，要他们随时向上级报告本辖区内的优秀人物和不良分子。若隐而不报，就要受到惩罚。

士农工商

《管子·小匡》："士农工商四民者，国之石民也。"所谓四民，指读书的、种田的、做工的和经商的。这说明春秋时期我国各行各业都已经兴起，同时也说明了当时的阶级地位。

为了扩大政权基础，管仲在"国人"中创设了选拔人才的"三选"制。规定各乡长要把本乡有才学和武功的人推荐给政府，称为"乡长所进"，是为第一选；乡长推荐的人经过官府有关部门一段时间的试用考核，优秀者被推荐给国君，称为"官长所选"，是为第二选；国君亲自询问这些人，用一系列有关治理国家的难题使其解答，并交给一定事去做，合格者任命为上卿的助手，称为"公所訾相"，是为第三选。

这"三选"制以才能为准则，初步排除了贵贱等级、社会地位和世袭的限制，是对西周以来"世官世禄"制度的一次冲击。

尊王攘夷

由于管仲推行改革，齐国出现了民足国富、社会安定的繁荣局面。齐桓公对管仲说："现在咱们国富民强，可以考虑会盟诸侯了吧？"管仲谏阻道："当今诸侯还有比我们强的，比如南面的荆楚，西面的秦晋。不过他们自逞其雄，不知尊奉周王，所以不能称霸。周王室虽已衰微，但仍是天下共主。东迁以来，诸侯都不去朝拜了，如今您要是以尊王攘夷相号召，海内诸侯必然会望风归附。"

"尊王"是指尊崇周王的权力，维护周王朝的宗法制度。前655年，周惠王有另立太子的意向。为了确定太子的正统地位，齐桓公会集诸侯国君于首止，与周天子结盟。次年齐桓公因为郑文公首止逃会，率联军讨伐郑国。前651年，齐桓公召集鲁、宋、曹等国国君，周襄王派宰孔会于葵丘，宰孔代表周王正式封齐桓公为诸侯长。同年秋天，齐桓公以霸主身份主持了葵丘之盟。此后遇到侵犯周王室权威的事，齐桓公都会以诸侯长的身份过问和制止。

齐桓公与管仲画像砖

管仲为了帮助公子纠继位，曾经一箭射中公子小白的衣带钩。公子小白即位为齐桓公后，不计前嫌，任用了有才能的仇人管仲，因而得以创造"九合诸侯，一匡天下"的伟业，成为当时公认的霸主。

"攘夷"是指对游牧于长城外的戎、狄和南方楚国对中原诸侯的侵扰进行抵御。前 664 年，山戎伐燕，齐桓公派大军救燕。前 661 年，狄人攻邢，齐桓公采纳管仲"请救邢"的建议，打退了毁邢都城的狄兵，并在夷仪为邢国建立了新的国都。次年，狄人大举攻卫，卫懿公被杀，齐桓公又率诸侯国替卫国在楚丘另建新都。经过多年的努力，齐桓公对楚国一再北侵也进行了有力的回击，到前 656 年，联军伐楚，迫使楚国同意向周王室进贡。讨伐楚国的战役，抑制了楚国的北侵，保护了中原诸国。

管仲辅佐齐桓公实行的"尊王攘夷"政策，使其霸业更加合法合理，同时也保护了中原经济和文化的发展，为中华文明的存续作出了巨大贡献。

增加财源

齐国本来就是一个富裕的国家，靠山带海，有着丰富的渔盐和铜铁资源，加上管仲、鲍叔牙等人重视工商业的改革，使得齐国的经济迅速发展起来。

齐国最重要的资源是盐，这正是他国所缺少的，所以管仲主张要"以负海之利而王其业"，就是利用盐这种每人每日生活所必需，而他国又缺乏的物品来发展齐国经济，以称霸诸侯。管仲的政策是让民众在农闲时都去煮盐，然后由官府收购，设官专卖。

齐国的商人贩卖盐不但有优惠，为了便于商人来往，齐国每隔三十里还设一个驿站，给予不同等级的商人以不同的优惠政策。于是，"天下之商贾归齐若

人首蛇身玉饰

这两件春秋早期的玉器玉质皆呈黄色，体扁平。两件皆作侧身人形，一为男性，一为女性。用玉制作人面纹始于新石器时代，但是此人首蛇身形的玉饰，在出土的玉器中，尚属首例。

流水"。除了渔盐，齐国的纺织、冶铸等业也很发达。管仲特别注意冶铁业和铁器的推广，还用以金属赎罪的办法，收集散在民间的铜和铁。据《管子》一书记载，铁器使用在当时的齐国已经相当普遍：操纺织业的必有一针一刀是铁制品，种地的必有一锹一犁一铲是铁制品，手工业者必有一斧一锯一锥一凿是铁制品，否则就不能做工务农。对开采铁矿，管仲采用让百姓自由开采，政府征收百分之三十的实物的办法，这样便于民众打造工具，国家还可以出卖铁工具牟利。管仲经过计算得出，若一根针重量的铁加一钱出卖，三十根针，或五把刀，或三个铁铝头，就可当一个人的人头税。

随着商业的发展，对货币的需求量逐渐增加。管仲采取国家铸币政策，"设轻重九府，则桓公以霸"。所谓"轻重"就是平抑物价的措施，"九府"就是"掌财币"的九种官员。齐国的金属货币形状如刀，称为刀币，之所以用刀做货币，是因为刀的使用很广，这又和纺织业的发达有关联。齐国的纺织业很发达，直到汉代，都称齐国"冠带衣履天下"。齐国的刀币一开始是用泥土做的，后来发展到用铜母范，再由母范翻成泥质子范，这样既快又好，保证了铸出的货币规范一致。

手工业和商业的发展，带来了城市的繁荣。据考古探察，齐国的国都临淄城是大小两个相连的城，总面积有三十多平方公里，城内的道路宽四至二十米，还有水沟作为排水系统。临淄城的人口，按管仲整顿内政的编制是二十一个乡，共计四万两千家，如果每家以五口计算，那么就有二十一万人口，堪称当时中国东方最大的经济中心。

九合诸侯

会合诸侯本来是周天子的权力，但春秋时周王室已无力举行，而诸侯国间一些事又需要共同商议解决，不能没有一个头，这个头就是所谓的霸主。周王不能封谁为霸主，诸侯也不能自封，而是靠经济、军事力量通过争夺产生。

齐桓公在执政的四十三年中，多次会合诸侯，主持盟会，史称"九合诸侯"。

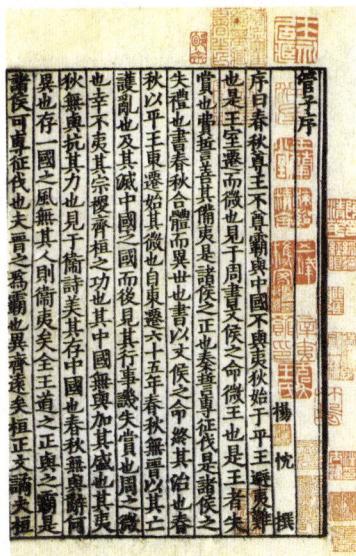

《管子》书影

《管子》约成书于战国时代，共24卷，85篇，今存76篇。内容包含道、名、法等家的思想以及天文、舆地、经济和农业等知识，是研究先秦的珍贵资料，对我国后世有很大影响。

庭燎求贤

齐国的国力迅速增强了，齐桓公为了表现自己广集贤士的决心，在宫廷前燃起明亮的火炬，准备日夜接待各地前来晋见的人才。但是不知是什么原因，火炬整整烧了一年，都没有人上门求见。

这时东野有一个地位低下的人前来求见。齐桓公很是高兴，满怀喜悦地询问来人有什么才能。来人回答说："我会九九算术。"齐桓公一听，心凉了半截，九九算术并不是什么特殊的才能，很多人都会，于是调笑他说："九九之术也能算是一技之长拿来见我吗？"东野之人回答说："大山不拒绝细小的石头，江海不拒绝细小的溪流，所以才会成为大山、大江、大海。《诗经》中曾说：'先民有言，询于刍荛。'教导人们施政要广泛征询意见，包括那些割草打柴的人。九九之术当然算不得什么高深的学问，但如果您也能以礼相待的话，还怕比我高明的人不来吗？"齐桓公频频点头，认为东野之人说得很有道理，就按照庭燎之礼接待了他。

一个月后，四面八方的贤士果然接踵而至了。

召陵之盟

后勤和人才有了保障后，齐桓公便开始了军事上的征讨。

前664年，山戎部落进攻燕国，燕国向齐国求救。齐桓公不仅帮助燕国击退山戎的进攻，还割地五十里给燕国，他的举措得到了其他诸侯国的赞许。

四年后，狄部落进攻卫国，杀死了卫国国君。当齐国军队赶到时，狄部

落已经得胜撤走了。于是齐桓公在楚丘筑了一个新城，安置卫国的遗民。

在收获了众多人心后，齐桓公于前 656 年，远征汉水，对不断向北推进的楚国展示威力。两国在召陵（今河南郾城）会盟，楚国的使节屈完质问齐国说："齐国在北海，楚国在南海，风马牛不相及。你们为什么来打仗？"齐桓公说："楚国是周朝的封国之一，为什么不进贡？周宣王南征时死因不明，请你们答复！"屈完回答说，"进贡这件事很抱歉，我们马上补上贡品。至于周宣王，他是死在汉水里的，与楚国无关。齐国一定要调查的话，就去问汉水吧！"

齐桓公对屈完的回答表示十分满意，随即班师回朝，这就是有名的"召陵之盟"，有力地阻挠了楚国的北进。

葵丘会盟

就在齐桓公向楚国施威之时，周王朝的惠王去世了。

周惠王名叫姬阆，是东周的第五代国王。周惠王的父亲周庄王，生前曾嘱咐要立庶子姬颓为国君。姬颓见哥哥做了国王，便发动叛乱，失败后逃奔到了卫国。卫惠公由于怨恨周王收留了自己的政敌公子黔牟，就联合燕国，支持姬颓。卫和燕国的联军攻入周朝都城，逐走姬阆，立了姬颓为天子。郑厉公出面调解周王室之乱，没有成功，于是也来了个武装夺权，帮助姬阆重新登上天子宝座。这场内乱史称"子颓之乱"。为了感激郑厉公，姬阆割了一大块土地作为谢礼。这样内乱平息了，周王朝的疆土又一次缩小了。

姬阆晚年重蹈父亲的覆辙，因为宠爱陈国的女子惠后，准备废去太子姬郑，改立惠后所生的庶子姬带。齐桓公听说后，邀集了宋桓公、鲁釐公、陈宣公、卫文公、郑文公、许僖公、曹昭公

宁戚饭牛

宁戚原是卫国人，他想向齐桓公谋求官职，但处境穷困，没有办法使自己得到举荐，于是他就受雇给商人赶牛车，到达了齐国，晚上就露宿在城门外。桓公到郊外迎接客人，火把明亮。宁戚正在喂牛的时候看到了桓公，他感到很悲伤，就拍击着牛角大声唱起歌来，因此引起了桓公的注意。后来齐桓公就拜他为大夫，后又任大司田，主管农业，成为齐桓公的重要辅佐之一。

等，与太子姬郑相会于卫国的首止（今河南睢县东南），宣布支持太子姬郑为嗣君。

姬阆十分生气，指使郑文公背约去联络楚国，自己派人去联络晋国，试图组成周、郑、晋、楚联盟，以对抗齐国。齐国先发制人，连续兴兵攻郑，迫使郑国叛周亲齐，使姬阆的计划破产。

如今周惠王死了，姬郑为天子，史称周襄王。周襄王是在齐桓公的支持下当上的天子，史称"一匡天下"。

不久，齐桓公召集各路诸侯大会于葵丘（今河南兰考、民权一带），周襄王为了感激齐桓公，送去了祭祀祖先的祭肉，并说齐桓公年老德高，不必下拜受赐。齐桓公想听从王命，管仲从旁进言道："周王虽然谦让，臣子却不可不敬。"齐桓公于是答道："天威不违颜咫尺，小白敢贪王命，而废臣职吗？"说罢行了大礼，然后才恭敬地接受。诸侯见此，都叹服齐桓公有礼。

齐桓公又重申盟好，订立了新盟约。盟约中声称：凡是参加我结盟的国家，以后要言归于好，不要再互相攻击。齐桓公又特地在会上宣布了周襄王的几条禁令：各国间不要阻塞河流，不要囤积粮食，不要废嫡立庶、以妾为妻，不要让妇人参与国事。

这就是历史上有名的"葵丘之盟"，齐桓公从此成为公认的霸主。

曹沫劫盟

当然，盟主并不是那么好当的，不久，就发生了曹沫劫盟事件。

齐桓公与鲁庄公在柯地（今山东东阿西南）相会。当鲁庄公与卫士曹沫来到会场，将要升阶入坛时，会盟的宾相不准曹沫升坛。曹沫戴盔披甲，手提短剑紧跟在鲁庄公身后，对宾相瞪大圆眼，怒目而视，眼角几乎都要瞪裂了，吓得宾相后退了好几步，只得让曹沫陪着鲁庄公一同入坛。

鲁庄公与齐桓公经过一番谈判，结成了盟约。正准备歃血为盟之时，曹沫突然拔剑而起，左手抓住齐桓公的衣袖，右手持短剑直逼齐桓公。齐桓公被吓得目瞪口呆，管仲急忙插进齐桓公与曹沫中间，用身体保护住齐桓公，问道："将军要干什么？"曹沫凛然道："齐强鲁弱，大国侵略鲁国，欺人太甚。现在鲁国都城的城墙倒下来，就会压到齐国的边境，你们考虑怎么办？"齐桓公见形势不妙，马上答应归还已占领的鲁国土地。曹沫这才收剑回位，平息如初，谈笑如故。

会盟结束后，鲁国君臣胜利回国。齐桓公君臣却愤愤不乐，许多人都想毁约，齐桓公也有这种想法。管仲却不同意，劝道："毁约不行，贪图眼前小利，求得一时痛快，后果是失信于诸侯，失信于天下。权衡利害，不如守约，归还占领的鲁国国土为好。"齐桓公听取了管仲的意见，将几次占领鲁国的土地都归还了。

东伐西征

此后不久，身为霸主的齐国开始不断东攻西伐，兼并小国，扩大自己的力量。

前 670 年，齐军攻灭郭国（今山东聊城东北）。齐桓公问当地父老："你们郭国为何灭亡？"父老回答说："因为国君爱贤人而恨坏人。"齐桓公不理解，问道："照各位所言，你们的国君是位贤明的君主，那怎么又会亡国的呢？"父老回答说："国君爱贤人而不任用；恨坏人而不剔除，所以导致了亡国。"

前 664 年，北方的山戎攻打燕国，燕庄公抵挡不住，告急于齐桓公。齐桓公派兵救燕，杀得山戎兵落荒而逃。山戎首领带着残兵败将逃入了孤竹国（今河北西北部）。齐军一鼓作气兵包围了孤竹国，孤竹国派人诈降齐军，献上山戎首领首级，谎称孤竹国国君已弃国逃往沙漠，将齐军诱入荒漠。齐军迷失了道路，管仲见状，向齐桓公建议道："臣听说老马识途，燕马多从漠北而来，也许熟悉此地，不妨令人挑选数匹老马放行，或许可以寻见出路。"齐桓公忙命人取数匹老马放行，然后让军队紧随其后，果然走出了险地。齐桓公灭了孤竹国，辟地五百里，悉数赔给了燕庄公。

在救援燕国时，鲁国也表示出兵支援，但实际上却按兵未动。对此齐桓公很气愤，想出兵惩罚鲁国。管仲不同意这样做，劝齐桓公说："鲁国是齐国的近邻，不能为了一点小事就出兵，影响不好。为了齐国的声誉，我们不妨把这次的战利品送给鲁国一些，陈列在周公庙里。"齐桓公听了觉得很有道理，这一来鲁国上下大为震动，其他诸侯国也都赞扬齐国。

当时卫国的国君卫懿公酷爱养鹤，平时竟然让他最喜爱的鹤乘坐华丽的轩车，享受大夫的待遇，国人怨声载道。前 660 年，戎兵攻卫，卫懿公被乱兵杀死。戎兵趁机攻打邢国，将邢国的国都洗劫一空后扬长而去。

齐桓公和管仲见状，帮助邢国把都城迁到了夷仪（今山东聊城西南）。这里靠近齐国，较为安全，使破乱的邢国得到安定，并给卫国送去了救援物品。当时人们都赞赏说："邢国人迁进新都城，好像回到了老家。恢复后的卫国，人们心情高兴，也忘记了亡国的悲痛。"

富子上官登

青铜器取名登的很少见，这件春秋中期的器物通体素面，原应有带捉手的盖，有铭文二十二字，此登可能为周王室器物。

历史文献

夏，会于葵丘，寻盟，且修好，礼也。

王使宰孔赐齐侯胙，曰："天子有事于文、武，使孔赐伯舅胙。"齐侯将下拜。孔曰："且有后命。天子使孔曰：'以伯舅耋老，加劳，赐一级，无下拜。'"对曰："天威不违颜咫尺，小白余敢贪天子之命，无下拜恐陨越于下，以遗天子羞，敢不下拜？"下拜，登受。

——《左传·僖公九年》

当时居住在今淮水流域的少数民族被称为淮夷，经常侵犯中原的杞（今河南杞县）、缯（今山东苍山西北）等小国。齐桓公联合诸侯攻伐淮夷，把杞国内迁到缘陵（今山东昌乐东南），还召集诸侯为他们修筑城墙。

在豫西的伊、洛流域，分布着被称为杨、拒、泉、皋的伊洛之戎，他们经常袭击王都，齐桓公派诸侯轮流戍守，又为周王修复被戎人毁坏的城墙和城门。

从前685年到前643年的四十三年中，齐桓公逐渐把黄河中下游的诸侯国联合起来，援助弱小国家，抵御戎狄族的侵扰，使各国结盟修好，减少相互间的战争。一些国家的内乱也在齐桓公的出面干预下较快地平息下来，对安定人民的生活，进行正常的生产是有利的。齐桓公也比较重视商业的发展，重视各国间的交通贸易，在同诸侯的盟约中多次声言，不要堵塞河流，不要囤积粮食，以利列国间的通商贸易。这些都有利于各国经济的发展。

霸业的终结

齐桓公对内重视经济发展，齐国日益繁荣；对外攻伐不断，疆域逐步扩大，终于成就了自己的霸主地位。但是随着齐桓公步入晚年，得力助手管仲的去世以及继承人在统治上的失策等方面的原因，使齐国的霸业开始逐步走向衰微。

双鹤图

醉心于玩赏某些事物或迷恋于一些东西，就会丧失积极进取的志气。卫懿公如痴如迷地爱鹤，结果国破家灭。古人有诗云："曾闻古训戒禽荒，一鹤谁知便丧邦。荥泽当时遍磷火，可能骑鹤返仙乡？"

管仲之死

前 645 年，为齐桓公创立霸业呕心沥血的管仲患了重病。齐桓公前去探望他，询问谁可以授予相位。

管仲说："国君应该是最了解臣下的。"齐桓公欲任鲍叔牙，管仲诚恳地说："鲍叔牙是君子，但他善恶过于分明，见人之一恶，终身不忘，这样是不可以为政的。"

齐桓公问："易牙怎样？"管仲说："易牙为了满足国君的要求，不惜烹了自己的儿子以讨好国君，没有人性，不宜为相。"

齐桓公又问："开方如何？"管仲答道："卫公子开方舍弃了做千乘之国太子的机会，屈奉于国君十五年，父亲去世都不回去奔丧，如此无情无义，没有父子情谊的人，如何能真心忠于国君？况且千乘之封地是人梦寐以求的，他放弃千乘之封地，俯就于国君，他心中所求的必定过于千乘之封。国君应疏远这种人，更不能任其为相了。"

齐桓公又问："易牙、开方都不行，那么竖刁怎样？他宁愿自残身肢来侍奉寡人，这样的人难道还会对我不忠吗？"管仲摇摇头说："不爱惜自己的身体，是违反人情的，这样的人又怎么能真心忠于您呢？请国君务必疏远这三个人，宠信他们，国家必乱。"

管仲说罢，见齐桓公面露难色，便向他推荐了为人忠厚、不耻下问、居家不忘公事的隰朋，说隰朋可以帮助国君管理国政。遗憾的是，齐桓公并没有听进管仲的话。易牙听说齐桓公与管仲的这段对话后，便去挑拨鲍叔牙，说管仲阻止齐桓公任命鲍叔牙。鲍叔牙笑道："管仲荐隰朋，说明他一心为社稷宗庙考虑，不存私心偏爱友人。现在我做司寇，驱逐佞臣，正合我意。如果让我当政，哪里还会有你们的容身之处？"易牙讨了个没趣，深觉管仲交友之密，知人之深，于是灰溜溜地走了。

不久管仲病逝。齐桓公不听管仲病榻前的忠言，还是重用了易牙等三人，结果酿成了一场大悲剧。

桓公惨死

管仲死后的第三年，齐桓公病重。易牙、竖刁见齐桓公不久于人世，就开始堵塞宫门，假传君命，不许任何人进去。有两个宫女乘人不备，越墙入宫探望齐桓公，桓公正饿得发慌，便让宫女去取食物。宫女忙把易牙、竖刁作乱，堵塞宫门，无法供应饮食的情况告诉了齐桓公。桓公仰天长叹，懊悔地说："如死者有知，我有什么面目去见仲父？"说罢，用衣袖遮住脸，活活饿死了。

桓公死后，宫中大乱，齐桓公的几个公子为争夺王位各自勾结其党羽，互相残杀，致使齐桓公的尸体停放在床上六七十天都无人收殓，尸体腐烂生蛆，惨不忍睹。最后卫姬所生的儿子姜无亏抢到了君位，原来的太子姜昭逃往宋国。

宋国国君襄公曾受齐桓公的托付，要保护姜昭，于是就联合曹、卫等国，在前642年，以武力送姜昭回齐国即位，是为齐孝公。

经过这场内乱，齐国的霸业开始衰落，霸主的地位随之丧失。但靠着管仲建立下来的法治基础，虽然军事力量减弱了，却还是一个政治强国。

有恃无恐的齐孝公

前634年，鲁国发生了大饥荒，齐孝公趁机攻打鲁国。鲁国大夫展喜日夜兼程，在齐鲁边界上遇到了孝公。

展喜对齐孝公说："我们国君听说您亲劳大驾，将要屈尊光临敝国，特派臣下来犒劳您的侍从们。"齐孝公说："鲁国人害怕吗？"展喜回答说："平民百姓害怕，君子大人不害怕。"齐孝公说："百姓家中空空荡荡的像挂起来的磬，田野里光秃秃的连青草都没有，你们凭借什么不害怕呢？"展喜回答说："凭借先王的命令。从前周公和齐太公辅佐周王室，在左右协助成王。成王慰劳他们，还赐给他们盟约，盟约上说：'世世代代的子孙都不要互相残害！'这个盟约保存在盟府里，由太史掌管着。齐桓公因此集合诸侯，商讨解决他们的纠纷，弥补他们的过失，救助他们的灾难，这是为了发扬光大齐太公的旧职。等到您当上国君，

侯母壶

此壶为春秋早期的壶。壶盖为蟠龙形，腹下鼓，器腹饰三角形编织纹，中夹卷曲龙纹带。圈足饰垂鳞纹，器领有铭文一行，计十五字。此壶造型特异，十分精美。

名家评史

桓公死，诸子争立，齐国从此之后就失去了霸主的地位。齐称霸时间虽不长，但对于阻止戎狄和楚人的入侵中原还是起了一些作用。

——翦伯赞《中国史纲要》

诸侯们都盼望着说：'他会继承桓公的功业！'敝国因此不敢保城聚众。人们会说：'难道他继承桓公之位才九年，就丢弃使命、放弃职责吗？他怎么对先君交待呢？君王一定不会这样做的。'人们凭借这一点就不害怕。"

齐孝公无言以对，领兵回国了。

挖坟抢妻的齐懿公

齐懿公名商人，是齐桓公的第四个儿子。齐桓公死后，长子无亏与二儿子孝公接连病死。前613年，三子昭公又死了，传位给儿子舍。但是因为舍生性懦弱，因此毫无威信。而商人在桓公去世后争位没有成功，一直怀有野心，因此表面宽厚仁慈，实则暗藏杀机。于是昭公下葬时，商人在墓地杀死了舍并取而代之，即位为懿公。

商人还是公子的时候曾经与大夫邴原争夺采邑，没有成功，于是现在一即位就削夺了邴原的所有封邑，并掘开邴原的墓，叫人砍了邴原的脚。当时邴原的儿子邴歜正在伴驾，懿公就问他："你父罪该刖足，你不会怪我吧？"邴歜回答说："家父活着时躲过罪过已经是喜出望外，何况这把朽骨呢。"懿公觉得邴歜忠心，就把夺来的邴原的封邑又封给了邴歜。

齐懿公还十分好色，他听说大夫阎职的妻子美貌异常，就下令让所有大夫的妻子都到宫中拜见王后，看到阎妻果真漂亮，便不准她回家。并派人告诉阎职说王后想让他的妻子在宫中做伴，让他另当别娶。阎职自然是敢怒不敢言。

前609年五月，天气十分炎热。懿公想到申池去避暑乘凉，就叫邴歜驾车，阎职陪乘，除内侍外再无他人。有人进谏说："您刖人父，夺人妻，怎么可以让这两个人陪王伴驾呢？"懿公并不理会，驾车直奔申池，喝得酩酊大醉之后，就到竹林深处睡觉去了。

黄子壶

黄子壶是黄国国君为其夫人所作，黄国始于前704年。齐国霸主地位形成后，淮域诸国纷纷附齐。极力北上争霸的楚国不甘示弱，于前655年将黄国的姻亲小国弦国灭掉，六年后又借口"黄人不归楚贡"出师伐黄。半年后，黄国被楚成王消灭。

邴歜和阎职早就对懿公恨得牙痒痒，于是悄悄到懿公休息的地方，见只有一个内侍在旁边，于是他们支走内侍，提剑就把懿公杀死了。齐懿公作恶多端，被人斩杀并弃尸竹林，真是罪有应得。

宋襄公争霸

齐国本来是各诸侯的盟主国，齐孝公因为依靠宋国的帮助得到了君位，因此宋国的地位也就自然提高了。宋襄公从此雄心勃勃，一心想继承齐桓公的霸主事业。

面对威风凛凛的宋襄公，滕国（在今山东滕州）国君第一个站出来表示不服气，而宋襄公竟然因此就出兵把滕国国君抓了起来。前641年，宋襄公让曹、邾等国国君到曹国国都会盟，曹国因未尽地主之谊给宋襄公送羊，宋襄公便出兵包围了曹国的国都。

各诸侯国看到宋襄公如此残暴，都很思念齐桓公对诸侯的礼遇，纷纷表示要对抗宋国。

宋襄公见状，便约各诸侯开会，以便把自己的盟主地位确定下来。于是他派使者去楚国和齐国，想取得楚国和齐国的支持。楚成王接信后讥笑世上竟有宋襄公这等不自量力的人，大夫成得臣说："我们可利用这一时机进军中原，一争盟主之位。"楚成王便将计就计，答应与会。

历史细读

　　目夷字子鱼，宋襄公的庶兄，襄公即位后以目夷为相。由宋、楚大战于泓水时的"子鱼论战"，可窥见其超人的战略思想。目夷由于景仰先贤微子，死后葬于微山岛上（今山东济宁）。现存的目夷墓为圆土堆，墓前立一石碑，是宋神宗熙宁五年（1072年）徐州知州傅尧俞所立，正面阴刻篆文："宋贤目夷君墓"。

　　前639年春，宋、齐、楚三国国君相聚在鹿上。宋襄公一开始就以盟主的身份自居，他事先并未征求齐国、楚国的意见，便自作主张拟了一份秋季在宋国会合诸侯，共扶周天子王室的通告。楚成王和齐孝公两人对宋襄公的这种做法很不满意，但碍于情面，还是签了字。到了秋天约定开会的日子，楚、陈、蔡、许、曹、郑等六国之君都来了，只有齐孝公和鲁国国君没有到。开会时，宋襄公说："我们要仿效齐桓公的做法，订立盟约，共同协助王室，停止战争，使得天下安定太平，各位认为如何？"楚成王问："盟主应该由谁来担任呢？"宋襄公说："当然是有功的论功，无功的论爵。"话音刚落，楚成王便说："楚国早就称王，宋国虽是公爵，但比王还低一等，盟主自然应该由我来担任。"说罢便坐在了盟主位置上。宋襄公不禁大怒，但这时看见楚国大臣、家仆和侍者纷纷脱去外衣，原来个个都是内穿铠甲手持利刃的兵士。他们往台上冲来，把宋襄公拘押起来，然后浩浩荡荡杀奔宋国。楚成王把宋襄公拘禁到楚国几个月后，在齐国和鲁国的调解下，才把宋襄公释放回国。

　　从此宋襄公对楚国怀恨在心，他听说郑国十分支持楚国为盟主，便想讨伐郑国。前638年夏天，郑文公去楚国拜会楚成王。宋襄公认为这是个机会，便不顾公子目夷与大司马公孙固的反对，出兵伐郑。郑国不敌，便向楚国求救。楚成王接到消息后，并没有直接去救郑国，而是统领大队人马杀向了宋国。宋襄公没提防到这一招，连忙赶回来，在泓水（今河南柘城北）南岸与楚国形成对峙之势。两军隔岸对阵后，楚军开始渡水进攻。宋襄公的异母兄长目夷瞧见楚人忙着过河，就对宋襄公说："楚国仗着兵多，居然在白天渡河，完全不把咱们放在眼里。我们应该趁他们还没渡完的时候，就迎头打过去，这样一定能打个胜仗。"

鳐鱼形马饰
马饰为鳐鱼形，大的反面有两个桥形的钮，小的为十字形的钮。这种鳐鱼形的马饰，在青铜器中仅此一例。

宋襄公却说："不行！咱们是讲仁义的国家。敌人渡河还没有结束的时候，咱们就打过去，这还算什么仁义呢？"待全部楚军渡河上岸，乱哄哄地排队摆阵势的时候，目夷又对宋襄公说："这会儿可不能再等了！应该趁他们还没摆好阵势，咱们赶快打过去！"宋襄公又责备他说："你太不讲仁义了！人家队伍都没有排好，我们怎么可以打呢？"

不一会儿，楚国的兵马就摆好阵势了。随着战鼓敲响，楚军便像大水冲堤一般向宋军攻来，宋军完全没有还手之力，节节败退，最后连宋襄公的大腿也中箭了，只得撤退逃命。

宋襄公逃回国都商丘后，国人议论纷纷，埋怨他不该跟楚国人打仗，更不该采用那样的打法。目夷把大家的议论告诉宋襄公。宋襄公摸着受伤的大腿说："依我说，讲仁义的人就应该这样打仗。比如说见到已经受了伤的人，就别再去伤害他；对头发花白的人，就不能捉他当俘虏。"

宋襄公的腿伤一直没好，过了一年便死了，争霸的事业也就此搁浅。

晋国争霸

　　春秋初年，晋国内部曾出现公室与贵族争夺君位的长达六七十年的斗争，直到旁支取代大宗重新建国才充满活力。当东方齐桓公的霸业衰落、宋襄公争霸的美梦破灭之时，北方的晋国强大起来了。

晋国的兴起

晋文侯以后，晋国发生了内乱。晋文侯的儿子晋昭侯把叔叔姬成师封于曲沃，是为曲沃桓叔。后来晋国人杀死了晋昭侯想立曲沃桓叔，从此拉开了曲沃与晋的长达六七十年的争夺。最后曲沃桓叔的孙子曲沃武公灭掉了晋君，取而代之，即晋武公。新建的晋国充满了活力，武公之子献公大力扩张，灭掉了境内其他一些部族国家，晋国实力大增。可以说晋献公是晋国强大的奠基者。

政权不断更替

春秋初年，晋国内部出现了公室与贵族争夺君位的长期斗争。从晋昭侯封其叔成师于曲沃，到曲沃武公正式受命为晋侯，经过六七十年，才以旁支取代大宗，重新振兴了晋国。

前 745 年，晋昭侯把自己的叔叔姬成师封在了曲沃，称为曲沃桓叔，作为国君的辅佐。不曾想桓叔是位不甘居于下位的人，他在曲沃大肆聚集力量，积极收揽人心，不久就形成了一支能够同国君相对抗的势力。前 739 年，大夫潘父杀死晋昭侯，迎接桓叔为晋君。晋国人反对，又立了昭侯的儿子平为孝侯，晋国由此出现了两个国君掌权的局面。

桓叔死后，其子鲜鳝即位，是为曲沃庄伯，他直接出兵攻杀了孝侯，但是却仍然被晋国人抗拒。晋国人接着又拥立了孝侯的儿子郤为君，是为鄂侯。前 718 年，鄂侯去世，庄伯联合郑、邢等国兴兵伐晋，这次行动还得到了周王室的支持。不久之后，周王室不知为什么又改变了支持庄伯的立场，改立鄂侯的儿子光为晋君，就是晋哀侯。

前 716 年，庄伯死，其子称继位，是为曲沃武公，他在前 709 年攻杀了哀侯，继而灭了原来大宗的公室，控制了整个晋国。后来晋武公把晋公室的宝器都送给了周王室，接受了贿赂的周王室态度变了，只能正式封武公为晋侯，允许他拥有一军的兵力，但仍是一个小国的规模，力量并不是很强大。

晋武公受封后两年就去世了，其子晋献公上台，他消除了一切可能与他争夺王位的势力，晋国的内部这才安定下来。

郭人问政于献公

有一次，城东郊的村民祖朝上书给晋献公说："我是东郊的村民祖朝，想听听关于国家政策的讨论。"献公派人去告诉他说："高官大吏已经都考虑好了，你老百姓还管什么国家政策呢！"

祖朝回答说："大王难道就没有听说过古代将领桓司马的故事吗？他早晨朝见君主，起行迟了，驾车的催马赶路，骖乘也催马赶路，驾车的用肘碰了一下骖乘，说：'你为什么越过本分？为什么从旁喝马催车？'骖乘说：'该催的时候就得催，这是我分内的事，你应该只管掌好你的缰绳就是了。你如果掌不好缰绳，假使马突然受到惊吓，就会轧伤路上的行人。而如果遇上强大的敌人，下车奋战，到尸首堆中厮杀本来就是我的事，难道你能放开缰绳下车帮助我吗？迟到了灾祸也会降临到我的头上，对此我有深重的忧虑，我哪能不催马赶路呢？'现在大王却说：'高官大吏已经都考虑好了，你老百姓还管什么国家政策呢！'假如大官们在朝中决策一旦有失当的地方，像我这样的百姓，怎么能不惨死于中原的土地之上呢？这灾祸亦会降临到我身上，所以我对此亦有深重的忧虑，我哪能不关心国家的决策呢？"

垂鳞纹方彝
彝为大型盛酒器，并作为礼器以其显赫的地位和精美的造型著称，与鼎合称"鼎彝"。此方彝为春秋早期的器物，圈足，盖上有四个钮，饰云纹。器口沿下饰夔纹带，中加小兽首，腹部饰垂鳞纹。

晋献公认为这话很有道理，于是正式召见了他，和他谈了三天，使他再也没有可担忧的了。后来献公还决定以祖朝为老师。

对外势力的扩张

晋献公消除了威胁他君位的势力以后，便开始专力向外扩张势力。

前 672 年，晋献公灭掉骊戎（今山西临潼）。前 661 年，建立上下两军，扩大一倍军力，继而灭掉了耿国（今山西河津汾水南）、霍国（今山西霍州）和魏国（今山西芮城）。次年，晋献公命太子申生进攻狄人东山皋落氏（今山西垣曲东南）。前 658 年，又命大夫里克、荀息进攻虢国。

虢国的北面是虞国（今山西平陆），也是征伐虢国的必经之路。荀息知道虞国的国君贪财，就让晋献公用良马和上等碧玉向虞国国君借路。虞国国君见了晋献公送来的珍宝后，不但同意借道，还答应全力配合晋国的军事行动。在两国军队的强大攻势下，虢国的重镇下阳（今山西平陆东北）很快就被攻了下来。

过了三年，晋国再次向虞国借路讨伐虢国。虞国的大夫宫之奇站出来劝道："虞、虢两国相依为命，就像嘴唇和牙齿一样，所谓'唇亡则齿寒'，虢国一旦灭亡，我们就会像没有了嘴唇保护的牙齿一样，因此不能再借道给晋

国了。"但是虞君却没有听从宫之奇的劝说，依然同意借路给晋国。

这一次，晋军攻下虢国的都城上阳（今河南陕州）后，在回师的路上，顺手就把毫无防备的虞国也给灭了。虞国国君不但成了阶下囚，连原来收下的良马和碧玉也回到了晋献公的手里。

就这样，晋献公灭了周围一系列小国，其疆域西到黄河与秦国的边界，西南到今三门峡一带，南到今晋豫交界处，东达太行山，北与戎狄相接，成了当时北方最大的诸侯国。

公子流亡

晋献公时候，晋国的实力与日俱增，当时本可以顺利地踏上霸主的地位，可是却发生了骊姬之乱。晋献公的宠妃骊姬设计害死了太子申生，晋献公另外两个儿子重耳和夷吾为了避难被迫流亡到其他国家。最终夷吾继承了君位，是为晋惠公。至此，晋国的混乱才宣告平息。

骊姬之乱

晋国在当时本就可以顺利地踏上霸主的地位，但是由于晋献公的宠妾骊姬制造了一场争夺继承权的内乱，使得晋国一时无暇外顾，争霸的道路也变得曲折。

晋国的太子名叫申生，他的母亲是晋献公以前的夫人。此外晋献公还有两位戎人妻子，分别生了重耳和夷吾。骊姬受到晋献公的宠爱以后，也生了个儿子，名叫姬奚齐。骊姬陪嫁同来的妹妹也为献公生了一个儿子，名叫姬卓子。骊姬为了能让自己的儿子继承君位，就设计把献公的其他几个儿子封到了外地，连太子也没能例外。所以当时留在了献公身边的，就只有姬奚齐和姬卓子。骊姬诱惑献公将太子封到外地后，还想要让献公废掉太子，于是不断地挑拨晋献公与太子的关系。有一天她让晋献公召太子回宫，并与太子相谈甚欢。但是到了晚上，她却向献公哭诉说："我召太子回来并对他以礼相待，不料他竟然对我无礼。您要是不相信，我可以和太子一起去游玩，您一定能看得到。"晋献公说："好。"第二天，骊姬在去游玩前，在头发上涂了蜂蜜，因此蜜蜂蝴蝶都聚在她旁边，她说："太子，您帮我赶走它们吧。"于是太子用袖子赶走蜜蜂蝴蝶。晋献公看到后，非常生气，马上就想杀死太子。骊姬又恳求说："我让太子回来，他却被杀掉了，在外人看来，是我害了他。"于是晋献公就让太子回曲沃了，但是心里却已经准备要废掉他了。

前656年，骊姬让太子申生去祭祀其生母齐姜。申生祭祀完生母后，照例将祭肉送给了父亲晋献公，当时献公正在外打猎，因此祭肉就先被骊姬留下了。几天后献公回来了，骊姬在申生送来的祭肉中放进毒药后送去给献公。在献公即将吃肉的时候，骊姬连忙上前阻止他说："这些从外面送来的食物，还是先检查一下再吃比较放心。"于是她将肉先后给狗和一个奴隶吃了，结果当然是立即就都毒发身亡了。骊姬顿时呼天抢地地哭诉，说太子想要毒死父亲好夺取君位。

申生听到这件事情以后，知道父亲宠幸骊姬，自己没有办法分辩，于是就逃回封地自杀了。但是骊姬决心要斩草除根，于是又对晋献公说，这件事情重耳和夷吾也都知道。晋献公听了以后，马上又派人前去捉拿重耳和夷吾。重耳和夷吾听到消息后，连忙逃走了。这样一来，晋献公就更加相信骊姬的话了，不久他就立了姬奚齐为太子。

智荀息假途灭虢

嘴唇没有了，牙齿就会感到寒冷，比喻双方关系密切。虞国国君不懂得虞、虢两国正像嘴唇和牙齿一样互依互存的道理，贪小失大，必然会失败。

前651年，晋献公死了，太傅荀息拥立姬奚齐为君。而大臣里克和邳郑却想迎回重耳，于是他们率领申生、重耳和夷吾三人的旧部攻杀了姬奚齐。姬奚齐死后，荀息又立姬卓子为君。但是不久，里克又将卓子杀死了。见自己新立的两个国君先后被杀死，荀息认为自己辜负了先君晋献公的托付，于是惭愧地自杀了。看到国内互相残杀的境况，重耳表示自己不愿意回国。因此周襄王会同齐桓公和秦穆公，在前650年，把逃亡在梁国的夷吾接回晋都立为国君，这就是晋惠公。

惠公背信失人心

前655年，夷吾为了躲避杀身之祸逃到梁国避难，梁伯把自己的女儿许配给他为妻。当夷吾要启程归国之时，跟随他流亡的人觉得此事可疑，因为国内还有献公的其他儿子可以立为国君，但是他们却来迎接流亡的公子，说不定其中有什么阴谋。于是派人到秦国，请求秦穆公发兵护送夷吾回国即位为君。夷吾许诺，事成之后，就将晋国黄河以西的土地割让给秦国。夷吾还派人给里克送信许愿，说只要能够回国做国君，就把汾阳封给里克作封邑。

有了夷吾的许诺，秦穆公于是发兵护送夷吾回国，使他顺利地当上了国君。但是晋惠公即位以后，却首先做了两件事。第一件即是背弃割地给秦国的许诺，他派人到秦国致歉，说："先头我是答应要给您黄河以西的五座城池作为报答的，但是如今我的大臣们反对，说：'这是先君之地，你一直流亡在

黄朱柢鬲
黄朱柢鬲为春秋早期的青铜食器，折沿宽唇，口沿下饰重环纹，唇上有铭文。此器的倒圆锥形足，极具特色。

外，怎么能擅自许诺割让土地给秦国呢？'我也曾和他们辩论，可最终还是反对的人多，所以只能跟您说抱歉了。"

晋惠公做的第二件事即是除掉里克等原来杀死奚齐另立国君的人。晋惠公本来只是夺了里克的权，但是过后还是不放心，恐怕里克再故伎重演，迎立依然流亡在外的重耳回国为君，于是就下令让里克自杀。他对里克说："如果没有你，我是当不了国君的。但是你杀过奚齐，如果让你继续做臣子，国君就没法当啊！"里克绝望地说："我不杀奚齐，您怎么当国君？你要杀我就杀好了，说这么多没用的话做什么！我认命。"说完，里克伏剑而死。

除掉里克以后，晋惠公又害怕里克的同党兴风作浪，于是寻机将那些当初与里克同谋的人一齐杀死。做完这两件事后，惠公自认为解除了内忧外患，但是他却不知道，国内的人心早已经离散了。

秦晋韩原大战

前647年，晋国发生了严重的饥荒，请求秦国卖一些粮食。秦穆公听从了百里奚的建议，暂不计较晋惠公悔约的前嫌，派了大量的船只运载粮食。由秦都雍（今陕西凤翔南）至晋都绛，沿渭河入黄河转汾河再转浍河，运粮的船只络绎不绝，史称"泛舟之役"。

第二年，秦国也发生了大灾荒，秦穆公请求晋国卖给一些粮食救援。晋惠公与大臣们商议此事，有人认为应该答应，因为秦国能不念前嫌给晋国运粮救灾，晋国理应有所回报。但又有人认为，晋国没有割地给秦国，两家已成仇敌，现在给秦国救灾，无疑是给敌人助长力量，此事不能答应。晋惠公想了想，采纳了后一种意见，没有给秦国运粮。

待到秦国度过灾荒之后，秦穆公做的第一件事情就是率兵大举讨伐晋国，

云纹牺尊
此尊为春秋早期的器物。尊体为小牛形，饰云纹，面部
及耳内饰鳞纹，胸前为斜角云纹，足上有卷曲的云纹带。
此尊继承了西周的传统，但造型已与西周有所不同。

两军在韩原（今山西河津与万荣之间）展开了一场大战。

晋惠公亲自上战场挑战，还大言不惭地吹嘘说，要使秦国连逃命的地方
都没有。秦穆公听了，使人代答说："你要当国君，我出兵帮助了你；你需要
粮食，我卖给了你；如今你想要与我交战，我难道还会逃跑吗？"晋惠公在
国内本来就不得人心，所以将士们并不愿意为他打仗。而秦军却被晋惠公的
背信弃义所激怒，个个奋勇向前，结果三战而三胜晋军。第四次交锋前，晋
惠公换乘了郑国送来的马驾车，不料这匹马不听调配，一开战就乱跑乱蹦，
陷入泥潭里，晋惠公因此被秦军活捉，装入囚车运往了秦国。

秦穆公见活捉了晋惠公，满腔的怨恨都涌上心头，准备把他杀了祭天。
但是秦穆公的夫人是晋惠公的姐姐，她哭着跑出来，以自焚要挟秦穆公，才
劝阻了此事。

晋惠公在位期间，在大国争霸中无所作为，为了能登上国君的宝座，为
了取得和维护权力而不顾一切，不仅封官许愿，而且甘愿割让国土。但是在
登上宝座之后，却又自食其言，一概反悔，造成背信弃义的名声。此后在秦
国遭灾时，又以怨报德，再一次在道义上失败。惠公一直使晋国处于"失道
寡助"的地位，当然不能和其他大国抗衡，较一日之短长了。

内乱后的新政

当晋惠公知道秦穆公会将他放回晋国后，就派人先回晋国，告诉大夫吕
省准备接驾。吕省鉴于晋国连遭失败，国君被俘，军力消耗，民心涣散，国
家处在危难之中，就假借惠公的名义，召集国人宣布了两件事：第一件事是
把公田分给国人；第二件事是说惠公即便返国，也自觉对不起祖先和民众，
不配再做国君，将改立太子为国君。国人听到惠公这番悔恨自责的言语，都

缂丝耕织图
土地制度的改革满足了百姓的基本需求，使得他们都能够安居乐业，致力于社会经济的发展。这幅缂丝耕织图表现了平民百姓的生活场面，具有浓厚的生活气息。

感动得痛哭了起来。

把公田分给国人，史称"作爰田"。以前民众耕公田份地时，将土地分为三等：分上田的一百亩，每年可种；分中田的二百亩，每年耕百亩，休耕百亩；分下田的三百亩，每年耕百亩，休耕二百亩。三年后再重新分配一次，这叫作"三年一换土易居"。

这种耕作方法由来已久，逐渐形成了耕好田者得益，耕下等贫瘠土地者受苦的局面，且土地很久都不会实行重新分配，所以人口增加却不能增田，无田的、丧失土地的人越来越多。吕省的"作爰田"，就是给无地者分地，不足者补足，使每户都有田，由自己实行轮换耕种。并且与从前不同的是，土地固定于耕者，不再行"三年一换土易居"制，因此又称"自爰其处"。把公田分给耕者自行管理经营，是一个巨大变化，大大激发了耕者对土地的耕作热情，提高了生产的积极性，因而受到人们的欢迎。

"作爰田"后，吕省接着改革军制，开始"作州兵"。"州"是野鄙中奴隶居住的地方，"作州兵"就是取消野鄙中的人不能服兵役的限制。这样一来，晋国无论城里、乡里的人都有权服兵役，这既提高了奴隶的社会地位，也扩大了国家的兵源，军队数量激增。后来晋国军队人数最多，常拥有五个军，最多时达到六个军，就是这次改革的结果。

晋文公的霸业

晋文公重耳流亡国外十九年，在秦国的援助下才得以回国即位。晋文公执掌政权后，大力整顿内政，发展农业、手工业，加强军队建设，国力大增。城濮之战，晋国大败楚军，然后晋文公于践土（今河南原阳西南）会集诸侯，邀周天子参加，成为霸主。

逃亡之路

骊姬之乱时，重耳被迫离开晋国都城，逃到了蒲城。不久晋献公的追兵杀到，勃鞮一刀割断了重耳的袖子，重耳爬墙侥幸逃走。看到国内一直动荡不安，重耳拒绝了里克接自己回国即位为君的提议，让弟弟夷吾登上了君主宝座。

哪知晋惠公登基后，竟然派勃鞮第二次追杀重耳。重耳再一次逃脱后，决定去齐国给齐桓公效劳，以期得到齐国的帮助和保护。重耳在齐国过上了安逸的生活，因此放弃了恢复君位的愿望。齐桓公见状后，便许配了宗族之女齐姜给重耳为妻。

前639年，跟随重耳的臣子赵衰等人商议想要离开齐国，否则重耳日渐贪图安逸，复国将没有希望。不想他们的谈论却被一个宫女听到，偷偷告诉了重耳的妻子齐姜。齐姜害怕这个宫女泄露秘密，不但没有给她奖赏，反而把她杀了，然后便劝告重耳赶快离开齐国，但是重耳坚决不肯。赵衰等人见状，索性灌醉了重耳，把他抬到马车上连夜逃跑了。重耳醒来时，发现自己已经离开临淄城很远了，于是愤怒地拿起了武器追杀臣子狐偃，幸亏没有成功。

不久重耳和他的臣子们来到了曹国，曹共公热情地款待他们。因为听说重耳的肋骨是连成一片的，曹共公很好奇，所以乘重耳洗澡的时候偷看了他的裸体。重耳又恨又窘，因此离开了曹国。

走到宋国时，宋襄公款待了重耳一行，还送给他们二十辆马车。不久后重耳又到了郑国，但是郑文公却拒绝接待他们。因此重耳只得继续他的逃亡之路，在楚国逗留一段时间后，又来到了秦国。

重耳复国

重耳到达秦国后，受到了秦穆公的热情接待。秦穆公把五个女子许配给重耳，其中还有穆公的亲生女儿怀嬴，穆公还许诺会帮助重耳复国。

此时的晋国国君是晋惠公之子晋怀公姬圉。姬圉曾在秦国做过人质，那

晋文公复国图卷（局部）
骊姬之乱时，重耳离开晋国开始流亡，他先后到过狄地和齐、曹、宋、楚等国，到了秦国后，秦穆公热烈接待并护送他回晋国。重耳在异地逃亡 19 年之后，终于重返晋国，登上君位。

  时秦穆公非常喜欢他，就把自己最疼爱的女儿怀嬴嫁给了他。可是当姬圉听说父亲病危后，恐怕其他兄弟乘他不在夺取宝座，心急如焚，便抛下怀嬴私自逃回了晋国。如此一来，秦穆公大为震怒，认为他们父子全是忘恩负义之徒。这时流亡到了楚国的重耳在楚王的劝说下来到了秦国，秦穆公决定帮助重耳。

  晋怀公外失秦援，在国内也不得人心。他一上台就下令，命随重耳出走的大臣的家属们，限期召那些大臣回国，不然就要治罪。狐偃的父亲不愿召回儿子，结果被杀，这引起了国人的不满。

  前 636 年，秦穆公派大军护送重耳回国，秦军夺取了晋国的令狐（今山西临猗西）、桑泉、臼衰三地，继而攻占了晋都，晋怀公被手下杀死，重耳即位为君，就是晋文公。

  晋惠公的旧臣吕省不甘心，计划放火烧死晋文公。勃鞮听到了他们的阴谋后，想告诉晋文公，但是文公拒绝让他觐见，因为他曾经两次试图刺杀文公。勃鞮辩解道："我当时只是奉命行事，过去齐桓公也没有记恨管仲向他射箭的事情，如果你只记着过去的仇恨，那么逃走的人会很多。"晋文公认为他说得有道理，便接待了勃鞮，勃鞮于是揭露了吕省的阴谋。晋文公马上和秦穆公相会，吕省烧宫不见君王，便知道事情败露，他逃到黄河边上时，被秦穆公抓住杀掉了，晋文公这才放心地接回怀嬴，带她一起回到晋国。

  就在晋文公上台的这年冬天，周王室发生了内乱，王子姬带联合狄人进攻周襄王。周襄王仓皇出逃，派人到鲁、秦、晋国求援。晋文公马上认识到这是一个扬名的绝好机会，于是辞退秦国来相助的军队，以一军包围姬带，一军迎接周襄王回王都。晋军活捉了姬带，独得了安定王室的功劳。

　　周襄王很是高兴，设宴款待晋文公。晋文公趁机向襄王请求，死后赐以天子之礼随葬。周襄王不允许，说："从前我们先王得到天下，划定国都内外方圆千里的地方，作为甸服，以这些地方的田赋供奉上帝山川诸神的祭祀，准备百姓万民的财用，防备有不来朝贡和其他意料不到的祸患。其余的土地用来平分给公、侯、伯、子、男五等诸侯，使他们各有安宁的居处，以顺应天地之道，不致遭遇到灾害。先王哪里得到什么利益呢？王室内官不过九嫔，外官不过九卿，只够用来供奉神灵而已，岂敢满足和放纵声色嗜欲，而扰乱各种法度？只有这死后和活着时的服饰器物上的色彩花纹，是用来监临统率百姓，而显示尊卑贵贱的差别的。此外天子还有什么不同的呢？现在上天降灾祸于周室，我只不过是替先王看守府库的人，如果因我不才，而将先王的随葬大典颁赐给您来奖赏对我个人的恩德，您定会表面接受而实际憎恶，并且非难我，其实我怎敢有所吝惜呢？古人有句话说：'改换身上的玉佩，就要改变走路的样子。'您如果能发扬光大自己伟大的德行，更换朝代姓氏，改变典章制度，创建统一天下的大业，显示自己的功劳，然后采用天子拥有的一切典章制度来安定百姓，那时我将流放和躲藏到边远的地方，又有什么话可说呢？如果您还是姬姓，就仍将列为公侯，恢复先王定下的职分，隧葬制度恐怕是不能改变的。希望您努力显扬光明的德行，随葬大典将会自行到来。我怎敢以个人之间的酬劳而改变前代的典章制度，来侮辱天下的人呢？我将怎样去面对先王与百姓？又怎样去施行政令呢？如果不这样，那么您在自己的土地上行随葬之礼，我又哪能知道呢？"

　　晋文公听周襄王这样说，不敢再强求随葬。当然周襄王也不敢得罪晋文公，就赐给他阳樊（今河南济原西南）、温（今河南温县境内）、原（河南济原北）和欑茅（今河南修武境内）之田。从此，晋国的国境直接扩展到了黄河北岸。

子推之死

晋文公执掌晋国后，重重封赏了跟随他逃难的臣子们，可是他却唯独忘了一个人——介子推。

晋文公刚开始逃亡的那几年，经常食不果腹，衣不蔽体。在他一次饿晕过去后，大臣介子推割下自己大腿上的肉做成汤，才救了他一命。晋文公复国成功后，论功封赏，当时介子推已经带着老母隐居去了，因此晋文公在朝堂上挨个点名封赏的时候，因为没有看到介子推，也就把他忘记了。

介子推的邻居很为介子推不平，于是在夜里写了封书信挂到城门上，大概意思是："龙失其所，周游天下，众蛇从之。龙饥乏食，一蛇割股。龙返于渊，安其壤土。数蛇入穴，一蛇于野。"晋文公看到书信后，一拍脑门："啊，子推！我竟然忘记了子推！"于是便派人去请介子推。但是派去的人回来却告诉晋文公，介子推已经隐居到绵山去了。于是晋文公又亲自带人到绵山去找，可是找了很多天都没有找到。这时有个大臣出了个馊主意，说："介子推非常孝顺，不如用火烧山，这样，他一定会背着老母亲出来的。"

晋文公觉得这个办法很不错，于是就命人在山前山后放火，周围绵延数十里。火势很大，三天后才熄灭，可是介子推却始终没有出来。后来有人在一棵枯柳树下发现了两具尸骨，原来介子推将母亲藏在树洞里，自己则抱着大树，一起被烧死了。

晋文公大哭了一场，改绵山为介山，以警诫自己的过错。并下令全国的百姓都不生火，吃一个月冷食以祭奠介子推。后来这一个月的期限渐渐减少到清明节的前一天，即为"寒食节"。过节的当天，家家门上插柳枝、烧纸钱，在野外祭祀、吃冷饭，以纪念介子推，借以纪念自己死去的亲人。

整顿内政

重耳返国的时候，正值晋国处于动荡不安的社会环境中。数十年来，晋国内讧不停，国乱民忧。经过"骊姬之乱"和晋惠公背信弃义发动不义战争之后，晋国已经元气大伤。

晋文公复位前游历诸国，备尝"险阻艰难"，因此在返国后，决心"励精图治"以求霸业。在狐偃、赵衰等股肱之臣的帮助下，文公"蓄爱百姓，厉养戎士"，革新内政，迅速医治了动乱留下的创伤，奠定了与秦、楚抗衡的物质基础。他的主要措施有：选拔优秀人才治理国家，多年来一直追随自己共

金异兽形饰件
为此春秋中期的金兽,虎头羊角,四足,身长双翼,造型奇特生动。

嵌红铜龙纹
嵌红铜技术在春秋中叶逐渐盛行,此器可作为代表。器两侧有双耳,盖上有半环钮,通体镶嵌红铜龙纹及半环形纹。

度患难的一批老臣都被委以军国重任;提倡孝事父母,尊祖敬家,忠于国事,"以厚民性";废除繁重的徭役,减免苛捐杂税,资助无力生活和生产者;鼓励农耕,劝有分无,省灭国用,足财备凶;"大搜于被庐",改上下两军之制为上中下三军之制。这些措施对于稳定社会秩序,恢复社会生产,推动工商业繁荣,提高军队战斗力,都起了积极的作用,使晋国出现了"政平民阜,财用不匮"的昌盛景象。文公四年,晋军能在城濮大败楚军,一战而成霸业,无疑是这次改革所带来的必然结果。

前 633 年,晋文公进行了一场大规模的军事演习,要求全国服兵役的人都要参加。借着这个机会,晋文公把国人和野人都编入了正规军,把献公时的两个军扩大到三个军。同时,确立了军中元帅的建制。在上、中、下三军中规定统领中军者地位最高,既是中军之长,又是三军的统帅,故称为"元帅"。这是中国历史上元帅一词的最早使用。元帅是正卿,当然也是最高的行政长官。三军建立后,赵衰推举郤縠为元帅,得到晋文公的赞同。此后,晋文公又命郤溱为中军副帅,命狐偃为上军统帅。狐偃不愿居功,让位给狐毛,自己为副帅。赵衰也把下军统帅的位子让给了栾枝,并令先轸为下军副帅。

不久后,周襄王赐给晋国的原邑发生了叛乱,晋文公起兵围原。出兵时晋文公命令军队只带三天的口粮,如果三天攻不下来就撤兵。晋军围了三天,原邑人果然不投降,于是晋文公下令撤围退兵。晋国派入原邑的谍报人员报告说:"原邑人已支持不了了,再坚持一下他们就会投降"。一些将领也不愿退兵,请求再战。但是晋文公却坚决不同意,说道:"信用是一个国家的最大财富,我已宣布三天为期,不能失信。为得原邑而失掉信用,是得不偿失。"

历史细读

晋文公攻打原邑，约定三天之内攻下原邑。三天后没能攻下，于是晋文公以信义为重，便下令撤退。原邑的百姓听说这件事后，都说："有君王像文公这样讲信义的，怎么可以不归附他呢？"于是原邑的百姓纷纷归顺了晋国。卫国的人听到这个消息，也说："有君王像文公这样讲信义的，怎么可以不跟随他呢？"于是也向文公投降。孔子听说后，就把这件事记载下来，并且评价说："晋文公攻打原邑而获得了卫国，那是因为他能守信用啊！"

于是晋军开始撤退，退了还不到三十里，原邑就派人前来请降了。

晋文公很是高兴，派臼季奉命出使，联络愿意与晋国盟好的国家。臼季走在郊外，看到大夫冀芮的儿子冀缺在田中锄草，恰好这时他的妻子给他送饭来，夫妻俩相敬如宾。臼季马上就带冀缺一起回了国都，对晋文公说："我得到一个贤能的人，冒昧地向您报告。"文公说："冀缺的父亲有罪，是否可以重用他呢？"臼季回答说："作为国家的贤良之才，应该不计较他前辈的罪恶。因此以前舜惩治罪人，处死了鲧；后来举拔人才，却起用了鲧的儿子大禹。当今您所听到的，齐桓公亲自选拔了管仲，那是害过他的仇敌啊！"晋文公问道："你凭什么知道冀缺的贤能呢？"臼季回答说："我见到他们夫妇在田间都不忘恭敬。恭敬有礼是有品德的表现，严守德行而谨慎从事，那还有什么事情干不成的呢！"文公接见了冀缺后，任命他为下军大夫。

城濮之战

整顿了内政，晋文公准备争夺霸主的地位了。

在这个时候，东方的齐国已经衰落，南方的楚国控制了中原的一些小诸侯国，鲁、郑、宋、曹、卫等国都是他的盟国。在这些同楚国结盟的国家中，宋国是迫不得已的。因此当晋文公继位以后，他就背楚亲晋了。

宋国的这一态度显然为楚国所不容，因此在前633年，楚国便联合郑、许、陈、蔡四国围困了宋国的都城。宋国派人向晋国求救，晋文公很痛快地答应了。

按照狐偃的建议，晋国并没有直接与楚军交战，而是先攻打楚国的盟

正史史料

夏，伐宋，宋告急于晋，晋救宋，成王罢归。将军子玉请战，成王曰："重耳亡居外久，卒得反国，天之所开，不可当。"子玉固请，乃与之少师而去。晋果败子玉于城濮。成王怒，诛子玉。

——《史记·楚世家》

国曹、卫二国，等待楚国赶去救援曹、卫二国的时候，宋国的危险自然也就解除了。晋军以逸待劳，夺取胜利并不困难。于是，晋国向卫国借路，但是卫国不借，晋军只得渡河绕道攻打曹国，顺路夺取了卫国的五鹿（在今河南清丰）。

在攻打曹国的战争中，中军元帅郤縠病死，晋文公破格提拔了在战争中显露才华的下军副帅先轸为元帅，很快就打败了曹、卫两国。不料楚国并没有上当，而是让盟国鲁国派兵援救卫国，自己依然加紧攻打宋国。

当时楚国的势力很强，晋国也不敢贸然同他直接交锋，便建议宋国向齐、秦两国送礼，由齐、秦两国出面调解。若楚国退兵，晋国就把曹君扣留，并将曹、卫的土地分给宋国。这样曹、卫势必不同意齐、秦的调解。如此一来，楚国必然保护曹、卫的利益而不给齐、秦面子，齐、秦两国失了面子，就会支持晋国与楚国作战。

果不其然，齐、秦两国见楚国傲慢，便与晋国联合起来。楚成王知道形势对他不利，就从前线回到申（今河南南阳），命令子玉从宋国撤军，避免同晋国交战。子玉是楚国的令尹，也是楚王之下的最高执政者，骄傲自负，他不肯听从楚成王退兵的意见，坚持要同晋国打仗。

很快楚军北上，晋文公却下令晋军后退三舍之地（一舍三十里，古时日行三十里住宿，称为一舍），以实践他流亡到楚时，对楚成王许下的诺言。晋军后退九十里，在卫国的城濮驻扎下来。

说到晋文公的退避三舍，这是他当年在楚国避难时许下的承诺。楚成王当时认为晋文公日后必定会有大作为，就以国君之礼相迎，待他如上宾。有一天楚成王设宴招待晋文公，问道："你若有一天回到晋国当上国君，应该怎么报答我呢？"晋文公略一思索说："美女侍从、珍宝丝绸，大王您有的是，珍禽羽毛、象牙兽皮，更是楚地的盛产，晋国哪里有什么珍奇物品献给大王呢？"楚王说："公子过谦了，话虽然这么说，可是你总应该对我有所表示吧？"晋文公于是笑道："要是托您的福，果真能回国当政的话，我愿与贵国友好。假如有一天，晋楚之间发生了战争，我一定会命令军队先退避三舍。如果还是不能够得到您的原谅，我再与您交战。"对于晋文公的守诺，子玉却认为这是晋国害怕的表现，派大夫斗勃以十分轻蔑的口吻向晋文公挑战说："我请求同您的士兵在这里角力一番，您可倚在车前横木上与我一同观看。"

前 632 年，春秋时期最大的一场战争爆发了。晋君的下军副将胥臣，把驾车的马蒙上虎皮，率先冲入了楚军的右军中。楚军的右军是陈、蔡两国的联军，陈、蔡本来就是小国，战斗力不强，遭到胥臣怪兽般的突然袭击，立即大败。与此同时，晋国上军狐毛树起中军大旗后撤，迷惑楚军，中军却隐藏起来。下军的栾枝则让士兵砍下树枝拖在车后，扬起漫天尘土，伪装惧楚逃跑。楚国的左军求胜心切，孤军深入，最后几乎全军覆没，子玉也因此自杀了。

这一仗晋军大获全胜，缴获战车一百辆，活捉一千多人。楚军抛下大批物资仓皇逃走，晋军吃着楚军留下的粮食，在城濮休整了三天才班师回国。

城濮一战，是楚国北上的方针遭受到的第一次严重打击，此后只好转而经营南方。晋文公的霸主地位，就在这一仗后确立起来了。

践土之盟

声威大震的晋国自此开始以霸主自居，还向各国发布了一道通令，要求各诸侯国"各复旧职"，即恢复原来各国对周王室所承担的义务和责任。当晋国的大军回国走到衡雍（郑地，今河南原阳西）时，周襄王还亲自前去表示了慰劳。于是晋文公在践土（今河南原阳西南）为周襄王建造了一所离宫，并把从楚国得来的战利品奉献给了周襄王。其中有披着铠甲的四匹马拉的战车一百辆，徒兵一千人。

周襄王很久没有受到这样的尊重了，于是大摆宴席款待晋文公，策命他为侯伯，即诸侯的领袖，并赐给他相应的车马、服饰、仪仗，红色的弓一把，箭一百支，黑色的弓十把，箭千支，香酒一壶，卫宫勇士三百人。周襄王还对晋文公说："你要恭敬地服从天子的命令，以安抚四方诸侯，惩办那些不尊重王室的奸邪之徒。"晋文公推辞了三次，然后才以谦虚、恭敬的态度接受。

前 632 年，晋文公在践土同齐、宋、蔡、郑、卫、莒、鲁等八国结盟，然后亲自护送周襄王返回王都。各国国君在周王室订立盟约，盟约规定各国都要辅助王室，不要互相伤害。谁违背了盟约，神灵就要惩罚他，使其军队溃败，子子孙孙都不能保有他的国家。

独霸西疆的秦国

　　秦国是华夏族西迁的一支，秦襄公时，因其护送周平王东迁有功而被封为诸侯。但是因为地处偏远，秦国一直没有受到其他国家的重视，直到秦穆公时代方参与到中原争霸之中来。在晋国崛起的同时，秦国也日益强大起来，成为西戎霸主。

秦公簋

随着秦国的兴盛，青铜器制作水平也有了很大的进步。这一春秋早期的秦公簋有捉手，并饰有瓦纹，口沿下饰勾连纹带，上面有铭文一百二十三字，另有刻款十八字。无论纹饰还是字体，秦公簋都具有秦国的典型风格。

秦国初兴

因秦襄公保护周王室有功，平王东迁后，便封秦国为诸侯，这标志着秦已升为与齐、晋、郑等国一样的地位，得到与山东各诸侯国通使聘享之礼，这是巨大的飞跃。同时秦国还得到了周王室赐予的岐山以西地区，为日后强大奠定了基础。

真正的开国之君

秦国被列为诸侯，第一代君主是秦襄公。周幽王之乱时，犬戎进攻镐京，秦襄公以兵救周王室。周平王东迁，秦襄公出兵护送，以功封诸侯。东迁以后，平王又把王室无力控制的岐山以西的土地赐予秦国，为日后秦国的强大打下了基础。

不过，这片土地上布满了戎、狄部落，周王是因为无力吞下才吐出来的。秦国要想生存下去，就必须与戎、狄进行长期的斗争。尽管如此，秦襄公还是取得了很大成功，因为他从此可以打着周天子的旗号，讨伐戎狄，开疆拓土了。在最初几年的斗争中，都是以秦国的失败而告终的。看着封赐给自己的土地却得不到手，秦国人很不甘心，便连年向戎、狄发动进攻。前766年，秦襄公也在一次与戎人的战争中阵亡了。

秦襄公死了，但其未竟的事业却没有中断，其长子文公即位，继续奋战。文公四年（前762年），秦兵到达汧渭之会（今陕西宝鸡市东），并筑城邑定居下来。文公十六年（前750年），秦军大破戎族，取得重大胜利，戎人败退，秦人占据周原，终于实现了秦襄公的遗愿。

秦襄公在位时日虽不算很长，但他开创的基业及其雄才大略，为秦国的强盛奠定了基础，提供了巨大的物质和精神力量。因此司马迁评论道："秦起

青铜器的铸造
此图是工匠们在用块范法浇铸青铜器的场面，工匠们穿梭其间，有人指挥，还有人监工。块范法是当时的人们铸造青铜器普遍采用的办法。

襄公，章于文、穆、献、孝之后，稍以蚕食六国，百有余载，至始皇乃能冠带之伦。"这正是历史不会忘记秦襄公的原因所在。

秦襄公之子秦文公即位后，大力发展农业生产，巩固了岐山以西的广大地区。秦宪公即位后，将秦国的都城迁往平阳（今陕西宝鸡），后来又陆续消灭了国都附近的一些割据势力，关中西部一带基本上都为秦国所控制。

到了秦武公时，他开始用武力向东、西两面扩张势力，并不断取得了对戎人作战的胜利。经过八十多年的斗争后，秦国终于建立起以关中为中心，西至今甘肃天水一带，东至今陕西华县附近的强大诸侯国。

宏伟的雍城

秦都雍城是秦宪公迁都以前的都城，称得上是春秋早期发达的大都市之一。

雍城城垣据考证位于今陕西凤翔县城南，雍水河之北，平面呈不规则的方形，面积约为十多平方公里。雍城城内不止有三大宫殿区遗址，还有可以藏冰的凌阴（冰窖）遗址以及铜器窖藏区。

在宫殿遗址中，考古发现了一些铜质的建筑构件，它们多是用在宫殿壁柱和门窗上面的饰件，构件表面也饰有各种花纹，堪称华丽。

据《史记·秦本纪》记载，戎王听说秦穆公贤能，便派大臣由余前往秦国参观，秦穆公让他参观宫殿和仓库、房室，由余说："使鬼为之，则劳神矣；使人为之，亦苦民矣。"工程的复杂程度由此可见一斑。

在雍城南面，考古还发现了大片的贵族墓葬区，墓葬区里的每个陵园周围几乎都有城壕设施。大墓有中字、甲字、凸字、目字和圆坑五种类型。目字和圆坑是车马殉葬坑，规模很大，并且使用了"黄肠题凑"。这些墓葬虽然经过多次盗掘，但还是出土了三千多件精美的文物，反映了当时秦国发达的经济。

先进的手工业

秦国的手工业比较发达，使用铁器的记载也比较早。1978 年，在甘肃灵台县的春秋早期秦墓中，出土了一把铜柄铁身剑。在雍城西南的一座大墓中，还出土了一把铸铁铲。由此可见，铁器已经真正进入了秦人的生产领域。不难想象，铁器的使用在很大程度上促进了当时生产力的迅速发展。

秦国高超的冶铸技术还反映在青铜制造业上。著名的秦公钟就是这方面的代表作，钟上面有长篇铭文，造型浑厚，还满布云雷、龙、夔纹组成的纹饰，深沉庄重，是精美的艺术品。

从秦晋之好到兵戎相见

祖先的辛勤经营使秦国逐渐走上了富强之路，到了秦穆公的时候，称霸的序幕正式拉开了。秦穆公大胆任用了百里奚等贤臣，励精图治，发展秦国的势力。起初秦晋两国关系一直不错，并结下了姻亲关系，但是在晋文公打败楚国后，秦穆公觉得与晋国结盟对自己没有多大好处，便企图攻打晋国。结果崤之战，秦军大败，秦穆公只得向西发展，在消灭了几个小国后，称霸西戎。

由余治国

由余，春秋时期天水人。他的祖先原来是晋国人，为了逃避战乱才逃到西戎。后来由余归顺秦国，被秦穆公任用为上卿（相当于宰相），为秦穆公出谋划策，使秦位列春秋五霸。由余的子孙遂以他的名字为姓氏，称为由氏和余氏。前623年，由余因病去世，秦穆公悲痛万分，辍朝一日表示哀悼，又为他建造了四座坟墓来记功。

由余对秦国的贡献之一是，他在一定程度上影响了秦国在春秋中期的文化形态的发展。春秋初期的秦国文化是比较落后的，秦穆公时代还是典型的农耕民族所崇奉的宫室。由余第一次出使秦国时，秦穆公还对西戎感到比较奇怪，诗书礼乐法度尚不能救世于混乱，戎夷想要治理好自己的国家岂不是更加困难？由余回答说："恰是因为有了诗书礼乐法度，所以秦国才不好治理。君主依仗法律制度的威严来要求和监督民众，民众如果感到疲惫了就会怨恨君主。上下互相怨恨，这都是由于礼乐法度啊。而在戎族，那些居于上位的人都是怀着仁德对待臣民的，因此臣民也满怀忠信地侍奉君上，这才是圣人治理国家的方法。"由余的这一番谈论，使秦穆公认识到他是个人才，认为如果让他回国，以后一定会成为秦国的祸患，于是设计让由余归顺了秦国。秦穆公三十七年（前623年），秦国采纳了由余的策略，转变进攻方向，全力攻伐西戎，灭掉十二个西戎小国，史称穆公益国十二。此举开地千里，终于使秦国称霸于西戎。因为西周亡于西戎，所以秦穆公的对戎战争虽然没有像齐桓公、晋文公一样取得中原霸主的地位，但是周天子还是一样派遣召公携带金鼓向秦穆公祝贺，承认秦的西方霸主地位，这大大提高了秦国在诸侯中的影响和地位，也算是由余对秦国的功绩。最关键的是，秦穆公的向西扩张，给尚处在发展阶段的秦国以一个比较广阔的战略纵深和发展空间，为四百年后秦国一统天下奠定了坚实的基础。

五羖换大夫

秦穆公一直希望能够建立起一支强大的军队，并且想得到好的马匹来多多繁育，于是便问善于鉴别马的伯乐说："您的年纪大啦，您的子孙中有没有可以派去访求良马的人呢？"

伯乐回答道："良马可以凭形体外貌和筋骨来鉴别，但天下稀有的骏马，其神气却在若有若无、似明似灭之间。像这样的马，奔驰起来足不沾尘土，车不留轮迹，极为迅速。我的子孙都是下等人才，可以教他们识别良马，但是却没有办法教他们识别天下稀有的骏马。有一个同我一起挑担子拾柴草的朋友，名字叫作九方皋，他相马的本领不在我之下。请让我引他来见您。"

畜牧封侯

百里奚在楚国养牛，他养的牛比别人的强壮，楚人便称他为"看牛大王"。秦穆公听说百里奚贤智，用五张羊皮将其赎回。秦穆公与百里奚谈论后十分赏识他，于是授其国政。

秦穆公于是召见了九方皋，并派他外出找马。过了三个月，九方皋回来报告说："已经得到一匹好马啦，在沙丘那边。"秦穆公问："那是一匹什么样的马？"九方皋回答说："是一匹黄色的母马。"穆公赶忙派人去沙丘取马，结果拉回来的却是一匹黑色的公马。

秦穆公很不高兴，把伯乐召来说："坏事啦！你介绍的那位相马人，他连马的黄黑、公母都分辨不清楚，怎么能够鉴别马的好坏呢？"

伯乐长叹了一口气说："竟到了这种地步了啊！这正是他比我高明不止千万倍的地方啊！像九方皋所看到的，是马的内在神机，观察到它内在的精粹而忽略了它的表面现象，洞察到了它的实质而忘记了它的外表；只看到他所应看到的东西，而不看他所不必看的东西；只注意到他所应注意的内容，而忽略了他所不必注意的形式。像九方皋这样相马，有比鉴别马还要宝贵得多的意义。"后来的事实证明，那匹黑色的公马果然是一匹天下少有的骏马。

秦穆公记住了伯乐说的鉴马的诀窍，并将这一诀窍用在了选用人才上，当时秦穆公手下最有才能的人，就属百里奚了。

百里奚，姜姓，百里氏，名奚，字子明，春秋时期虞国人，非常有才学，然而因为家境贫寒，他三十岁的时候才娶上妻子。在妻子的劝说下，百里奚开始出外寻找机会。到齐国以后，百里奚生了病，只好以讨饭为生。等到流浪到宋国时，已经四十多岁的百里奚结识了蹇叔。正好蹇叔想到虞地去看望一下老朋友——虞国的上大夫宫之奇，于是二人便同路来到虞国。百里奚回到家乡了却没有找到妻子，于是只好和蹇叔一起，请宫之奇领他们去见虞君。蹇叔知道虞君是个贪图小利的人，不会有所作为，便回家去了。而百里奚不想再奔波，于是便留下来当了个中大夫，但是却没有受到重用。

不久之后，因为虞国被晋国所灭，虞君和百里奚都当了俘虏。恰巧这时秦穆公向晋国求婚，晋国用很多奴隶陪嫁，百里奚也是其中之一。不愿做奴隶的百里奚中途逃跑到了楚国，为人牧牛，很快就把牛喂肥壮了。他的名气传到楚王那里后，楚王便问他养牛之道，他说："时其食，恤其力，心与牛而为一。"楚王听了很高兴，便叫他到南海去牧马。

秦穆公见晋国陪嫁的奴隶名单中有百里奚的名字，但是却没有看到他的人，于是追问起来。有的人说起了百里奚的才能，这让秦穆公非常重视，赶紧派人到处打听百里奚的下落，得知他在楚国后，便准备用重金向楚国去请。这时有个大臣提醒秦穆公说："楚王不用百里奚，那是因为他不知道这个人的才能，如果我们用重金去请求楚王，那就等于我们把百里奚的才能告诉了楚王，楚王必然会留下百里奚自用，怎么可能会放他走呢？"于是秦穆公派人按照奴隶的价格到楚国，用五张羊皮把百里奚换了回来。

百里奚一来到秦国，秦穆公便兴冲冲地前去迎接，没想到看到的竟然是一个满头白发的老翁。秦穆公脱口便问："你多大岁数了？"百里奚回答："才七十岁而已！"秦穆公叹了一口气，说道："可惜有些老了！"百里奚不服气地说："你如果是要我去上山打老虎，那我确实是老了；但是你如果要我坐下来商量朝廷大事，那我比姜太公还小了十岁呢！"秦穆公觉得这话有道理，就和他谈论起富国强兵的大事来，发觉他确实是个很了不起的人才，便请他当上卿，并委以国政。因为百里奚是秦穆公用五张羊皮换来的，所以他后来就被人们称为五羖大夫。

蟠虺纹镜
此镜出土于春秋中期的秦墓，出土时已碎。镜背中央有半环形的小钮，周围饰细密的蟠虺纹，是罕见的春秋镜的佳品。

不久后，百里奚又介绍蹇叔来到秦国，并推荐他担任比自己还要高的职位。百里奚对秦穆公说："蹇叔很有才能，可是世上的人都不知道。我被困在齐国时一度以讨饭为生，是蹇叔收留了我。我想侍奉齐国国君，是蹇叔阻止了我，所以我才得以躲过了齐国发生政变的那场灾难，于是到了周朝。周王喜爱牛，我又想凭着养牛的本领求取禄位，但是当周王想任用我时，又是蹇叔劝阻我，于是我离开了周朝，才没有跟周王一起被杀。侍奉虞君时，蹇叔也劝阻过我。我虽然也知道虞君不能重用我，但我实在是从心里喜欢利禄和爵位，所以就暂时留下了。我前两次听了蹇叔的话，都得以逃脱险境。但是只有一次没听，就遇上了这次因虞君亡国而遭擒做奴隶的灾难，因此我知道蹇叔有才能。"

秦穆公因此让蹇叔当了上大夫，秦人把蹇叔和百里奚称为"二相"。

联晋攻郑

靠着蹇叔和百里奚等臣子的辅助，秦穆公教化民众，实施变革，秦国在西方逐渐强盛起来，因此秦穆公便联合晋文公一同攻伐郑国。理由是郑国曾经对晋文公无礼，并且在与晋国结盟的情况下又与楚国结盟。

秦晋两国的联军很快包围了郑国，佚之狐对郑伯说："郑国现在正处于一

百里奚以歌认妻

百里奚颠沛流离的生活和坎坷的经历，使他尝尽了生活的艰辛，他与同样尝尽生活艰辛的妻子以歌相认的故事被后世传为佳话。

种危险的情况中，如果能派烛之武去拜见秦君，他一定能说服秦国撤军。"郑伯同意了。但是烛之武却推辞说："我年轻的时候，尚且不如别人，现在年老了，就更做不成什么了。"郑文公说："我早先没有重用您，现在在危急之中求您出山，这是我的过错。然而如果郑国灭亡了，对您也没有什么好处啊！"于是烛之武就答应了。

夜晚，郑军用绳子将烛之武从城上放下去。烛之武见了秦穆公说道："秦、晋两国围攻郑国，郑国已经知道要灭亡了。如果郑国灭亡了能对您有利，那么冒昧地拿这件事麻烦您还值得。可是越过一个国家而把遥远的郑国作为秦国的东部边境，你一定知道这样做是很困难的，所以您何必要灭掉郑国而去增加邻邦晋国的土地呢？邻邦的国力雄厚了，您的国力也就相对削弱了。假如您放弃消灭郑国的打算，而让郑国作为您秦国东道上的主人，秦国使者往来，郑国也可以随时供给他们所缺乏的东西，对秦国来说也没有什么害处。况且您曾经对晋惠公有恩惠，他也曾答应把焦、瑕二邑割让给您，然而他早上渡河归晋，晚上就筑城拒秦，这事您是知道的。晋国又何曾有过满足的时候呢？现在他已把郑国当作东部的疆界，又想扩张西部的疆界。如果不侵损秦国的利益，晋国从哪里取得他所企求的土地呢？使秦国受损而让晋国受益，希望君王您还是好好掂量掂量这件事吧！"

烛之武的这一席话说到了秦穆公的心坎里，于是他当即就与郑国签订了盟约，还派杞子、逢孙、杨孙等帮助郑国守卫，自己则率领大军回国了。

晋国的大臣子犯知道后大为光火，便请求晋文公下令攻打秦军。晋文公说："不行！假如没有秦君的支持，就不会有我的今天。借助了别人的力量而

历史文献

秦、晋围郑，郑既知其亡矣。若亡郑而有益于君，敢以烦执事。越国以鄙远，君知其难也，焉用亡郑以陪邻？邻之厚，君之薄也。若舍郑以为东道主，行李之往来，共其乏困，君亦无所害。且君尝为晋君赐矣。许君焦、瑕，朝济而夕设版焉，君之所知也。夫晋，何厌之有？既东封郑，又欲肆其西封，若不阙秦，将焉取之？阙秦以利晋，唯君图之。

——《左传·僖公三十年》

又去损害他，这是不仁义的；失掉了自己的同盟国，这是不明智的；以分裂代替联合一致，这是不勇武的。我们还是回去吧！"就这样晋军也撤离了郑国。

崤之战

秦国一直有向东争夺霸权的愿望，但时值晋文公执政，因此秦国始终没有机会东进。就在晋文公死后的第二年，秦穆公认为东进的时机已经到了，便任命孟明视、西乞术和白乙丙三位将领越过晋国进攻郑国。

当时郑国北门的守将是秦国派去的杞子、逢孙、杨孙三人。他们向秦穆公报告说，郑人让他们掌管北城门的钥匙，如果秦军悄悄地来进攻，他们便把北门打开接应，郑国就可以轻而易举地到手了。秦穆公于是和蹇叔商议，蹇叔坚决反对，他认为到这样远的地方去进攻一个国家，长途行军，又不能保密，因此无法偷袭，这样的"劳师远征"一定会失败的。

秦穆公执意不肯听从，依然命孟明视、西乞术、白乙丙三个将领率领兵车三百辆前去偷袭郑国。大军出发那天，蹇叔哭着去送行，说道："孟明视啊，我能看到军队出发，可是却看不到你们回来了啊！"秦穆公怒道："你知道什么？一大把年纪还在这里胡说八道，怎么还不去死！"因为蹇叔的儿子也在这次出征的队伍中，所以蹇叔又哭着说："晋国人一定会在崤山抵御我军，那里有两座山陵，南边的是夏代帝王的陵墓，北面的是周文王当年躲避风雨的地方。你一定会死在这两座山之间，就让我来收拾你的尸骨吧！"

当秦国的军队到了距离郑国还有八十公里的滑国（今河南偃师西南）时，恰好遇到了郑国的商人弦高。弦高正赶着一批牛群去洛邑贩卖，于是他伪装成郑国的使臣，把牛群赶到了秦军的军营里，宣称是奉了郑国国君的命令，前来犒劳秦军。

佣矛

此为春秋中期的兄矛矛叶饰透雕云纹，柄上有铭文四字，铭文旁饰雷纹。筒上延至锋，下端作变形饕餮纹，纹饰极其精美。

孟明视知道后大吃一惊，没想到自己的偷袭计划已经被郑国发觉了，想来郑国已经有所准备，这仗是不能再打了。于是他支支吾吾地告诉弦高说，他们进攻的目标并不是郑国，而是滑国。而且为了证明自己不是在说谎，孟明视只得突袭倒霉的滑国，把它灭掉后迅速撤退。

秦军消灭滑国的时候经过了晋国的土地，但是却没有和晋国打招呼，这一来可惹恼了晋国的君臣，认为这是秦国对他们的藐视，十分气愤，所以决心给秦军一次打击。秦军走到崤山峡谷，在一条仅可容纳一辆战车通行的狭长小道上，遭遇到了晋国大军的突袭。秦军三百辆战车和三千名骁勇的士兵，在这里全军覆没，孟明视等三员大将也被晋国擒获。

当时晋国的国君是晋襄公，其母亲是秦女怀嬴。秦国三将被捉后，怀嬴便让晋襄公将他们释放，以免伤害了两国的和气。晋襄公年轻，因此没有多加考虑，很快就把秦国的这三个大将给释放了。中军元帅先轸闻讯后，立即赶来，气愤地对晋襄公说："将士们在战场上拼了性命奋起征战，才俘获了敌军的将领，而妇人待在家里只说了一句话就将人放走了，你这不是葬送战士们的胜利果实而帮助敌人吗？看来晋国的灭亡就在眼前了！"他一边说，还一边向地上吐唾沫。晋襄公直到此刻才明白过来不应该放虎归山，连忙派阳处父去追赶。当他追到黄河渡口的时候，孟明视等三人已经乘船到了中流。阳处父急忙解下驾车的左马，假借是晋襄公送的，想诱骗他们回来。但是孟明视知道是计，因此就在船上向阳处父行礼，说道："贵君不用我们的血去祭你们的军鼓，而让我们回国请死，这是莫大的恩惠。如果我们回去被杀，我们即使死了也要在地下感谢贵君；假如我们因为受到了贵君的恩惠而免于一死，那么我们三年后将会再来拜谢贵君的厚意。"言下之意，就是三年后还要来报仇。

秦穆公听说自己的三员大将得以生还，大喜过望，身穿素服亲自到郊外去迎接他们，还自责没有听从蹇叔和百里奚的忠告，并恢复了三位将领的旧职。自此以后，秦晋两国结下了世仇。

秦晋之战

正是这次崤之战，使得秦穆公大胆地任用百里奚和蹇叔，来为自己重新训练军队。三年后，即前625年，秦国准备向晋国报复，这时晋国任命先轸之子先且为中军元帅。由于他早就作了充分的防御准备，因此两军在彭衙（今陕西白水东北）大战时，晋将狼瞫率领人马首先冲进秦阵，打乱对方的阵势，晋军随后掩杀过去，秦军大败而逃。

秦军败回后，秦穆公仍然任用孟明视。孟明视在两次失败后，也更加用心整顿内政，训练军队，发展生产。晋国的赵衰看到这一情况后，对将士们说："要是秦军再来，我们一定不能同他们硬打，秦军复仇心切，百战不殆，已经成了一股不可阻挡的力量。"

次年夏天，孟明视再次率军进攻晋国。当秦军渡过黄河以后，秦穆公下令把所有的船只烧掉，不取胜便不回国。秦军上下一心，士气大振，一举攻下了晋

秦穆公济河焚舟

秦穆公不听劝告，才会在崤山被晋军打得全军覆没。因此在渡过河后，秦军便把船只全部烧掉，使自己陷于有进无退的境地，与晋国决一死战。

国的郊邑（今山西闻喜西）和王官（今山西闻喜）两座城池。晋军避其锋锐，坚守不出。秦穆公见状，下令回到崤山，掩埋了崤山中五年前秦军败亡的尸骨，全军在此哭祭三天。看着山中的累累白骨，秦穆公再次自责道："我们要牢记，古人行事常同年长的人商议，因此才不容易失败。而我因为不听蹇叔、百里奚的劝阻，才有了这样重大的损失，后人一定要记住我的这一罪过啊！"

经过多年的较量，秦国和晋国势均力敌，秦国的势力始终无法东进，因此就专力向西发展，称霸于西戎。

可悲的殉葬

前621年，称霸西戎的秦穆公去世了，他的儿子嬴罃即位，是为秦康公。他用了一百七十七人为父亲殉葬，这是自西周以来用人殉葬最多的一次。这次殉葬的不光是奴隶，连秦国很有才干的子车氏的三个儿子奄息、仲行、鍼虎都在其中。秦国人对他们的死深为痛惜，并作了《黄鸟》诗，深切地哀悼他们。

诗中唱道："黄雀叽叽，酸枣树上息。谁跟穆公去了？子车家的奄息。说起这位奄息，一人能把百人敌。走近了他的坟墓，忍不住浑身颤抖。苍天啊

蛇纹卣

卣为古代的一种礼器，专用于盛放祭祀用的酒。此器椭圆口，深腹、圈足，有盖和提梁，饰细密的鳞纹。盖面分为四区，每区内饰相对的卷体蛇纹，间饰蛙纹或小蛇纹，十分精美。

苍天！我们的好人一个不留！如果准我们赎他的命，拿我们一百换他一个。黄雀叽叽，飞来桑树上。谁跟穆公去了？子车家的仲行。说起这位仲行，一个抵得五十双。走近了他的坟墓，忍不住浑身颤抖。苍天啊苍天！我们的好人一个不留！如果准我们赎他的命，拿我们一百换他一个。黄雀叽叽，息在牡荆树上。谁跟穆公去了？子车家的鍼虎。说起这位鍼虎，一人当百不含糊。走近了他的坟墓，忍不住浑身颤抖。苍天啊苍天！我们的好人一个不留！如果准我们赎他的命，拿我们一百换他一个。"

在这次葬礼中，秦穆公时代的功臣几乎被全部殉葬，秦国又回到了蒙昧的时代。其后秦晋两国虽然长期兵戎相见，秦人却始终不能东进，就转而联楚抗晋。依靠了秦国的支援，楚国逐渐强大了起来。

楚庄王问鼎中原

前740年，熊通自立为楚武王，宣告了一个南方大国的崛起。楚文王建都于郢后，江汉一带的小国都畏惧楚国。楚成王时，已经"楚地千里"。周天子也不得不承认了楚国南方"首领"的地位。楚庄王即位后，改革内政，发展经济，陈兵问鼎于周郊，又破陈围郑，鲁、郑、陈、宋等中原国家先后归附，楚庄王称霸于中原。

从看门的蛮夷到南方的大国

西周初年，荆人的残部主要是芈姓人，西迁至丹水与淅水之间。鬻熊为首领时，审时度势，率领楚民背弃商纣王，西行投奔周文王，受到了周文王的器重。周武王即位后，有向南进攻的意思，楚人觉察之后，在鬻熊之子熊丽的率领下，举部南迁至睢山与荆山之间，暂时避栖于荒野之地。周成王时，封熊丽之孙熊绎为楚君。荆楚开始跻身于诸侯之列，楚国正式诞生了。

熊绎及其后代是江汉流域最早的开发者，他们的创业历史是艰苦卓绝的。因为国小力弱，诸侯会盟时都不能入席，只能被派做看守灯火的杂务。楚国的大臣子革就曾说："从前我们先王熊绎僻处在荆山，乘着柴车，穿着破衣服，开辟杂草丛生的山林，以桃木做的弓，枣木做的箭向周王室进贡。"由此可见当年的艰辛。直到春秋初年楚文王时，楚国也不过还是"土不过同"（方圆百里）的小国。

但是进入春秋时期后，中国南方的经济发展很快，从考古发掘来看，其生产力水平并不比中原各国低，在某些方面甚至还取得了领先的地位。

楚成王的北进

春秋前期，楚国在楚成王统治时，国力发展到了一个高峰。

楚成王的名字叫作熊恽，他当政时，中原大地正是齐桓公称霸之时。于是楚国采取了尊周亲诸侯的政策，这不仅使楚国取得了与华夏之国抗衡的合法地位，而且还能够以奉周天子之命为由，大力攻伐不臣之国，开拓疆域。

齐桓公为了遏制楚国的北进，曾亲自率领齐、鲁、宋、陈、卫、郑、许、曹等八国的军队南下攻楚。最后经过一番得失的权衡，齐桓公只得与屈完在召陵结盟。召陵之盟后，楚成王又大胆、果断地继续北上东进，与齐国展开霸主的争夺。至前646年，楚国的势力已经推进到了淮河中游一带。前643年，齐桓公死去，这时不自量力的宋襄公开始与楚成王较量，结果一败再败。此时的中原大地，能和楚国一较高下的就只有晋国了。前632年，在楚、晋城濮之战中，楚国战败，这是楚成王争霸道路上的严重挫折。

前627年，晋国的阳处父率军攻打蔡国，楚国大将子上率兵救援，两军隔泜水（即今沙河）相持。后来因为晋军粮草将尽，阳处父意欲退兵，但他既怕退兵时楚军乘机进攻，又怕退兵后给人落下临阵退却的笑柄，便派人去对子上说："你若想和我决战，我就退后一舍，让你渡河列阵，咱们早晚决战；你若不想渡河，那就让我一舍之地，使我渡河列阵。不然这样相持不下，劳师费财，对谁也没有好处。"子上打算渡河列阵，但是随行的大孙伯说："晋人不讲信用，如果乘我们渡了一半的时候对我们进行攻击，那我们就吃亏了，不如让他们渡河列阵。"于是子上让楚军后退了一舍，等待晋军渡河。但是阳处父等楚军一退，就故意宣扬说："楚军不敢与晋军决战，逃跑了。"于是率军撤退。他知道楚国太子商臣曾与子上结怨，在退军后就让人告诉商臣说："子上接受了晋国的贿赂，所以退兵。"商臣又将此事告诉了楚成王，楚成王于是杀掉了子上。

至此，楚成王的统治已经接近尾声。在他为君的四十六年中，楚国在诸侯国中的地位和影响空前提高。唯一遗憾的是，晚年的楚成王在选择继承人的问题上主意不坚定，终于导致了后来的宫廷政变。

虎形灶

从此灶的出土可以看出，春秋时期我国的灶具已经基本完备，但是即便是这么完备的灶台要做熟熊掌也还需要不短的时间，无怪乎商臣会拒绝父亲以想吃熊掌来等救兵的借口。

宫廷政变与令尹的更迭

本来楚成王很早就立了长子商臣为太子，后来又想改立小儿子。商臣于是找师父潘崇谋划，发动了宫廷政变，逼迫楚成王自尽。楚成王要求吃一个熊掌后再死，想以此拖延时间，等待外援。但是商臣坚决不答应，楚成王被迫自缢。于是商臣即位，是为楚穆王。

对于这场政变，新上任的令尹斗般虽然知道内情，但却无可奈何。前617年，封在商地的斗宜申知道内情以后，便来到楚国的都城郢都，与大夫仲归联手，想谋杀弑父自立的楚穆王，但因行事不密，事情败露，两人被楚穆王派司马斗椒处死了。

斗椒与令尹斗般同为若敖氏家族的人，但他暗地里一直想当令尹，所以总视斗般为眼中钉，此时便乘机向楚穆王诬告说："斗宜申和仲归合谋的背后主谋是斗般，他们的目的是想扶持公子职为楚王。"穆王一听，想试试斗般是否听话，就下令要斗般立即去将公子职杀掉。斗般并不知道大祸已经临头，以公子职并无过错为由而推辞。穆王于是大怒，挥起自己随身携带的大铜锤，一下就将斗般杀死在了议事的朝堂之上。

斗般死后，楚穆王并没有马上任命斗椒为令尹，而是任命了在城濮之战中自杀而亡的子玉的儿子成大心为令尹。可没过两年，成大心就死在了任上，斗椒得以升任令尹。

楚漆器狩猎图
这幅绘在漆器上的狩猎图，完整地再现了春秋时期人们狩猎的场景。

楚穆王的开拓

楚穆王在前 623 年的秋天，挥师攻打晋国的附属国江国（今河南正阳南），晋国连忙派大将阳处父率军救援，但是却被楚国的公子息阻挡于方城之外。江国失去了外援以后，很快就被楚国吞并。

前 621 年，继承晋文公之位的晋襄公当政仅六年便死了，这让楚穆王看到了北上的机会。前 618 年，楚穆王亲率大军，直取郑国的一个叫狼渊（今河南许昌西）的地方，不但大败叛楚服晋的郑国，而且还囚禁了郑国的公子坚、公子龙和乐耳。郑国被迫与楚国订盟求和。

半年后，楚国又以迅雷不及掩耳之势攻占了陈国的壶丘（今河南新蔡），进而又讨伐陈国的国都。但这一次却是陈国以少胜多，打败了楚军。但陈国担心楚国强势报复，主动提出与楚国订立盟约。

威服了郑国和陈国，前 617 年，楚穆王大会诸侯于厥貉（今河南项城），想要树立自己在中原各国中的领导地位，然后组织联军去攻打宋国。宋昭公得到消息后，诚惶诚恐，打着慰问楚穆王的旗号，亲自请求归附，并以一国之尊亲自做向导，陪同楚穆王围猎。古时的诸侯围猎犹如行军打仗，宋昭公不知是故意还是被楚穆王吓着了，竟忘了带取火用的工具，结果影响了打猎。楚穆王命人责打了替宋昭公驾车的人，并将其在军中示众，以此来代替宋昭公应受的责罚。受此大辱，宋昭公心生怨恨，但却慑于楚国的兵威，唯有隐忍不发，任由楚穆王以霸主的姿态对待自己。

厥貉之会后，在前 615 年，群舒（偃姓，包括舒鸠、舒蓼、舒庸、舒鲍等部）叛楚，令尹成嘉率军镇压，打败了叛军，进而攻打巢国，楚国的势力进一步向江淮地区发展。

信父盘

盘上的铭文表明，此器可能是息国的铜器。息国位于楚国东北，是楚文王时期首批被兼并的国家。楚国的兼并战争，扫荡了汉水及江淮流域以东地区，获得了与北方的齐、晋、秦等国争霸的条件。

王子午鼎

王子午鼎为楚令尹王子午所作，他是楚庄王的儿子、楚共王的兄弟。王子午鼎纹饰极其华美，多用浮雕、立雕技法，是当时楚器的新风尚。

铸铁与青铜铸造

楚国地处江汉平原，有着良好的自然条件，因此农业比较发达。对农业发展有十分重要作用的铁器，在楚国使用也比较早，目前出土的有铲、镢、匕首等物。1977 年，一座重六斤多的铸铁鼎出土，由此可见当时的楚国已很好地掌握了控制高温的技术。铸铁出炉时是液态，可以随意浇铸成各种形状的器物。铸铁杂质少、质地坚硬，可以大批制作坚固而且锐利的工具。

铸铁的生产是冶铁技术上的一大飞跃，西方各国直到 14 世纪才由块炼铁发展到铸铁阶段，比中国晚了近两千年。应该说铁器使更大面积的农田耕作成为可能，是楚国经济发展的巨大促进力。

除了铸铁，楚国的青铜冶铸业也相当发达。因为楚国的青铜质量优良，是制造兵器的好材料，所以一直禁止外流。前 642 年，郑文公来到楚国，楚成王高兴之余送给他一些青铜料，同时与郑文公约定，不准用于制造兵器，因此郑国只得用来造了三口铜钟。

楚国的青铜器造型非常优美，花纹精致细腻、流畅生动，富有浓郁的生活气息，有浑铸、分铸及浑铸与分铸相结合的多种铸造法，并且还掌握了失蜡法。失蜡法是将易熔的模料蜡制成所要制的器物模型，因蜡质软，可作精细雕刻。然后在做好的蜡模型上涂以翻铸铜器用的液态模泥，使其硬化成壳。反复多次，就成了较厚的外壳。将外壳加热后，蜡熔化流出，即成了一件范，再往其中浇入液态青铜液，就铸成了一件复杂的器物。这样铸出的器物表面光洁，尺寸准确。现代多用此法铸造航空发动机、导弹和仪表等精密度高的器物。

凭着先进的工具，楚国逐步壮大了自己的国力，开始吞并周围的小国，由过去"僻在荆山，筚路蓝缕，以启山林"的小国，发展成为雄踞江汉、觊觎中原的大国。

楚庄王的霸业

楚穆王当政十二年后死了，儿子熊侣继位，是为楚庄王。楚庄王在位期间非常重视选拔人才，在内政方面作了一些改革，他赏罚分明，群臣和睦，百姓安居乐业，国力日益强盛，为以后取得霸业奠定了基础。

一鸣惊人的楚庄王

在楚庄王即位的最初三年中，从不曾发布过任何政令，他每天都只是玩乐，凡是为此而进谏的人都会被处死。

有一天，大夫伍举进见楚庄王。当时楚庄王手中端着酒杯，口中嚼着鹿肉，正在醉醺醺地观赏歌舞。他看到伍举进来便说："你来这里，是要看歌舞呢，还是要喝酒呢？"伍举回答说："有人向我请教了一个问题，我始终也猜不出来是怎么一回事情，所以特地来此向您请教。"楚庄王于是说："你说来听听。"伍举说道："在楚国的都城有一只大鸟，这只大鸟栖息在朝堂之上已经有三年整了，但是从来都不动一动，而且也从来没有飞翔过，也没有鸣叫过，我实在是很难理解。您说这是怎么回事呢？"楚庄王听了以后，心中完全明白了伍举的意思，便笑着说："这只大鸟三年不动是决定志向，三年不飞是在长翅膀，三年不鸣是在观察周围的情况。这只鸟不飞则已，一飞冲天；不鸣则已，一鸣惊人。你就等着瞧吧！"

但是过了几个月，楚庄王依然故我，每日不是打猎游玩就是喝酒欣赏歌舞。大夫苏从便来见庄王。他才进宫门，就大哭起来。楚庄王说："你为什么哭啊？"苏从回答道："我为自己就要死了而哭，也为楚国快要灭亡了而哭。"楚庄王吃惊地问："你怎么会死呢？楚国又怎么能灭亡呢？"苏从回答说："我如果劝告您而您不听，肯定会将我杀死。而您又整天不管朝政，楚国的灭亡不是就在眼前了吗？"楚庄王听完大怒，斥责道："我早就说过，谁来劝谏，我就会杀谁，如今你却明知故犯！"苏从痛彻心扉地说："您将我杀死了，我还能得到忠臣的美名，但是您如果使国家灭亡了，就只能当亡国之君了。现在您要杀就杀吧！"楚庄王听完后，忽然站起来，动情地说："大夫的话是忠言，我一定会照办的！"随即他传令解散了乐队，打发了舞女，决心要大干一番事业。

从此以后，楚庄王开始认真处理朝政，任用了伍举、苏从、孙叔敖等一些贤良有才能的人，大力发展农业和商业，国力日渐雄厚。

最初的征伐

楚庄王一边改革政治，一边扩充军队，训练军士，随时准备与晋国决战，一雪城濮之战的耻辱。

楚庄王首先征服的是庸国。庸国是一个古老的国家，周武王讨伐商的联军中就有它，庸国在今湖北竹山一带，是西北通秦、北上中原的战略要地。灭掉庸国不仅解除了楚国西部的威胁，同时也使楚国把地盘扩大到了今湖北西北，与秦国直接接壤。

楚庄王仁言动众
楚庄王击溃萧国后，不顾严寒，亲巡三军，抚慰将士。将士们都很感动，觉得自己好像披着棉絮一样温暖。

接着楚国向北用兵，进攻陈国。前608年，楚庄王亲自带兵进攻陈、宋两国。晋国派赵盾前来营救，结果被楚国打败，晋将解扬也被活捉。

次年春天，楚国指使倒向它的郑国进攻宋国，郑、宋两军战于大棘（今河南睢县南）。宋国主将华元在战前杀羊分赏给士兵，不想却漏掉了给他驾车的羊斟。两军开战后，羊斟就把华元一直拉到了郑军中，一国之主将就这样当了俘虏。宋军没有了主将，自然惨败。郑人缴获了战车四百多辆。不久后华元逃回宋国，居然还问羊斟是不是马不听使唤，羊斟大言不惭地回答说："是人不是马。"说完就逃之夭夭了。

这年夏天，晋国联合宋、卫、陈三国准备攻打郑国。楚国将军队开到了郑国国都之外，等待晋军。但是由晋国的中军元帅赵盾率领的四国联军一看，竟然不敢交锋就退了回去。

楚庄王中原问鼎

两次同晋国的相遇，楚国都占了上风，于是楚庄王便更大胆地向北推进。前606年，楚国在今河南伊洛流域进攻陆浑之戎，楚庄王命令将军队开到周王室的国土上，以显示自己的力量。

看到楚国大军到来，周定王一时摸不清楚庄王的意图，忙派大夫王孙满前去慰劳。楚庄王于是向王孙满询问周王室九鼎的大小和轻重。九鼎是王权的象征，王孙满知道此问不怀好意，便说："一个国家的兴亡，在于德义的有无，而不在于鼎的大小和轻重。"

面对王孙满的软钉子，楚庄王开始夸耀起楚国的军事力量，说道："鼎

樊姬

樊姬不仅从根本上杜绝了楚庄国君身边的隐患，同时也深深感动了楚庄王，使他对自己更加尊敬。

没有什么可稀罕的，我们士兵在战场上折断的敌人的戈尖、矛头，就足以铸成九鼎了！"王孙满很是气愤，反驳道："你怎么忘记了这九个鼎的来历呢？它是夏代极盛的时期，远方各国诸侯来臣服，由九州的长官贡献的金（铜），把各州的山川物产画成图形，都铸在上面的，它象征着整个天下。后来夏桀失道，鼎就迁到了商朝的人那里。过了六百年，商纣无道，鼎又迁到了我们周朝。可见只要有德义，鼎虽小也是搬不走的；没有德义，鼎即使再大也没有办法保得住。现在周朝的德义虽然衰微了，可是天命还没有完，鼎的轻重你怎么能够过问呢？"

这一来，轮到楚庄王哑口无言了。

若敖族的覆灭

生了一肚子闷气的楚庄王决定回国，不想此时后院起火，令尹斗椒发动了叛乱，企图阻止楚庄王回国。

斗椒在楚穆王时就身居高位，一次楚国派斗椒率兵征伐郑国，郑军不敢出战。楚军副将苏贾献出了一条诱敌之策，斗椒觉得很好，就传令军中："粮食快要吃没了，诸军可以到附近的村落中掠取，以供食用。"然后他自己则饮酒作乐，每天都到半夜才结束。

郑军见楚军不来挑战，便派人打探。探子回来报告说，楚军战士四处掠夺粮食财物，元帅斗椒则天天在营中鼓乐饮酒，酒后就谩骂郑国人无用，根本不敢打仗。公子坚听到这个消息以后大喜，对公子庞和乐耳说："楚国的士兵四处掠夺，他们的军营必然空虚；楚国的将军终日酗酒，心中必然懈怠。如果我们今天晚上前去劫营，一定能大获全胜。"于是当夜郑军饱食一顿，前去劫营，结果却中了楚军的埋伏，损失惨重。

因此现在斗椒凭着骄人的战功，加上显赫的地位，决定一举消灭楚庄王，取而代之。楚庄王见斗椒以逸待劳，而自己带的兵刚刚才打完仗，非常疲惫，知道硬拼于自己不利，便派大臣苏从前去讲和。斗椒认为楚庄王已经是自己的囊中之物，只等伸手擒拿了，哪里肯罢手。于是楚庄王假装退兵，到了深夜，却把军队埋伏于漳水东岸，然后再派一队士兵在河岸活动，引诱斗椒渡河，自己则率领少数士兵躲在桥下。第二天早上，斗椒见河对岸有楚兵，果然追过河来。但是待他发现中了计，想向回撤退时，桥已经被拆毁了。斗椒

历史细读

楚庄王非常喜欢打猎，他的夫人樊姬去劝阻他，楚庄王始终不听。樊姬于是就以不吃肉表示抗议，楚庄王这才觉悟，打猎的次数也少了。不久之后，楚庄王称赞虞邱子的贤德。樊姬说："这并不算得是忠臣。我服侍君王有十一年了，曾经访求美女献给君王。比我好的有两个人，和我差不多的有七个人。虞邱子做臣子也有十多年了，除了他自己的子弟宗族亲戚外，从来没保举过别人，难道贤人是这样的吗？"虞邱子听到这番话后，惭愧得无地自容，于是就把孙叔敖举荐上来，楚国因此得以称霸。

惊惶失措，急忙命令士兵涉水过河。士兵们正待下水，对岸的楚军万箭齐发，斗椒死在了乱军之中。

斗椒是古老的若敖族，从此若敖族被灭，楚国王族中的其他大族见状，都不敢轻举妄动了。楚庄王消除了后顾之忧以后，又开始专力对外争雄。

循吏孙叔敖

接替斗椒担任令尹一职的，是孙叔敖。孙叔敖的祖父官拜楚成王的令尹，父亲任楚国司马。传说孙叔敖年少时，曾经遇见过一条双头蛇。当时的人们都认为，见到这种怪蛇的人必死无疑。因而孙叔敖心想，要死就只死我一个人，不能再叫旁人看见。于是他奋力斩杀了这条蛇，将它埋入了山丘中。孙叔敖的品德由此深为族人所敬佩，那座山丘也因而得名"蛇入山"。

前599年，孙叔敖被拜为令尹，他主张"施教于民""布政以道"。他极重视民生经济，制定和实施了有关的政策法令，尽力使农、工、商都各得其便。他不但大力兴修水利，还在江陵境内修筑了大型平原水库"海子"。此外他还鼓励农民秋冬上山采矿，促进了青铜业的快速发展。当时在他的政策引导下，楚国出现了一个"家富人喜，优赡乐业，式序在朝，行无螟蜮，丰年蕃庶"的全盛时期。

因为楚国的民俗人们都喜欢矮小的车子，楚庄王认为楚国的车子太矮小不便于驾马，于是想下命令将全国的车子一律改造为高大的车子。孙叔敖便劝谏说："朝令夕改以命令行事，定会招致百姓的反感，不可以这样做。不如把都市街巷两头的门槛做高，矮小的车子过不去，人们就会自觉将车子改造

孟優儒托优悟主

优孟逼真地装扮为孙叔敖，从而使楚庄王明白自己的不当。后人因此常将优孟作为优伶的一个代表，并将其故事演绎为"优孟衣冠"，比喻模仿和假装他人。

成高车了。"果然不出半年，人们都改成了高车子。楚庄王又嫌原来通行的货币太小，想要改铸大币，强令通行，这一举动使得人民使用不便，引起了市场混乱。孙叔敖认为"便民为要"，于是劝说庄王恢复通行小货币，市场又趋于繁荣。

由于行政、治军都有很大的功劳，楚庄王多次重额封赏他，但是孙叔敖都坚辞不受。因此他虽然为官多年，家中却没有一点积蓄，到临终的时候，居然连棺椁都没有。所以司马迁在《史记》中称孙叔敖为"循吏第一"。

优孟以演进谏

优孟是春秋时期楚国的宫廷艺人，他从小善辩，擅长表演，经常用谈笑的方式委婉地劝谏。楚国的宰相孙叔敖知道优孟是个贤人，因此很看重他。孙叔敖一生清廉，家无余财，他在病重快要去世的时候，嘱咐自己的儿子说："我死以后，你没了依靠，如果很贫困的话，就去拜见优孟吧，你只要说是孙叔敖的儿子就可以了。"

过了没几年，孙叔敖的儿子果然穷困潦倒，不得不靠给人背柴度日。有一天，他遇到了优孟，就对他说："我是孙叔敖的儿子。父亲在去世的时候，嘱咐我贫困的时候去拜见您。"

优孟打量了他一番说："你等我消息。"随即优孟回家，命人缝制了类似孙叔敖的衣服帽子，给自己穿戴上，每天都模仿孙叔敖的言谈举止。一年多以后，优孟的语气和体态简直活像孙叔敖，连楚王和他左右的大臣们都分辨不出来。有一天庄王举行酒宴，优孟穿戴一番，上前敬酒祝寿。庄王大吃一惊，以为孙叔敖复活了，要任命他为宰相。优孟说："请允许我回去和妻子商量一下，三天以后给大王答复。"

三天以后，优孟来了。楚庄王问道："你妻子说了些什么？"

优孟答："我妻子不同意，她说楚国宰相不值得做。孙叔敖身为宰相，忠诚廉洁，所以楚王才得以称霸。现在他死了，他儿子却连立锥之地都没有，穷得靠背柴维生。像孙叔敖那样，这官还有什么当头。"优孟一边歌唱一边表演，满朝文武大臣都低下了头。

表演完毕后，楚庄王感到惭愧，他站起来向优孟道歉，并马上召见了孙叔敖的儿子，把寝丘的四百户封给他，用来供奉孙叔敖的祭祀。楚庄王时楚国武力强大，与他自身善于接受别人的意见有关系，当然更主要的还是因为有了孙叔敖与优孟这样善于进谏的人才。

征伐小国

楚国在孙叔敖的治理下，国力很快得到恢复。楚庄王一直决心与晋国一争高下，但是在攻打晋国之前，楚国的目标则是地处两国之间的郑、宋、陈、蔡等小国，这些国家的所属，常常是霸业在手的一方。

在前 608 年—前 596 年期间，晋国曾五次征伐郑国，楚国也七次加兵，几乎年年都有战祸，有时一年甚至会遭到晋楚两国的交相攻击，于是郑国只得做墙头草，谁的军队来了就服从谁。

陈国就没有这么聪明了，斗椒之乱时，陈国也曾背楚向晋，楚庄王于是带着大军到陈国问罪。陈国不得不重新服从楚国，同楚国订立了盟约。可是楚庄王还是不放心，他趁陈国大夫夏征舒杀死国君陈灵公的机会，把军队开到了陈国的都翅外，车裂了夏征舒，并宣布把陈国变为楚国的一个县。这一行动遭到了楚国大夫申叔时的反对，他劝庄王如果要当霸主，就应该以德服人，千万不要贪图别国的土地。楚庄王这才又恢复了陈国。

说到陈国的灭亡，周定王的大臣单襄公曾有一番切身的经历和一段非常精辟的论述：

单襄公有一次奉命到宋国访问，借陈国的路经过，然后再到楚国访问。在陈国的大路上，单襄公看见杂草丛生，边疆没有官员迎来送往，主管建设的官员也不察看道路，湖畔没有修整堤岸，河流上没有桥梁，野地里到处都是露天堆积的粮食，收拾农作物的劳动没有完工，道路两侧没有成列的树，耕种的田地如同被刈割的草地，管理住宅街道的官员也不设立宾馆，国中竟然没有供宾客暂住的房舍，而民众都在为陈国的国王建造宫殿。单襄公一行人到达陈国时，陈国的国王灵公和宠臣孔宁、仪行父，戴着楚国人的帽子前往夏征舒家玩乐，竟然丢下宾客不予接见。

单襄公回国后对周定王说："陈国即使没有大的灾祸，也快要灭亡了。清晨大角星显现，就是下雨的季节完结了，天根星显现就是枯水季节了，氐星显现就是草木的枯萎，房星显现就是下霜的季节，心星显现就是告诉人们寒潮到了。所以先王教导说：'下雨的季节过了就要平整道路，河水干涸了就要修筑桥梁，草木枯萎了就要储备粮草，下霜了就要准备好冬天的皮衣，寒风到来就要修整城墙和宫殿房屋。'所以《夏令》说：'九月平整道路，十月修筑桥梁。'到了那时节就警示道：'收拾完农活，准备好担土的工具，定星位于中天时，用土建房屋的工作开始。'这就是先王之所以不用钱财，却广泛地施予了美德给天下大众的地方啊！现在的陈国，心星显现了，而道路还是堵塞的，野外场地的农活还被丢弃，湖畔没有堤岸，河流没有桥梁，这都是废弃了先王的教诲！"

单襄公叹气道："周王朝有制度说：'栽种成行的树用来标志道路所在，设立偏远的采邑用来守护道路。国有郊区牧场，边疆有寓所守望，湿地有草场，园地里有树林水池，这些地方是用来抵御灾患的。其余的地方无非是用来栽种谷物的土地，民众没有悬挂不用的农具，田野没有杂草，不错过农作时节，不漠视农民的劳动成果。有丰厚没有匮乏，有安逸没有疲困。都城有各级官员的事务，城郊有遵从秩序的良民。'现在的陈国道路无法辨认，田在杂草之间，农作物成熟了不收割，民众在为王公们提供享乐中劳顿，这都是废弃先王的法制啊！周王朝的《秩官》中有这样的话：'等级相当的国家的宾客来到，由关尹禀报国王，行理凭符节迎接他们，候人作引导，门尹打扫门庭，宗庙里的祝主持祭祀，司礼管理宾馆，司徒召集仆役，司空检查道路，司寇审问盗寇，虞人送上肉类，甸人准备柴火，火师看管灯烛，水师监督洗涤，膳宰送上食物，禀人献上谷物饲料，司马摆放好喂养牲畜的草料，工人打开车进行保养，各类官员分别提供相应事物，从而让宾至如归。所以宾客没有不满意的。等级高的国家的宾客来到，就用加一等级的官员，更加恭敬。如果是周王朝的使官，就全是官员亲力亲为，由上卿监督他们。如果是周王朝国王巡视，那就是诸侯国的国君亲自监督他们。'现在虽然我无德无能，也是周王朝的族系，承担着周王朝的命令在陈国作为过路的宾客，但所有应尽的事务没有到位的，这是蔑视先王的官啊！先王的条令中有这样的话：'上天的条例奖赏善良惩罚淫邪，所以凡是我分封的诸侯国，不要学违背常规的行为，不要过度享乐，各自遵守你们的典章制度，来接受上天的赐福。'今天的陈侯不顾及传续后代的伦常，抛弃他的王后嫔妃，却率领他的上卿官员到夏大夫家享乐，不是亵渎同姓乱伦了吗？陈国是我周王朝的后代啊！如今丢弃正式的礼服礼帽，却戴着楚国人的帽子出行，不是轻视常规吗？这又是冒犯了先王的条令啊！从前先王的训条，以它作为样板勉励自己，唯恐自己堕落和超越规范。如果忘却先王的教诲从而废弃先王的制度，蔑视官职及职责从而冒犯条令，将如何保住其政权？处在大国之间，能长久吗？"

邲之战

郑襄公原来答应归附楚国，但是等到楚庄王收服了陈国，郑襄公却归附了晋国。这样一来，楚庄王恼火郑襄公言而无信，前597年，他亲自率领大军向郑国进发。

楚国的军队把郑国都城荥阳团团围住，日夜攻打。郑襄公一心指望晋国来救，命令将士死守，因此郑国将士死伤很多，仍不投降。后来荥阳东北角

孝经图
《孝经》是中国古代儒家的伦理学著作，集中阐发了儒家的伦理思想。此图描绘的是古代的祭祀场面。

的城墙被楚国人打坏了，崩陷了几十丈，全城的百姓害怕楚军掳掠烧杀，发疯一样号哭。楚庄王听到哭声，立即下令退兵。公子婴齐拦住说："我们好不容易才打塌一段城墙，为什么要退兵呢？"楚庄王说："现在郑国人已经知道楚国的威力，退兵是要让郑国人知道楚国有德。"于是，楚国的军队后退了十多里。

但是楚庄王退兵，却使郑襄公以为是晋国的救兵到了。于是他们迅速修好城墙，严加防守，等着晋国救兵替他们打胜仗。楚庄王看郑国没有归附的意思，就又把荥阳城包围了起来。郑国人坚守了三个多月，已是精疲力竭。于是楚国的大将乐伯率领勇士先登上城墙，杀退了守兵。另一部分将士劈开城门，楚国大军严肃整齐地到了大街上。走到逵路，郑襄公"肉袒牵羊"跪在楚庄王面前谢罪。公子婴齐怕楚庄王心软，进谏说："郑国并不是真心投降，明天晋国军队一来，他又会背叛楚国投靠晋国，不如干脆把郑国灭了。"但是楚庄王觉得郑襄公答应服从楚国，自己已经有了面子，便说："我如果灭掉郑国，要是申叔时在这里，他又要说我是'蹊田夺牛'了。"于是他下令退军三十里，解除了对郑都的包围。郑襄公又带着几个大臣到楚国军营里请求归附。楚庄王答应了郑襄公的请求，同他们订了盟约以后，郑国让襄公的弟弟子良到楚国作了人质。

直到这个时候，晋国的荀林父才率军前来。当晋国的军队走到黄河边上时，得知郑国已经和楚国讲和，荀林父松了一口气，准备回军。但是中军副帅先縠坚决不同意，他认为若不与楚国交战，晋国的霸业就会丢失。于是先縠违抗军令，带着自己的一部分人马渡过了黄河。晋军中的执法司马韩厥连忙对荀林父说："先縠是先轸的儿子，他如果有什么闪失，你回到了晋国也没

托相献规

楚国有个善于看相的人，楚庄王向他请教。他说："我不善于看相，我只是善于通过看这人交的朋友来了解这个人的吉凶。如果他的朋友都孝顺谨慎，这个人一定会日益发达。如果丞相忠诚讲信用，那他自己的官位也会一天天提高，国家也会日益安定，君王也会被爱戴。这就是我看相的理由。"楚庄王认为这个人讲得很有道理，于是招纳他为贤士。后来楚国果然称霸。

有办法交代，还不如全军过河，到时候如果失败了，大家还能分担责任。"于是晋军就这样全部过了黄河，但是军心已然涣散，军纪更是谈不上了。

此时的楚国并没有必胜的把握，而且楚庄王也不愿意与晋军交战，他两次派人到晋军中讲和，荀林父也同意了。但是荀林父却不能约束先縠和赵括等人，这里荀林父在和楚军讲和，那一头大将魏锜已经在公然骂阵了。楚庄王大怒，亲自率领兵马追击。魏锜手下的赵旃狼狈而逃，连他所乘的战车和身上所穿的甲胄都被楚人抢去了。

荀林父担心魏锜和赵旃，忙派了一支军队前去接应。楚将潘党见晋军中尘土飞扬，以为是晋军前来进攻，于是连忙报告给尹孙叔敖。孙叔敖害怕正在追击赵旃的楚庄王被俘，于是命令楚军快速地向晋军逼近。两军突然在邲（今河南郑州西北）相遇，荀林父本来没有同楚军作战的思想准备，因此见楚国的大军突然压过来，大为惊慌，连忙击鼓下令道："赶快渡河，先过有赏。"

这一条逃跑的命令，让晋国的中军和下军士卒蜂拥奔向河边，纷纷争夺渡船逃命，先爬上船的，竟然挥起大刀砍断了抓住船舷想继续上船的人的手指。大批的晋国士兵都被自己人砍断了手指头，然后被同伴推下河中淹死。还没交战的晋军马上就溃不成军，再加上楚军在后面的追杀，邲之战以晋国的惨败而告终。

晋军败退回国后，荀林父向晋景公请死。大夫士贞子劝谏晋景公说："城濮那一仗，晋军三天都吃着楚军留下的粮食，但是文公还面有忧色，左右问有了喜事为什么还忧愁？文公说是因为楚国的子玉还在。一直等到楚国杀了子玉，文公才喜形于色，说：'没有人能再来害我了。'这是晋国的再次胜利，也是楚国的再次失败，楚国由此两世不能强盛。现在上天在惩罚晋国，如果要杀了荀林父来增加楚国的胜利，恐怕会使我们很久都不能再强盛了吧！荀林父事奉国君，进想着竭尽忠诚，退想着弥补过错，是国家的长城，怎么能杀了他呢？他的战败，如同日月之蚀，哪里会损害它的光明？"晋景公于是又恢复了荀林父的职位。但是违反了军纪的先縠也并没有受到处分，而且继续执迷不悟的他还被派往清丘（今河南濮阳东南）去主持晋国同宋、卫、曹三国的盟会。此次盟会本来是要扭转失败后诸侯对晋国产生的离心倾向的，可是先縠却在会上鼓动宋国去进攻陈国。这时卫、陈的关系友好，于是卫国前去救陈，与宋国展开激战，从而导致了晋国盟国之间的战争。

清丘会盟的第二年，也就是前 596 年，高喊着要为巩固晋国霸业而不惜献身的先縠，竟然勾结北方的赤狄部落来进攻自己的父母之邦。晋景公这才追究他的种种罪行，不但把他杀了，还灭了他的先氏宗族。

不久之后，晋国人表示愿意归还邲之战中的俘虏，用楚国的公子谷臣来换取大将知䓨。楚国人答应了。楚庄王送知䓨时问道："您怨恨我吗？"知䓨回答说："两国交战，我因为没有本事，不能胜任自己的任务，才成为被割去耳朵的俘虏。您的部下没有拿我去祭鼓，而是让我回去接受惩罚，这是您对我的恩惠。我实在没有什么本事，又敢怨恨谁呢？"

楚庄王又说："那么您是感激我了？"知䓨回答说："两国为了各自的国家大事打算，以求让民众舒缓，各自都放下仇恨互相原宥，两边释放拘禁的囚犯来达成彼此之间的和好。我正好碰上了，这还要感激什么人吗？"

楚庄王说："虽然是这样，但是你也应该把你的想法告诉我，否则我不会放你回去的。"知䓨回答说："因为您的福气，我得以将自己的骨头归葬在晋国，晋国国王如果因此杀我，那么我死得就有价值。如果我国的国王不杀我，而是将我交给我的父亲，而我的父亲会在宗庙里杀死我，这样我也死得其所。如果我能够得以不死，还可以继续领兵打仗，率领军队保卫国土，要是再遇上您的部下，我也不会避开，必定会竭尽全力到死，来尽臣子的职责，这就是我对您的回报。"

楚庄王没有说话，叫知䓨下去了，继而庄王对大臣们说："晋国不可再和它争斗了。"

伐宋称霸

由于不再和晋国交战，楚庄王的霸业也得到了进一步的巩固和发展。此时夹在晋、楚两国之间的中小国家大多属于楚国，只有宋国始终向着晋国，于是楚庄王决定攻打宋国。

前 595 年，楚庄王派申舟出使齐国，公子冯出使晋国。到齐国一定会经过宋国，到晋国则会路过郑国，可是楚庄王却下了一道指令："不准向所经过的国家借路。"这样其目的当然不言自明，这不过就是找个理由开仗罢了。

凡经过一国之地必须向该国借路，这是表示对其主权的尊重。宋国本来与楚国就是世仇，就算借路都有可能会被拒绝，何况不借呢？更让宋国生气的是前 617 年，楚穆王在宋国孟诸（今河南商丘东北）打猎时，曾让郑穆公为他的左翼，宋昭公为其右翼，申舟就是那次打猎的执法司马。打猎那天宋国人迟到了，申舟就责打了宋昭公的随从，堪称辱国之恨。

因此申舟很是害怕，他对楚庄王说："郑国人是不会为难公子冯的，可是我却要被宋人杀死，该怎么办呢？"楚庄王则说："他们要是敢杀你，我就去

涡纹鼎

此鼎立耳，三足内聚，腹饰涡纹，花纹中
勾连形纹。此器与春秋中期常见的楚鼎迥
然不同。

替你报仇。"无奈申舟就只好这样到宋国送死去了，由此也给了楚国对宋开战的理由。

楚国大军把宋都团团围住后，宋人派大夫乐婴齐向晋国求救。晋景公想出兵相助，却遭到了大臣们的反对。大臣伯宗甚至还搬出天命来推托，说现在上天要使楚国强盛起来，晋国不可能与上天作对，楚国是攻打不得的，我们好比马鞭子，鞭子虽长，但是却只能打到马屁股而不能打到马肚子上。

晋景公不能出兵，但是却不想失了面子，于是派解扬去告诉宋国人不要投降，晋国的大军随后就会到达。于是宋国一心一意固守待援，坚决不肯投降。楚军从当年的九月一直包围到了次年的五月，长达九个月。宋城中断薪缺粮，"易子而食，析骸而炊"。

宋国不投降，楚人也不放弃，他们索性在城外盖起了房子，准备长期驻扎。宋国无奈，只得派大将华元前往楚军，说出了城中缺粮饥饿的严重情况，要求楚军后退三十里，两国讲和。楚军元帅子反答应了华元的要求，两国结盟，华元则到楚国做人质，宋国的一场灾难才算结束。

楚国一举统一了长江、汉水、淮水流域，南下打到了现今的云南地区，统一了南方部落，让华夏文明得以向南传播，促进了民族的融合。前589年，楚国在蜀地（今山东泰安东南）会盟诸侯，虽然此时楚庄王已经去世，但是还有十二个国家参加，西边的秦、东边的齐等大国都到会，规模超过了齐桓公的葵丘之盟和晋文公的践土之盟。

晋楚争霸

　　晋国和楚国的势力此消彼长，为了争夺中原霸主的地位，这两国都致力于兼并周边的国家，强迫那些小国成为自己的盟友。时而索取贡品，时而强占土地，搅得四边怨声载道。晋楚之间进行了长期的战争，这成了春秋时期一出宏大的剧目。

晋国中兴

晋文公去世后，晋国便失去了霸主的地位，关键是因为权臣专政，王室的精力都放在了争权夺利之上。这种局面从晋襄公死后，历经灵公、成公时期，直到景公继位，王室才得以安定，晋国的目光方才再一次放到争霸上来。

赵盾专政

前621年，晋襄公去世了，当时他的儿子姬夷皋还是个抱在怀中的小孩，大臣们因年幼无知的孩子主持不了国家大事，就商议在晋文公的儿子中另选一个做君主。

执政大臣赵盾主张立居住在秦国的文公的儿子、文嬴所生的公子姬雍，便派大夫先蔑、士会去秦国迎立。而大夫贾季则要立住在陈国的公子姬乐，同时也派人去迎接。不想公子姬乐却被赵盾派人杀死在了回国的途中。贾季不肯示弱，也派族人续简伯杀死了赵盾的亲信大夫阳处父，然后自己逃离了晋国。

晋襄公的夫人眼见情势如此危急，便天天抱着太子在朝堂上哭哭啼啼，大骂赵盾违背了托孤之命。赵盾和大臣们无可奈何，只得决定立太子姬夷皋做君主，这就是晋灵公。因为晋灵公幼小，晋国的大权就由赵盾一身独揽。赵盾是个比较注重法制的人，他与他父亲赵衰截然不同。人们都说："赵衰像冬天的太阳那样使人感到温和可爱，而赵盾则像夏天的烈日那样炽热得令人害怕。"

可是此时公子姬雍已经从秦国出发了。没有办法，赵盾只好出尔反尔，自己统率三军，抵御护送姬雍回国的秦军，在令狐（今山西临猗西）大败了毫无准备的秦军。原先派去迎接姬雍的先蔑和士会看到晋国背信弃义，只好待在秦国不回来了。

士会是晋国的重臣，并且以善于教子为后世所称道。有一次士会的儿子很晚才退朝回来，士会看见了，便问道："你为什么回来得这么晚啊？"儿子回答说："有位秦国来的客人在朝中讲隐语，大夫中没有一个能够回答出来，但是我晓得其中的三条。"士会大怒道："大夫们不是不能回答，而是出于对长辈父兄的谦让。而你只是个年轻的孩子，却在朝中三次抢先，掩盖他人。如果不是我，你早就遭殃了！"说着士会就用手杖去打儿子，把他玄冠上的簪子都给打断了。而当初先蔑要出使秦国时，大夫荀林父也曾劝阻他说："夫人、太子还都在，你却到外面去寻求君主，这件事情是无法办到的，你还是借口有病不去为妙，否则就会有祸事降临到你的头上。"可是先蔑没有听进去，现在荀林父只得将他的家室财物送往秦国。

晋国虽然失信，但赵盾还是很想召回先蔑和士会，于是派魏寿余假装叛晋归秦。魏寿余逃到秦国后，声称要将自己的土地献上，并悄悄示意要士会过河接收降邑。到了办交涉的日子，秦晋军队隔河驻扎，魏寿余向秦君请求说："要是有一个原来就是晋国的人一同去接收魏地，他熟悉情况，办事会方便一些。"秦康公就让士会去，士会假装不想去，说："晋人都像虎狼一样不讲信义，若是违背了诺言，我的妻子被杀不说，对秦国也没有什么好处。"秦康公说："晋人如果真的说话不算数，我会送还你的妻室。"士会听了心中暗喜，便准备动身。其实魏寿余的计谋和士会的打算早就被秦国的大夫绕朝识破了，他赠送给士会一条马鞭，说："你们不要以为我们秦国没有人才，无奈我的主张没有人听就是了！你赶快驾车走吧。"士会等人一过河，晋人便齐声欢呼，连对岸的秦人都听见了。不过秦康公还是信守了自己的诺言，送还了士会的家室。

羊首鼎
此鼎羊首突出，羊的双角下卷，颈腔与圆腹相连。腹下有三个钩形的扁足，背部有一平盖，平盖后有一下垂的尾巴，饰简化的夔纹，形制十分新颖。

董狐直笔

晋灵公亲政以后，根本不理政事，整天只知道吃喝玩乐，肆意征收赋税以满足自己奢侈的生活。他还喜欢从高台上用弹弓射行人，观看他们躲避弹丸的样子。

有一次，厨师没有把熊掌炖烂，晋灵公就把厨师杀了，放在筐里，还让宫女们用头顶着经过朝廷。赵盾和士会看见筐中露出的死人的手，都吓了一跳，连忙问厨师被杀的原因，结果都是大摇其头。士会对赵盾说："如果您去进谏而国君都不听从，那就没有人能接着去进谏了。现在先让我去劝谏，如果他不肯接受我的劝告，您就再接着进去劝谏。"

于是，士会去拜见晋灵公，晋灵公没有等到他开口，便说道："我已经知道我自己的过错了，我打算改正。"士会叩头回答说："哪个人能不犯点错误呢，犯了错误能够改正就行，世上没有比这更大的好事了。"

可是晋灵公并没有改正，于是此后赵盾又多次进行了劝谏，最后使晋灵公感到讨厌了，他竟然派钮麑去刺杀赵盾。钮麑一大早就去了赵盾的家，他看到卧室的门大开着，赵盾已经穿戴好礼服准备上朝，但是因为时间还早，

得贤弭盗

晋侯命士会统帅中军，赐予了礼服礼帽，还任用他为太傅，于是晋国的盗贼都逃到秦国去了。叔向听到后说："我听说大禹任用了贤能的人，那些不贤能的就会远远地离开，说的就是这种情况啊！贤能的人如果执掌了政权，那么国家就不会有作恶的人了。"

便和衣坐在那里打盹。于是钮麑悄悄退了出来，他感叹道："这种时候还能不忘记恭敬国君，真是老百姓的靠山啊！杀害老百姓的靠山，这是不忠；背弃国君的命令，这是失信。这两条当中即使只占了一条，也还不如去死！"于是钮麑一头撞在槐树上而亡。

刺杀没有成功，晋灵公只得又想别的办法。有一天他请赵盾喝酒，事先埋伏下武士，准备伺机杀掉赵盾。但是赵盾的武士提弥明发现了这个阴谋，他快步走上殿堂说："臣下陪君王宴饮，酒过三巡还不告退，就不合礼仪了。"说罢拉起赵盾就走。这时晋灵公唤出猛犬来咬赵盾，提弥明徒手上前搏斗，打死了猛犬。赵盾说："不用人而用狗，狗虽然凶猛，又有什么用呢！"于是他们两人和埋伏的武士边打边退，结果提弥明为保护赵盾而战死了。这时候，武士中突然出现了一个倒戈的，他奋起抵抗才使得赵盾全身而退。

原来，赵盾以前到首阳山打猎的时候，曾看见有个叫灵辄的人饿昏了，便拿了一些东西送给他吃。灵辄留下了一半食物，说道："我给别人当奴仆已经三年了，不知道家中的老母亲是不是还活着。现在离家近了，请让我把留下的食物送给她吧。"赵盾听了很感动，便让他把食物吃完，另外给他准备了一篮饭和肉。后来灵辄做了晋灵公的武士，在搏杀中把武器倒过来抵挡晋灵公手下的人，使赵盾得以脱险。

晋灵公处心积虑想要谋杀赵盾，因此赵盾觉得在国内已经没有了容身之地，于是准备逃往国外。当他还没有逃出国境的时候，他的族弟赵穿将昏庸的晋灵公杀死在了桃园。听到晋灵公被杀的消息后，赵盾便回来了。结果晋国的太史董狐在史书上记载道："赵盾杀了他的国君。"赵盾为此大呼冤枉。董狐说："您身为正卿，逃亡而不出国境，回来后却又不讨伐叛贼，这不是您杀了国君又是谁呢？"赵盾摇头叹息道："唉！《诗》中说：'我心里怀念祖国，却反而给自己留下了忧伤。'这话大概说的就是我吧！"

两强相碰

晋灵公在位时，晋国的国力还算强大，但是因为晋灵公的荒淫无度，许多小国纷纷背晋投楚，与晋国交恶。晋国开始了征伐之路，因此与齐国结下了仇，同时与楚国的矛盾也逐渐恶化，晋楚两大强国开始了争霸斗争。

与齐国结仇

晋灵公被杀以后，赵盾从周王室迎回了文公的小儿子姬黑臀做君主，这就是晋成公。晋成公在位七年，为了增强公室，恢复公族制度，他将卿官的嫡子封为"公族大夫"，分给禄田；将卿官的嫡子的同母弟封为"余子"，将卿的妾所生的儿子加入君主的卫队，封为"公行"。在恢复的公族中，赵盾的异母弟赵括也当了公族大夫，因为他的母亲赵姬是文公之女、成公的姐姐，所以特别加以优待，而赵盾自己只是做公行之官，管理君主兵车的"旄车"，被称为"旄车之族"。

晋景公姬獳上台后，一直致力于与楚国争雄，东方诸国都与晋国交好，其中鲁国和晋国的关系最

狗咬赵盾

赵盾因力谏晋灵公，而遭到晋灵公纵犬扑咬。汉人将这紧张、精彩的瞬间凝固于石上，形象地表现出了这一惊心动魄的历史事件。至今，民间歇后语中还有这样的说法："狗咬赵盾，不识好歹。"

为稳定。因为鲁国经常受到齐国的欺负，所以需要凭借晋国的支持。

鲁国一面结援晋国，一面振兴自己的力量，进行了著名的"初税亩"和"作丘甲"的改革。鲁国本来就是个适宜种植多种农作物的地区，农业生产素来比较发达。随着耕作技术的改进、铁制农具的使用，农业生产有了较大发展。前594年，鲁国实行"初税亩"制度，即废除用奴隶劳动力耕种公田的"藉田制"，实行按亩收取谷物的税亩制。前590年，鲁国宣布"作丘甲"，让住在野鄙里的奴隶缴纳军赋，征收军事装备，同时也允许他们当兵。

前589年，齐国攻打鲁国的龙邑（今山东泰安西南）。齐顷公的宠臣卢蒲魁在攻城时被擒，齐顷公要求鲁人不要杀他，以齐军不再进入鲁国边界为条件。可是鲁国人根本不理睬，不但把卢蒲魁杀了，还把他的尸体挂在城头上。齐顷公非常恼怒，亲自击鼓指挥攻城，经过三天的战斗，终于攻下龙邑，接着向南进军，一直打到鲁国的巢丘（今山东泰安境内）。

与此同时，齐军还入侵了卫国，卫国统帅孙良夫战败，跑到晋国请求支援。这时鲁国也派臧宣叔到晋国乞师，两人同时找到了晋国的执政者郤克。于是晋景公便派郤克出使齐国，为他们进行调解。

齐顷公的母亲萧夫人听说郤克是个跛子，就躲在帐幕内偷看，见郤克果然是一跛一跛地登上台阶，禁不住笑出声来。郤克听到女人的笑声，气愤至极，发誓要报仇。与郤克同到齐国的鲁国季孙行父是秃子，卫国使臣孙良夫

是斜眼，曹使公子首是驼背。齐国为了奚落这些使臣，便找了一批生理有同样缺陷的齐人来接待他们，会谈不欢而散。郤克回国后便请求带兵伐齐，可是晋景公不同意，只得作罢。

三年后，鲁、卫两国再次派人到晋国请求共同讨伐齐国。晋国见齐国接连侵犯与自己友好的诸侯国，便派郤克做中军元帅，带领兵车八百乘，攻打齐国。

齐晋鞌之战

前 589 年的夏天，一场齐晋两国之间的大战在鞌地（今山东济南西）展开了。

齐晋两军在鞌地摆开阵势，邴夏为齐侯驾车，逢丑父坐在车右做齐顷公的护卫。晋军中解张替郤克驾车，郑丘缓做郤克的护卫。齐顷公非常傲慢，对邴夏说："我先消灭了晋军再来吃早饭！"说罢，不给马披甲就驱车进击晋军。

战争刚一打响，郤克就被箭射伤，血一直流到了鞋上，但是进军的鼓声仍然没有停息。郤克说："我受了重伤，不能指挥了！"解张道："从一开始交战，箭就射穿了我的手和胳膊肘，但是我折断箭杆照样驾车，左边的车轮都被血染得殷红，哪里敢说受了重伤？您就先忍耐一下吧。"郑丘缓也说："从开始交战以来，如果遇到险峻难走的路，我就必定要下来推车，您是否知道这种情况呢？不过您的伤势确实是太严重了！"解张说："全军的人都在听着我们的鼓声，注视着我们的旗帜，或进或退都在跟随着我们。这辆车只要还有一个人镇守，就可以凭借它成事，怎么能因为受点小伤而败坏国君的大事呢？穿上铠甲，拿起武器，本来就抱定了必死的决心。您虽然受了重伤，但是还没有死亡，您还是努力地干吧！"于是左手一并握住缰绳，右手取过

辎车骖驾画像砖

古人乘车"尚左",乘车的时候尊贵的人在左边,驾车的人在中间,另有一人在右边陪乘。陪乘的人就叫作"骖乘",他的任务在于服侍尊贵的人,防备车辆倾侧。春秋时期,还有一门叫作"御"的科目,说明当时的车马驾驶十分普遍。

鼓槌击鼓。马狂奔不止,全军跟着他们冲锋,大败齐军。晋军追击齐军,一直绕着华不注山追了三圈。

晋国大将韩厥一直尾随着齐顷公的车不放,在危急中,卫士逢丑父与齐顷公交换了位置。可是没跑多久,齐顷公的战车就被树木绊住不能前进了。头天晚上,逢丑父在车里睡觉,一条蛇爬在他身子下边,他用手臂去打蛇,手臂被蛇咬伤,所以今天不能推车。很快韩厥追了上来,拿着拴马的绳子站在齐顷公的马前,拜了两拜,然后捧着酒杯和玉璧献上,说道:"我国国君派群臣替鲁、卫两国请求,说'不要让军队深入齐国的领土'。我不幸恰巧遇上你们兵车的行列,没有逃避隐藏的地方,而且怕因为逃跑躲避会给两国的国君带来耻辱。我不称职地当了个战士,冒昧地向您禀告,我迟钝不会办事,只是人才缺乏充当了这个官职。"

于是冒充齐顷公的逢丑父叫齐顷公下车到华泉去取水,齐顷公乘机逃跑了,逢丑父则随韩厥来到了晋军中。郤克一见不是齐顷公,大怒,准备杀掉逢丑父。逢丑父大喊道:"从今以后再没有替代国君受难的人了,有一个这样的人,还要被杀掉吗?"郤克说:"一个人不把用死来使他的国君免于祸患看作难事,我杀掉他是不吉利的。那就赦免他,用来鼓励侍奉国君的人吧!"

就这样齐顷公向晋国求和,送了许多贵重的礼物。可晋人还不同意,提出要把嘲笑郤克的齐君母亲萧夫人用来做人质,还要将齐国田垄一律改为东西向。田垄东西向,为的是方便晋国的兵车来往。齐人驳回了晋人的苛刻条件,表示晋人要是坚持这些无理要求,只有再决一死战。在鲁、卫两国的劝说下,晋人方才同意与齐国讲和。齐国归还侵占的鲁、卫领土,晋国则得到

廷理执法

楚庄王的时候，朝廷有道门叫作茅门。按规定所有人到此门前都要下车，不然就要斩断其车辕，杀死其车夫。有一次，太子违反了规定，被砍了车辕，杀了车夫，于是他哭着向庄王诉说自己的委屈。楚庄王说："法律是为了维护社稷而设立的，你要废除法令，就是以下犯上，这样你的皇位就有危险了。连国家都没法保住，我拿什么传给你呢？"太子听后，立刻退出去，露宿三天以示悔改。

齐国的大批财物。

晋楚矛盾的升级

鞌之战后，晋景公很是高兴，慰劳主帅郤克说："我们打了胜仗，这可是你的功劳啊！"郤克却推辞说："是我在执行君主命令的时候，三军将士都肯听从，我哪里有什么功劳。"晋景公又去慰劳其他将帅，大家都推托功劳，说这次战争之所以能够取得胜利，是因为将士都听从主帅指挥，军队内部团结一致的成果。

晋景公听后大感欣慰，在鞌之战后的第二年，晋国作六军，特别提升战争中立功的韩厥、赵括、巩朔、韩穿、荀骓、赵旃六人做卿官。

在晋、齐鞌之战中，楚国表面上保持中立，实际上是支持齐国的。见齐国战败，楚国便侵入卫国，继而攻占了鲁国的蜀邑（今山东泰安西）。

对于楚国这样的气焰，晋国当然不甘心。前588年，晋国约集了鲁、宋、卫等国讨伐亲楚的郑国，结果战败了。于是中原的诸侯国既害怕晋国，又不敢得罪楚国，开始两边朝聘、纳贡。就在晋楚两国势均力敌的时候，晋国接受了从楚国逃来的申公巫臣的建议，联合吴国打击楚国。

说到申公巫臣的叛楚，就不得不说到夏姬。夏姬是郑穆公之女，天字第一号美女，嫁给了陈国的司马夏御叔为妻，所以称为夏姬。因为夏御叔早死，她也就早早地守寡了。陈灵公与大夫孔宁、仪行父一起，与夏姬通奸，夏姬之子夏征舒十分愤恨，杀了陈灵公，孔宁和仪行父逃亡到楚国。楚庄王为了伸张正义，出兵杀了夏征舒，夏姬被带到楚国。不想楚庄王见夏姬美貌，欲纳入后宫。申公巫臣说："这样做不好。咱们讨伐陈国，是讨伐夏征舒害杀君主的罪恶，而您现在却想要将夏姬纳入后宫，这不是告诉别人您好色吗？"楚庄王一想，当即就打消了这一念头。这时司马子反也想娶夏姬为妻，申公巫臣对他说："夏姬是个淫乱妖艳的女人，你还是不要娶她为好。"因此子反也不再提这件事了。于是楚庄王便将夏姬赐给了连尹襄老。后来襄老在邲之战中战死，于是申公巫臣对夏姬说："你先回到娘家郑国去吧，我将来娶你。"不久之后，申公巫臣出使齐国，返国途中到郑国娶了夏姬，然后逃往晋国。

时值楚庄王刚刚去世，申公巫臣的行径遭到了楚国上下的一片唾骂。楚国令尹子重原来就和申公巫臣有旧恨，司马子反当然更恨申公巫臣。前 584 年，他俩合谋杀死了申公巫臣的族人。申公巫臣极为愤恨，从晋国去信警告他们说："你们杀死无罪的人，我要使你们'疲于奔命'。"

于是申公巫臣建议晋国联吴伐楚，并自荐做了联络吴国的使臣。这样吴国就开始攻伐楚国。前 584 年，吴国征伐楚国的属国巢（在今安徽巢湖东北）、徐（今江苏泗洪南）二国，后来竟攻入了楚国的州来（今安徽凤台），闹得子重、子反一年中在战场上奔波七次，所谓"一岁七奔命"。自此一些属于楚国的小国都被吴国夺去，吴国开始强大起来。

鄢陵之战

因为吴国的频繁侵扰，楚国受到了很大牵制，晋国趁机发动了对楚国的战争。

前 575 年，晋厉公兴师伐郑，郑国向楚国求救，楚共王率军救援。晋军渡过黄河，与楚军在鄢陵（今河南鄢陵）相遇。

楚共王命令司马子反统领中军，令尹子重统率左军，右尹子辛率领右军。军队路过申地时，子反去见告老在申的申叔时，向申叔时讨论这次出兵的利弊。申叔时直截了当地说："楚国对内不给民众以好处，对外不讲信义，缺少援助者。现在又正是农耕季节，出兵打仗，谁愿意作殊死的战斗呢？你好自为之吧，恐怕不会再和我见面了！"

晋厉公的中军统帅是栾书，士燮为副将；郤锜统帅上军，荀偃为副将；韩厥统领下军。士燮本来不想打仗，说："如果我们逃避和楚国的战争，不是可以缓解国家的忧患吗？"栾书却不同意，命令军队主动出击。晋军很是畏惧，于是士燮的儿子士匄说道："有什么可怕的呢？我们把井填平，把饭灶撤掉，挪出地盘来，在军营中列好阵势，队伍的行列间留出一条道来，就可以出阵作战了！"士燮气得脸都绿了，拿着戈追赶儿子，骂道："战争是关系到国家存亡的大事，你一个小孩子知道什么？"

话虽然这么说，但晋军的士气却因此提升了不少。栾书看出楚军轻浮，认为要是固守营垒等待它，楚军三天就会退兵，趁它退兵的时候再打，定能获胜。

开战前楚共王登上了巢车观察晋军的活动，令尹子重派太宰伯州犁站在楚王身后，向楚王提供情况。伯州犁是从晋国逃到楚国来的，对于晋军的部署情况十分熟悉。同样晋军也采取了探看楚军虚实的办法，用由楚逃晋，知道楚军内情的苗贲皇站在晋厉公的身旁。

战争一开始，双方军队都往前进，晋厉公的车却陷在了泥沼里。栾书正要用自己的车去载晋厉公，他的儿子栾针一把拉住他，说道："你赶快去指挥

历史细读

养由基称号"养一箭",据说自小就很会射箭,双手能接四方箭,两臂能开千斤弓,被称为神箭手。楚庄王时,令尹斗椒造反,庄王出榜招贤,养由基揭下招贤榜。楚庄王见他年少英俊,便当面考他,叫他射一只蜻蜓,要活的,不得射中要害。养由基于是射掉一片翅翼,庄王满心欢喜,便派养由基去和斗椒决一死战,养由基一箭正中斗椒咽喉,从此楚国人称养由基为"养一箭"。

战事,主帅是不能离开的,我来救君主。"晋厉公的车被栾针推出泥沼,一抬眼只见吕锜一箭射中了楚共王的眼睛。正欣喜间,却见吕锜摔下战车,原来已被楚国的神箭手养由基射死了。

晋军上下见楚王受伤,个个奋战,很快把楚军逼到了危险的阵地。养由基连射晋军,箭无虚发,大力士叔山冉则抓起晋国的士兵去投击晋军的战车。这惨烈的一战从早晨一直打到星光出现,双方都已经疲惫不堪,只得暂时休战。这时楚共王听到从晋营放回来的楚国被俘士兵讲到晋军的部署,就立即叫子反来商议对策,不想子反已经喝得酩酊大醉了。楚共王长叹一声说道:"是天意要使楚国失败啊!"说完下令撤军。

第二天子反酒醒,后悔不已。楚共王派子重去告诉子反说:"过去打了败仗,因为君主都不在战场,所以要由主将负责。这次有我在,你不要认为是你的过错,这是我的罪过。"不料子重和子反有矛盾,不但没传达楚共王的话,反而说了一些威胁的言语,子反于是自杀身亡。

鄢陵一战后,楚国开始处于守势,加上晋国联合吴国对付楚国,于是楚国的处境越来越困难了。

湛阪之战

湛阪之战是春秋时期晋楚争霸的最后一战。春秋诸侯争霸战争中,晋与楚为争夺中原(两国之间的宋、郑、曹、卫诸国)霸权,进行了一系列的战争,著名的有城濮之战、鄢陵之战等,双方各有胜负,旗鼓相当,都难以完全控制中原。鄢陵一役,使惯于见风使舵的诸侯国一起倒向了晋国,即使是已经臣服了楚国多年的陈、蔡、郑、许等国也是时叛时服。为了安抚诸侯国,楚康王煞费苦心。楚国在东面与吴国争夺江淮流域的统治权方面得心应手,

历史细读

前570年，中军尉祁奚告老还乡，晋悼公问他谁可继任，祁奚推荐了和自己有私仇的解狐继任。可是解狐还没有就职就死了，悼公又问谁能担任这一职务，祁奚说我的儿子祁午还可以。悼公于是任命祁午做中军尉，羊舌赤来佐助他。祁奚推荐与自己有私仇的人和自己儿子担任公职，这叫举贤不避仇和举贤不讳亲，受到当时人们的称赞。

但在北上与中原各诸侯国的争霸战中，却似乎有点力不从心。

前557年，一直臣服于楚国的许国国君许灵公见晋国的势力强盛，而且楚国被吴国打败，于是请求向晋国方向迁都，并得到了晋国的同意。但是楚康王马上通过扶持亲楚势力，有效地阻止了许灵公投入晋国怀抱的行动。晋国为了教训许国的出尔反尔，联合已叛楚附己的郑国、陈国、卫国前往讨伐，并顺道讨伐楚国。楚康王令公子格带兵御晋，却在湛阪被晋军击败，晋兵乘胜向楚国纵深地带进攻，因受楚国方城所阻，只好后撤，复又伐许而还。湛阪之战是楚康王与晋平公之间发生的一次正面冲突，楚国虽然战败，但并没有出动主力，而且许国最后仍然留在了楚国的阵营内，所以楚国的势力并没有受到太大的影响。

但是晋胜楚后，又多次同吴国会盟，使楚国腹背受敌，再也无力与晋国抗争。晋国也因为国内六卿专权，互相争斗，不得已对外罢兵。前546年，宋国的向戌与晋国赵武、楚国屈建友好协商后，倡议弭兵，晋、楚、齐、秦等十三国响应，并在宋国会盟。此后五年，中原各国无战争，晋楚争霸就此结束。

晋悼公整饬内政

鄢陵一战后，晋厉公姬寿曼踌躇满志，想把国中的强宗大族清除掉，来安插自己宠幸的人。晋国的土地早已被原来的卿大夫分割完毕，如今晋厉公想要重新封赐，就得夺取原有卿大夫的土地。晋国卿族中最为强横的，要算郤氏一家，栾书本来就与郤氏不和，便鼓动晋厉公对郤氏下手。

于是晋厉公在一次田猎时，故意先同妃嫔们打猎喝酒，然后才与大夫们打猎。郤氏认为这是对大夫们的不尊重，很是生气。恰好郤氏中的郤至打到一头野猪，准备献给晋厉公，不想被晋厉公宠爱的孟张夺去了。郤至大怒，射杀了孟张。晋厉公认为机会到了，想以此为借口除掉郤氏一族。

因乐求贤

晋悼公与司马侯登高远眺。晋悼公问："快乐吗？"司马侯回答："一览无余，当然快乐。但是却感觉不到德与义的快乐啊。"晋悼公又问："什么是德义呢？"司马侯回答说："了解诸侯的所做所为，每天在君王的身边侍奉，对的就去执行，错的就进行劝诫，这样才称得上有德义。"晋悼公又问："那谁能做到呢？"司马侯回答说："叔向可以，他从《春秋》中学到的。"于是晋悼公召见叔向，任命他为太子的老师。

那些和郤氏有仇的人早就盼望着这一天了，马上组织甲士冲进郤氏家中，灭了郤氏一族。紧接着晋厉公的亲信胥童把栾书、中行偃也抓了起来，劝厉公及时把他们除掉。但晋厉公犹豫不决，说道："一天之内杀掉三卿，我不忍这样做。"并派人去安慰这两人，恢复他们原来的职位。可是栾书、中行偃早已看出晋厉公的目的，知道自己早晚会被除掉，就先下手为强，趁晋厉公外出游乐时把他杀了。

晋厉公被杀后，栾书立了十四岁的姬周为王，这就是晋悼公。年轻的晋悼公继位后，重用有才干的吕相、士鲂、魏颉、赵武等人，制定了诸如整顿内政，救济灾患，薄赋宽刑，用民以时和严格训练军队等一系列旨在富国强兵的法律、法令，并努力贯彻实施，颇见成效。

晋悼公用人时，总是先征求臣下的意见，任用有才能的人做官，坚持了晋国尚贤政策的传统。更可贵的是，一旦发现自己犯了错误，晋悼公也勇于改正。

当时晋国的司马魏绛是一个执法严明的好官，一次晋悼公的弟弟杨干的座车扰乱了军阵，魏绛就把替杨干赶车的仆人斩首示众。杨干跑去向晋悼公哭诉魏绛目中无人，侮辱王室。晋悼公听了很生气，命人去抓魏绛。

大臣羊舌赤听到后，马上对晋悼公说："大王，魏绛是个忠臣，如果是他做错了，他绝对不会逃避责任的。"话还没有说完，魏绛就到了宫外，他呈给晋悼公一封奏书，然后就拔出佩剑准备自刎。卫兵看到了，立即劝魏绛说：

"您先不要自杀呀！等大王看了奏书再说。"晋悼公看完了魏绛的奏书，这才明白了事情的原委，叫道："原来是我弟弟不对，我错怪魏绛了！"说完后晋悼公连鞋子都来不及穿，急忙跑出宫外，把正准备自杀的魏绛扶起来。从此以后，晋悼公对魏绛更加地信任，委派他去训练新军。

不久后北方的戎族来向晋国献礼，请求晋国能和戎族和睦相处。晋悼公说："戎族没什么情义，又贪心不足，不如把它攻下来吧！"魏绛马上劝道："戎狄既然来求和，就是我们晋国之福，何必去攻打它呢？"晋悼公听了魏绛的话，从此断了北方的外患，专心治理国事。

平阴之役

前 560 年，晋悼公在绵上（今山西介休）举行军事演习，选拔三军统帅。最后荀偃做了中军元帅，士匄为副帅；赵武为上军帅，韩起为副帅；栾黡为下军帅，魏绛为副帅。

次年晋国率领齐、鲁等十二国军队讨伐秦国。到达泾水边后，秦军在上游放了毒药，晋军中很多士兵都中了毒。看到秦国不肯讲和，中军元帅荀偃下令填井平灶，次日一早决战。荀偃吩咐军将们"唯余马首是瞻"，即是让大家都看着他的马头行动。栾黡对这一命令很不服气，说道："晋国从来没有过这样的命令，我的马头定要向东。"于是带着他的军队回去了。这是晋国军将间不和的开端，结果全军只好回国，晋人称这次战争为"迁延之役"。

栾黡的弟弟栾针却不愿意无功而返，约中军佐士鞅一同出战。结果栾针战死，士鞅安然回来。栾黡又气又悲，颠倒黑白，说弟弟是受了士鞅的怂恿才战死的，要杀士鞅，士鞅逃奔到了秦国。

前 558 年，晋悼公死去，儿子姬彪继位，这就是晋平公。次年晋平公大会诸侯于溴梁（今河南济源北），鲁襄公、宋平公、卫献公、郑简公等十个诸侯国君主都来了，只有齐国国君没来，只派来大夫高厚。在宴会上，晋平公要各国大夫献乐舞，还要诵读一首与盟会精神相一致的诗篇。高厚在诗中表现出对晋国的不满，没等会盟结束就走了。这次会盟，晋国本来是要把包括齐国在内的诸侯国都团结起来，可惜没有达到目的。此后齐国开始不断地侵袭鲁国。

前 555 年，晋、鲁、宋、卫等十二国的军队联合伐齐，联军深入齐国境内，齐灵公率领齐军在平阴（今山东平阴东北）迎击，在平阴南面挖了一里宽的深沟作为防御工事，但是由于寡不敌众，最终伤亡惨重。

为了吓唬齐灵公，晋军告诉齐国大夫析文子说："鲁人请求派战车从本国土地出发，与我们同时攻入齐国，我们已同意了他们的请求，这样齐国就要灭亡，你先替自己的后路作些打算吧！"析文子将这一"秘密"转告了齐灵

栾书缶及铭文
此器上的错金铭文字形规整，至今熠熠生光。错金技法创于春秋中叶，但此缶无论从器形还是从字体来看，都属楚国作风,因此应该是后来入于楚国的栾书子孙的遗物。

公，于是对于是否坚持作战，齐国内部出现了分歧。齐灵公于是登上山顶观望晋军。晋军早就在山林之中遍插旌旗，将大车摆在战车的前面，战车后拖着树枝扬起尘土。齐灵公见晋军如此之多，十分惊恐，悄悄下山，当天夜里就逃走了。

齐军的后卫指挥名叫凤沙卫，他把大车连接起来做路障，用以阻止晋军的追赶。齐军的勇士殖绰、郭最瞧不起凤沙卫，说道："齐军由你这样的人断后，简直是国家的耻辱，你还是先走为妙！"就代替他任后卫。凤沙卫心怀怨恨，杀了马堆在隘口，堵住了二人的去路。不久晋兵追来，殖绰、郭最没了退路，只好投降。晋军深入齐地，从十月一直打到十二月中旬，将齐都临淄团团围住。

齐灵公眼看临淄有失守的危险，准备逃跑。太子和大夫郭荣拦住齐灵公的马说："晋军虽然进攻很快，但只是想掠夺财物，就要退兵了。国君是社稷之主，不要轻易逃离啊！"齐灵公还是害怕，赶马往前走，这时太子抽出宝剑斩断马鞅，灵公才不得不停了下来。果然晋军在一番劫掠后退兵了，这是齐国遭遇了鞌之战后的又一次重大损失。

鲁国为了表示对晋国的感谢，在晋军回国途中宴请晋国六卿，赐给他们"三命"的服饰，赐给大夫们"一命"的服饰。当时有一种"命服"制度，分有等级，每一等有不同的形制颜色，卿大夫一般为三等，"命"多的为尊贵。各等级的贵族只能按照自己的地位行事，不得超过规定。对中军元帅荀偃，鲁国则给予了一批特殊的礼品，束锦、加璧、乘马和先吴寿梦之鼎。

也就在这一年，晋、卫两国再次征伐齐国，正遇到齐灵公病死，齐国发生内乱，晋军不战回国，这是遵守当时不攻打有丧事国家的礼制规定。

晋楚共霸

晋国与楚国的争霸斗争持续了很多年，频繁的战争使得双方都精疲力竭，特别是晋国，同时还要与周围的少数民族戎、狄进行战争，因此晋国率先主动找楚国议和。晋楚两国好了三年后，楚国便违约了，中原大地又成为了厮杀的战场。最终饱受战乱迫害的宋国站了出来，要求开展停战运动。前546年，晋楚等十四国在宋国结盟，弭兵休和，从此结束了晋国独霸的时代，形成了晋楚共霸的局面。此后数十年中原战事减少。

晋国"服狄和戎"

晋国在与楚国争霸的同时，还致力于对周围的少数民族戎、狄进行兼并。

戎、狄等少数民族一直与华夏族杂错居住，主要活动在今陕西、山西、河北一带，经常进犯中原的郑、燕、齐等国，使邢、卫等国几至亡国。狄人主要分为白狄、赤狄和长狄三支。白狄据说以爱穿白衣而得名，赤狄以爱穿红衣而得名，长狄则以身材高大而得名。

晋国对狄族的斗争，在晋献公时就已经开始。晋文公时，在三军之外还建立了三个步兵组织，称作"三行"。后来废"三行"，增设新上、下两军，就是专门用来对付狄人的。

前628年，白狄趁着晋文公之死，攻打晋国。晋襄公大怒，亲自征讨，活捉了白狄君，白狄一支从此衰落。

赤狄的力量相对强大，经常发动对晋国的骚扰战事。前603年，赤狄围困晋国邢丘（今河南温县东）。荀林父采用"纵敌法"，先放纵狄人使其骄横，然后再进攻。赤狄中计，以为晋人害怕，掠夺得更加肆无忌惮。

前594年，赤狄潞氏（在今山西潞城东北）的执政大臣酆舒专权，打伤了国君潞子婴儿，又杀死了婴儿的夫人即晋景公的姐姐。晋景公派荀林父率大军进攻赤狄潞氏，剿灭了潞国。晋国把赤狄人变为奴隶，一部分献给周王室，一部分赐给大臣将领，仅赏给这次征伐主将荀林父的就达一千家。

晋国乘胜追击，进一步向其他赤狄部族进攻。前593年，士会率军灭了赤狄甲氏、留吁（均在今山西屯留境内）和铎辰（今山西潞城、屯留境）三支。士会在此次战役后被任命为中军元帅，加太傅之号。士氏由此强大起来，

晋文公

晋文公发动的战争，虽然不可避免地给人民带来种种灾难，但也产生了有利于历史前进的客观效果。他加快了统一中国的步伐，促进了各民族之间的融合。他不但使晋国强大起来，而且还使中原一带保持了一段时间的相对安定，从而促进了社会生产的发展。

后封于范，故又称为范氏。

前588年，晋国联合卫国，发动了一场大规模进攻赤狄的战斗，赤狄各部陆续被消灭。这样晋国不但解除了后顾之忧，还把国土扩大到太行山以东，到达今河北省的西部。后来楚国称霸，晋国无暇与楚国争雄，就将兵力用来对付白狄，也取得了巨大胜利。

狄人之外，戎人与华夏族的关系较深，周人本是戎族姬姓的一支，晋国也属于姬姓侯国，又在戎人聚居地区建国，因此晋国同自己周围的戎人有特殊关系。一是双方彼此通婚，二是晋、戎曾经组成联军共同对敌。崤之战中，晋军就是和戎人联合作战打败秦军的。后来的戎人首领戎子驹支说，他们采用的是像猎人捕鹿那样的方法，晋人抓住鹿角，戎人捉着鹿腿，一起将秦人打败的。

前569年，陈国归服晋国，戎族的无终部落见晋国强大，便派人向晋国贡献虎豹之皮以求和。晋悼公不想答应，大臣魏绛劝谏说："不要因为与戎族的关系而失去了诸侯，与戎族和好有五大好处：一、戎人看重的是货物，不是土地，土地可用货物去换取；二、能使边境安宁，人民安心生产；三、戎人臣服晋国，诸侯知道晋国有力量对外，就会畏服；四、用德政去安抚戎人，不动干戈，免得消耗军力；五、以德服人，能使远地的诸侯来朝贡，近处的诸侯安宁和睦。"晋悼公认为很有道理，便派人与戎人讲和，从此边境安定了。

不过晋国还是很瞧不起戎族。一次晋国会盟诸侯，姜戎族的首领驹支也来参加。晋国的大夫很高傲地说："那个姓姜的蛮子，你现在的态度很不恭顺啊！以前你们的祖先被秦国人驱赶，穿着茅草做的衣服来投靠我们，我们的国君虽然土地不多，但还是分出一片给你们，让你们能吃上饭。你们现在对我们国君却没什么感恩之心。快走吧！以后不要来参加这样的盟会，否则就把你抓起来。"

驹支说道："我们的祖先被秦国人驱赶，确实是晋国的先君给了我们生存的土地。但那土地本就是蛮荒之地，我们在那里铲除荆棘，辛勤劳作，成了你们忠诚的臣民，还帮你们抵御秦兵。每一次你们征战，凡是交给我们做的事情我们都听从指令，从来没有过叛逆之心。如今确实有诸侯对晋国的国君不恭敬，但这是你们这些大夫失德造成的，与我们有什么相干呢？我们虽然吃得和你们不一样，穿得也和你们不同，言语、礼仪也大相径庭，但从来不

三轮盘

这一春秋晚期的三轮盘无耳，一侧有两柱夹轮，柱上有冠兽首。另有两轮，与之成三角形，可像车子一样推动，已见青铜器中没有与之类似的。

蟠虺纹尊

此器发现于南方，这类型的尊在中原地区西周中期以后就已消失。蟠虺纹工细至极，反映了春秋时期高超的铸造技术。

做没有道德的事情。就算不参加盟会，心里也不会不安。"说完驹支还诵读了《青蝇》诗："营营青蝇，止于樊，岂弟君子，无信谗言。营营青蝇，止于棘，谗人罔极，交乱四国。营营青蝇，止于榛，谗人罔极，构我二人。"

这一番话说得晋国大夫们哑口无言，纷纷向驹支赔礼道歉，请驹支参加盟会，待若上宾。

宋之盟

晋国自文公称霸以来，战事不休，无论是邲之战还是鞌之战，都是劳民伤财，因此晋国也想休养一段时间，于是主动找楚国议和。

前588年的一天，晋景公视察军用仓库，见到钟仪，便问身边的大臣："那个戴南方帽子而被拘缚的人是谁？"大臣说："是郑国所献的楚国俘虏。"晋景公就与钟仪交谈了一番，对他很是欣赏，便下令释放了钟仪，让他做晋楚两国的和解工作。

晋国让钟仪回去后见到了楚共王，楚共王听了钟仪的话，也想与晋国讲和，就派使臣回聘晋国，晋国又派使者往聘，晋楚敌对的关系出现了转机。

宋国一直受到楚国的侵扰，听说晋楚之间有讲和的动向，忙加入进来。前579年，晋、楚两国在宋国西门外会盟，盟词说："从此以后，晋楚不要以兵戎相见，一定要同心同德，互相怜恤灾患。若有别的国家危害楚国，晋国要起兵讨伐，楚国对晋国也是如此。两国应让聘使往来，使道路永不阻塞，并共同讨伐不朝周王的国家。谁背叛了这次盟誓，神灵就要诛杀他，使他的军队覆灭，国家衰亡。"

但是并不是所有的人都期望和平，秦国不愿意晋楚结盟，暗中支持狄人攻伐晋国，不给晋国喘息的机会。于是晋国邀集齐、鲁、宋、卫、郑、曹等诸侯朝见周王，请周王派大臣监军，大张旗鼓地去征伐秦国。晋国的使臣吕相还宣读了一篇与秦国的绝交书。这篇绝交书洋洋洒洒，阐述断交的理由时，凡是晋国有过错的地方，都做了强辞夺理的辩解，然后再攻击秦国是如何背信弃义，总之真理都在晋国一边。这篇脍炙人口的奇文，被后人称为《吕相绝秦》。

晋、秦绝交，由栾书带领的晋军和诸侯国的军队到达秦地麻隧（今陕西泾阳），双方开战，秦军大败。

但是晋楚和议也是好景不长，仅隔了三年，楚国便违背盟约，征伐郑、卫两国。

晋国见楚国背约，就准备联吴抗楚。楚国一见形势不对，马上收买了郑国，郑国不但与楚国结盟，还起兵替楚伐宋。卫国也起兵替晋伐郑。就这样罢兵的盟约被彻底被撕毁了，中原大地又成为了厮杀的战场。

诸侯国的内争

不但宋之盟瓦解了，各诸侯国内部也陷入了混乱的争斗之中。

在晋国有范氏和栾氏两大家族在斗法，最后范氏灭掉了栾氏。从此范氏的力量大大增强。前549年，鲁国大夫穆叔出使晋国，接待他的范鞅说道："古人说功业不朽是什么意思？"穆叔还没来得及回答，范鞅便自夸说："过去我的祖先在虞舜时代是陶唐氏，在夏代是御龙氏，商代是豕韦氏，周代是唐杜氏，晋国称霸时是范氏，这能说得上是功业不朽了吧！"穆叔回答道："这叫世代都有官职和土地，不能说是功业不朽。我们鲁国死去的大夫臧文仲，人虽然死了，但是正确的言论留传了下来，这才能算是功业不朽。我听说功业不朽的最高标准是对民众有恩德，其次是对民众有功劳，再其次是言论对后人有教益。具备了这些条件才称得上有不朽的功业。要是说长期保持自己的族氏，又能另立宗族，世世代代祭祀自己的祖先，每个侯国都有这样的人，算不上什么不朽的功德。"范鞅对穆叔这番话虽然没提出辩白，但也不以为然。

范氏和栾氏都是晋国的大夫家族，而在齐国，内斗则上升到了大夫和国君之间。

前548年，齐庄公宠幸的大臣崔杼夺娶了棠公的妻子棠姜为妾，庄公也看上了这个美人，总是找机会和棠姜幽会。时值晋国内乱，齐庄公决定伐晋，崔杼认为这会招来晋国的报复，便想杀掉庄公，向晋国请罪。

一次崔杼借口生病不理政事，庄公假意去探望崔杼，却乘机又和棠姜幽会。齐庄公的侍者贾举以前曾遭到过庄公的毒打，一直怀恨在心，这时便让

晏子

晏子做齐相的时候，有一次出门，车夫的妻子从门缝里看到自己的丈夫扬鞭驱马，很是得意。于是在他回家后，妻子就请求离开。车夫问是什么原因，妻子回答说："晏子身长不满六尺，却做了齐国的宰相，名声显赫于诸侯。他出门的时候深思熟虑，态度谦和。而现在你身长八尺，做人家的车夫却自感满足，我因此要离开你。"从此以后，车夫就改正了自己的行为。晏子感到奇怪，便问车夫，车夫如实地回答了，晏子就推荐他做了大夫。

齐庄公一人进去，然后关上屋门，把庄公的其他侍从挡在了门外。崔杼见状，便和早已埋伏好的甲士一拥而上，杀死了齐庄公。随后崔杼立了齐灵公的儿子、齐庄公的异母弟弟姜杵臼为君主，这就是齐景公。

对于齐庄公的死，齐国上下表现各异。大夫晏婴在齐庄公被杀时正在现场，晏婴的手下见状问道："我们也要死吗？"晏婴说："难道他是我一个人的国君吗？他死了我为什么也要去死呢？"手下说："那咱们赶快逃跑吧！"晏婴又道："国君之死是我的罪过吗？我为什么要逃跑呢？"手下人无奈，又试探地问道："那咱们回去吧。"晏婴说："国君都死了，我们回哪里去呢？做国君的人，不能凌驾于百姓之上，而是要管理好国家；做臣子的人，不是为了拿俸禄，而是要尽力保护好国家。所以说如果国君是为了国家而死，那么臣子就要跟着他去死；如果国君是为了国家而逃亡，那么臣子就应该跟随着他逃亡。如今国君是为了个人私事而死，我没有必要为他而死，也没有必要逃亡，也没有家可回了。"说罢晏婴伏在庄公尸体上大哭一番后离去。崔杼等人听完晏婴的高论，都默不作声。直到晏婴离去，有人对崔杼说："杀了晏婴吧！"崔杼叹了口气说："他是百姓所仰慕的人，放了他才能得到民心。"

然而齐国的太史可不领崔杼的情，真实地记录道："崔杼杀死了君主。"并且在朝廷上宣读。崔杼大怒，杀了太史。太史之弟接替哥哥的职务后，仍然坚持写道："崔杼杀死了君主。"崔杼青筋暴跳，又杀了他。太史的三弟接替职务后，还是这样记载，崔杼心颤了，不敢再杀害他。

历史细读

齐庄公出游时，看到车子前面有只螳螂。庄公从没见过螳螂，便问车夫。车夫告诉齐庄公，这个螳螂很自不量力，只知前进不知后退。庄公想了想，说："如果是人的话，一定是勇士，我们要尊重。"于是吩咐车夫绕开那只螳螂。此后天下英雄闻讯，纷纷前来投奔。

两年后崔杼废掉长子崔成，改立庶出的小儿子崔明为自己的继承人。崔成无奈，就请求到崔邑养马。崔杼的家臣棠无咎和东郭偃反对，说崔邑是宗庙所在，一定要留在继承人的手里。崔成很气愤，就与弟弟崔强一起找到了左相庆封说："我父亲的情况，你是知道的，只听棠无咎和东郭偃的话，把我们撇在一边，请你支持我们兄弟吧。"

庆封本来就不满崔杼专权，见崔家内乱，便高高兴兴地答应了。于是崔成、崔强杀死了东郭偃和棠无咎，崔杼还傻乎乎地去见庆封，诉说两个儿子的忤逆。庆封说："崔、庆犹如一家，我替你讨伐他们。"于是马上命令手下进攻崔氏，杀了崔成、崔强。这时庆封手下的人向崔杼说出了内情，崔杼这才知道自己一家算完了，也上吊身亡。只有崔明躲在墓地里逃过一劫，后来逃往鲁国。从此庆封在齐国开始了专权。

除掉了眼中钉，庆封便整天打猎喝酒，政事由他的儿子庆舍处理。庆封因和卢蒲嫳的妻子私通，就索性把自己的财产和家室迁到宠臣卢蒲嫳家里，在那里饮酒作乐，政务也在那里处理，史称"国迁朝焉"。庆封招纳被崔杼排挤的人，其中有个叫卢蒲癸的人得到庆舍的喜欢，庆舍就把自己的女儿嫁给了他。在卢蒲癸的推荐下，齐庄公宠幸的王何也加入了进来，成为了庆舍亲近的卫士。卢蒲癸与王何想为齐庄公报仇，故意破坏庆氏和大夫们的关系，克扣了大夫们的膳食。按照规定，大夫们在朝办事是一天给两只鸡吃，他们却让厨师们偷偷换上鸭肉，送食的人又在路上把鸭肉吃掉，只把剩下的骨头和汤端上来，因而引起大夫子雅、子尾的气愤。

卢蒲癸与王何认为进攻庆氏的时机已到，便着手进行铲除庆氏的计划。在庆舍主持祭祀太公庙之前，庆舍的女儿得知了王何、卢蒲癸要作乱的消息，决定舍弃父亲，支持丈夫卢蒲癸。庆舍的女儿知道父亲刚愎愚蠢，故意劝他不去主祭，庆舍果然生气了，执意亲自前去。祭祀时，王何、卢蒲癸二人任担警卫，庆舍的甲士守卫君主的宫殿。卢蒲癸见时机已到，拔刀从后面刺杀庆舍，王何则用戈砍掉了庆舍的左肩。庆舍在重伤之下抽动了房椽，将屋梁都拉得直晃动，并拿起祭器打人，坚持了好一阵才死。庆封打猎回来才知道儿子已死，率军攻打西门，没有攻下，又从北门攻入城中，再攻内宫，但都没有成功，只得出走鲁国。不久齐国派人斥责鲁国收留庆封，庆封逃奔吴国。

齐国接二连三地闹乱子，卫国也不安宁，经历了一场国君被逐和复国的动乱。

前559年，卫献公姬衎因与大夫孙氏、宁氏有矛盾，逃离卫国长达十二年。后来卫献公派人与宁喜谈判，要求回国，宁喜答应了他。太叔仪说："宁先生对待国君，还不如下棋的棋子呢。下棋的人如果举棋不定，就不会胜利，何况你把国君当棋子，今天驱逐他，明天答应他回来，摇摆不定。看来宁先生的败亡是不可避免的了。"宁喜认为这是老年人的痴呆话，没有理睬他。

在宁喜的支持下，卫献公杀死了卫殇公及其太子，得以复国。卫献公在返回卫国途中，走到城郊之时，想把一些采邑封赏给跟随他逃亡的人，然后再进城。大臣柳庄说道："如果大家都来保卫国家，那还有谁跟随您奔走效力呢？如果大家都跟随着您，那么谁来保卫国家呢？国君返回自己的国家而有私心，恐怕这样做不可以吧？"于是卫献公没有封赏采邑。

也许是要表明自己没有私心，在复国的第二年，卫献公杀死了执政大夫宁喜，斗争可谓惊心动魄。

同一个时候，陈国出现了"役人暴动"。前550年，楚国大夫屈建和陈侯一起包围了陈国都城。陈人加固城墙，筑城的夹板脱落，监督筑城的人竟以杀人来惩罚役人，便激起了役人的反抗。

弭兵大会

就在各国内争不断的时候，饱受战乱迫害的宋国再一次站了出来，要求开展停战运动，即各诸侯国召开弭兵大会。

前546年，盟会在宋国举行，晋、郑、鲁、齐、陈、卫等十三个侯国的卿大夫和小国君主先后到会，秦国僻处西方，同意弭兵，但没有出席会议。

会上楚国首先提出"晋、楚之从，交相见"的要求。就是说原先分别从属晋、楚的中小国家，现在要同时向晋、楚两国朝贡。原来从属于晋国的侯国占多数，这样一来，晋国就吃了亏。晋国的赵武说："小国好办，可齐、秦和晋、楚是地位相同的国家，我们不能强求齐国去朝贡楚国，正像你们楚国也不能强求秦国来朝贡晋国一样。"最后，晋、楚两个国家商定，齐、秦两国除外，其他国家都要"交相见"。

这场弭兵大会一直开了两个月，倒不是讨论怎样停止战争，而是晋、楚两国争当盟主，吵得不可开交。最后还是晋国让了一步，让楚国做了盟主，这才结束了会议。

弭兵大会后，与会各国之间停止了十几年的战争，尤其是晋、楚两个大国，四十年内都没有再发生军事冲突。战争的中心，由中原转移到了东南地区，即吴楚、吴越之间的争雄。

战争虽然减少了，但小国的负担却更重了，因为他们原来只向晋或楚一个大国纳贡，现在却要向两个大国纳贡，负担成倍增加。

贵族与国君的较量

　　经过长期的争霸战争，许多国家内部发生了变革，大权渐渐落在大夫手里。这些大夫积极笼络人心，势力越来越大。一向被称为中原霸主的晋国，政权也落入赵、韩、魏、范、中行、知氏六卿之手，国君完全丧失了对卿大夫的约束力，晋国实际上已是"政在私门"。

历史细读

晋文公时，司法官理离错杀好人，于是他把自己拘禁了起来，说："我的罪当死。"晋文公说："这是因为下面的官吏对你谎报情况，罪不在你。"理离说："我是官长，责任在我，不能往下级官吏身上推卸责任，君主也不能赦免我的死罪。"说罢伏剑而亡。

晋国瓦解

晋国六卿的联合专政为后来的三家分晋埋下了伏笔，也可以说是三家分晋的前奏。三家分晋是晋国社会发展的必然结果，是符合时代潮流的进步趋势。

法与礼的较量

西周时期，各国主要依靠宗法制度维护统治，到了春秋时期，则更多地需要按照法律办事了。于是尚法精神逐渐产生，在这方面，晋国的表现最为突出。

尚法精神的最初体现，表现在军事上。晋国在战争中，对违犯军令者以法律论处。一次赵盾推荐韩厥任中军司马，但事后又不放心，就决定考验他一番。在一次与秦军的战斗中，赵盾故意派给自己驾车的御士驱动战车扰乱军队的行列，韩厥毫不留情地按军法把御士杀了。事后赵盾将韩厥找去，并对他说道："办事不能讲私人感情，要能够秉公处理，特别在军事上更应当如此。但我不知你是否具备这种品德，所以考验了你一次，你经受住了考验。今后要事事照着这样办，将来国家就靠你了。"

韩厥不负所望，当了二十多年的三军司马，然后升任军将，最后做了七年的元帅，屡立战功。不仅如此，韩厥在政治上也颇有贡献。在晋景公谋划迁都时，许多人建议从故绛（今山西翼城东南）迁到郇（今运城解池西北）、瑕（今解池南）之地，那里土地肥沃，盛产食盐，"国利君乐"。韩厥却认为，郇、瑕之地"土薄水浅"，地下水位高，太潮湿，容易生风湿病，引起人民愁怨，应该迁到新田（今山西侯马），那里"土厚水深"，利于居住，人民可以安居乐业，服从政令，是十世之利。后来晋国迁都于新田，即是采纳了韩厥的建议。

在晋国内部各大家族之间争权夺利的激烈漩涡中，韩厥始终保持着一种超然的姿态。栾书与荀偃迫于情势废黜晋厉公之时，曾请韩厥参与其事，韩厥断然拒绝。正是由于他这种超然的态度，使得韩氏家族得以保全壮大，成为后来的六卿之一，以及三家分晋后的韩氏诸侯。

为了严肃军纪，韩厥和一些士大夫很想把军纪上升为成文法。前513年，大夫赵鞅、荀寅带领军队在汝水旁筑城，同时征收了两百多斤铁器铸造了一个鼎，把过去制定的刑书都铸在鼎上，公诸于世。不料这一举动引起了晋国上下的震动，孔子甚至把这事视为晋国将亡的征兆，他说："晋国衰败了，丧失了开国之君唐叔虞传下来的法度。这样下去，民众只关心鼎上的法律条文，一律以此为准，尊卑贵贱的秩序将会被打乱，怎能管理好一个国家的政治呢？"

从晋文公时的尚法，到铸鼎公布成文法，这当中经过了一百多年的发展，可反对以法治国的还是大有人在。

君权的旁落

晋国君主权力的衰落，开始于赵盾执政的时代。在赵盾的保护下，他的族人杀了晋灵公却没有受到惩罚。后来栾书杀了晋厉公同样也没有受到制裁，君主权威已经被大夫们踩在了脚下。

国君当然不会坐以待毙，为了保卫自己的权力，他们同大夫们展开了激烈的斗争。晋景公时，为了打击赵氏专权，杀了赵盾的后代赵朔、赵同、赵括全族。戏曲中有一出《赵氏孤儿》，就是讲的这个故事。前597年，晋国大夫屠岸贾借口赵盾的族弟赵穿曾刺杀晋灵公，灭了赵氏全族。赵朔的妻子是晋成公的姐姐，逃进王宫后生下一个男孩，这就是历史上有名的赵氏孤儿赵武。后来，孤儿被赵朔的门客公孙杵臼和朋友程婴救出宫来。十五年后，在韩厥等人的努力下，晋景公为赵氏平反昭雪，发兵攻灭屠岸贾，尽灭其族，立赵武为大夫，恢复了赵氏的土地封邑。赵武执政期间，虽然没有突出的建树，但保存了晋国的实力，维持住了晋国的霸主地位，在与楚国抗衡中并未明显处于下风。

无辜的赵氏子孙被杀后，晋景公便梦见赵盾化作厉鬼来杀他，醒后便生病了。听说晋景公病重，秦桓公便派了个名叫缓的医生去给晋景公治病。医生还没有到，晋景公又做了个梦，梦见疾病化作两个小孩子。一个说："他是个良医，恐怕会伤害我们，往哪儿逃好呢？"另一个说："我们呆在肓的上边，膏的下边，他能把我们怎么样？"（古以膏为心尖脂肪，肓为心脏与隔膜之间，膏肓之间是药力不到之处）医生缓来后，为晋景公诊病，说道："您的病已经不能治了。在肓的上边、膏的下边，艾灸不到，针够不着，药物的

季札挂剑漆盘

季札拜访徐国的国君，这位徐国的国君很喜爱他所佩戴的宝剑。季札当时没有把宝剑献给徐国国君，但是心里已经考虑好送给他了。等他再来的时候，徐国的国君已经死了。季札认为自己的心里已经答应把宝剑送给徐国国君了，如果再不把宝剑献给他就是在欺骗自己的良心。于是他把宝剑挂在了徐国国君坟墓边的树上走了。徐国人赞美季札说："延陵季子兮不忘故，脱千金之剑兮带丘墓。"

力量也到不了，不能治了。"晋景公见缓诊断的结果与自己梦见的相同，说："真是好医生啊！"于是馈赠丰厚的礼物，把他送回去了。

不久之后神巫来给晋景公看病，说道："主公的病，恐怕吃不到今年的新麦了。"转眼到了六月，景公忽然想吃新麦，便命令地方上的人献上，吩咐膳夫煮好麦粥。这时他忽然想起几个月前神巫的话，于是立刻召神巫入宫，指着麦粥对神巫说："你说寡人吃不到新麦，你看这不是新麦吗？"接着喝令左右将神巫推出去斩首。神巫死了，景公取来麦粥正要吃时，顿觉腹部膨胀要大便，急忙起身上厕所，忽然一阵心痛，站立不住，跌入粪池中而死，新麦还是没能吃上。

晋景公死后，晋国的国君一个比一个软弱，于是争权的斗争从大夫对阵君王，逐渐演变为大夫之间的杀戮。大夫专政的形势成为定局后，君主完全为大臣所左右，成为他们手中的傀儡。

前544年，吴国公子季札周游列国走到晋国时，目睹了晋国政局混乱，对赵武、韩厥、魏舒说："晋国将要被你们三家瓜分了！"然后又对叔向说："我的好朋友，您要注意啊！大夫都有钱财，权力在私家手中，你这个为人正直的人，一定要想办法使自己免于祸难啊！"

叔向很是担心，便对出使到晋国的晏婴说："今天我们的公室已进入衰败时期，兵车瘫痪，公卿不率领公室军队，公室的车乘也配不齐甲士，军队行列没有长官，人民生活痛苦，饿死在道路上的人随处可见。可是贵妇人却富丽妖娆，宫室造得又多又豪华，老百姓逃避公室的差事就像逃避盗贼、敌人一样，甚至一些姬姓的世家大族都被降为了奴隶，政治由私家所专断，民众无所归依。面对这一情况，国君不省悟，只知道喝酒玩乐。我的同宗有十一个族，现在只有我这一族还存在，可是我连儿子也没有。唉，公室昏乱得没有一点法度，我能得善终就算很不错了，哪能奢望有后代呢！"

前514年，晋国的大夫祁盈家族内部发生了矛盾，原因是他的家臣祁胜与邬臧互相交换妻子，祁盈要出面干涉，司马叔游劝他不要管。祁盈说："这是我家的私事，跟国家没有关系。"祁胜和邬臧都被祁盈囚禁了起来，祁胜贿赂荀跞，替他在晋顷公面前说好话。晋顷公逮捕了祁盈，祁盈手下的人见晋顷公处理不公，就杀了祁胜和邬臧。晋顷公大为愤怒，也将祁盈杀了，并乘机灭掉了祁氏和羊舌氏两个大族。

晋国的执政大臣魏舒把祁氏的土地分为七个县，把羊舌氏的土地分为三个县，由国家直接委派大夫管理，这就把贵族的采邑变成了国家的行政区域。在魏舒所委派的十个县大夫中，除魏戊、知徐吾、韩固、赵朝为六卿的小儿子外，其他六人均为有功劳的中小贵族子弟。

魏戊是魏舒的小儿子，做了梗阳（今山西清徐）的大夫。魏舒起先害怕别人议论他"任人唯亲"，因此一再叮嘱小儿子要小心谨慎地办事，不要给别人留下口实。魏戊到职后，梗阳地方有人打官司，案件涉及一个强宗大族，魏戊不敢审理，就将案件上报给魏舒。大宗听说后，以女乐向魏舒行贿，魏舒想要接受。魏戊告诉他的同僚阎没和汝宽说："我的父亲以不受贿赂闻名于诸侯，若是这次接受这些女乐，名誉会受到很大的影响，你们一定要进谏。"二人于是来到魏舒家，魏舒请他们吃饭。在吃饭过程中，二人叹息了三次。吃完饭后，魏舒问道："我听说'唯食忘忧'，而你们却在席间三次叹息，这是为什么呢？"二人异口同声地说："昨天中午有人请我们两人吃酒，多吃了一点。晚上没有吃饭，所以饭前感到肚子特别饿。饭菜刚上桌时，怕不够吃，所以叹息；吃到中间时，自己感到内疚，哪有将军请吃饭，会不给吃饱之理，就再次叹息；菜饭吃完时，想到君子的心也像我们小人的肚子那样知道满足就好了，所以第三次叹息。"魏舒听了，知道他们是在说自己，于是毅然辞掉了梗阳大宗的贿赂，秉公办理了案件。

晋国魏舒改采邑为县，在春秋时期是一件大事。这是废除分封制，建立中央集权的地方行政制度的一个重要的举措。郡县作为地方行政组织，春秋初期就在一些侯国新征服的地区建立。由于要对这些地区加强控制，便由君主派人去直接管理，当时最早设县的有秦、楚、晋等国。

铁地誓师

在消灭祁氏、羊舌氏大概十年之后，晋国又发生了赵鞅驱赶范氏、中行氏的事件。

赵鞅即赵简子，又名志父，亦称赵孟。他的青少年时代处于晋顷公年间，

询求政术

赵简子的大臣董安于治理晋阳的时候，向蹇老请教如何治理国家。蹇老说："忠，信，敢。忠就是对君王忠心耿耿；信就是取信于民；敢就是敢于除暴安民。"董安于听完后恍然大悟，说："治理国家，这三个字足够了。"

当时晋国的内政发生了根本性的变化。一些原来地位显赫的旧族退出了历史舞台，逐渐出现了由赵、韩、魏等异姓大夫专权的局面。六卿之间明争暗斗，矛盾十分尖锐。赵鞅家族一度凌驾于众卿之上，但自"下宫之难"后，一蹶不振。这种局面延续到赵鞅即位初期。年仅二十多岁的赵鞅在责任感的驱使下，励精图治，终于使赵氏东山再起。赵鞅执政不久，六卿都在各自的封地内进行了为夺取晋国大权的全面改革，其中以赵鞅的改革措施最为彻底，改革所带来的成效也最为显著，为赵氏的兴盛、强大和近一步发展奠定了稳固的基础。

在经济上，赵鞅革新亩制，调整赋税，赵氏断制"以万计步为地，以二百计甘（四十）步为响"，而赋税却最轻。在政治上，赵鞅礼贤下士，选贤任能。他重用董安于、尹铎等人，同卫庄公、扁鹊等名士的关系也极为融洽。赵鞅虚心纳谏，表彰敢于指出他错误的部下。在军事上，赵鞅奖励军功，以功释奴，大大鼓舞了晋军的士气，对取得战争的胜利发挥了巨大作用。改革使赵氏的经济实力得到增强，政治威望得到提高，彻底改变了过去赵氏处于劣势的不利状况。此后赵鞅联合韩、魏，把矛头指向六卿中最主要的对手范氏、中行氏两家，揭开了讨伐战争的序幕。赵氏与范氏、中行氏之间爆发的这场战争，导火索是暂住邯郸的卫贡五百户人口的归属问题。而实际上，这是新兴的异姓强族争夺晋国大权斗争的必然结果。

赵鞅曾攻打卫国，卫国进贡给他五百家奴隶。最初赵鞅把这些奴隶安置在邯郸，后来又打算迁到晋阳。治理邯郸的是赵鞅的族人赵午，赵午反对将奴隶们迁出邯郸，和赵鞅发生了矛盾。赵鞅恼怒之下，下令把赵午囚禁在晋阳，并命令随从他的人不得带剑。赵午的随从涉宾坚持带剑，赵鞅更加愤怒，索性杀了赵午。于是赵午的儿子赵稷和涉宾据守邯郸反叛，赵鞅则派上军司马籍秦带兵包围了邯郸。

赵午与中行氏是姑舅关系，而中行氏与范氏也有姻亲，见赵午被杀，赵鞅还要对赵稷赶尽杀绝，范氏和中行氏于是起兵进攻赵鞅，赵鞅退保晋阳。这时范氏内部发生了内讧，晋定公得到国人的支持，一举将范氏、中行氏打败，赵鞅回到了国都。

范氏、中行氏逃到了朝歌，晋国很快就派军队包围了朝歌。齐、鲁、卫等国商议援救范氏和中行氏。前493年，齐国送粮食给范氏，郑国派人帮着

历史文献

简子使尹铎为晋阳。请曰："以为茧丝乎？抑为保障乎？"简子曰："保障哉！"尹铎损其户数。简子谓无恤曰："晋国有难，而无以尹铎为少，无以晋阳为远，必以为归。"

——《资治通鉴》卷一

护送。赵鞅闻讯后前去争夺，两军在卫国的戚地（今河南濮阳北）相遇。由鲁国逃到晋国的阳虎对赵鞅说，我们的兵车少，要先列好队，伪装成兵车多，使郑人产生畏战思想，然后再向他们进攻，一定会打胜仗。赵鞅表示赞同，誓师之后，下令进攻。

战争一开始，赵鞅的肩膀就被郑人砍伤，倒在车里，帅旗也被抢走。在危急之中，一直害怕作战的卫太子蒯聩（因在国内争夺君位失败，避难于晋国）却奋发了精神，举戈杀敌，救起了赵鞅。在蒯聩的率领下，晋军紧追郑军，大败了郑军，并得到了齐国的粮食一千车。范氏收田税的官公孙龙，因为曾被赵鞅救过性命，在战争中也带领私属五百人在夜里攻击郑军，把赵鞅丢掉的帅旗夺了回来。

应该说晋国人的奋勇在很大程度上源于赵鞅战前的誓师。在誓师词中，赵鞅宣布了一系列新政策。许诺有军功的大夫能得到整县整郡的土地作为征收赋税的对象；立了战功的庶人、工商，可以提升地位做官吏；有战功的奴隶，可以免除奴隶身份。

晋军越战越勇，次年便攻下邯郸，邯郸城内的范氏和中行氏出逃，内争这才宣告结束。

赵鞅此后独掌了晋国大权，很是得意。可没过多久，就被楚国的王孙圉奚落了一番。王孙圉到晋国访问时，赵鞅佩带着叮咚作响的玉饰担任傧相，问王孙圉说："楚国的白珩还在吗？"王孙圉回答说："在。"赵鞅说："它作为楚国的珍宝有多久了？"王孙圉故作惊诧状，说道："我们楚国从没把它当作珍宝啊。楚国所宝贵的，叫观射父，他擅长辞令，能够到各诸侯国交往办事，使诸侯无法拿我们国君作为话柄。又有位左史倚相，能够述说古代的典籍，来说明各种事物，早晚向国君提供成败得失的教训，使国君不忘记先王的功业；又能够取悦于天上地下的鬼神，顺应它们的好恶，使神灵对楚国没有怨恨。又有个大泽叫云连徒洲，是金、木、竹、箭出产的地方。又有龟甲、

晋范氏母

范献子的儿子在赵简子家玩。赵简子爱骑马，但是花园里有很多树，就问应该怎么办。范家的大儿子说："明君不问不行事，乱君不问就行事。"二儿子说："太爱马就不会爱民众，爱民众就不那么爱马。"小儿子说："让百姓把山上的树砍了养马，另开辟树林。这样山远树林近，人们就会高兴。在平地上栽树，人们就又一次高兴。把树卖掉，就会第三次使人们高兴。"赵简子果然使人民高兴了三次。小儿子很为自己的计谋得意，于是回家后告诉了母亲，母亲感叹道："最终灭范家族的一定是赵简子。为炫耀功劳滥用民力而不广施仁义，不能长久。"

珍珠、兽角、象牙、虎豹皮、犀牛皮、鸟羽和牦牛尾，是用来提供兵赋，预防不测之患的。还可以提供币帛，用来招待献赠给诸侯。如果诸侯喜爱这些物品，而又用辞令来疏导，有预防不测的准备，又得到天神的保佑，那我们的国君就可以避免得罪诸侯，而国家、百姓也得以保全了。这些才是楚国的珍宝。至于洁白的玉珩，不过是先王的玩物，有什么可宝贵的呢？"

见赵鞅脸上一阵红一阵白，王孙围继续说道："我听说国家的珍宝不过六种而已。明智的人能裁断评议各种事物，用来辅佐治理国家，就把他作为珍宝；祭祀的玉器足以庇荫嘉美的五谷，使没有水旱灾害，就把它作为珍宝；龟甲足以表明善恶凶吉，就把它作为珍宝；珍珠足以防御火灾，就把它作为珍宝；金属足以抵御兵乱，就把它作为珍宝；山林湖泽足以提供财物器用，就把它作为珍宝。至于发出喧哗声响的美玉，楚国虽然是蛮夷之邦，也不能把它当作珍宝啊。"

赵鞅羞愧不已，此后狂傲的行径收敛了不少。一天深夜，一个守城门的小官叩门求见说："主君的家臣胥渠得了病，医生告诉他说，只有得到白骡的肝脏，病才可以治好，如果不能得到就只有等死了。"当时只有赵鞅有两匹白骡，且特别喜欢它们，赵鞅的手下董安于听说后气愤地说："胥渠是什么东西，竟想得到主人的白骡。您让我这就去杀了他吧！"赵鞅说："杀人难道是为了保存牲畜吗？这也太不仁义了吧！杀牲畜便可救活人，这不是非常仁义的吗？"于是召来厨师杀死白骡，取出肝脏拿去送给胥渠。没过多长时间，赵鞅发兵攻打狄人。守城门的小官和胥渠十分勇猛，最先登上城头，还获取了敌人带甲武士的首级，以报答赵鞅。

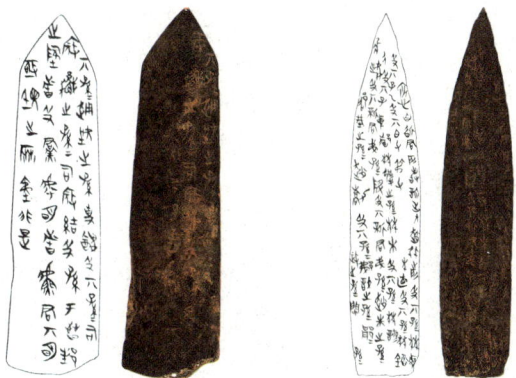

侯马盟书
"侯马盟书"笔锋清丽，舒展而有韵律。盟书的发现，对于研究中国古代的盟誓制度、古文字、晋国的历史以及中国由奴隶制社会向封建制社会过渡的情况有着重大的意义。

迁都与"侯马盟书"

前585年，晋景公提出了迁都的问题，晋国上下吵作一团。有人主张从绛迁到郇、瑕氏，大臣韩厥力主迁到汾水、浍水会合处的新田。晋景公经过一番思想斗争，同意了韩厥的主张，当年就迁到新田，这里就成为春秋后期晋国长期的国都。

考古发掘证明，晋都新田规模庞大。在这里考古工作者们发现了大量的"盟书"。盟书又称"载书"，《周礼·司盟》上说，盟书"掌盟载之法"。当时的诸侯和卿大夫为了巩固内部团结，打击敌对势力，经常举行这种盟誓活动。盟书一式二份，一份藏在盟府，一份埋于地下或沉在河里，以取信于神鬼。"侯马盟书"是用毛笔将盟辞书写在玉石片上，字迹一般为朱红色，少数为黑色。

关于"侯马盟书"的内容，一般分作五类：第一类是宗盟类，要求与盟人效忠盟主，一致讨伐敌对势力，是主盟人团结宗族内部的盟誓；第二类是委质类，与盟人表示同逃亡的旧主断绝关系，并制止其重返晋国；第三类叫作纳室类，与盟人表示盟誓后不再扩充奴隶、土地和财产；第四类是诅咒类，即对某些罪行加以诅咒。最后还有卜筮类，为盟誓卜牲时龟卜及筮占文辞的记载，不属于正式盟书。"侯马盟书"对于研究中国古代的盟誓制度、古文字以及晋国的历史具有重大的意义。

不过，迁都后的晋国还是日趋没落了。前541年，晋、楚、齐、宋、卫、陈、蔡、郑、曹等国的大夫在郑国虢（今河南郑州北）地开会，为的是巩固弭兵大会的成果。楚国的令尹公子围（后来的楚灵王）为了阻止晋国争夺盟主地位，提出只把以前的盟书在会上重读一遍，把祭牲埋在地下就算了。晋国大夫赵武不敢与楚国争论，只得草草收场。

前491年，楚人战胜蛮族夷虎，蛮族的首领赤逃到晋国的阴地（今河南卢氏东北）。楚国派人告诉晋国阴地的大夫士蔑说："晋、楚有条约，两国的立场应该一致，否则楚国将打开少习（即少习山，在今陕西商洛东，山下有武关，西通秦国）的道路攻伐晋国。"在这种明目张胆的威胁面前，士蔑请示赵鞅。赵鞅说："晋国内部不安宁，怎敢和楚国对抗，快点将蛮子交给楚人。"于是士蔑逮住蛮人赤，恭顺地交给了楚军。

三家分晋

晋国的大夫们掌握了国家大权后，为了扩大自己的势力，用减轻赋税的办法笼络人心，势力越来越大。晋国的实权逐渐转移到六家大夫手中，他们各有各的地盘和军队，并且互相攻打。后来有两家被打散了，只剩下知氏、赵氏、韩氏和魏氏。这四家中，又以知氏的势力最大。

知伯与其他三家大夫素来不和，也很瞧不起他们。一次宴饮中，知伯公然在酒宴上戏弄韩康子，并且侮辱韩康子的家臣。事后知国进谏，说这样做恐怕会招来祸患。知伯大言不惭地说："难将由我，我不为难，谁敢兴之！"言下之意，韩、魏诸家的命运已被他掌握在手中，谁对他也是无可奈何。知国于是举出晋国历史上郤氏、赵氏、栾氏、范氏、中行氏等家族遭难的例子，都是因为仇家伺机而动所致。如不谨慎从事而经常结怨于人，那大祸临头的日子就不远了。并说："今主一宴而耻人之君相，又弗备，曰'不敢兴难'，无乃不可乎！蚋、蚁、蜂、虿，皆能害人，况君相乎？"知国的意思是，蚊子、蚂蚁、黄蜂、蝎子这一类昆虫都能害人，而与强宗巨卿的人家结怨，怎能不提防着点呢？可是知伯却把这样的规谏当作耳旁风，依然我行我素。

知伯想侵占其他三家的土地，于是他对三家大夫赵襄子、魏桓子、韩康子说："晋国本来是中原地区的霸主，为了使国家再次强大起来，我主张每家都拿出一百里土地和户口来归给公家。"

三家大夫都知道知伯存心不良，想以公家的名义让他们交出土地。可是三家心意不齐，韩康子首先把土地交出，魏桓子不愿得罪知伯，也把土地交了。

知伯于是向赵襄子要土地，赵襄子不答应，说："土地是上代留下来的产业，说什么也不送人。"知伯气得火冒三丈，联合韩、魏两家发兵攻打赵氏。赵襄子自知寡不敌众，就带着自家兵马退守晋阳（今山西太原）。

赵襄子是很有影响力的人物，他的父亲是赵简子，即赵鞅。因母是从妾，又是狄人之女，所以赵襄子在诸子中名分最低，赵鞅也很看不上他。但是赵襄子从小就敏而好学，胆识过人，不似诸兄那样的纨绔子弟。久而久之，引起赵氏家臣姑布子卿的注意。子卿素以善相取信于赵鞅。一天赵鞅召诸子前来，请子卿看相，子卿乘机举荐了赵襄子。赵鞅一贯注重对儿子们的教育和培养，曾将训诫之辞刻在竹板上，分授诸子，要求他们认真习读，领悟其要旨，并告诉他们三年之后要逐一考查。然而在考查时，他的儿子们，甚至连太子伯鲁也背诵不出，更甚者连竹板也不知遗失何处。只有赵襄子对竹板上的训诫背诵如流，而且始终将竹板携带在身边，经常检点自己。等到诸子长大成人后，赵鞅又对他们进行了更深入的考查。一天他召见儿子们说："我将一宝符藏于常山之上，你们去寻找吧，先得者有赏。"于是诸子乘骑前往，寻宝符于常山。然而他们谁也没有找到宝符，只得空手而归。只有赵襄子说："我得到了宝符。凭常山之险攻代，代国即可归赵所有。"赵鞅听后非常高兴，遂废掉太子伯鲁，破例立赵襄子为太子。前 468 年，知伯与赵襄子一同率兵包围了郑国的都城，知伯让赵襄子率先领军攻城，赵襄子则用外交辞令推托，让知伯出兵。能言善辩的知伯冷冷地

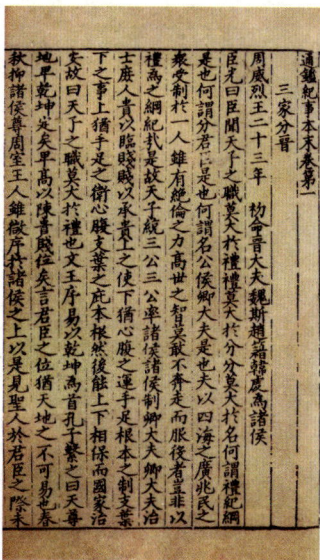

《通鉴纪事本末》书影"三家分晋"
"三家分晋"是中国历史上具有划时代意义的重大事件，为春秋时代和战国时代的分界点。

说道："你相貌丑陋，懦弱胆怯，赵简子为什么立你为继承人呢？"赵襄子回答说："我想一个能够忍受侮辱的继承人对赵氏宗族并没有什么坏处吧。"四年之后，两人再次一同讨伐郑国，知伯带着几分醉意向赵襄子灌酒，遭到拒绝后，竟将酒杯扔到了赵襄子的脸上。赵襄子的部下都要求杀掉知伯以洗刷耻辱，赵襄子说："主君之所以让我做太子，很重要的一点就是因为我能够忍辱负重。"

事到如今，赵襄子凭着晋阳城墙高、弓箭多，死守了两年多，三家兵马始终不能把它攻下来。知伯命令士兵在晋阳城东北的晋水上拦河筑坝，等到雨季来临时，在水坝上掘开豁口，使大水直冲晋阳城。哪知晋阳城的老百姓恨透了知伯，宁可淹死，也不肯投降。

赵襄子见此情景，派大臣张孟谈偷偷地出城，找到了韩康子和魏桓子，约他们反过来一起攻打知伯。三家一拍即合，当即里应外合，一举消灭了知伯。知伯的门客豫让为了给主人报仇，意图刺杀赵襄子，但没有成功。豫让不死心，以漆涂身、吞炭为哑，乘赵襄子过桥时欲刺杀他，不想惊了赵襄子的马，又被发现。赵襄子问道："你以前也曾效力于范氏、中行氏，知伯攻灭他们，你为什么不为他们效力，偏偏为知伯效力，现在又要为他来刺杀我呢？"豫让说："范氏、中行氏以众人遇我，我以众人报之；知伯以国士遇

我，我就以国士报之。"赵襄子很受感动，但仍然命令士兵包围了豫让。豫让请求赵襄子把衣服给他刺杀，以表报仇之意。赵襄子更加感动，将自己衣服脱下送给他，豫让三次跳起来刺破赵襄子的衣服，随后自杀。

就这样，赵、韩、魏三家灭了知氏，不但把知伯侵占两家的土地收了回来，连知氏的土地也被三家平分。前403年，韩、赵、魏三家派使者上洛邑去见周威烈王，要求周天子把他们三家封为诸侯。周威烈王看到三家势力已经壮大，便承认了他们的诸侯地位。前376年，三家联合灭了晋侯，将晋国土地一分为三，正式瓜分了晋国。

乱世求生的郑国

郑国在春秋初年的郑庄公小霸之后，国力日趋衰弱，在外受到大国的逼迫，国内又遭到大贵族干政，处境很是艰难。

子产相郑

前565年，郑国执政的子国、子耳率兵攻打蔡国，俘获了蔡国的司马公子燮。大家都很高兴，唯独年轻的子产显出不愉快的样子，他说："一个小国打败了楚国的盟国，楚国来兴师问罪，我们能不顺从吗？一旦顺从了楚国，晋国又会来找麻烦，我看国家休想安宁了。"子产的父亲骂道："你知道什么？国家大事有执政者过问，小孩子多话，是要受到处罚的。"此后的几年中，楚、晋两国不断地对郑国进行战争，郑国的人们不禁对子产刮目相看。

子产姓公孙，名侨，子产是他的字。不久之后，公子发在贵族内讧导致的政变中被杀，郑简公被劫持到北宫。子产沉着机智，周密部署后率领家兵攻打北宫，平息了变乱。前554年，子产得立为卿，任少正一职。

子产是一个很现实的人，用现在的话说，是一位无神论者。有一年彗星出现，人们认为将要出现火灾，大夫神灶告诉子产，要用玉做祭品，祈求神灵的保佑。子产不同意，说："上天的事太远，人世的事很近，没法搞清上天的事情，也没法了解上天与人间的联系。"子产最终没有去祭祀火神，火灾当然也没有降临到郑国。不久之后郑国又发生了水灾，出现了所谓的"龙斗"，实际是郑国国都外的水潭里，发生了蛇斗。城里人请求去祭蛇，子产不同意，说："人斗，龙蛇不会管我们；蛇斗，我们为什么要去管它们呢？我们对蛇没有什么要求，蛇对我们也没有什么请求，用不着去管它。"

在子产刚执政的时候，子皮因他年轻，总是不放心。一次子皮打算让自己所宠爱的尹何当私邑的总管，征求子产的意见。子产说："他太年轻，不

子产

子产任郑国卿后，实施了一系列政治改革，将郑国治理得秩序井然。子产治国特别注意策略，他是一位务实的政治家，虽然力图维护传统的旧制，却不能不适应形势的变化而从事必要的改革。他还注意搜罗人才，用其所长，并能广泛听取建议，择善而从。子产执政之初，也曾遭到广泛地斥责，但他的改革成效显著，人们又普遍歌颂他的政绩，甚至担心后继乏人。

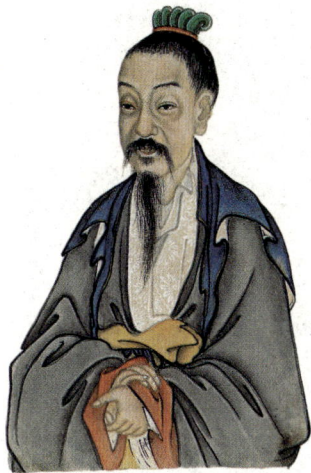

行。"子皮说："这个人我喜欢，他不会背叛我的。让他边做官，边学习，不就知道怎么办事了吗？"子产说："不行。你喜欢一个人就把政事交给他，正如您有了漂亮的绸缎，就让不懂缝纫的人来练习剪裁一样。土地比起漂亮的绸缎来，价值要高出多少倍呢？让不懂政治的人去治理，这怎么行呢？我听说学习以后才去做官，没有听说先做官再学习的。比如打猎，要先熟习射箭驾车，才能获得猎物；如果让没有射、驭技术的人去打猎，那么他就会一心害怕车翻压人，哪里还能想着获取猎物呢？"子皮听了这番话十分佩服，说道："从前我叫您治理郑国，我管理我的家族。现在我要求，我家族的事情也由您去办理。"从此以后，子皮就放心地把国事全部交给了子产。

在同霸主晋国的一系列交涉中，子产不卑不亢，尽量维护郑国的权益。简公十八年（前548年），他随执政公孙舍之攻打陈国，注意军纪，遵守传统礼制。事后向晋国献捷时，又驳回了晋人的责难，迫使其承认郑国的战绩。为此郑简公给予子产重赏，但是他却只接受了与其地位相称的部分。次年楚康王为慰抚许国，率军伐郑，子产主张坚守不战，让楚军获取小利后满意而退，以换取长期的和平，促成"弭兵之盟"。简公二十三年（前543年），郑国大臣内讧，子产严守中立，以其卓越的才能在显贵首领罕虎的支持下，出任执政。

子产治国特别注意策略，他一方面照顾大贵族的利益，一方面严惩贪暴过度的贵族。一次子产叫贵族伯石去办事，给予他土地作报偿。大家都认为这样做不合理，可子产坚持说："暂时要安定大族。"没过多久，贵族丰卷请求用新鲜的野物祭祀祖先，这是君主才能享用的一种特权，子产不允许，丰

耕织图

春秋时期的郑国漫山遍野都是桑树，三位大夫还因为祭祀山神毁了桑林，而被郑相子产罢免官职，夺去封邑。在郑国的遗址附近，还有现存最早的中国缫丝遗址。

卷生气地召集自己的徒众攻杀子产。子产打算逃往晋国，子皮劝阻了他，把丰卷驱逐出国，而子产却向君主请求保留丰卷的土地。过了三年，丰卷回来，子产将土地及其收入一并归还于他。

子产是一位务实的政治家，遇事胸有成竹，执政中坚持既定规划而不轻易越轨，因而其改革成效颇为显著。

子产整顿内政

子产任郑国卿后，实行了一系列的政治改革，承认私田的合法性，向土地私有者征收军赋。他主张保留"乡校"，听取国人的意见，善于因才任使，采用"宽猛相济"的治国方略，没用几年，就将郑国治理得秩序井然。

子产的改革一开始遭到了国人的强烈反对，他们咒骂子产说："他的父亲死在路上，他自己变成了蝎子尾巴，让他来发号施令，国家会被搞糟的。"大夫子宽将这些情况告诉了子产，子产说："骂我有什么关系呢，只要对国家有好处，我宁愿以身殉职。并且我听说，做好事的人不随便改变已经定下来的主张，才能获得成功。我做的事只要合乎道理，不怕人家说什么。"

就这样，改革还是继续向前推进。子产允许国人议论政事，并愿从中吸取有益的建议。而对自认为有利于国家的改革，却不顾舆论反对，强制推行。对于晋、楚两霸，他既遵照传统礼制谨慎奉事，不给对方寻衅的借口，又在有条件时大胆抗争，驳斥其无理苛求。

子产改革伊始，修了许多水利系统来灌溉农田，同时划定地界，将侵占他人的土地都归还给原主。一些被勒令还田的贵族很气愤，他们说道："子产对我的土地进行收税，谁要去杀子产。我也一同去！"可是，这些措施执行的结果，使有土地的人的田产受到保护，有利于他们安心发展生产。所以几年后，反对子产的人都变了调子，歌颂他说："我有子弟，子产教育他；我的田亩，子产使它增产。要是子产死了，谁能当他的继承人呢？唉……。"

因为子产允许国人议论政事，所以郑国人闲时便在"乡校"（乡的学校）里议论国家的政治。有些大夫很讨厌这种议论，对子产说："把乡校毁掉怎样？"子产说："这是为什么呢？大家早晨和晚间在那里谈论政治的得失，对于他们喜欢的事情我们照着办，对于他们反对的事情我们就革除它，他们是我们的老师啊。我听说只有用逆耳的忠言来减少大家对我们的怨恨，没有听说过用作威作福来防止怨恨的。不让老百姓讲话，就好像把河水堵起来一样，

圣贤像赞

孔子周游列国，他离开郑国便乘车直奔晋国。当他同弟子来到晋国边境的一个小山村时，有小孩用石块筑城游戏，不肯让路。其中有个叫项橐的以"只有车绕城，而无城让车"的道理来为难孔子。孔子看到项橐年纪虽小，却有过人之处，于是拜其为师，绕"城"而过。走到天井关时，又看到松鼠口衔核桃跑到面前行礼鸣叫。孔子见晋国的玩童如此聪明，甚至连动物也懂大礼，十分感慨，于是回车南归。因此晋国成了孔子周游列国时唯一没有游说过的国家。

河水一旦决堤，死伤会很多，是没有办法挽救的。不如让它细水长流，有意见让他讲出来，好把它当成药来治我的病，这不是很好吗？"后来孔子也因此极为称赞子产。

艰难的外交

子产对郑国最大的贡献，是在外交上的斗争。作为一个中等侯国，又是地处中心区的国家，郑国一直在晋、楚两国的争霸中备受欺侮。子产虽不能挽救弱国外交，却在一定程度上为自己的国家争得了尊重和利益。

前542年，子产与郑简公到晋国去朝拜晋平公，平公没有及时接见郑君，也没有收纳礼物，这是一种怠慢郑国君主的无礼行为。子产于是把宾馆的垣墙砸开，让自己的车马进去。晋国大夫指责子产，说晋国多盗贼，如今毁坏了墙垣，一旦遭遇不测，晋国是不负责任的。子产回答说："我们是小国，随时要向您贡纳物品，还得不到安生。我们搜罗财富来做贡品，却得不到贵国君主的会见。这些贡品暴露在外面，每天经受日晒雨淋。如果你们收下了，就算贵国君主府库里的东西。你们不收下，放在露天里腐烂虫蛀，还是我们的事，坏了也是我们的罪责。我听说贵国文公当霸主时，自己的宫室卑陋，没有楼台亭阁，可是宾馆却修建得很好，有各种人侍候宾客，宾客就像在自己家里一样。现在贵国的宫殿有几里宽，招待诸侯的住处却和奴隶的住房差不多，车子都进不了门，若不弄开墙垣，怎么把贡品放进来呢？"这一番话说得晋国大夫们哑口无言，只得回告赵武。赵武说："是我的过错。"并亲自来向子产表示歉意。于是晋平公有礼貌地接见了郑简公。

在对外关系中，子产不仅善于政治斗争，对大国的武装侵略也从来没有放松过警惕。前541年，时任楚国令尹的公子围要娶郑国大夫公孙段的女儿做夫人。楚人本打算在成亲时袭击郑国，就要求住进郑国国都的宾馆，子产看出了这个阴谋，提出很多的理由让他们住在城外。举行婚礼时，楚国又要求多带士兵做仪仗队，子产也不同意，派善于外交辞令的子羽去说道："我们国家很小，容纳不下这样多的随从，就在城外打扫个地方举行婚礼吧。"公子围派太宰伯州犁回答说："你们的君主同意了这门婚事，公子启程前隆重地祭祀了祖先，如果他在野外举行婚礼，不仅有失公子的身份，也辱没了祖先，我们没有办法向楚国交代，还请你们重新考虑。"子羽说："小国本来没有过错，过分相信大国也就是过错。倘若大国居心叵测，小国又无准备，那就后悔不及了。否则，进城到公孙段家举行婚礼本来是可以的。"同来的楚国大夫伍举知道郑国人已有了准备，怕偷袭不成反倒不能联姻，就提出倒挂箭囊解除武装入城，郑人这才同意，由此也避免了一场灾祸。

前526年，晋国的执政大夫韩起出使郑国。当时有一对珍贵的玉环，一个在韩起自己手中，另一个则在郑国商人手中。韩起想把这对玉环配成对，就向郑君提出了请求，可子产却坚决不同意。子产对韩起说："这不是官府的器物，我们不能过问。"其他的大夫害怕晋国，都主张给韩起，可子产坚持说："不能大国要什么就给什么，既然韩起想要，可以直接向商人去买，君主与商人有盟约，商人不得反叛官府，官府也不得干涉商人的交易，我们怎么能违背盟誓，强迫商人将玉环出卖呢？"韩起无奈，只得放弃了，并感谢子产对他的教益。

不久后，晋国又想增加诸侯的贡品，子产再次进行抗争，争取让郑国按照较低的爵位等级交纳贡品。他说："过去天子规定贡品有轻重，地位高的贡纳重，地位低的贡品少，郑国本是属于男爵一级的国家，现在却要缴纳公侯级别的贡品，实在承担不起。我听说君子掌管国家，从来不担心财货，而是担心没有美德。如今诸侯的财货都聚集在晋国国君的宗室，可诸侯们却离晋国远了。如此下去，诸侯离心，晋国就要垮台了，还要财货有什么用呢？但是说到美名，那可是传播德行的工具，而德行则是国家宗室的基础。有了基础才不会垮台，快乐才能长久啊。你们看看大象，正是因为有了象牙才使自身招来祸患，这都是财货惹的祸。"

这场关于贡品的争论据说从中午一直持续到黄昏，晋人实在受不了啦，被迫答应了子产的要求。事后子太叔担心地对子产说："你这样尽力去争，晋国会联合诸侯来治罪，你难道忽视了这一点吗？"子产说道："你不知道，眼下晋国的政治很不统一，各家大夫都忙于他们自己的政见分歧而苟且偷安，

晏子见齐景公

此画像砖中，戴冠着长袍仰目侧身而立的人为齐景公，他前面跽跪拜谒的人为晏子。晏子的身后立着一个侍者，齐景公身后立着两个戴笠形冠的侍卫。

哪里还顾得上来讨伐别人呢！一个国家不力争自强，就会受人欺凌，还算什么国家。"子产善于估计晋国的政治形势，见机行事，在外交上取得了一次又一次的成功。

齐国的扩张

齐国到灵公、景公时，依旧是仅次于晋的中原强国。晋楚争霸时，齐国也没有停止自己对外扩张的脚步。前567年，齐灵公灭莱国，疆土扩大到山东东部。疆域东到海，西到黄河，南到泰山，北到无棣水（今河北盐山南）。

齐景公的雄心

在晋国和楚国的长期争霸战中，齐国多是忙着对周边的小国发动进攻。前571年，齐国派兵攻打莱国，莱国国君贿赂带兵的齐国大将，齐师不战而回。接着齐国召集莱君到齐国开会，莱君不到，齐国就派大夫晏弱在靠近莱国的地方筑城，威胁莱国。晏弱修筑了庞大的军事基地——东阳城（遗址在今山东临朐东）。

前567年，晏弱发动突然袭击，灭了莱国，得到了大片土地。齐将叔夷

子作弄鸟尊
子作弄鸟尊为春秋晚期的青铜铸器，全
器铸成凶猛的鸷鸟，通体有精细纹饰刻
镂，极其传神。

因为战功卓著，得到了大片田地和奴隶，兴奋的叔夷特地铸了一口大钟，以示庆祝。

这次战争让齐国的领土扩大了几乎一倍，莱国靠近海边的地区尽入齐国版图。到了前530年，齐国的国力靠着渔盐业大为提升，齐景公认为，成为霸主的那一天就要来到了。一次晋平公举行宴会招待朝见他的各国君主，席间举行投壶（把箭投进一个壶里）的娱乐。从晋平公开始，各国君主顺次投壶。轮到齐景公时，他拿着箭说："有酒好像泥水那样多，有肉好像树林那样成堆，我的箭若投中在壶里，齐国就将代替晋国兴盛起来。"说完，他果然投了进去。齐景公的话看似在开玩笑，但在座的诸侯都看出了他的野心。

前523年，齐国攻打莒国（今山东莒县一带），莒君逃至纪鄣（今江苏赣榆北），齐国不肯罢休，继续发兵攻打纪鄣城。纪鄣城城墙坚固，难以攻下，一时僵在了原地。因为莒君曾无辜地杀过一个国人，那人的妻子正巧住在纪鄣城，她为了替丈夫报仇，估计了城墙的高度，日夜纺线，终于拧成一根长绳，准备牵引齐军登城。齐军乘夜拉着绳子登城，上了六十人后绳索才断，城上城下的齐军齐声欢呼，吓得莒君逃跑了。

控制住周围小国之后，齐国把矛头正式指向了晋国。前501年，齐国出兵进犯晋国的夷仪（今河北邢台西），结果大败而归。齐景公这才意识到自己还不是晋国的对手，争霸的梦想破灭了。

晏婴的功劳

齐景公倚仗的大臣名叫晏婴，又称晏子，字仲，谥平，是齐国的三朝元老。他身材不高，其貌不扬，以生活节俭、谦恭下士著称。司马迁非常推崇晏婴，将其比作管仲，他在《史记·管晏列传》中感慨地说道："假令晏子而在，余虽为之执鞭，所忻慕焉。"

晏婴有着锐利的政治眼光，因此才能在变幻莫测的政治斗争中始终保持着清醒的头脑，处于不败之地。

一次晋国为了探清齐国的形势，派大夫范昭出使齐国。齐景公以盛宴款待范昭。席间正值主客酒酣耳热，均有几分醉意之时，范昭借酒劲向齐景公说："请您给我一杯酒喝吧！"景公回头告诉左右侍臣道："把酒倒在我的杯中给客人。"范昭接过侍臣递给的酒，一饮而尽。晏婴在一旁把这一切看在眼中，厉声命令侍臣道："快扔掉这个酒杯，为主公再换一个。"依照当时的礼节，在酒席之上，君臣应是各自用各人的酒杯。范昭用景公的酒杯喝酒违反了这个礼节，是对齐国国君的不敬，范昭是故意这样做的，目的在于试探对方的反应如何，但还是被晏婴识破了。

范昭回国后向晋平公报告说："现在还不是攻打齐国的时候，我试探了一下齐国君臣的反应，结果让晏婴识破了。"范昭认为齐国有这样的贤臣，现在去攻打齐国，没有绝对胜利的把握。晏婴凭借智慧避免了一场战争，人们都很钦佩他。

而晏婴最为后世称道的，还是他清廉俭朴的作风。据说他不愿住阔绰的大厦，只喜欢破旧的房屋。后来齐景公实在是看不下去了，就对他说："你的住宅靠近市场，吵闹得厉害，又低湿破陋，起码也要换个向阳干燥的房子吧！"晏婴回答说："我的先人都住下来了，我为什么不能继续住下去呢？住宅靠近闹市，早晚买东西方便，对我有好处。"齐景公笑道："你住在闹市旁边，知道什么东西价钱贵，什么东西价格贱吗？"因为当时景公滥用刑罚，很多人都被施以刖刑，晏婴于是趁机说道："鞋贱，假脚贵。"景公听到这话后，就减轻了刑法。

前522年，齐景公患疟疾，总是不能根治。景公的宠臣进谏说："大王生病久不痊愈，是太史、太祝得罪了神灵，所以天神才降疾病在您身上，要是杀掉他们来向神灵请罪，君主的病就会痊愈。"景公病急乱投医，就要去杀太史。晏婴急忙拦住，怒道："君主生病是您的政治不好，得罪了上天，上天才降灾殃给您的。怎么能赖在太史身上呢！"景公说："照你这样说，怎么办才好呢？"晏婴说："现在国家垄断山林、水泽、海滨的出产，百姓的负担很重。大夫们放肆地接受贿赂，制度败坏，征税也没有一定的标准。大王还不断新修宫室，淫乐无度。宫内的姬妾任意夺取市场上的物品。朝廷里的宠臣在城外违法乱纪。君主所想要的东西，不给予就治罪。民众痛苦，怨声载道，神灵听到那么多责备您的话，当然会降罪。您只有多做好事才行。"

齐景公听了这些话后，不由得满身发冷，但也不得不接受，立即让官吏减免税收，去掉关卡，免去债务。

二桃杀三士画像砖
画像砖中间有一只高足的盘子，盘子中有两只桃，盘子两侧一起伸手拿桃子的人为公孙接
和田开疆。右边那个怒目圆睁拔剑奋起的人为古冶子，这幅画像表现了三位勇士为两只桃
子即将引颈自刎的悲壮场面。

晏婴二桃杀三士

齐景公有三个宠臣，分别是公孙接、田开疆和古冶子，都以勇力搏虎而闻名天下。

有一天晏婴从他们身旁经过时，小步快走以示敬意，但这三个人却不起来，对晏婴非常傲慢无礼。晏婴很是生气，对齐景公说："我听说贤能的君王蓄养勇士，对内可以禁止暴乱，对外可以威慑敌人，上面赞扬他们的功劳，下面佩服他们的勇气，所以使他们有尊贵的地位，优厚的俸禄。而现在君王所蓄养的勇士，对上没有君臣之礼，对下也不讲究长幼之伦，对内不能禁止暴乱，对外不能威慑敌人，这些都是祸国殃民之人，不如赶快除掉他们。"齐景公说："这三个人力气大，与他们硬拼，恐怕拼不过他们，暗中刺杀，恐怕又刺不中。"晏婴冷笑道："这些人虽然力大好斗，不惧强敌，但是不讲究长幼之礼，都是些愚蠢的人，我有办法除掉他们。"

于是晏婴请齐景公派人赏赐给他们两个桃子，对他们说道："你们三个人就按功劳大小去分吃这两个桃子吧！"公孙接仰天长叹说："晏婴果真是位聪明人。他让景公叫我们按功劳大小分配桃子。我们不接受桃子，就是不勇敢；可接受桃子，却又人多桃少，这就只有按功劳大小来分吃桃子了。我第一次打败了野猪，第二次又打败了母老虎。像我这样的功劳，可以单独吃一个桃子，而不用和别人共吃一个。"于是他拿起了一个桃子站了起来。田开疆说："我手拿兵器，接连两次击退敌军。像我这样的功劳，也可以自己单吃一个桃子，用不着与别人共吃一个。"于是他也拿起一个桃子站了起来。古冶子说："我曾经跟随国君横渡黄河，大鳖咬住车左边的马，把马拖到了河的中间。那时我不能在水面游，只有潜到水里，顶住逆流，潜行百步，又顺着水流，潜行了九里，才抓住那只大鳖，将它杀死了。我左手握着马的尾巴，右手提着大鳖的头，像仙鹤一样跃出水面。渡口上的人都极为惊讶地说：'河神出来了。'仔细一看，原来是鳖的头。像我这样的功劳，也可以自己单独吃一个桃子，而不能与别人共吃一个。你们两个人为什么不快把桃子拿出来！"说罢便抽出宝剑，站了起来。公孙接、田开疆说："我们勇敢赶不上您，功劳也不及您，拿桃子也不谦让，这就是贪婪啊！然而还活着不死，那还有什么勇敢可言？"于是他们二人都交出了桃子，刎颈自杀了。古冶子看到这种情形，说道："他们两个都死了，唯独我自己还活着，这是不仁；用话语去羞耻别人，吹捧自己，这是不义；悔恨自己的言行，却又不敢去死，这是无勇。虽然如此，他们两个人若是同吃一个桃子是恰当的，而我独自吃另一个桃子也是应该的。"他感到很羞惭，也放下桃子，刎颈自杀了。齐景公于是按照勇士的葬礼埋葬了他们。

晏婴的哲学

晏婴作为春秋后期一位重要的政治家、外交家，以其政治远见、外交才能和朴素的生活作风闻名于诸侯。他爱国忧民，敢于直谏，在诸侯和百姓中都享有极高的声誉。晏子善辞令，主张以礼治国，汉代刘向曾把晏子和春秋初年的著名政治家管仲相提并论。孔丘也曾赞其曰："救民百姓而不夸，行补三君而不有，晏子果君也！"除了在政治上有所作为外，晏婴还是一个具有无神论和辩证法思想的人。

前522年的冬天，一次齐景公打猎归来，宠臣梁丘据匆忙赶来迎接。齐景公很高兴，对晏婴说："只有梁丘据同我的关系好啊！"晏婴摇头说："你们之间只是'同'，而不是'和'。"齐景公奇怪地问道："'和'与'同'还有区别吗？"晏婴说："区别很大。'和'就像做菜汤一样，厨师用鱼肉加上醋盐等调料进行烹调，人们吃起来津津有味，身心愉快。君臣关系也是同样的道理。君主认为是正确的东西，其实含有不正确的成分，臣下就应该提出自己的意见，改正君主意见中不正确的部分，使合理的部分更完善。而被君主否定的东西，也有可能是正确的，臣下也应该陈述可以肯定的理由，帮助君主改正他的错误意见。这样做国家的政治才能稳定，这就是'和'。而梁丘据这个人可不是这样，他对君主随声附和，君主认为是错的，他就说'不对'；君主认为是正确的，他就连声说'是'。这样就好比在水里加水，毫无味道。这个叫作'同'，不是'和'，在政治上就完全是坏事。"

历史文献

公孙接、田开疆曰："吾勇不子若，功不子逮，取桃不让，是贪也；然而不死，无勇也。"皆反其桃，挈领而死。古冶子曰："二子死之，冶独生之，不仁；耻人以言，而夸其声，不义；恨乎所行，不死，无勇。虽然，二子同桃而节，冶专其桃而宜。"亦反其桃，挈领而死。

——《晏子春秋·谏下》

　　晏婴在劝谏君王时往往不是直接地强谏而是委婉地曲谏或诱谏，显示了他的高度智慧。一次晏婴和齐景公及群臣到纪地游玩，有个手下捡到一只精美的金壶，金壶里边刻着"食鱼无反，勿乘驽马"八个字。齐景公看了看，解释道："吃鱼不吃另一面，是因为讨厌鱼的腥味；骑马不骑劣马，是嫌它不能跑远路。"众人无不随声附和，只有晏婴说道："臣觉得这八个字里面包含的是治国的道理。'食鱼无反'是告诫国君不要过分压榨百姓，'勿乘驽马'是告诫国君不要重用那些无德无才的人。"齐景公反问道："既然有这么好的名言，为什么还亡国了呢？"晏婴答道："君子们的主张应该高悬于门上，牢记不忘。但是纪国却把名言放在壶里，不能经常看见，能不亡国吗？"齐景公听了频频颔首。

　　齐景公好色贪杯，一次他抱着美女饮酒七天七夜还不停杯。弦章进谏说："您已经饮酒七天七夜了，我请求您停止。"这时晏婴入见，齐景公说："弦章竟然阻止我饮酒作乐。如果我听从他的话，这不是臣子来管教我吗？如果把他杀死，我又舍不得。"晏婴回答说："弦章幸遇明君了！如果他碰到的是殷纣王，早就被处死了。"齐景公闻言便停止了饮酒。弦章的进谏将齐景公推入了两难的境地，而晏婴的一句话便将齐景公从两难处拉了回来，既保全了齐景公的面子，又救了弦章的性命，使齐景公不再沉湎于酒色。正是由于晏子的进谏，才使得这一事件有了圆满的结局。

田氏夺权

　　靠着晏婴，齐国的发展还算平稳。因为晏婴的主政总体来说还是比较保守的，有意回避了与大族之间的矛盾。到了齐景公的晚年，田氏的力量得到很快发展，大夫田乞向百姓征收赋税时用小斗收进，赐给百姓粮食时却用大斗，暗中向百姓施以恩德，而齐景公也不加禁止。因此田氏得到齐国的民心，家族越来越强大，百姓心向田氏。晏婴多次向齐景公进谏，景公都听不进去。

不久后晏婴去世，齐景公方才意识到自己还没有立太子，犹犹豫豫的，直到临死时才立公子荼为太子，托孤给高张、国夏，他们成为权力很大的托孤大臣，也成了田氏的眼中钉、肉中刺。

前489年，田乞派人到鲁国迎回齐景公的另一个儿子姜阳生。姜阳生回到齐国后，藏在田乞家中。田乞邀请大夫们说："母亲有祭祀后留下的酒食，请各位赏光来聚会饮酒。"大夫们都来到田氏家饮酒。田乞把姜阳生装在口袋里，放在中央的座位上。在饮宴中，田乞打开口袋，放出姜阳生，他说："这才是齐国的国君呀。"大夫们都俯身拜见，打算订盟拥立阳生。

田乞编谎话说："我是与鲍牧合谋一起拥立阳生的。"鲍牧听后怒气冲冲地说："大夫们忘记景公的遗命了吗？"见大夫们想反悔，阳生就叩头说："看我可以就立我，不可以就算了。"鲍牧恐怕灾祸落到自己身上，就改口说："都是景公的儿子，怎么不可以呢！"阳生终于在田乞家中被立为国君，这就是齐悼公。于是田乞将高张、国夏赶出了齐国，并杀死了公子荼。

齐悼公即位后，田乞任宰相，独揽齐国政权。悼公当了四年的君主后，也被臣下所杀。田氏又从鲁国迎接回悼公的儿子姜壬做国君，这就是齐简公。

齐简公即位后，分别任用田常和阚止为左、右相。渐渐阚止得宠于齐简公，御鞅见状，就建议齐简公择用一人。前481年的一天，阚止在上朝途中遇到田氏族人田逆杀人，将其拘捕，齐简公见状，准备借机驱逐田氏。不想阚止的家仆将此事告知了田常，田常先发制人，率车入宫，劫持了齐简公。阚止率军反攻，被田氏击败，阚止慌不择路，竟然误入了田氏的领地，结果被田氏杀死。齐简公也没能逃脱厄运，同样是在逃跑的途中被田常的追兵杀死。

田氏一族把其他公族中有力量的人物都杀掉了，齐国的政权自此完全被田氏所掌控。

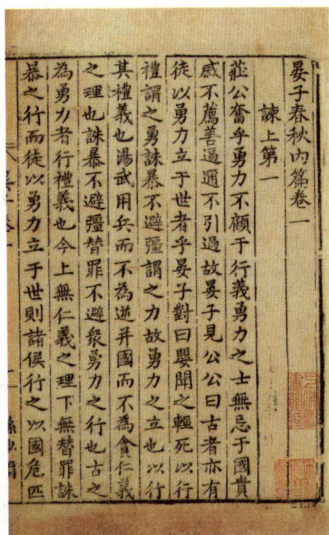

《晏子春秋》书影
《晏子春秋》是一部记叙晏婴思想、言行、事迹的书。

落后挨打的宋卫两国

宋国由于所处的地理位置及自身制度的不完善，一直是各诸侯国争夺的对象。而卫国由于统治者穷奢极欲，疏于政事，也难逃灭国的命运。这两个国家，在诸侯争霸愈演愈烈的时期，一直处于被动挨打的尴尬境地。

萎靡不振的宋国

宋国地处楚国的北方，晋国的南面，地方虽大，国力却不强，因此一直是大国争夺、压榨的对象。加上国内宗法制度死板，内政因循守旧，很不灵活，所以一直处于被动挨打的境地。

宋昭公时，大臣司马乐豫曾说："公族是公室的枝叶，树没有枝叶，它的根、干也就没法保护。"可宋昭公并不认同，一度想削弱强宗的力量，结果不但没能实现，反而招来杀身之祸。

穰苴斩监

田穰苴斩监

田穰苴是继姜尚之后一位承上启下的著名军事家，因功被封为大司马，世称司马穰苴。田穰苴虽然也属于田氏宗族，但并非田氏嫡出，地位低下。晏婴"二桃杀三士"之后，强敌入境而国无良将，因此举荐了田穰苴。田穰苴临危受命，斩了齐景公的宠臣监军庄贾，严肃军纪，又平分口粮、亲问士兵疾苦，使全军上下士气高昂，争相赴战。

宋国的大族之一华族，势力极大。宋国人都说，丢了官，族就难保，所以要保住官职，就算人死了，官位可以世袭，宗族照样拥有势力。华族的华元是宋国的最高执政者，本来他家族的地位是无法撼动的，可因为一次内部斗争，反倒给了宋平公一次打击大族的机会。

原来，华元有两个儿子华阅和华臣，长子华阅承袭了父亲的职位。前556年，华阅死了，华臣就想吞并哥哥的家室，把华阅的儿子华皋比的家臣华吴杀了。当时的朝廷大臣面对此事，竟然全都不敢过问。宋平公怒道："华臣的行为，不只是在他家族里作乱，而且触犯了宋国的刑律，一定要驱逐他。"可大臣向戌却说："华臣有卿官的职位，大臣之间不和顺是国家的耻辱，不如把这事掩盖着，算了吧！"

宋平公虽然不愿意，也不能表示异议了。向戌替华臣说了话，却不敢邀功，还特制一根马鞭，每逢乘车经过华臣家门口时，就帮助驾车的人打马，让它疾驰而过，不敢同华臣打照面。岂料不久之后的一天，都城里的人们在追赶疯狗时，不小心赶进了华臣的家。华臣做贼心虚，以为是国人攻击他来了，就这样稀里糊涂地逃跑了。

没料到如此偶然的一个事件，结局竟然这样的滑稽且尽如人意，宋平公喜不自禁，从此很是看重向戌。宋

正史史料

荧惑守心。心，宋之分野也。景公忧之，司星子韦曰："可移于相。"景公曰："相，吾之股肱。"曰："可移于民。"景公曰："君者待民。"曰："可移于岁。"景公曰："岁饥民困，吾谁为君？"子韦曰："天高听卑。君有君人之言三。荧惑宜有动。"于是候之，果徙三度。

——《史记·宋微子世家》

平公死后，宋元公即位。宋元公是由向戌拱上王位的，但他是个生性多疑、不讲信用的人，同向族发生了矛盾，最后引起了一场持续多年的动乱。

宋元公死后，宋景公即位。他在位的时间虽然很长，但依然无法控制大族，发生了持续二十余年的"桓魋之乱"。桓魋是向戌的曾孙，属桓族，故名桓魋，任司马之职，因此也叫桓司马、司马魋。宋景公很宠爱桓魋，把弟弟公子地的四匹白马的尾巴涂成红色，送给了桓魋。公子地很气愤，几经争夺，景公始终袒护桓魋，公子地无奈，于是逃往陈国，后来又转入宋国的萧地（今安徽萧县北）据守反抗。

桓魋恃宠而骄，渐渐也不把宋景公放在眼里了。前484年，卫国大叔疾因乱奔宋，做了桓魋的家臣，献上一颗美珠。宋景公听说后，就向桓魋索要那颗美珠，桓魋不给，从此君臣关系破裂，开始互相以宴请、换邑等手法乘机向对方进攻，闹得无休无止，政事也无人处理了。

宋景公后期，国家虽然连年战事，但景公更怠于政事，国政日趋腐败。据史料记载，大概只有一年平安无事。

这一年，荧惑星侵入了心星的范围，看守住心星。依当时星象，心星属于宋国的分野，所以这是主刀兵灾祸的凶事要降临宋国的征兆。宋景公为此非常忧虑，负责占星相的官员子韦说："我有法子将这种祸患转移给宰相承受。"景公说："宰相是辅佐国家的大臣，好比我的股肱支持整个身体的行动一样，怎么可以使他遭受祸患呢？"子韦说："那就转移给老百姓承受吧。"宋景公还是摇头说："人君应该以仁爱来安抚百姓，怎可反而让百姓承受灾患呢？"子韦又出馊主意说："转移到年岁五谷收成上怎样？"景公回答说："时令饥荒，人民困苦，我去做谁的国君呢？"子韦于是赞叹说："至高在上的天能够听到谦卑养德的人君所说的话，现在主公自内心深处发出为人君的三种仁爱、宽厚的言论，必然会感应天心，荧惑星必会有所移动。"于是再占候星象，果然移动了三度，离开了心星的范围。宋国在这一年里，果然没有刀兵灾难。

日渐年老的宋景公还是很发愁，因为没有儿子，无奈只得把宋元公的两个曾孙，得和启养在宫中考察。这时的宋景公很少上朝，官员乃至六卿很难看见君主，国家大事都通过他身边的近臣大尹转达。前469年，宋景公外出打猎时死了。大尹发动甲士千人，一面把国君尸体偷运回宫，一面召集六卿，胁迫他们盟誓，谎称国君有病，先立启为太子。三天之后，国人得知宋景公已死，司城乐茂调动武装进攻大尹。大尹众叛亲离，只好奉太子启逃奔楚国。六卿于是立太子得为昭公，司城乐筏为上卿。不过宋国的国势，依然萎靡。

卫懿公好鹤衰国

卫懿公，名赤，卫惠公之子。他嗜好养鹤，在宫廷定昌、朝歌西北鹤岭、东南鹤城（今河南长垣鹤寨）等处，均养有大量的鹤。其鹤如官有品位俸禄：上等竟食大夫禄，较次者食士禄。他外出游玩，必带着鹤，载于车前，号称"鹤将军"。由鹤及人，凡献鹤者给以重赏。俗话说："上有所好，下必甚之。"那些想邀官求宠的大小官吏都千方百计耗费民力捕鹤。因此卫懿公好鹤成瘾，到了不理朝政，漠视民疾，民怨沸腾，国势衰弱的境地。这一消息传出去后，前660年冬，北方狄人便从邢国的夷仪（今山东聊城西南）攻卫，到荥泽时，卫懿公发兵抵抗，大臣说："君好鹤，鹤可令击翟（狄）。"卫懿公向国人"受甲"，国人说："叫鹤去抵抗敌人吧，鹤有高官厚禄，我们哪里能够打仗呢！"卫懿公无奈，便带着少数亲信赴荥泽迎敌，结果兵败被杀。史官华龙滑和礼孔二人逃回朝歌，报告了懿公被杀的噩耗，卫公子申即带领卫人连夜向东南逃去。狄人马上追赶。到黄河的时候，宋桓公也已率兵到河边迎接卫公子申，于是狄人才不敢再追，将卫国的库藏和民间留存劫掠一空后离去。

后来公子申被立为卫戴公，在野外造草庵暂住曹地（今河南滑县东），史称"庐于曹"。一年后卫戴公病死，逃到齐国的公子毁归来，被立为文公。此刻卫懿公之妹许穆夫人，从许国赶来援助，向诸侯大国奔走呼号，终于说动齐桓公，于是齐桓公派公子无亏率兵助卫击败狄人，并在楚丘（今河南滑县东）新建卫都，卫国得以复兴。但是卫国却从此一蹶不振，沦为小国。

放逐国君的卫国

卫国是春秋时期第一个把自己的国君驱逐出去的国家，而那位倒霉的国君，就是卫献公。卫献公的父亲卫定公在位时，就与卿官孙林父有矛盾，迫于晋国的威胁，卫定公才重新召回孙林父。定公死后，因为没有嫡子，就立了庶子为王，这就是卫献公。定公的妻子和孙林父都不喜欢献公，联手驱逐了献公。

卫献公向晋国求援，可师旷对晋悼公说："这恐怕是卫献公自己太过分了，自作自受，还是不要理会他吧。"卫献公无奈，通过弟弟公子鲜联络国内的大族宁喜，许诺一旦复国，将由宁氏掌权。于是宁喜攻打孙林父，迎回了献公。

卫献公回国以后，疯狂报复与他为敌的人，并公开与晋国作对。晋国发兵活捉了宁喜和献公，后来还是齐国帮着求情，卫侯嫁女给晋君，献公才被释放。再次回国的献公，终究容不得宁氏专政，杀了宁喜并清除其余党，国内动荡不安。

到了卫灵公的时候，卫国更是乱成了一锅粥。卫灵公的夫人南子是宋国人，与宋国的公子朝有私情。一次卫国太子蒯聩经过宋国，被宋人编起歌谣嘲弄，十分恼怒。蒯聩回国后准备杀掉南子，但没有成功，于是逃往晋国。不久后灵公死了，蒯聩的儿子成为卫君，是为卫出公。晋国把蒯聩送回国，一场父子争夺君位的闹剧就此开始了。

前480年，蒯聩强迫孔悝与之歃血为盟，帮自己夺权。当时孔子的门生高柴和子路都是孔悝的家臣，高柴听说主人被围困后，就从城里逃了出来。刚到城外，正巧碰见子路要进城去救孔悝，高柴对他说："城门已被关了，快走吧！不要自投罗网。"子路说道："我拿了孔家的俸禄，就不能贪生怕死，明知主人有难怎能不去救护呢？"子路一口气跑到城门口，守城的人认识子路，也让他赶快逃命，可子路还是坚持进城。

子路一口气跑到孔家后，只见孔悝正被人胁持着，子路急忙上前救援。蒯聩的手下石乞与子路搏斗，一戈砍到了子路的头上，帽缨也被砍落。子路倒在血泊之中，发现自己的帽缨已断，头盔歪了之后，便挣扎着说："且慢动手，正直的君子死时帽子不能不正，衣服不能不整。"说着他用尽全力扶正帽子，整好帽缨，理了理衣服，安然死去，这就是著名的"结缨而死"。

孔悝无奈，只得拥立蒯聩为君，称作卫庄公。卫庄公上台后，对曾经支持他的人猜忌不已，先是假借设宴酬谢，把孔家母子灌醉，连夜送走，然后又将帮助他夺权的大臣统统流放、处死。不久庄公死了，晋、齐两国各自都要立投靠自己的人做卫君，中间换了两三个国君，最后还是卫出公回国复位，

卫灵公与夫人

一次卫灵公与夫人在宫中夜坐，先听到辚辚的车声，可车声到宫门时却消失了，过了宫又响起来。夫人说："一定是蘧伯玉的车队。"灵公问道："你怎么知道？"夫人说："君子非常注意生活细节。车走到宫门口时没了声音，那是车的主人让车夫下车，用手扶着车辕慢行，怕车声打扰国君。我听说蘧伯玉是一位很有道德操行的君子，所以我才敢断定过去的是蘧伯玉。"卫灵公事后派人打听，果然是蘧伯玉。

政局才稳定了几年。

前470年，卫出公也步了卫庄公的后尘，陆续对一些卿大夫削职、夺邑。愤恨出公的人决定报仇，联合起来，将出公也赶了出去。后来卫出公借助越、鲁、宋等国的武装护送才得以回国，但卿大夫和国人都不肯接纳他。卫出公不敢进城，几国军队只好无功而返，卫出公最后逃到了越国，死在了那里。

至此，宋卫等国的内争发展到父子争位、骨肉相残的地步，西周的宗法制度已经荡然无存了。

守旧而衰的鲁国

在鲁国，周礼是人们的行为准则。周礼由周王室制订，具体实施时各诸侯国一般各取其需，因地制宜。唯有鲁国始终不忘"法则周公"，不论"国之大事"，还是往来小节，都要严格按照周礼的规定来执行，否则就会遭到指责，甚至被视为"不祥"的举动。这一特点渗透在政治、外交上，导致鲁国国势日衰。

庆父之难

鲁庄公姬同有三个弟弟，庆父、叔牙和季友。庆父最为专横，并且拉拢叔牙蓄谋争夺君位。此外，他还一直与嫂子即鲁庄公的夫人哀姜私通。

鲁庄公有一年得了重病，医治无效，在临死前向自己的几位兄弟就立谁继承君位的事情征求意见。因为夫人哀姜没有生子，而且庄公特别喜欢夫人孟任所生的儿子斑，所以想立斑为继承人。叔牙因为受了二哥的嘱托，主张立庆父。庄公赶紧与季友商量，季友力主立斑，并逼叔牙以死表明拥立斑。

鲁庄公病死后，斑即位为国君。庆父不甘心，因为他与哀姜关系甚密，所以就想立哀姜的妹妹所生的儿子开。于是他便与哀姜密谋，欲暗杀公子斑。恰好有个叫荦的养马人，因受过鲁庄公的责罚怀恨在心，于是公子斑当上国君还不到两个月的时间，就在庆父的唆使下被荦打死了。季友也被迫逃亡到陈国。随后公子开就被庆父立为国君，即鲁湣公。此后庆父更加肆无忌惮，与哀姜频繁往来，并且野心也越来越大，想自立为国君。湣公为了自保，把季友又请回国内。庆父与季友本来就势不两立，见此更不会善罢甘休。于是在鲁湣公二年（前660年），他与哀姜又指使一个叫卜齮的人杀了湣公。在混乱中，季友领着鲁庄公的另一个儿子姬申逃到了邾国，并发出文告声讨庆父，要求国人杀掉庆父，立姬申为君。国人响应，庆父畏惧，逃亡到莒国，哀姜

周公旦

周公旦因采邑在周，被称为周公。武王死后，其子成王诵年幼，由他摄政当国。周公平定"三监"叛乱，大行封建，营建东都，制礼作乐，还政成王，在巩固和发展周王朝的统治上起了关键性的作用。周公还是个多才多艺的诗人、学者。相传他制礼作乐，建立典章制度，被尊为儒学的奠基人。

则逃到了邾国。

姬申得立后，季友买通莒国押回了庆父并将其杀死。哀姜是齐公室之女，所以齐桓公很生气，也将哀姜召回杀死。

在鲁庄公死后的几年里，由于庆父串通哀姜连杀了两个国君，而且极度荒淫无耻，作威作福，横行无忌，不但造成了极大的混乱，也给国人带来了极大的灾难。故齐国的仲孙湫到鲁国吊唁回去后，曾叹息说："不去庆父，鲁难未已。"

死守周礼

鲁国是西周时周公旦的封国，周公旦是周王朝礼乐制度的制订者，因此鲁国就算到了春秋时期，还保存着完整的周礼。

前478年，鲁哀公与齐平公在蒙地（今山东蒙阴东）会盟，齐平公向鲁哀公叩头，而鲁哀公只回以弯腰礼。因为周礼上明确地规定：除非见到了天子，鲁君向任何君主都不叩头。齐人对此很是恼怒，从此耿耿于怀。五年后，鲁哀公又与齐平公在顾（今山东郓城东北）地会盟，齐国人还记得当年之事，责怪鲁君不尊重他们，编起歌唱道："鲁人有罪疚，几年以来还不自觉，恼得我们顿脚！就是因他死守儒家礼书，弄得我们两国闹口角！"

死守周礼，不知变通，的确是鲁国的特点。因而鲁国一直守旧，不能振作，总是受他国，特别是齐国的欺负。

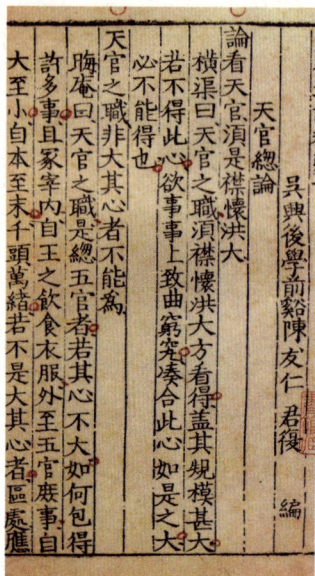

《周礼》书影
《周礼》与《仪礼》《礼记》合称为"三礼"，它们是古代礼乐文化的理论形态，对礼法、礼仪作了最权威的记载和解释，对历代礼制的影响十分深远。

圣母诉周礼

关于鲁国的周礼，从鲁国大夫公父文伯和他母亲的对话中，我们可以窥见一斑。

公父文伯是世家大族，有一次宴请宾客，筵席上有一只甲鱼，但是个头很小。一位宾客见了很不高兴，说道："等这甲鱼长大一点再来吃。"说完便起身走了。文伯的母亲知道这件事后，怒道："我听你死去的父亲说过，祭祀时应当敬奉代表亡灵受祭的人，宴客时应当敬奉坐上位的主客。甲鱼能有多贵？为什么要使客人生气呢？"说着，便将文伯赶出了家门。过了五天，鲁国的大夫们纷纷来求情，母亲才让他回家。

不久之后，公父文伯退朝回家，先去母亲的房中探望，只见母亲正在纺麻。文伯说："以我们这样的人家，您还纺麻，恐怕国君知道了要生气的，还认为我不孝顺您呢！"

母亲叹息道："唉！鲁国要亡了，竟然让你这样的人做官！坐下，我讲给你听听。从前圣贤国君安置民众，选择贫瘠的土地来安置他们，锻炼他的子民，然后依靠他们的能力，所以能长久地统治天下。民众劳作才会思考，思考才会有善良的念头产生；安逸就会淫乱，淫乱就会忘记善良；忘了善良，邪恶的念头便要产生。肥沃土地上的民众没有能耐，因为他们荒淫；贫瘠土地上的民众没有不崇尚正义的，因为他们勤劳。因此天子用文采最完美的器具祭祀太阳，和三公、九卿一起祭祀土地神和识别土地的功用；中午考察政务，交待百官要履行的事务，众官之长考虑众官员的事，牧、相全面使民众的事务治理有秩序；用简单文采的器具祭祀月亮，和太史、司载收集威猛的天的法则；日落便督促嫔妃们，让她们清洁并准备好祭品和器皿，然后就休息。诸侯们清早学习和听取天子布置的事务和训导，白天完成他们为国供职的任务，傍晚反省自身，还要温习并思考那些典章和法规，夜晚警告众官，让他们不要享乐过度，然后就休息。卿大夫清早考虑他的职责任务，白天谋划和施行政务，傍晚梳理他的事务，夜晚处理他的家事，然后就休息。贵族青年清早接受教育，白天听讲弄懂所学的知识，傍晚复习，夜晚反省自己有无过错直到没有遗憾，然后就休息。从平民以下，日出而作，日落而息，没有一天懈怠的。王后亲自纺织黑色的丝带，公侯的夫人还要编织冠冕上的带子，卿的妻子做腰带，大夫的妻子做祭祀用的服装，士的妻子还要做朝服，从平民以下，都让她的丈夫有衣穿。春祭祭社时分配事务，冬

先圣生孔鲤
孔鲤是孔子的独根苗，字伯鱼。孔鲤比孔子先故，一生无建树。因为是孔圣人的儿子，所以被宋徽宗封为"泗水侯"。

祭时献上农作物，男男女女献功，有罪愆的就加以惩罚，这些都是古人的制度啊。自上而下，谁敢想荒淫省力气呢？如今我守着寡，你又是下大夫，从早到晚参与朝政事务，还担心丢失了先人的事业。更别说懈怠懒惰，那怎么躲避得了惩罚呢！我指望你早晚提醒我说：'一定不要废弃先人的传统。'你今天却说：'为什么不自己图安逸啊？'以你这样承担君王的官职，我恐怕你爹要绝后了！"

公室衰微

鲁国虽然死守周礼，可是君王的权威却早就丧失殆尽了，真正在鲁国掌握大权的是"三家"大族，即孟孙氏、叔孙氏、季孙氏。他们同是鲁桓公之子，故又称"三桓"。

前562年，季武子把鲁国原来的上下二军扩大为三军，即增加了一个中军，由这三家各领一军。当时的军队是寓兵于农，平民都有当兵的资格，奴隶只能在军中服杂役。人们平时务农，有战事或演习则应征出动。大体是每户出一名兵士，按军事组织编入军籍，自己提供军事装备。还按照行政与井田制度的系统，规定摊派车马辎重等"军赋"。这样对于掌管军队的人来说，有了军队就意味着在政治、财政上都有了实力。

这三大家族的力量不断充实壮大起来，鲁国公室空虚，鲁君的地位可谓江河日下。前544年，按弭兵盟约的规定，鲁君得亲去朝楚。恰巧这时楚康王死了，楚人故意让鲁襄公按一般的使节身份参加丧礼，借此侮辱鲁君。丧事完结后鲁襄公回国，在出发之前，还要征询季孙氏的意见道："我可以回国吗？"季孙氏回答说："您是享有鲁国的，谁敢违抗您呢？"鲁襄公算是得到一些宽慰，这才启程回国。

季氏逐君

鲁襄公死后，由季孙氏做主，立了姬稠为鲁君，这就是鲁昭公。前517年，季平子因为斗鸡，和郈氏与臧氏结下了仇恨。这时有人向鲁昭公进言，策划除掉季孙氏，昭公看到这种形势，为之心动，毕竟季孙氏的势力大，已经威胁到君主的权威了。

于是鲁昭公和反季孙氏的家族毅然进攻季孙氏，杀了季平子的弟弟。季平子见事不妙，先作退让，请求鲁昭公把他囚禁在费邑（季孙氏的私邑，今山东费县），或是直接驱逐出境，可是都没得到允许。

这时子家氏站出来劝昭公应允，说季孙氏发号施政很久了，收买人众已经不少，一旦有人背叛你，那后果就不可收拾了。话说得中肯，可是昭公哪里能听得进去，郈氏主张趁早杀掉季平子。昭公于是决定联络孟孙氏和叔孙氏两家，一起动手。

可是叔孙氏已经决定武装援救季孙氏了，公室的武装反被包围，兵士毫无斗志，很快就被叔孙氏的武装所驱逐。同时孟孙氏进攻郈氏，然后会合叔孙氏一起进攻鲁君。鲁昭公眼看大势已去，逃亡到了齐国。子家氏又劝鲁昭公不要接受齐君的安排，一是不可信赖齐人，二是接受了反而等于是人家的臣属了。

鲁昭公还是没有听从，一会儿求救于齐国，一会儿又指望晋国，流亡了八年后死去。季孙氏于是立了没有跟随鲁昭公出逃的公子姬宋为君，是为鲁定公。

三家内乱

前530年，季平子执政鲁国，没有重用家臣南蒯。南蒯怀恨在心，扬言要赶走季孙氏。南蒯挑拨叔孙氏与季孙氏的关系，借机发动叛乱，结果被季平子打败。

季平子死后，他的家臣阳虎造反，控制了季孙氏宗族，同时也操纵了鲁国的权柄。前502年，阳虎搞了一次大祭礼，计划事后在蒲圃宴请季孙氏，乘机杀掉季桓子。孟孙氏得到了消息，比阳虎提前一天行动。到宴请季孙氏那天，阳虎驾车前行，其弟阳越殿后，把季桓子夹在中间。季桓子发觉情况异常，就和驾车的林楚商量逃脱之计。这时孟孙氏早已作好了准备，挑选了强壮的养马者三百人，在宅门外装作建造房子，以备事变。林楚激怒驾车的马，冲上大路，直奔孟孙氏的家门。阳越在后面追赶，孟孙氏的徒众从门缝里往外射箭，把阳越射死了。阳虎眼看事情败露了，就劫持了鲁定公和叔孙武叔，去进攻孟孙氏。只一战阳虎就被打败，他盗走了公室宝玉、大弓等逃走，窃据阳关（今山东泰安南）对抗。

第二年夏天，三家联合攻打阳关，阳虎不敌，焚烧了关门出奔齐国。齐人不敢收留，阳虎又逃到宋国，最后秘密逃到晋国，投靠了赵简子。

阳虎之乱刚刚平息，前500年，叔孙氏的家臣侯犯在郈邑（今山东东平）又造起反来。原来当初叔孙成子想立儿子武叔为后，族人公若藐几次劝阻，结果还是立了。成子死后，武叔自然恨公若藐，先后两次派人去暗杀他，均未得逞，直到第三次才杀了公若藐。侯犯曾是被派去暗杀而未得逞的一名刺客，因为怕武叔加罪于自己，于是据守郈邑反抗叔孙氏。武叔费了好大的力气才把侯犯打败，平息了内乱。

就这样鲁国在国君无权、家臣内乱不断中，坎坎坷坷地继续前行。

吴越争霸

　　春秋后期，无论各国内部怎样混乱，都阻挡不住君主称霸的梦想，只是这梦想的舞台，转向了中国的东南方。吴越之战，是春秋末期位居长江下游的两个诸侯国吴国和越国之间进行的一次争霸战争，最终以吴灭亡越的胜利而告终。

楚国的变乱

春秋后期，各诸侯国无不是君权旁落，大族专政，可楚国偏偏是君权集中，只是这种专权并没给楚国带来强大的机会，楚国也很快走上了衰败的道路。

多变的政局

楚王之所以能够专权，主要原因是他直接统领军政，在一定程度上做到了军政合一。但是也碰到一个问题，就是王权与王族势力的矛盾。楚国每代君主的子弟都会被分封一块地方，楚国每吞并一个小国，也会把那块土地封赏给这些王族，这些地方被称为县。和其他国家不同，县具有很大的独立性，等于一个个小王国。而且，楚国的高级官员，如令尹、司马，是不授给大族的，人选都是由王族中产生。因此当楚王精明有为时，就能指使一切，对令尹、司马可以生杀予夺。一旦楚王平庸，大权就会旁落于王族大臣之手。

楚国在楚共王的时候，国力还十分强盛，转变就发生在共王的儿子楚灵王继位之后。楚灵王在即位的第三年大会诸侯，鲁国和卫国没有来参加，宋国只派了一个代表。这使灵王很不愉快，大臣伍举告诉灵王说："这种情况不是一个好兆头，我们一方面要对到会各国以礼相待，同时也要展示我们的武力，使诸侯心有敬畏，然后再讨伐那些没有到会的诸侯。"可楚灵王根本没把伍举的话当回事，他不但处处表现出骄横的习气，还侮辱别国的使臣，杀死一些无辜的下属，令到会的诸侯很是气愤。

为了维持霸主国的面子，楚灵王四处征伐，与各诸侯国之间战争不断，耗费了先辈多年的积累，加上花天酒地，失去了民心。

一次楚灵王发兵攻打吴国，当时天降大雪，士兵们身着铁甲，手执兵器，暴露在风雪之中，寒冷难耐。灵王则身穿暖和华丽的皮衣，站在中军帐前观看雪景，连声赞叹"好雪，好雪"。

这时国内传来消息，楚灵王的弟弟弃疾反叛。楚灵王的部队本来就无心打仗，一听到这个消息，士兵们顿时作鸟兽散了，只剩下两个随从还守在灵王身边。这时右尹子革对灵王说道："不如回到楚都的郊外，看看国人的反应怎么样，再作打算。"灵王慌忙摆手道："这还用看吗？我要是到了他们的手里，他们准得把我杀了。"子革说："那就去诸侯国求救兵吧。"灵王还是摇头说："我把他们都得罪遍了，谁会在这种时候帮助我呢？"子革觉得自己也帮不了他，索性也就走了。

灵王一个人在山里游荡，看到有农夫在耕地，便上前说道："我都三天三

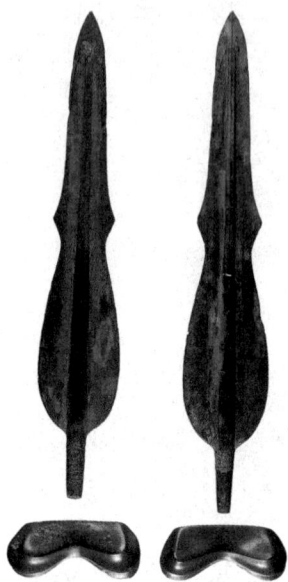

曲刃剑

剑刃中间有突，茎部有木柄的遗迹，附有黑色石质的枕状器。此曲刃短剑为春秋晚期少数民族的器物，很有特色，至今仍十分锋利。

夜没有吃东西了，给我一点儿吃的吧。"农夫说："新国王已经下达命令，谁要是送你吃的，就会被杀头。"灵王又气又饿又累，一下倒在了地下，正好压在了农夫腿上，昏了过去。农夫抽出了自己的腿，边走边说："你这罪恶滔天的家伙，你也有这一天啊！"最后走投无路的楚灵王在绝望中自缢而死。

人才的出逃

接替楚灵王的是他的弟弟弃疾，史称楚平王，继位后改名熊居。楚平王继位之初，政治上还是比较清明的。当初灵王灭了蔡国后，曾把许、胡、沈、道、房、申等公族迁到蔡地，因此这些大族一直对灵王心怀不满。平王即位之后，马上就让他们各回故地，因此得到了这些大族的支持，政局也迅速稳定下来。

平王即位后，任命了伍举之子伍奢为太子太师，宠臣费无忌为太子少师。太子建尊重伍奢，却十分嫌恶费无忌，费无忌因此暗自衔恨。前527年，费无忌撺掇平王，给十五岁的太子娶妻，楚平王于是聘了秦女嬴氏为太子夫人。费无忌去秦国迎亲，发现嬴氏非常美丽，就劝平王干脆自己娶了。平王好色，也不管儿子作何感想，便将嬴氏纳入了后宫，然后将太子调出国都，安顿在城父（今河南平顶山市）。费无忌为了铲除后患，一年后诬告太子与伍奢密谋造反。

楚平王召见伍奢，问他为什么要谋反。伍奢大呼冤枉，并劝平王不要亲小臣而疏骨肉。平王执迷不悟，把伍奢关押了起来，又派人去杀太子，太子建逃往宋国。

费无忌见杀不了太子，就进一步对平王说："伍奢两个儿子都有才能，若逃往敌国，将是楚国的祸害，不如假装赦免他们的父亲，召他们前来，一块儿杀了。"伍奢的大儿子伍尚为人敦厚，虽然知道是计，还是叫弟弟伍员逃走，自己去赴君命。他说："一个'尽孝'，一个'行仁'，比一起去死更好。"于是楚王就这样杀害了伍奢父子，逼走了伍员。伍员，字子胥，后来逃往吴国。

铲除了伍奢父子后，费无忌又盯上了左尹郤宛。前515年，费无忌对令尹囊瓦说："郤宛准备请你赴宴。"然后又对郤宛说："令尹有意来你家饮酒，令尹爱好兵器，你把兵器都摆出来让他欣赏。"正当郤宛这样准备的时候，费无忌却对囊瓦说："我差一点害了你！郤宛暗藏兵器，要加害于你。"囊瓦派

伍员杀府

伍尚进京后与父亲伍奢惨遭毒手，而伍员逃出楚国后，立志要为父兄报仇。图中"武员"即"伍员"。

人察看，果然如此，于是就派人带兵进攻郤宛，郤宛自杀而死。郤宛之死让国人议论纷纷，囊瓦成了众矢之的，不得已，囊瓦杀了费无忌，平息了国人的愤怒。

不久后之楚平王死了，楚昭王继位，由囊瓦主持国政。囊瓦贪图前来朝楚的蔡侯的佩玉、皮袍子和唐侯的骕骦马，不惜关押二国国君，使得蔡、唐二国都投向晋、吴一方。

白公之乱

白公名胜，他的父亲名建，原是楚平王的太子。太子建因为费无忌的陷害，逃奔宋国，恰好遇到宋国的华氏之乱，于是太子建转而逃往郑国。白公胜跟随父亲过着颠沛流离的生活，这使他养成了刚强不屈、嫉恶如仇的性格。他的父亲在郑国被杀害后，他就向南逃奔到了吴国。

楚令尹子西听说太子建之子胜在吴国，想把他召回国内，但是叶公不同意。然而子西认为胜讲信义而有勇气，不会做不利的事，于是没有听从叶公的劝告。子西把胜召回国内后，将他留在东边的白邑担任守卫，号为白公。白公胜要求讨伐郑国为父亲报仇，子西表面同意但没有行动，引起了白公胜的怨恨。前481年，子西又与郑国订立了盟约，胜勃然大怒，视子西为仇人。

前479年，吴国攻打楚国，被白公胜击败。白公胜以让大家观赏战利品

子西沮封

孔子来到楚国后，很得楚王敬重。楚王打算封地给孔子，但是令尹子西劝阻说："孔子是当世的圣人，门下又人才济济，如果再有了封地，恐怕不好控制。"楚王于是不再给封地，对孔子也逐渐冷淡了下来。

为由，发动叛乱。他杀死子西后，劫持了楚惠王。白公胜杀了王子启而将惠王劫持到高府，不料有人从地道进入宫廷，背着惠王逃至昭夫人宫。于是白公胜自立为王。

叶公子高闻听都城有变，立即率领军队前往救难，他与箴尹固联合惠王的部队一起进攻白公胜。白公胜寡不敌众，便上吊自杀了。白公胜之乱虽然被平定了，但是它给楚国带来的损害却十分严重。

个人恩怨带来的国家征伐

吴国也是姬姓诸侯国，其国境位于今苏皖两省长江以南部分，后扩张到除徽州地区以外的苏皖两省全境，创立者是周氏族的太伯。到了春秋时期，吴国与中原诸侯国之间的交往越来越密切，也开始加入了争雄的行列。吴国的第一个目标，就是邻近的楚国。

从费无忌在楚国弄权开始，吴国就加强了对楚国的攻战，连年的战争让楚国没有机会再重新振作。

鸡父之战

弭兵会盟后，中原诸侯国之间出现了相对和平的局面。当时，晋、楚、齐、秦四个强国，都因国势日趋衰弱，国内矛盾逐渐激化，而被迫放慢了对外扩张、寻求霸主地位的步伐。与此同时，偏处于东南部的吴国和越国则先后兴盛起来，并开始加入到大国争霸的行列。因此战争的重心也从黄河流域开始转移到了长江淮河流域，征战的国家也由中原诸侯国转变为了楚、吴、越诸国。吴国与晋国联盟之后，乘着楚国鄢陵一役大败的时机，攻下了楚国的四个邑。前519年，又爆发了著名的鸡父之战。

吴王僚在国力日趋上升之时，决定再一次发动对楚国的大规模战争。于是他率领公子光等人，兴兵进攻楚国控制下的淮河流域的战略要地州来（今安徽凤台）。楚平王闻讯后，下令由司马薳越统率楚、顿（今河南商城南）、胡（今安徽阜阳西北）、沈（今河南沈邱）、蔡（今河南新蔡）、陈（今河南睢阳）、许（今河南叶县）七国联军前往救援，并命令尹阳匄带病督师。

就在这个时候，令尹阳匄因病体沉重，死于军中。楚军失去主帅，士气顿时沮丧低落。司马薳越见状，被迫回师鸡父（今河南固始南）。

公子光听说楚军统帅阳匄身亡，向吴王僚建议率军追击。他说："随从楚国的诸侯虽多，但都是些小国，而且都是被楚国胁迫而来的。这些小国各自都有弱点，胡、沈两国国君年幼骄狂，陈国率师的大夫夏啮虽然强硬，但却固执，顿、许、蔡等国则一直憎恨楚国的压迫，它们同楚国之间不是一条心。而楚军内部的情况也很糟糕，主帅病死，司马薳越资历太浅，不能集中指挥，楚军士气低落，政令不一。只要我们一鼓作气，就可以击败它。"吴王僚欣然采纳了这个建议。

于是吴军遂于古代用兵所忌的晦日七月二十九突然出现在鸡父战场上，令司马薳越大吃一惊，仓猝之中，他让胡、沈、陈、顿、蔡、许六国军队列为前阵掩护楚军。吴军的先发部队则是从监狱里拉来的死囚。双方交战不久，未受过军事训练的吴国死囚们散乱退却。胡、沈、陈三国军队见状贸然追击，捕捉战俘，纷纷进入了吴军主力的预定伏击圈中。这时吴国三军当机立断，从三面突然出击，很快战胜了胡、沈、陈三国军队，并杀了胡、沈二国的国君和陈国大夫夏啮。尔后吴军将所俘的三国士卒释放，这些士卒侥幸逃得性命，纷纷狂奔，口中还叫嚷不已："我们的国君死了，我们的大夫死了！"

许、蔡、顿三国军队见状，顿时军心动摇，阵势不稳。这时吴军乘胜擂鼓呐喊，直扑三国之师。三国之师哪里还有心作战，不战而溃。至此吴军终于大获全胜，并乘胜攻占了州来。司马薳越见状，自缢而死，楚国的囊瓦接替了令尹一职，增修郢城，转攻为守。次年吴国吞并了楚国经营多年的居巢和钟离。

鸡父之战是吴军实行正确作战指导方针的必然结果。从兵力对比来看，吴军处于以寡敌众的困难地位；从作战态势来讲，吴军处于"后据战地而趋战"的不利位置，但是吴军最后却打了胜仗。原因就在于吴军统帅准确地判明和掌握了敌军的情况，巧妙利用了对方的弱点，灵活运用了诱敌冒进、乘

临潼斗宝

秦国想要吞并列国，于是托斗宝会的名义暗设十条绝龙计，想要消灭各国的国君。楚国太傅伍奢之子伍子胥，在柳展雄等人的帮助下，粉碎了秦国的阴谋。

胜猛攻等一系列正确的作战方法，达到了出奇制胜的目的。鸡父之战是对楚国的一次沉重打击，楚国的司马蒍越畏罪自杀，庸碌无能的囊瓦担任了令尹要职。从此楚军很少主动出击吴军，吴国开始在吴楚争霸中居于主动地位。

伍子胥奔吴

伍子胥逃出楚国以后，听说太子建在宋国，于是他也就追随到了宋国。

伍子胥到宋国以后，正好遇上宋国的华氏作乱，他就又带着太子建逃到了郑国。郑国君臣对他们很友好，不久之后太子建又前往晋国。晋顷公说："太子跟郑国关系友好，如果给我们做内应灭掉郑国，就把它分封给太子。"于是太子又回到郑国，但是有个与太子有私人恩怨的追随者知道后，便把太子的计划告诉了郑定公。郑定公和子产杀死了太子建，伍子胥只得带着太子建的儿子熊胜一同逃奔吴国。到了昭关（今安徽含山北）时，追兵也赶到了。伍子胥跑到江边，正好江上有一个渔翁，就将伍子胥送过了江。脱险的伍子胥解下随身宝剑，说道："这把剑价值百金，送给你老人家。"渔翁说："按照楚国的法令，抓到伍子胥的人，赏给粮食五万石，封给执珪的爵位，难道不如仅仅价值百金的宝剑吗？"说完渔翁把渔船弄翻，自己也随着沉入了水中。伍子胥沉默哀悼良久，才继续前行，终于到了吴国。

这时的吴国，吴王僚刚刚当权执政，公子光做将军。伍子胥就通过公子光的关系求见吴王，请求让他练兵伐楚。过了一阵子，楚平王因为楚国边邑钟离和吴国边邑卑梁氏都养蚕，两地的女子为争采桑叶相互撕打，就大发雷霆，以致两国起兵相互攻打。吴国派公子光攻打楚国，攻克了楚国的钟离、居巢。伍子胥劝吴王僚说："楚国是可以打败的，希望再派公子去。"公子光

孔子题季札墓
季札的谦恭礼让和远见卓识，使后人十分钦佩，司马迁也曾赞美他"见微而知清浊"。

对吴王说："那伍子胥的父兄被楚国杀死害了，他劝大王攻打楚国，是为了报他的私仇。攻打楚国未必能打败它。"公子光的父亲是吴王诸樊。诸樊有三个弟弟：大弟弟叫馀祭，二弟弟叫馀昧，三弟弟叫季札。诸樊知道季札十分贤明，所以就没有立太子，打算依照兄弟的次序把王位传递下去，最后把国君的位子传给季札。于是在诸樊死去以后，王位传给了馀祭。馀祭死后，又传给了馀昧。馀昧死后本来应该传给季札，但是季札却逃避了，不肯继承王位，吴国人就拥立了馀昧的儿子僚为国君。这让公子光不太满意，他说："按兄弟的次序，季札应当被立为国君，但是传位给儿子的话，我才是嫡子，应当传位给我才是。"所以他私下里收留了一些有智谋的人，以便日后依靠他们的帮助而取得王位。伍子胥知道公子光打算杀掉吴王僚自己做国君的想法后，便暗自思量："公子光想要夺取王位，我现在不能劝他向国外出兵，应当先帮助他继承王位。"

专诸刺王僚

当初伍子胥在从楚国流亡到吴国的途中，认识了一个叫作专诸的人，他见专诸与人争斗的时候，有万夫不当之勇，就与之结交。现在伍子胥打算要帮助公子光继承君位，就将专诸推荐给了公子光，自己则离开朝廷，到乡下种地去了。

公子光自从得到专诸后，将其待若上宾。前515年，楚平王死，吴王僚趁楚王初丧之机，发动了对楚国的战争。不料吴国军队遭到了楚军的夹攻，进退不得。

这时公子光认为机会来了，他对专诸说出了自己想要称王的心思，并表

历史细读

干将、莫邪是中国古代传说中春秋战国时代的造剑名匠，曾为吴王造剑。古书记载："吴王阖闾使干将铸剑，铁汁不下。干将向妻子莫邪问计，干将曰：'先师欧冶子铸剑，曾以女子配炉神，即得。'莫邪闻言即投入炉中，铁汁出，铸成雌雄双剑，雄为干将，雌为莫邪。"

示自己一定会照顾好专诸的老母弱子。专诸说道："好啊，现在吴王的儿子还小，两个弟弟正在率军伐楚，被楚国断了后路，正是动手的大好机会，如果错过了时机就要后悔终生。"

公子光大喜，备下酒宴请吴王僚。吴王僚心中虽然怀疑，但也不好推辞，命人从王宫至公子光的家门口，沿途都布置了兵卒，就连门窗、台阶左右站的都是吴王僚的亲信。料想这样就应该安全了，因此吴王僚便放心地饮起酒来。酒酣耳热之时，公子光假装脚痛，退入内室，让专诸把匕首藏在鱼腹中去上菜。走到吴王僚跟前的一霎那，专诸突然撕开鱼腹，用匕首刺向吴王僚，吴王僚当场死去。左右侍卫一拥而上，也把专诸杀了。专诸为报答公子光的知遇之恩而不惧生死，壮烈感人。这时公子光带领甲士杀了出来，打败了吴王僚的侍从，自立为王，这就是阖闾。

阖闾成为吴王后，封专诸之子为上卿。

要离断臂刺庆忌

庆忌是吴王僚的儿子，有万夫不当之勇，据说他能够"走追奔兽，手接飞鸟"，是吴国第一勇士。吴王阖闾派专诸刺杀吴王僚后，登上了王位。庆忌逃往卫国，招兵买马，欲报杀父之仇。阖闾想除掉庆忌，伍子胥给他推荐了要离。

要离以捕鱼为业，家住在无锡鸿山北（今无锡鸿山），山东边有要潭河，西南角有要家墩，是要离捕鱼、晒网的地方。他虽然身材瘦小，但足智多谋，据说也有万夫不当之勇。要离答应刺杀庆忌后，因为庆忌疑心很重，吴王担心不能成功。要离就对吴王说："大王可以杀死我的妻儿，再断我一臂，便可消除庆忌对我的猜疑。"吴王认为这样做太残酷，没有同意。在要离的一再坚持下，吴王同意了要离的要求。于是，吴王阖闾，伍子胥和要离在吴国的朝堂上演出了一出"苦肉计"。

在吴国朝堂之上，伍子胥极力向吴王阖闾举荐要离为将，请吴王让要离带兵讨伐楚国。阖闾不屑一顾地看看要离说："寡人观看要离之力，还不如一个小儿，怎么能够胜任讨伐楚国的重任啊！"要离说："您一点也不仁慈，伍子胥为您谋划夺得了王位，平定了吴国，您难道不打算给伍子胥报仇雪恨吗？"阖闾怒不可遏，令大殿上的武士把他推出去砍断了他的右臂，然后投入监狱，然后又把他的妻子抓了起来。后来伍子胥又设计让要离越狱逃走，吴王再次震怒，下令杀死要离的妻子，并焚烧、弃尸于闹市。这出"苦肉计"最后成功地骗过了庆忌。

要离访问得知庆忌避难在卫国，于是他就到卫国去投奔庆忌。庆忌了解到要离是从吴国投奔他来的，并听到他的妻子也是被吴王阖闾所杀，就相信了他，视他为心腹，令他每日训练士卒，修治舟舰，准备讨伐吴国。

庆忌在卫国一切准备就绪后，就带领要离一起奔袭吴国。要离与庆忌同坐在一条船上，趁庆忌不备，举剑刺中庆忌要害。庆忌负伤跃然而起，他力大无穷，把瘦小的要离倒提在手中，接连三次沉于水中，然后又将他放在膝上，笑着说："天下竟有如此勇士敢于刺我！"这时两边的卫士欲杀要离。庆忌认为要离是一名讲义气的英雄好汉，不忍心加害于他，就说："这是位天下勇士，怎么可以一日而杀死两名勇士呢！还是成全他，放他回去吧。"说罢自己倒地而死。

但是要离想到自己从此就不能见容于世，便举身投水而死。

伍子胥辅政

伍子胥好文习武，勇而多谋。入吴后他助帮公子光夺取了王位，得以进用为"行人"（掌朝觐聘问之官），辅佐吴王阖闾修法制以任贤能，奖农商以实仓廪，治城郭以设守备。伍子胥又举荐深通兵学的孙武为将，选练兵士，使吴国成为东南地区的一个强国。根据吴国与周边各国的强弱形势及利害关系，伍子胥与孙武等制定了先西破强楚，以解除对吴之最大威胁，继而南服越国以除心腹之患的争霸方略。伍子胥的治国用兵，以务实为旨，具有远见卓识，谋略不凡。

干将莫邪

剑顺利铸成以后，干将没有舍得将"莫邪"剑给别人，只将"干将"给了吴王。但是干将私藏"莫邪"的消息很快就被吴王知道了，吴王就派人捉拿了干将，干将宁死不屈，于是被吴王杀死。干将和莫邪的故事，遂成千古绝唱。

正史史料

怨毒之于人甚矣哉！王者尚不能行之于臣下，况同列乎！向令伍子胥从奢俱死，何异蝼蚁。弃小义，雪大耻，名垂于后世，悲夫！方子胥窘于江上，道乞食，志岂尝须臾忘郢邪？故隐忍就功名，非烈丈夫孰能致此哉？白公如不自立为君者，其功谋亦不可胜道者哉！

——《史记·伍子胥列传》

前512年，伍子胥针对楚国执政者众而不和，且互相推诿的弱点，提出分吴军为三部轮番击楚，以诱楚全军出战，彼出则归，彼归则出，待楚军疲惫，再大举进攻。此后数年间，吴军连年扰楚，迫使楚军被动应战，疲于奔命，实力大为削弱。随即吴国大举攻楚，又出兵攻越，给楚国造成吴国不会大举攻伐楚国的假象，并施反间于楚，使楚不用知兵善战的子期，而用贪鄙无能的囊瓦为帅。前506年，伍子胥与孙武等辅佐阖闾统领大军沿淮水西进，在楚国防备薄弱的东北部实施大纵深战略突袭，直捣楚国腹地，以灵活机动的战法，击败楚军主力于柏举，并展开追击，长驱攻入楚国的国都郢城，终成破楚之功。

柏举之战

吴国的国策就是伐楚称霸，加上伍子胥坚韧的复仇之心，伐楚所缺的，只有时机。

前506年，蔡国灭了亲楚的沈国，楚国讨伐蔡国，蔡侯将儿子送往吴国做人质，表示伐楚的决心，伍子胥一直盼望的时机终于到来了。

在蔡国的引导下，吴国大军向楚国进发，与楚军夹着汉水对峙。这时楚国的左司马沈尹戍建议令尹囊瓦率部队原地不动迎击吴军，自己率军去摧毁吴国船只，封锁汉水东边的隘口，然后囊瓦再率军渡汉水进攻，前后夹击，必定能够大败吴军。可是囊瓦怕沈尹戍独抢战功，不等待沈尹戍的部队，就立即率军渡过汉水出击，结果三次交锋都没有取得胜利。最后两军在柏举（今湖北麻城内）对峙，只一战，囊瓦便大败，而且伤亡惨重。吴军士气大增，一路追赶逃亡的囊瓦残部，直到楚国的郢都城下。仓皇之中，楚昭王只带了一个妹妹逃往随国。伍子胥找不到楚昭王，就掘了楚平王的墓，鞭尸三百下。

当初伍子胥逃离楚国时，发誓将来要灭亡楚国，报杀父杀兄这一不共戴天之仇。楚国大夫申包胥则表示，父母之国不能亡，发誓要复兴楚国。郢都城破之后，申包胥到秦国去乞求救兵。秦哀公说要商议商议，让申包胥先在宾馆住下。申包胥知道秦国不愿发兵，就靠在秦宫门外哀哭，哭了七日七夜，连一口水都不喝。秦哀公没见过这么多眼泪，心一软，就命令发兵救楚。

此时已是第二年，即前505年的年初了。秦楚联军在沂（今湖北鄂城东）打败了吴军，吴国被迫撤军。但楚国自此元气大伤，国内人心惶惶，国都迁往了郡（今湖北宜城东南）。

孙武的兵法

在吴楚争霸战中，吴军获胜的军事保证，要得益于一个人——孙武。

孙武字长卿，齐国人，因国中内乱逃奔吴国，由伍子胥推荐给了吴王阖闾。吴王读过孙武的《孙子兵法》十三篇后，很是赞赏。一次吴王同孙武讨论起晋国的政事，吴王问道："晋国的大权掌握在范氏、中行氏、知氏和韩、魏、赵六家大夫手中，将军认为哪个家族能够强大起来呢？"孙武回答说："范氏、中行氏两家会最先灭亡。这是根据他们的亩制、收取租赋以及士卒多寡、官吏贪廉作出的判断。以范氏、中行氏来说，他们以一百六十平方步为一亩。六卿之中，这两家的田制最小，收取的租税却最重，高达五分抽一。公家赋敛无度，官吏众多骄奢，军队庞大又屡屡兴兵。长此下去，必然众叛亲离，土崩瓦解。"

吴王又接着问道："范氏、中行氏败亡之后，又该轮到哪家呢？"孙武回答说："是知氏。知氏家族的亩制，只比范氏、中行氏的亩制稍大一点，以一百八十平方步为一亩，租税却同样苛重。亩小税重，公家富有，人民穷困，吏众兵多，主骄臣奢，又好大喜功，结果只能是重蹈范氏、中行氏的覆辙。"

吴王继续追问道："知氏家族灭亡之后，又该轮到谁了呢？"孙武说："那就该轮到韩、魏两家了。韩、魏两家以二百平方步为一亩，税率还是五分抽一。他们两家仍是亩小税重，公家聚敛，人民贫苦，官兵众多，急功数战。只是因为其亩制稍大，人民负担相对较轻，所以能多残喘几天，亡在三家之后。唯一不同的是赵氏，他家亩制最大，以二百四十平方步为一亩。不仅如此，赵氏收取的租

竹简

银雀山1号汉墓出土的《孙子兵法》竹简，整简长27.6厘米，墨书隶字，竹简字数多少不等，整简一般为35字左右。

赋历来不重。亩大税轻，公家取民有度，官兵寡少，在上者不致过分骄奢，在下者尚可温饱。苛政丧民，宽政得人。赵氏必然兴旺发达，晋国的政权最终要落到赵氏的手中。"

吴王听后深受启发，从此重用孙武，攻无不克，战无不胜。

孙武的谋略、兵法，都记录在《孙子兵法》这部兵书中。《孙子兵法》是中国历史上第一部兵书，其基本内容总结了春秋时期的军事思想和战略、战法。可以说春秋时代千百次大小战争的成败教训，是《孙子兵法》一书的直接依据。

孙武认为，战争必须以国内政治为基础。战争之前，要考虑将帅是否团结，军队是否有军政军纪，强调军纪和勇猛效力。并且非常重视军事情报，掌握敌我双方情况，加以衡量，"知己知彼，百战不殆；不知彼而知己，一胜一负；不知彼不知己，每战必殆"。战争爆发后，孙武则强调士气的作用，说"三军可夺气，将军可夺心"。所以对敌方要"避其锐气，击其惰归"，集中兵力打歼灭战，避免消耗战和旷日持久的攻城战。

勾践与夫差

越王勾践即位第二年，便打败了吴王阖闾。阖闾回国后，因伤势过重而死，他的儿子夫差继位。吴王夫差为了给父亲报仇，倾全国之力攻打越国。越王勾践兵败，并成了吴王的奴隶。勾践故意装作顺从，以博取吴王夫差的欢心。夫差觉得勾践已经丧失斗志，就把他放回了越国。回国之后，勾践卧薪尝胆，终于打败了吴国。前472年，越王勾践在徐州会盟诸侯，成为春秋时期的最后一位霸主。勾践忍辱负重，励精图治，最终复国。而夫差骄奢淫逸，滥杀忠臣，最终沦为亡国之君。

越国的崛起

就在吴国走向强盛的时候，它的邻国越国也迅速发展起来。

据说越国的祖先是夏禹的后裔，是夏朝少康帝的庶出之子。少康帝的儿子被封在会稽，恭敬地供奉继承着夏禹的祭祀。他们身上刺有花纹，头发短短的。虽然他们清除了草丛，修筑了城邑，但一直保持着比较落后的生活习俗，很少与中原地区发生联系。直到春秋末年，因为和吴国发生了矛盾，越王才起了争霸之心，与吴国相互攻伐。

越国社会发展的历史，并没有清楚的记述，大致和吴国相仿。春秋时代

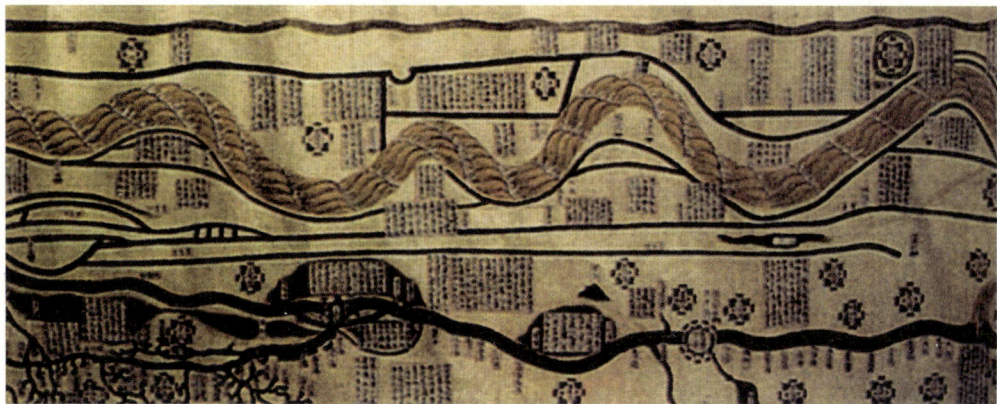

运河图

吴国打败楚越之后，又想北上争霸，于是挖邗沟。这是江淮之间的第一条运河。后经历代改造，成为京杭大运河的一段。

其社会经济发展是较快的，毕竟这里有农业、渔业的优越自然条件。越国较被后世称道的，要算它的冶金业，不但赶上了当时中原地区的水平，而且独具特点，形制纹饰十分富丽精巧。

越国最早的活动记录，是在前 601 年，越国与吴国、楚国会盟了一次。前 537 年，越国派大夫常寿过率兵助楚伐吴，但是却失败了。然后是前 518 年，楚国与吴国开战，越国派了大夫去犒劳楚师，不想楚国战败。七年后，吴国正式兴兵伐越。

吴越的仇恨

前 496 年，越王勾践即位，吴国起兵伐越，双方在檇李（今浙江嘉兴南）摆开战场。面对严整的吴军阵势，勾践先后用敢死队冲锋和罪犯队在阵前自刎，破坏了吴军的阵容和士气。吴国战败，吴王阖闾被戈击伤，一只脚的大趾头被砍掉，因伤重死在了回师途中。阖闾的儿子夫差即位后，发誓要为父亲报仇，他派一个臣子站在宫门口，每当他出入宫门时，那个臣子就要高喊："夫差，你难道忘记了越国的杀父之仇吗？"夫差就回答道："不敢忘记，三年后一定要报此仇！"

夫差日夜牢记越国的杀父之仇，命令伍子胥和大臣伯嚭日夜操练兵马，随时准备复仇。前 494 年，吴王夫差亲率大军攻打越国。越国大夫范蠡对越王勾践说："吴国练兵快三年了，这回决心报仇，来势凶猛。咱们不如守城，

西施浣纱

西施，原名施夷光，天生丽质。越王勾践卧薪尝胆，图谋复国。西施在溪边浣纱时被大夫范蠡发现，用三年时间被训练成了修养有素的宫女。她与郑旦一起忍辱负重被献给吴王夫差，把吴王迷惑得众叛亲离，为勾践的东山再起起到了掩护作用。吴国灭亡后，西施便失去了音信，据传闻她被越王装进袋子里抛入水中溺死了。

不跟他们作战。"勾践不同意，发大军去跟吴国军队硬拼，结果失败了。

越王对范蠡说："我当初不肯听从您的劝告，所以才落得这种下场，现在应该怎么办呢？"范蠡回答说："不如派人给吴王送去丰厚的礼物讲和吧，如果吴王还是不肯同意，您就把自己也抵押给吴国吧。"于是勾践派大夫文种去向吴求和。吴王将要答应的时候，伍子胥劝阻说："天帝现在是要把越国赏赐给吴国，大王千万不要答应他。"文种回去将情况告诉勾践后，说："吴国的伯嚭十分贪婪，我们不如用重金暗中贿赂他让他帮忙吧。"于是文种给伯嚭献上美女珠宝玉器，由他帮助自己引见吴王。伯嚭也借机劝吴王说："越王已经服服帖帖了，如果赦免了他将会对我国有利。"吴王又要答应，伍子胥进谏说："勾践是贤明的君主，大夫是贤能的大臣，如果让勾践返国，必将后患无穷。今天如果不灭亡越国，日后必定会后悔莫及的。"吴王不听，赦免越王后，撤军回国，并要勾践亲自到吴国去做人质。

卧薪尝胆

勾践把国家大事托付给文种，自己带着夫人和范蠡前往吴国。夫差为了羞辱勾践，让他们夫妇住在阖闾坟旁的一间石屋里，叫勾践给他喂马，范蠡也跟着做奴仆的工作。夫差每次坐车出去，勾践就给他拉马，这样过了两年，夫差认为勾践真心归顺了他，就放勾践回国。

勾践回到越国后，立志报仇雪耻。他唯恐眼前的安逸生活消磨了志气，便在吃饭的地方挂上一个苦胆，每逢吃饭的时候，就先尝一尝苦味，然后问自己："你难道忘记了会稽之战的耻辱了吗？"他把席子撤去，用柴草当作褥子。这就是后来人传颂的"卧薪尝胆"。

勾践亲自参加耕种，叫他的夫人亲自织布，以鼓励人们生产。因为越国遭到亡国的灾难，人口大大减少，他订出奖励生育的制度，并叫文种管理国家大事，叫范蠡训练人马。

两年后，吴王想要讨伐齐国。伍子胥进谏说："不可。我听说勾践吃饭不炒好菜，与百姓同甘共苦。此人不死，一定会成为我们国家的忧患。越国才是我们的心腹之患，而齐国只不过是一块疥癣罢了。希望君王放弃攻齐，先征伐越国。"吴王夫差不听，出兵攻打越国，打了胜仗。不想回国后伍子胥非但没有恭喜夫差，反倒说："大王您不要太高兴了！"吴王很是生气，开始疏远伍子胥。

越国大夫文种听说后对勾践说道："我观察吴王当政太骄横了，请允许我试探一下，向他借粮，来揣度一下吴王对越国的态度。"文种于是向吴王借粮，伍子胥建议不借，可吴王还是借给越国了。伍子胥很是生气，怒道："君王不听我的劝谏，再过三年，吴国将会成为一片废墟！"太宰伯嚭借机在吴王面前诽谤伍子胥说："伍子胥表面忠厚，实际上很残忍，他连自己的父兄都不顾惜，怎么能顾惜君王您呢？君王上次想攻打齐国，他就强烈地反对，后来您打败了齐国，他反而因此怨恨您。您如果不防备他，他一定会作乱的。"夫差于是派伍子胥出使齐国。听说伍子胥把儿子委托给齐国的鲍氏后，夫差大怒说："伍子胥果真是在欺骗我！"于是下令让伍子胥自杀。伍子胥大笑道："我辅佐你的父亲称霸，又拥立你为王，你当初想与我平分吴国，我都没有接受，今天你反而因谗言杀害我。唉，你一个人绝对不能独自立国！"说完后伍子胥又告诉使者说："我死后一定要取出我的眼睛挂在吴国都城的东门上，让我能亲眼看到越军进入都城。"

听说伍子胥死了，越国的勾践大喜，召见范蠡说："现在可以攻打吴国了吗？"范蠡回答说："不行。"第二年春天，吴王会合诸侯，精锐部队全部跟随吴王走了，只剩下老弱残兵和太子留守吴都。范蠡说："可以了。"于是派出熟悉水战的士兵两千人，训练有素的士兵四万人，受过良好教育、地位较高的近卫军六千人，各类管理技术军官一千人，攻打吴国。吴军大败，越军还杀死了吴国的太子。吴国使者赶快向吴王告急，吴王怕会盟的诸侯听到了这种惨败消息，就坚守秘密，另外派人带上厚礼去往越国求和。勾践估计自己不能一下子灭亡吴国，就与吴国讲和了。

这之后的四年，越国不断攻打吴国，吴国军民疲惫不堪，因为精锐士兵都在与齐、晋之战中败亡损耗殆尽，再也无力与越国抗衡。前473年，夫差被围困在了姑苏山上，自杀身亡。在自尽时，夫差遮住自己的面孔说道："我没脸面见伍子胥呀！"

勾践平定了吴国之后，就出兵向北渡过淮河，在徐州（今山东滕州）大会诸侯，成为春秋时期的最后一名霸主。因他占有了整个吴国，增加了一倍的国土和财富，以致越国的霸业延续了一个相当长的时期。

也就在这时，范蠡离开了越王，从齐国给文种发来一封信。信中说："飞鸟尽，良弓藏；狡兔死，走狗烹。越王是长颈鸟嘴，只可以与之共患难，不

吴王夫差鉴
此器方唇束颈，平底。两侧有兽首耳，垂环。前后
两面加饰伏兽，颈至腹部饰浪花状的变形蟠虺纹带
三道，下加垂叶纹，十分精美。

吴王夫差鉴铭文

可以与之共享乐，你为何不离去呢？"文种看过信后，声称有病不再上朝。
这时有人中伤文种将要作乱，越王就赏赐给他一把剑说："你教给我攻伐吴国
的七条计策，我只采用三条就打败了吴国，那四条还在你那里，你替我到先
王面前尝试一下那四条吧！"文种听后十分悲痛，只好自杀身亡。

范蠡浮游五湖

　　范蠡离开越国以后，起初在东海之滨置产业，因为他善于经营，颇有些
积蓄。后来浮海来到了齐国。范蠡十分仰慕伍子胥的忠诚，哀叹他被夫差所
杀，就取名为"鸱夷子皮"，即子胥鸱夷浮江之意。在齐国范蠡从事农商结合
的产业，建立家室，生了儿子。全家合力经商，积蓄达数十万。后来齐侯请
求范蠡担任相国，范蠡不肯，便将家财散给了亲友邻里，移居陶地，号称陶
朱公。

　　在陶地范蠡生了小儿子。小儿子长大后，范蠡的二儿子因为杀人，被楚
国拘捕了。于是范蠡让小儿子带上一千镒黄金去楚国，希望能用钱赎回次子
的性命。然而就在小儿子即将出发的时候，大儿子说："我是长子，现在弟弟
犯了罪，父亲不派我去，却派小弟去，说明我是个不肖之子。"说完就要自
杀。他的母亲看到后，就对范蠡说："现在你派小儿子前去楚国，未必一定能
救老二的命。但是眼看老大就要自杀，可如何是好？"迫不得已，范蠡只好

派大儿子去楚国救人，并写了一封信要他送给自己的旧日好友庄生，交代他说："你到了楚国以后，把金子送到庄生家，然后一切听从他的吩咐，千万不要与他发生争执。"

老大到达楚国以后，依照父亲的嘱咐，如数向庄生进献了黄金。庄生说："你现在应该赶快离开，千万不要留在这里。即使在你弟弟被释放以后，也千万不要询问原因。"老大口中答应，但是却并没有真的离开，而是偷偷留在了楚国，并且用自己另外私带的黄金贿赂了楚国主事的官员。

庄生由于廉洁正直而闻名于楚国，黄金送来后，庄生对妻子说："这是陶朱公的钱，以后还要全部还给他，所以千万不要动用。"然后庄生找了一个机会入宫拜见楚王，以天象有变为由，劝楚王实行德政，楚王于是准备实行大赦。接受了贿赂的楚国官员于是把这一消息告诉了老大。老大寻思，既然现在要实行大赦，我弟弟自然可以被释放了，那一千镒黄金不就等于是白白送给庄生了吗？于是他又返回去见庄生，说道："当初我为弟弟的事情而来，现在听说楚国要实行大赦了，我弟弟自然可以得到释放了，所以我特来向您告辞。"庄生听出了老大话里的意思，就告诉他说："你自己到房间里去取黄金吧。"

范蠡
范蠡一生虽然业绩辉煌，但是在重农抑商的时代，弃官经商的经历使他不为时代人所看重。

因为遭到了范蠡长子的愚弄，庄生感到十分羞愧，于是他再次入宫拜见楚王说："现在外面有很多人都在议论，说陶地富翁朱公的儿子杀人后被关在楚国，他家派人用金钱贿赂了君王左右的人，因此并不是君王体恤楚国人才实行大赦，而是因为朱公的儿子才大赦的。"楚王听了以后大怒，命令先杀掉朱公的儿子，之后才下达了大赦的诏令。

老大于是带着黄金和弟弟的尸体回家了，母亲和乡邻们都十分悲痛，只有范蠡笑着说："我早就知道老大救不了老二，不是他不爱自己的弟弟，只是他从小就与我生活在一起，经受过各种苦难，知道生活的艰难，所以把钱财看得很重。而老三一生下来生活就生活在蜜罐子里，哪里知道钱财来之不易，所以弃之也会毫不吝惜，这就是我本来打算让他去的原因。正是因为老大不能弃财，所以最终才害死了自己的弟弟。"

春秋巨人

春秋时期是中国古代史上文化发展的重要时期，周王室政治权威的衰落，使得学在官府的局面被打破，随之产生了学术下移、典籍走向民间等变化，这使得夏商周以来的传统观念在春秋时期实现了转型。这一时期的文化发展，也出现了许多代表人物，其中包括对后世影响极其深远的老子和孔子。

道可道，非常道

老子（约前 600 年—前 470 年），姓李名耳，字伯阳，又称老聃，春秋时期著名的思想家，道家学派的创始人。作品有《道德经》（又称《老子》），其作品的精华是朴素的辩证法，主张无为而治，其学说对中国哲学史的发展具有深刻的影响。

老子求学

老子自幼聪慧好学，特别喜欢听关于国家兴衰、战争成败、祭祀占卜、观星测象的故事。他的母亲望子成龙，于是聘请了精通礼乐的商容老先生教授他。商容先生通天文地理，精古今礼仪，深受老子一家人的敬重。商老先生教授了三年后，来向老夫人辞行，他说道："我今天过来向您辞行，不是因为我教授学业有始无终，也不是因为孩子学习不够勤奋刻苦。实在是因为我的学识是有限的，而孩子的求知欲望却没有穷尽。想要以我有限的学识来满足孩子无尽的求知欲望，这不是很困难的事吗？想要让孩子璞而为玉，得去周王室的都城深造才行。我有一个师兄在周朝任太学博士，他学识渊博，心胸旷达，爱才敬贤，以树人为生，以助贤为乐，以荐贤为任。他从我这里知道孩子勤学善思以后，想要见见孩子已经很久了。"老子母子二人听了以后十分高兴，拜谢先生的举荐之恩。三天之后，老子就去往周都求学，全家与商老先生送老子至五里之外。

老子入周后，拜见了博士，进入太学，天文、地理、人伦，无所不学，《诗》《书》《易》《礼》《乐》无所不览，文物、典章、史书无所不习，学识大有长进。博士又荐其入守藏室为吏。守藏室集天下之文，收天下之书。老子处其中，博览泛观，通礼乐之源，明道德之旨，名闻遐迩，声播海内。

三教图

此图描绘的是老子、孔子及释迦牟尼坐于树下共同探究玄理的场景。画中人物造型古朴，气质端庄。画面静谧清淡，引人入胜。

孔子问礼

鲁国的孔丘也十分勤奋，他三十岁的时候已经因为博学而名闻遐迩，但

老子像

老子的哲学思想及其创立的道家学派，对我国两千多年来思想文化的发展产生了深远的影响。

是孔丘苦苦钻研关于礼的学问，却始终没有什么收获，为此他感到十分苦恼。而在这个时候，居周日久的老子则学问日深，声名日响。相传孔丘听说老子经过多年的苦心探索钻研，已经求得天道的消息后，就决定去拜访老子。他对弟子南宫敬叔说："周朝管理守藏室的官员老子，博古通今，知礼乐之源，明道德之要。现在我打算去周的都城找他求教，你愿不愿意和我一起去呢？"南宫敬叔欣然同意，于是孔子带着南宫敬叔一起来到了周的都城洛阳。老子见孔丘千里迢迢前来拜见自己，十分高兴，他除了亲自教授之外，又引见孔丘拜访了大夫苌弘。苌弘教授给孔丘乐律、乐理，引孔丘观祭神之典，察庙会礼仪，使孔丘感叹不已，获益匪浅。逗留数日后，孔丘向老子辞行。

老子赠言说："天和地没有人推动它们而却能自己运行，太阳和月亮没有人点燃而它们却能自己去照明，天上的星星没有人去排列它们而自己却井然有序，飞禽走兽没有人去养育它们却能自己生存，这就是自然的作为，哪里用得着人去做什么呢？物之所以生，之所以无，之所以荣，所以辱，都是因为有自然之理、自然之道。顺应自然之理而趋，遵守自然之道而行，那么国家就可以自己得到治理，人就会自己变得正直，哪里需要津津乐道于礼乐而提倡仁义呢？津津乐道于礼乐而提倡仁义，那就远远地违背了人的本性，就好像是一个人敲着鼓去寻找逃跑了的人一样，你敲得越响，那么别人就会逃得越远！"

老子又用手指着黄河，对孔丘说："你为什么不学习一下水的大德呢？"孔丘问："水有什么德呢？"老子说："最高层次的善就好像是水一样，水对万物都有利但是却从来都不争什么，而使自己处于众人都嫌恶的境地，这就是谦下之德。因此江海之所以能成为成千上百的小溪谷的首领，就是因为它谦下，所以才成了无数溪谷的首领。普天之下，再也没有比水更柔软的了，而那些以进攻坚强为使命的事物却不能够战胜它，这就是柔的德性。因此它能够以柔胜刚，以弱胜强。正是因为它没有，所以才能入于无间，由此可以知道不需要言语的教化和无所作为的益处。与世无争，则天下没有人能够与他相争，这就是效法了水的德性的缘故。水对于道来说是这样的：道没有一个地方不存在，水没有一个事物不有利，避高趋下，但是却不曾有过逆返，这是善于适应地势的缘故；空荡荡的地方广阔清净，深不可测，这里容易成为深渊；有损害但是却不枯竭，施以仁德却不求回报，这是善于讲究仁义；

圆的东西一定能够旋转，方的东西一定能够折断，堵塞了的河流一定会停止运动，决口了的河流则一定会流出来，这是善于遵守信用；洗涤众多污浊的东西，使万物上下相抑，平定统一，这是善于治理事物；承载东西就让它浮起来，鉴定东西就清澈透亮，进攻的话那些攻坚的则没有一个能胜得过它，这是善于利用自己的优势；不分白天黑夜，前仆后继，这是善于运用时间。因此圣明的人随着时间的改变而采取相应的行动，贤明的人依照事情的变化而有相应的改变；智慧的人无所作为却能使社会得以治理，通达的人顺应天时而得以生存。"孔丘回答说："先生的话，出自肺腑而能进入我的心脾，我这次求教受益匪浅，终生难忘啊！"

回到鲁国后，孔子的众弟子都赶紧上前问道："先生这次去拜访老子，有没有得以见到他本人？"孔子回答道："见到他了！对于鸟，我知道它可以在天上飞；对于鱼，我知道它可以在水里游；对于野兽，我知道它可以在大地上奔跑。那些奔跑的野兽我们可以用网去捕捉它们，那些游水的鱼儿我们可以用钩子来钓它们，那些飞翔的鸟儿我们可以用箭去射取它们，而至于龙，我不知道它能怎么样。原来龙能乘着风云而上到九天！我所见到的老子，难道不是像龙一样吗？他的学识渊博而不可测，志趣高邈而难以知晓；就像蛇一样能够随时屈伸，像龙一样能够应时而变化。老子可真是我的老师啊！"

老子骑牛图
此画中的人物面部刻画得非常传神，衣纹的穿插也灵活巧妙。老子坐于青牛背上，手持《道德经》卷，正抬眼注视着一只飞蝠，形象生动而富有情致。

老子出关

周敬王四年（前 516 年），周王室发生内乱，老聃蒙受失职之责，于是离宫归隐，骑着一头青牛，欲出函谷关，西游秦国。

函谷关的守关官员尹喜，年少的时候就喜欢观察天文，爱读古籍，修养深厚。相传有一天晚上，他在楼观上凝视星空，忽然看到东方紫云聚集，形如飞龙，由东向西滚滚而来。尹喜早就听说过老子的大名，心想莫不是老子将来？于是他派人清扫道路四十里，夹道焚香，迎接圣人。

一天午后，尹喜忽然看到关下的行人中有一个老者，倒骑青牛走了过来。老者花白的头发像雪一样，眉毛垂鬓，耳朵垂肩，胡须垂膝，红颜素袍，简

老子授经图

此图描绘的是尹喜拜见老子的场面。老子一副仙风道骨的智者模样。其衣纹勾勒精练，表现了潇洒飘逸的线条美。

朴洁净。尹喜于是三步并作两步奔上前去，跪在青牛面前拜道："尹喜叩见圣人。尹喜不才，因为喜欢观察天文而略知变化。我看到紫气东来，因此知道有圣人将要西行。紫气的头部白云缭绕，因此我知道圣人白发，是老翁之状；紫气的前面有青牛星相牵，所以我知道圣人是乘骑青牛而来的。"

之后尹喜引老子至官舍，请老子上坐，焚香行了弟子的礼仪。老子后来答应他，将自己的学识并以王朝兴衰成败、百姓安危祸福为鉴，溯其根源，著书成卷，分为上、下两篇，共五千言。上篇起首为"道可道，非常道；名可名，非常名"，人称《道经》；下篇起首为"上德不德，是以有德；下德不失德，是以无德"，人称《德经》。两本书合称为《道德经》。据说尹喜读着这样美妙的著作，深深地被吸引而陶醉于其中，于是他就跟着老子一起出关了。

老子出关一事一直被人们津津乐道地传说演绎着，鲁迅先生为此还专门创作了故事新编《老子出关》。此外老子出关中的"紫气东来"也成了中国文化中的一个元素，被当作吉祥、祥瑞的象征。有趣的是老子骑坐的"青牛"，也成了道教文化中的一个著名的意象，后来成了神仙道士的坐骑。

老子长寿，一直活到一百六十余岁才仙逝。邻里来吊唁，老人哭之，如哭其子；少者哭之，如哭其父。皆悲不自胜。

仙道之祖

老子著有《道德经》，是道家学派的始祖，被后人视为宗师。在道教中，老子是一个最为主要的神仙，被称为太上老君，尊为道祖。从《列仙传》开始，老子就被列为神仙。东汉时期，成都人王阜撰《老子圣母碑》，把老子和道合而为一，视老子为化生天地的神灵。汉桓帝更是亲自祭祀老子，把老子作为仙道之祖。

老子主张"无为"，其理想政治境界是两国之间鸡鸣狗叫的声音相互都可以听得见，但是老百姓却老死都不相往来。他以"道"解释宇宙万物的演变，认为"道"是自然界的客观规律，同时又独立不群，周行不殆。《道德经》中

历史文献

小国寡民，使有什伯之器而不用，使民重死而不远徙。虽有舟舆，无所乘之；虽有甲兵，无所陈之。使民复结绳而用之。甘其食，美其服，安其居，乐其俗，邻国相望，鸡犬之声相闻，民至老死不相往来。

——《道德经》

包含首大量朴素辩证法的观点，他认为一切事物均具有正反两面，并能对立转化，如"正复为奇，善复为妖"，"祸兮福之所倚，福兮祸之所伏"。又以为世间事物均为有和无的统一等。老子的学说对中国哲学的发展具有深刻的影响，他的哲学思想和由他创立的道家学派，对我国两千多年来思想文化的发展产生了深远的影响。

老子的价值观由"无""道""德"这三个方面构成。他认为"德"是"道"的体现，"德"应该服从"道"。认为人应有"居后不争"之心，只有仁慈、俭朴、谦让不争的人，方能具备道德勇气，进而博施于人，受人尊敬拥护而成大器。老子谓人应"寡欲"，故谓："罪莫大于可欲，祸莫大于不知足，咎莫大于欲得。故知足之足，常足。"

老子的"无为"思想，不能简单地理解为无所作为。道家的"无为"，是清静自守之义，是道家以"道"修身所要达到的"合于道"的理想境界，能达到这种理想境界便无所不能为。老子的社会哲理博大精深，他是古今少有的社会辩证逻辑大师。

万世师表

春秋时期，除了老子以外，还诞生了另一位伟大的人物，他就是被后世尊称为圣人的孔子。

孔子是我国古代伟大的思想家、教育家，儒家学派的创始人。他提出了"仁"的学说，主张"爱人"和"为政以德"，他还创办私学，注意"因材施教"。孔子死后，被儒家奉为宗师，他的思想对中华文明的发展影响十分深远。

景公尊让
孔子重视民生疾苦，呼唤仁政，希望统治者以仁义之心待民。虽然他的言论得到了一些国君的赏识，但他却始终没有得到重用。

周游列国

孔子名丘，字仲尼，鲁国人，出生于前551年。十七岁那年，孔子失去了母亲，办完丧事后，孔子觉得自己已经学业有成，应该找机会做些出人头地的事了。一次鲁国的贵族季孔氏宴请名流，十七岁的孔子听说后，穿着孝服就跑去参加。不想季氏的家臣阳虎向他喝道："我们请的是有地位的人，并不招待叫花子。"孔子只好退了下去。

经过这一番挫折，孔子更加勤奋了。自二十多岁起，孔子便对天下大事非常关注，对治理国家的各种问题，经常进行思考，也常发表一些见解，到三十岁时已经有了些名气。齐景公在出访鲁国时就曾召见过孔子，与他讨论秦穆公称霸的问题。

孔子由此结识了齐景公，后来鲁国发生内乱，鲁昭公被迫逃往齐国，孔子也离开鲁国到了齐国，受到了齐景公的赏识和厚待。齐景公甚至曾准备分封给孔子田地，但被大夫晏婴阻止了。晏婴对孔子那一套理论并不看重，认为太过迂腐，而且十分繁琐，就要驱逐孔子。孔子向齐景公求救，可得到的回答却是："吾老矣，弗能用也。"孔子只好仓皇回到鲁国。

孔子游说诸侯
在政治格局分崩离析的时代，现实政治混乱无序，于是孔子试图为恢复天下秩序而奔走游说诸侯。

　　这时的鲁国，政权实际掌握在季孙氏手中，孔子很不满意，因此在仕途上也一直不得志。直到五十一岁那年，才被任命为中都宰。因为有政绩，又升为小司空，不久又升为大司寇。

　　孔子的突出政绩，是在"堕三都"一事上的出色表现。鲁国的三大家各有私邑，这本是作为专权的根据地。因为这三家的家臣不断发生反叛，都以私邑的武装和防守设施的城堡作为自己攻守的屏障，所以这些都城转眼之间就转化为了三家本身的对立物。摧毁这些都城，既迎合三家自己消弭萧墙之患的目的，也符合鲁国公室和孔子借此铲除、削弱三家势力的愿望。

　　孔子在鲁国的表现让齐国警惕了起来，他们买通鲁国君臣疏远孔子，选了八十名美女，载歌载舞招摇过市，送给鲁君。鲁国君臣一连几天都在南城高门外玩乐，不问政事。这时孔子的弟子子路说道："先生，咱们可以走了吧！"孔子还抱有幻想，说："国家正在举行郊祭，看看他们送不送祭肉来再说。"但是"祭肉不至，孔子行"。孔子再一次离开家乡，开始了周游列国的旅程，时年五十五岁。

　　孔子带领弟子先到了卫国，卫灵公开始很尊重孔子，按照鲁国的俸禄标准发给孔子俸粟，但没给他什么官职，也没让他参与政事。孔子在卫国住了

子路问津

孔子从楚国返回鲁国，来到距新蔡十多里的关津渡时迷了路。他让子路去向农夫问路。子路来到一位农夫面前，农夫得知车上坐的是孔子后说："他不是圣人吗？怎么连关津渡口在哪儿都不知道呢！"说完就走了。子路于是又去问另一个农夫，这个农夫说："他这样到处游说还不如种地吃饭。"说完也走了。子路没有打听到渡口反而受了一顿奚落。孔子感叹说："如果天下太平了，我还游说干什么呢！"

约十个月，因有人在卫灵公面前进谗言，卫灵公对孔子起了疑心，派人公开监视孔子的行动，孔子于是带着弟子离开卫国，打算去陈国。不想在半路上碰到卫国贵族公叔氏发动叛乱，逃脱后孔子又返回了卫国。卫灵公听说孔子师徒返回了卫国，非常高兴，亲自出城迎接。此后孔子几次离开卫国，又几次回到卫国，一方面是由于卫灵公对孔子时好时坏，另一方面是孔子离开卫国后，没有去处，只好又返回。

五十九岁时，孔子离开卫国，经曹、宋、郑等国来到了陈国，住了三年。不久吴国攻打陈国，兵荒马乱，孔子便带领弟子离开了陈国。楚国人听说孔子到了陈、蔡二国的交界处，便派人去迎接孔子。陈国、蔡国的大夫们知道孔子对他们的所作所为有意见，怕孔子到了楚国受到重用，对他们不利，于是派服劳役的人将孔子师徒围困在半道上，前不靠村，后不靠店，他们所带的粮食也吃完了，只得绝粮七日。最后还是子贡找到楚国人，楚国派兵迎接孔子，孔子师徒才免于一死。

孔子六十四岁时又回到卫国，四年后在其弟子冉求的努力下被迎回鲁国，但仍是被敬而不用，直到离世。

孔子的政治思想

孔子的政治主张不被当时的国君们认可，晏婴的"繁琐、迂腐"可以作为一个理由。孔子一直主张在经济上"籍田以力"，在政权上必须坚持"君君臣臣"的秩序，"礼乐征伐自天子出"，"庶人不议"乃是天下有道的表现；在社会地位上严格君子、小人之分，用"礼"来维护；在宗法关系上强调不遗故旧、父子相隐。由此不难看出，这些对于那些想要称霸的诸侯们来说，怎么可能做得到呢？

孔子思想中最丰富的要推他的伦理学说。他提出将"仁"用于政治，并且把政治与个人修养、社会关系结合在了一起，成为调整人与人之间关系的应有的美好道德原则。孔子主张"仁"必须出乎本心，不事虚饰，强调事君尽忠，事父母尽孝，交朋友要信，"己欲立而立人，己欲达而达人"，一直做到"博施济众"，达到尧舜也难做到的最理想的境界。

这就是孔子的主张，或者说是理想，只是难于实现。

孔子的教育思想

不过后世最推崇的还是孔子的教育思想，尊称孔子为万世师表。

孔子认为，人的自然本性都是相近的，是环境和习惯使人们变得各不相同。他提出人们求得知识有生而知之、学而知之、困而学之、困而不学的几种情况，主张知识来源于对客观事物的认识，特别强调学习的重要性。学思结合，学用结合，由感性认识发展到理性认识，是孔子认识论的一个重要内容。

孔子的教育思想和教育方法，在中国是首创的。他是第一个把"学在官府"下放到平民社会中来的人。商周时代是官府设学，学生都是贵胄子弟，教师是官府的师氏、保氏等。而孔子宣扬"有教无类"，自己设坛讲学，于是来自列国的学生据说达到三千人，有成就者七十二人。这些人中确有不少平民甚至贫困的人，也有从事各种各样职业的人。如颜渊住在破巷子里，吃粗饭，喝菜汤；子贡是经商的，等等。

教育的目的是培养人才，这和孔子一贯坚持的"举贤任能"的政治思想是分不开的。他强调人的后天教育，强调学习必须勤奋、热心、专注，要做到"发愤忘食"的程度，才能有所成就，而且必须持之以恒。

孔子把教学与教人、做人结合在一起，主张学习应该是为了提高自己的知识和德行，不是学了去炫耀于人、哗众取宠。所以学习的结果是造就品学兼优的"君子"。孔子很重视培养弟子的志趣、精神，同时把音乐、游泳、美术、射驭等教育手段都利用起来，培养学生的高尚志趣和实际能力。

孔子的教育方法

在施教的方法上，孔子最大的特点是着重启发，根据每个弟子的性格、主要优缺点加以相应的及时的教育。子路曾经问孔子："听说一个主张很好，是不是应该马上实行呢？"孔子说："还有比你更有经验、有阅历的父兄呢，你应该先向他们请教请教再说，哪里能马上就做呢？"可是当冉有问孔子相同的问题时，孔子却答道："当然应该马上实行。"公西华看见同样问题而答复不同，很想不通，孔子解释说："冉有遇事畏缩，所以要鼓励他勇敢；子路遇事轻率，所以要叮嘱他慎重。"

孔子善于选择人容易接受的机会给予提醒，并引导人在原来的想法上更进一步。孔子对弟子使用的语言往往是含蓄而富有形象，让人可以咀嚼，却又很具体。孔子看到有些人虽然不是不可教育，但根本不努力，又有些人虽然努力却不得其道，因而也没有什么成就。便对弟子们说："庄稼是同样的庄稼，可是光有禾苗，却长不出穗子来，这样的庄稼有的是；长了穗儿却是个空壳子，不结米粒儿，这样的庄稼也有的是呢！"

孔子对弟子的教育，是结合实际生活来进行的。像对于父母要尊敬，想到父母爱护子女就要注意自己的健康；与人相处要融洽，但不要迁就；对一般人都要友爱，但更要接近善良人；做事要勤快，说话要谦虚谨慎，碰见比自己高明的人要老老实实请教，等等。

历史细读

《诗经》收集了从西周初期至春秋中叶大约500年间的诗歌305篇，是中国最早的诗歌总集。《诗经》以四言为主，兼有杂言，多采用重章叠句的形式加强抒情效果。在语言上多采用双声叠韵、叠字连绵词，全面地展示了古代的社会生活，真实地反映了中国奴隶社会从兴盛到衰败时期的历史面貌。《史记·孔子世家》载："古者诗三千余篇，及至孔子去其重，取可施于礼义……三百五篇，孔子皆弦歌之。"

一次，子路问孔子人死了以后怎样，孔子骂他："活着的问题还没有解决，管死了以后做什么呢？"子路又问："那么应该怎样对待鬼神呢？"孔子又骂道："对待人还没对待好呢，谈什么对待鬼神呢！"孔子就是这样看重实际问题，而不喜欢空论，因此很少谈怪异、武力、变乱、鬼神等事。

当然，孔子也不喜欢谈论劳动问题。樊迟很想跟孔子学习种田，可孔子却板起脸说："我不如老农夫！"樊迟又想跟孔子学种菜蔬，孔子又说："我不如菜农！"樊迟退出后，孔子还跟别的弟子说："樊迟真是下贱啊，居然想学习这种事情！"

应该说，孔子的教育方法从形式、理论、教学思想到教学方法、教学手段，都形成了一个完整的体系，因此被尊为中国第一位伟大的教育家。

孔子的学术影响

孔子一生大部分时间都在从事教育，虽然曾任过鲁国的司寇，后又携弟子周游列国，但最终还是返回鲁国，专心执教。在中国五千年的历史上，孔子算是对华夏民族的性格、气质产生最大影响的人物了。他在世时已被誉为"天纵之圣""天之木铎""千古圣人"，是当时社会上最博学的人物之一，并且被后世尊为至圣（圣人之中的圣人）、万世师表，他还曾修《诗》《书》，定《礼》《乐》，序《周易》，作《春秋》等。《春秋》是鲁国的编年史，是中国现存最早的一部编年体断代史书。《春秋》一书的史料价值很高，虽然不完备，但也是儒家的经典之一。《春秋》的文字非常简练，事件的记载很简略。然而在长期的流传过程中，它在文字上难免有脱增之类的问题。

孔子的思想及学说对后世产生了极其深远的影响。在诸侯争战不休、人民困苦不堪的现实面前，孔子没有像宗教家那样创造出一个外在的超越全知

伯牙鼓琴图

俞伯牙和钟子期以"音"结缘,至今人们还用"知音"来形容朋友间的情谊。"摔碎瑶琴凤尾寒,子期不在对谁弹!春风满面皆朋友,欲觅知音难上难。"说的正是他们两人之间的故事。

全能的救世主,而是通过对历史传统作当代诠释,来实现价值的叠加和转换。他正直、乐观向上、积极进取,一生都在追求真、善、美,一生都在追求理想的社会。他的成功与失败,无不与他的品格相关。他品格中的优点与缺点,几千年来都在影响着中国人,特别是中国的知识分子。

孔子思想、学说的精华,集中见于《论语》一书,共二十篇,一万一千余字。《论语》是记录孔子及其弟子语录的书,此书对中国历史产生了深远而巨大的影响。它的思想内容、思维方式、价值取向铸成了我们民族的个性。《论语》集中阐述了儒家思想的核心内涵。

孔子以"仁"为核心,以为"仁"即"爱人",提出"己所不欲,勿施于人"等论点。提倡"克己复礼",对于殷周以来的鬼神宗教迷信,以为"未知生,焉知死","不知命,无以为君子也"。孔子又注重"学"与"思"的结合,提出"学而不思则罔,思而不学则殆"和"温故而知新"等观点。他首创私人讲学风气,主张因材施教,政治上提出"正名"主张。孔子还重视民生疾苦,强调忠和恕。自西汉以后,孔子学说成为两千余年封建社会的文化正统,影响极深。

当然,《论语》中也有一些思想是与历史潮流相背离的,如他政治上的复古倾向,他对等级、秩序的过分强调,他的内敛的人格价值取向等,还需要加以修正。但在人类文明刚刚露出曙光的先秦时代,孔子就具有如此深刻的生命智慧,是难能可贵的。

历史文献

伯牙鼓琴，钟子期听之。方鼓琴而志在太山，钟子期曰："善哉乎鼓琴，巍巍乎若太山！"少选之间，而志在流水。钟子期又曰："善哉乎鼓琴，汤汤乎若流水！"钟子期死，伯牙破琴绝弦，终身不复鼓琴，以为世无足复为鼓琴者。

——《吕氏春秋·本味》

高山流水

春秋时期的音律，也得到了很大的发展，出现了像俞伯牙和师旷那样优秀的琴师。

知音难觅

伯牙原姓俞，名瑞，伯牙是字。俞伯牙自幼非常聪明，天赋极高，又很喜欢音乐，他拜当时很有名气的琴师成连为老师。三年后俞伯牙琴艺大长，成了当地非常有名气的琴师，但是俞伯牙还常常为在艺术上达不到更高的境界而烦闷。老师成连知道后，便对他说："我的老师方子春是一代宗师，他对音乐有独特的感受力。我带你去拜见他，你跟他继续深造吧！"

行至蓬莱山时，成连对伯牙说："你先在蓬莱山稍候，我去接老师，马上就回来。"说完，成连划船离开了。许多天成连都没有回来，伯牙很伤心。大海波涛汹涌，山林一片寂静，伯牙不禁触景生情，由感而发，即兴弹了一首曲子，曲中充满着忧伤之情。从这时起，俞伯牙的琴艺大长。他身处孤岛，整日与大海和树林、飞鸟为伍，感情自然发生了变化，也陶冶了心灵，真正体会到了艺术的本质，才能创作出真正的传世之作。

后来俞伯牙成了一代杰出的琴师，但能真正听懂他曲子的人却不多。

相传有一次，俞伯牙乘船沿江游玩。来到一座高山旁时，天上突然下起了大雨。伯牙耳听淅沥的雨声，眼望雨打江面的生动景象，琴兴大发。他正弹到兴头上时，突然感到琴弦上有种异样的颤抖，附近肯定有人在听琴。伯牙走出船外，果然看见岸上树林边坐着一个打柴的人，这个人正是钟子期。

俞伯牙把钟子期请到船上，两人互通了姓名。俞伯牙说："我为你弹一首曲子听好吗？"钟子期立即表示当洗耳恭听。俞伯牙即兴弹了一曲《高山》，钟子期赞叹道:"多么巍峨的高山啊!"俞伯牙又弹了一曲《流水》,钟子期称赞道:"多么浩荡的江水啊!"俞伯牙既佩服又激动,对钟子期说:"这个世界上只有你才懂得我的心声,你真是我的知音啊!"于是两个人结拜为生死之交。

俞伯牙与钟子期约定,等自己周游结束后就前往他家去拜访。但是当俞伯牙如约前往钟子期家中拜访他时,钟子期已经不幸因病去世了。俞伯牙悲痛欲绝,奔到钟子期的墓前为他弹奏了一首充满怀念和悲伤的曲子,然后将自己珍贵的琴砸碎在了钟子期的墓前。从此俞伯牙与琴绝缘,再也没有弹过琴。

俞伯牙与钟子期的故事,在《吕氏春秋》和《列子》中都有记载,并一直为后世所传颂。

乐师师旷

师旷,名旷,字子野,晋国著名音乐家。师旷生而无目,以"师旷之聪"闻名于后世。他还是位杰出的政治活动家和博古通今的学者,时人称其"多闻"。师旷的音乐知识非常丰富,不仅熟悉琴曲,并善用琴声来表现自然界的各种音响,描绘飞鸟飞行的优美姿态和鸣叫之声。有一次师旷听到晋平公铸造的大钟音调不准,便直言相告,晋平公不以为然。后来经过卫国的乐师师涓证实,果真如此。有一年晋平公让人造了一张琴,大弦、小弦全部一样,让师旷调弦校音。调了一整天,总是弹不出和谐的音调。晋平公责怪师旷,师旷说:"琴的大弦好比是君主,小弦好比是臣子。大弦、小弦作用不同,因此配合起来才能发出动听的声音。不互相侵夺职能,阴阳才能调和。现在您把弦都弄成一样的,它们就失去了应有的职能,这难道是乐师能够调好的吗?"到晚年时,师旷已精通星算音律,撰述了《宝符》一百卷。在琴谱中,《阳春》《白雪》《玄默》等曲的解题为师旷所作。师旷具有非凡的音乐才华,虽然仅仅是一名乐官,但是他对政治有却有自己独特的见解,敢于在卫侯面前发表自己的意见,向晋王提出了许多治国主张。

师旷虽说是个盲人,但他琴艺超凡,十分神奇。晋平公举行王宫庆祝典礼的时候,卫灵公前往祝贺。在宴会上,卫灵公命自己的乐师师涓演奏助兴。随着师涓的手指起落,琴声像绵绵不断的细雨,又像是令人心碎的哀痛哭诉。师旷用心倾听着,只见他的神色越来越严肃。等演奏到一半的时候,师旷猛地站起身来,按住师涓的手,断然喝道:"快停住!"

晋平公见卫国国君一行人下不了台,忙责问乐师。师旷答道:"这是商朝末年乐师师延为暴君商纣王所作的'靡靡之音',这种音乐很不吉利,谁要沉醉于它谁的国家就一定会衰落。"晋平公很不以为然地说:"早已改朝换代了,现在还能有什么妨碍呢?"师旷坚持道:"佳音美曲可以使我们身心振奋,亡

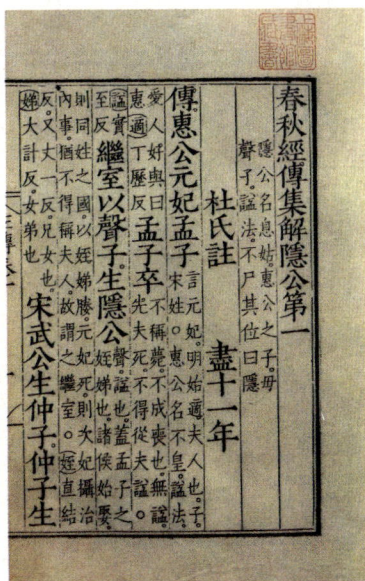

《左传》书影

《左传》的观念接近于儒家，也表现出"民本"思想，这是春秋战国时代思想的进步。《左传》是我国第一部大规模的叙事性作品，常常以较为细致生动的情节表现人物的形象。

国之音会使人堕落，为什么一定要听亡国之音呢？"

晋平公见卫灵公面有难色，便让师涓继续奏弹下去。师旷执拗不过，只能松手。师涓弹完后，晋平公命令师旷弹奏一首作为回礼。王命难违，师旷只好坐下来。当他用奇妙的指法拨出第一串音响时，便见有十六只玄鹤从南方冉冉飞来，一边伸着脖颈鸣叫，一边排着整齐的队列展翅起舞。当他继续弹奏时，玄鹤的鸣叫声和琴声融为一体，在天际久久回荡。

晋平公和参加宴会的宾客一片惊喜。晋平公又命师旷弹奏一首更悲怆的曲子。师旷无可奈何，弹起了《清角》。当第一串玄妙的音乐从师旷手指流出时，晴朗的天空顿时翻起滚滚乌云；当第二串音响流出时，狂风暴雨便应声而至；当第三串音响奏起，便见狂风呼啸，掀翻了宫廷的房瓦，撕碎了室内的帷幔，各种祭祀的重器纷纷被震破，屋上的瓦坠落一地。满堂宾客惊慌躲避，四处奔走。师旷停手后，顿时风止雨退，云开雾散。所有在场的人都打心底里佩服师旷的琴艺。

由于师旷超凡的琴艺，《淮南子·氾论训》记载说："譬犹师旷之施瑟柱也，所推移上下者，无尺寸之度，而靡不中音。"《周书》记载他不仅擅琴，也会鼓瑟。师旷也通晓南北方的民歌和乐器调律。《左传》记载："晋人闻有楚师，师旷曰：'不害！吾骤歌北风，又歌南风。南风不竞，楚必无功！'"《庄子·齐物论》说师旷"甚知音律"。《洪洞县志》云："师旷之聪，天下之至聪也。"

史学

社会的剧烈变革，造就了中国思想文化的光辉灿烂，古代学术思想开始全面发展。在这样一个学术氛围空前浓厚的社会环境里，史学也得到了长足的发展，各种各样的史学著作纷纷涌现。

《国语》

《国语》记录了周朝王室和鲁国、齐国、晋国、郑国、楚国、吴国、越国等诸侯国的历史，上起周穆王西征犬戎，下至知伯被灭，是中国最早的一部国别史著作。相传为春秋末年鲁国左丘明所撰，但现代有的学者从内容判断，认为是战国时期的学者依据春秋时期各国史官记录的原始材料整理编辑而成的。

《国语》共二十一卷，其最大特点是按照一定顺序分国排列，在内容上偏重于记述历史人物的言论。《国语》在内容上有很强的伦理倾向，弘扬德的精神，尊崇礼的规范，认为"礼"是治国之本，而且有非常突出的忠君思想。《国语》的政治观比较进步，反对专制和腐败，重视民意，重视人才，具有浓重的民本思想。《国语》记录了春秋时期的经济、财政、军事、兵法、外交、教育、法律、婚姻等各种内容，对于研究先秦时期的历史具有十分重要的史料价值。

《左传》

《左传》是《春秋左氏传》的简称。相传是春秋末年鲁国的左丘明为《春秋》做注释的一部史书，与《公羊传》《谷梁传》合称"春秋三传"。也是中国第一部叙事详细的编年体史书，也有观点认为《左传》是一部独立撰写的史书和《春秋》没有直接的关系。《左传》起自鲁隐年（前722年），迄于鲁悼公十四年（前453年），通过记述春秋时期的具体史实来说明《春秋》的纲目，是儒家的重要经典之一。

《左传》记述了列国的政治、军事、外交等方面的重大事件和有关言论，以及天道、鬼神、占卜、占梦之事等，有鲜明的政治与道德倾向。它强调等级秩序与宗法伦理，重视长幼尊卑之别，同时也表现出"民本"思想。《左传》的叙事能力超群，许多变化多端的历史事件，都能处理得有条不紊，其中关于战争的描写尤其出色。作者将每一次战役都以简练而不乏文采的文笔来处理，对后来的历史著作具有极其重要的意义。

《左传》的取材范围包括王室档案、鲁史策书、诸侯国史等，是记录春秋时期社会状况的重要典籍，是研究先秦历史和春秋时期历史的重要文献，对后世史学产生很大影响，特别是对确立编年体史书的地位起了很大作用。它丰富了《春秋》的内容，不再只记鲁国历史，而是兼记各国历史，并一改《春秋》流水账式的记史方法，而代之以有系统、有组织的史书编纂方法，被评为继《尚书》《春秋》之后，开《史记》《汉书》之先河的重要典籍。

战 国

逐鹿中原　变法图强　百家争鸣

　　春秋末年，大部分中小国家退出了历史舞台，取而代之的是齐、楚、燕、韩、赵、魏、秦七国争雄的时代。至此，中国迎来了历史上另一个割据时代——战国。西汉末年刘向编著的《战国策》中，对这一时期有详细的记载，因此习惯称这一时期为战国。根据《史记》记载，战国始于前475年，至前221年秦始皇统一六国结束。

　　战国时期，各国纷纷招贤纳才，励精图治。魏文侯首先任用李悝进行改革，重用吴起、西门豹等人，魏国成为战国初期的第一个强国。前382年，楚悼王裁减冗官，废除贵族世袭制，也日益强盛起来。但楚国旧势力太过强大，变法没有得到彻底实施。齐威王任用邹忌进行的改革，经济也迅速发展。在战国时期的一系列变法中，只有秦孝公任用商鞅进行的变法最彻底。商鞅重农抑商，废除世卿世禄制度，奖励军功，编制户口，实行连坐之法，使秦国成为战国中期以后最为强大的国家。虽然后来商鞅被车裂，但是新法因为成效显著却并未被废止。

　　强大起来的秦国，不断向东方扩张领土。前329年，张仪建议秦国与魏、楚二国建立友好关系，在魏、楚二国的配合下，进攻韩国，最后再攻取魏、楚二国，迫使天下诸侯都西面事秦，完成称王大业。前324年，魏将公孙衍行合纵之策，促使魏、韩、赵、燕、中山五国互相承认对方君主为王。但不久之后，楚国就派兵伐魏，公孙衍的策略受到挫折。前318年，魏相公孙衍发动了魏、楚、燕、赵、韩五国第一次合纵攻秦，但是被秦国击溃。此后秦国不断进击三晋，又利用巴蜀互攻的机会，出兵占领巴蜀全境，获得了富庶的后方基地。前278年，秦将白起攻破楚都郢城，揭开了秦国统一战争的序幕。前262年，秦国迫使韩国将上党之地献给秦国。上党向赵国求救，赵国派老将廉颇率军驻守长平。前260年，秦国用反间计使赵国以赵括代替廉颇。结果赵军大败，四十万降卒被活埋。至此，东方六国都不再是秦国的对手。秦王嬴政即位后，粉碎了楚、赵、魏、韩等国最后一次合纵对秦的军事进攻。前238年，嬴政亲自执掌政权，随即出动大军，横扫六国旧势力，建立了中国历史上第一个统一的中央集权制国家。

战国时代，社会的剧烈变革使许多学派纷纷出现，形成了百家争鸣的局面。当时最有影响的，除了儒道二家以外，还有以墨翟为代表的墨家，以韩非为代表的法家，以邹衍为代表的阴阳家，以公孙龙为代表的名家，以孙膑为代表的兵家，以张仪、苏秦为代表的纵横家，等等。各派各家都著书立说，互相批判渗透，学术思想极为繁荣，散文创作十分兴盛。此外，屈原的现实主义和浪漫主义完美结合的诗作也具有极大的艺术感染力。天文学家甘德与石申发现五大行星中的荧惑（火星）和金星（太白）有逆行现象，测定金星和木星的会合周期长度，并测定火星的值星周期，后人将两人的著作合称《甘石星经》。战国时关于二十四节气的划分和安排大致齐备，对农业生产起了重要的作用。墨家代表作《墨经》中，还有许多几何命题，此外光学八条也是《墨》经的重要成就。战国时期，铁制农具已普遍应用于生产中，促进了农业生产的发展。手工业也有较大发展，青铜器铸造、漆器、丝织业的生产水平都有显著的提高。为了适应商业发展的需要，战国时期钱币的种类很多，流通数量也比较大。

劝农耕作木牍

毛遂自荐：养士之风盛行

完璧归赵：各国外交政策

孟母断机教子：百家争鸣

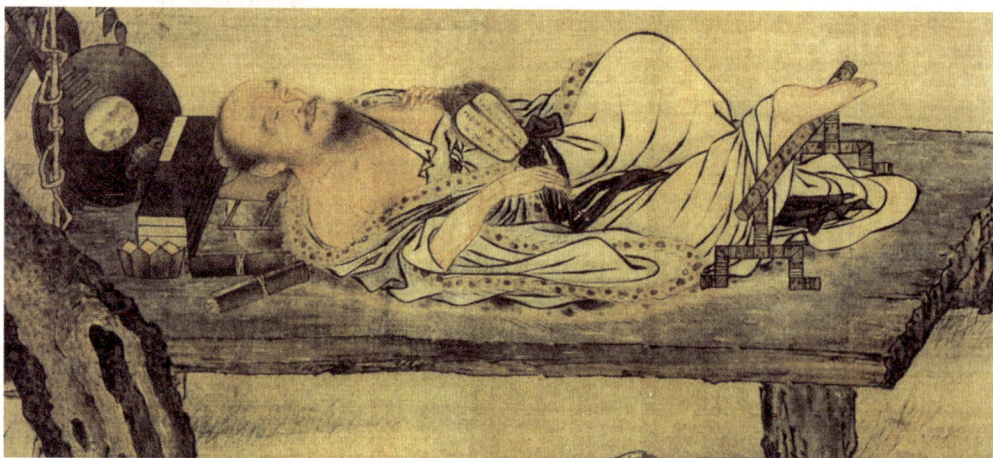

梦蝶图：思想流派纷呈

东周（战国）世系：元王姬仁 >> 贞定王姬介 >> 哀王姬去疾 >> 思王姬叔 >> 考王姬嵬 >>
威烈王姬午 >> 安王姬骄 >> 烈王姬喜 >> 显王姬扁 >> 慎靓王姬定 >> 赧王姬延

战国大事一览表

时 间	事 件
前445年	魏文侯任用李悝实行变法。李悝主张"为国之道，食有劳而禄有功，使能而赏必行"，还要"夺淫民之路，以来四方之士"。
前386年	田和被周天子封为齐侯，田氏在齐国的政权合法化。
前381年	楚悼王死，吴起被杀。吴起生前在楚国进行了一场巨大的改革，他改变了世袭的分封制，严肃了军纪。这场变革对楚国的发展有着深远的影响，但是吴起死后，其革新措施也被废除。
前361年	魏国迁都大梁。
前356年	秦国商鞅实行变法。商鞅编订户籍，奖励军功，重新确定了爵位和等级制度，并鼓励个体经济的发展，鼓励发展农业。
前354年	申不害在韩国进行变法。申不害认为君主治国，必须明法察令，依据法来驾驭臣下的行为。有了"法"之后，要依法办事，不能凭主观心智和个人的善恶去随意决定政策措施、赏罚制度。
前354年	魏国与齐国桂陵之战，齐国获胜。
前350年	秦国商鞅第二次宣布变法，秦国迁都咸阳。商鞅的第二次变法主要内容为建立县制，开阡陌，统一度量衡，焚诗书，制秦律等等。秦国自商鞅变法后开始崛起。
前342年	齐国与魏国发生马陵之战，魏将庞涓兵败自杀，魏国太子申被俘。
前338年	秦孝公死，商鞅遭车裂。但是商鞅的改革措施因为成效显著，并没有被废除。
前334年	变法强国之后，各诸侯国都不满足于自己的封号而纷纷称王。魏国与齐国在徐州会盟，魏国与齐国互尊对方为王。
前330年	秦国在雕阴击败魏国，擒魏将龙贾，魏国献出河西之地给秦国。
前329年	秦国攻取魏国河东的汾阴、皮氏、焦等地。
前328年	魏国献上郡十五县给秦国。
前325年	秦国称王。
前322年	宋康王自立为王。
前318年	燕王哙让位给相国子之。
前316年	秦国吞并巴国和蜀国后，秦王设巴郡并在巴蜀地区兴修水利，秦国国力得到提高。
前313年	张仪出使楚国，以六百里地欺楚，楚国贪地而与齐国绝交。
前307年	赵国赵武灵王理行胡服骑射改革。
前299年	楚怀王受骗入秦，被秦国扣留。
前296年	中山国被赵国所灭，中山王尚被迁往肤施。

时　间	事　件
前290年	秦国的魏冉攻魏，魏国割地四百里求和。
前288年	齐国与秦国称帝，两个月后都自废帝号。
前286年	齐国消灭宋国。
前284年	燕国、秦国、赵国、魏国、韩国与楚国六国觊觎齐国独占宋国，于是联合攻打齐国，占领齐国大片领土。
前279年	秦王与赵王相会于渑池。赵王为秦王鼓瑟，秦王为赵王击缶。
前279年	齐国田单进行反攻，将燕军驱逐出齐国。
前278年	秦国攻入郢，楚国迁都陈。屈原自沉于汨罗江。
前272年	秦国灭义渠。
前269年	秦国与赵国阏与之战，赵国胜利。
前266年	秦王贬逐四贵，将穰侯、高陵君、华阳君、泾阳君逐出关中。
前260年	秦国与赵国长平之战，秦国胜利，白起坑杀赵军四十多万。赵国的青壮年几乎都在这一役中牺牲，赵国从此没落。
前259年	秦军围困赵国都城邯郸。
前257年	魏国、楚国救援赵国，邯郸之围遂解。
前256年	秦军在征讨韩、赵二国回师的路上，将周朝灭掉。
前251年	燕军六十万攻打赵国，被赵国击败，赵国包围了燕国都城。
前238年	秦王嬴政平定嫪毐之乱。
前232年	秦国攻打赵国，被李牧打败。
前228年	秦将王翦进攻赵国，大破赵军，攻陷邯郸，俘虏赵王，赵国灭亡。
前227年	燕国太子丹派勇士荆轲刺杀秦王，失败。
前225年	秦国灭魏国。
前223年	秦国灭楚国。
前222年	秦国攻打辽东，俘虏了燕王喜，燕国宣告灭亡。
前221年	秦国统一东方六国。

变法图强的时代

　　从春秋时代开始，中原大地上纷争不断。进入战国时代以后，为了在兼并战争中取得胜利，各诸侯国相继开始进行变法，希望能用改革使国力增强。七雄当中，魏国的李悝、楚国的吴起、秦国的商鞅等实行的变法都在一定程度上推进了社会的进步。

诸国变法的开始

自从分晋后，韩、赵、魏三家同时派人去王都，名义上是去朝见周天子，实际上是要周天子正式册命他们为诸侯。周天子眼看生米已经煮成了熟饭，只好顺水推舟，给予了三家正式的册封。

于是韩、赵、魏三家各自正式立起了宗庙，建起了都城。韩国都阳翟（今河南禹州），前375年兼并郑国后迁到了郑（今河南新郑）。赵国都晋阳（今山西太原西南），前386年迁都到了邯郸（今河北邯郸）。魏国都安邑（今山西夏县西北），前361年迁都到了大梁（今河南开封）。

自此，战国七雄——秦国、楚国、齐国、燕国、韩国、赵国、魏国并立的局面形成了。魏国为了图强，在七国之中率先走上了变法图强的道路。

魏国的东面是淮河，与齐国为邻；南面有鸿沟，与楚国为邻；西面隔着黄河就是秦国；西南方有韩国，北部和赵国接壤。主要的地区在今山西南部、河南北部所谓的河内一带，以及陕西、河北的部分地区。魏国土地肥沃，人口众多。

魏文侯魏斯是一个胸怀大志的君王，他自从被册封为诸侯后，就下定决心要改革图强。他在中央设立了由国君直接任免的将相来统领百官。在地方建立了郡县，由国君直接委派守令来统治。并先后用魏成子、翟璜、李悝为相，以孔子的弟子子夏为老师，集结了一大批从各地前来魏国的志士能人，像善于治军的吴起、乐羊，善于兴修水利为民除害的西门豹等。依靠这些人，魏国从经济到政治、军事，进行了一场全面的改革。魏文侯剥夺了无能的宗亲贵族的爵位，大力发展农业生产，粮食开始由国家统一收购，在遭遇灾荒的时候平抑粮价，保证了人口不向外流亡。魏国还建立了一支常备军队，闲散的时候士兵可以在家耕田种地而且可以不服国家的徭役，有战乱的时候就回到军队成为士兵。没用几年，魏国便成了一个强国，兵精粮足，财力雄厚。

李悝变法

李悝是战国初期魏国著名的政治家、法学家，曾受业于子夏的弟子曾申门下，担任过中山相和上地守，能参与机密，是魏文侯的心腹之臣。魏文侯时期，魏国能走上富强的道路，丞相李悝作出的贡献最大。

李悝主张"为国之道，食有劳而禄有功，使有能而赏必行、罚必当"，还要"夺淫民之禄，以来四方之士"。有赏有罚，唯才是用，这个思想成为了战国时期十分流行的法家主张，不少国家都因为贯彻这些主张而走向富强。

在经济策略方面，"尽地力之教"是李悝的主要主张。他认为田地的收成和为此付出的劳动成正比，"治田勤谨则亩益三斗，不勤则损亦如之"。又认为粮食价钱贵的话就会对士民工商不利，谷物价格便宜的话就会伤害到农民的利益，善于治理国家的人必须兼顾到士民工商和农民双方的利益。他指出一个五口之家的小农，如果每年除去衣食、租税和祭祀等开支以外，还得亏空四百五十钱，这就是农民生活贫困和不安心于田亩的原因。他针对这种情况作平籴法，即将丰年分成大熟、中熟、小熟三个等级，按照比例向农民籴粮；把荒年也分成了大饥、中饥和小饥三个等级，在大饥之年把大熟之年所籴的粮食发放给农民，其余则类推。这样可使饥岁的粮价不致猛涨，农民也不会因此而逃亡流散。由于能"取有余以补不足"，"行之魏国，国以富强"。

在政治上，李悝实行"食有劳而禄有功"的政策。具体地说，就是废除了旧的世卿世禄制，改为按功劳大小和对国家贡献的多少，分别授予职位和爵禄，取消那些对国家没有贡献却整天花天酒地的贵族的爵位。

而《法经》的编订，则是李悝在法律制度方面所作出的重大贡献。其中包括盗、贼、囚、捕、杂、具六部分。盗律是指侵犯别人财产的犯罪活动，大盗则成为守卒，重者要处死。窥宫者和拾遗者要受膑、刖之刑，规定即使仅有侵占他人财物的动机，也仍然会构成犯罪行为；贼律是对有关杀人、伤人罪的处治条文，其中规定杀一人者死，并籍没其家和妻家。杀二人者还要籍没其母家。囚、捕两篇是有关劾捕盗贼的律文；杂律内容包罗尤广，包括淫禁即禁止夫有二妻或妻有外夫，狡禁是有关盗窃符玺及议论国家法令的罪行，城禁是禁止人民越城的规定，嬉禁是关于赌博的禁令，徒禁是禁止人民

政术谕下

魏文侯告诉西门豹，凡事都要亲自调查、亲自去做，才能了解实际情况，辨明是非。西门豹听取了魏文侯的意见，使邺县大治。

正史史料

乐羊为魏将，攻中山。其子时在中山，中山君烹之作羹，致于乐羊，乐羊食之。古今称之："乐羊食之以自信，明害父以求法。"

——《战国策·中山策》

群聚的禁令，金禁是有关官吏贪污受贿的禁令；具律是《法经》的总则和序例。《法经》颁布后，魏国一直沿用。后商鞅带往秦国，秦国的律法即从《法经》脱胎而成，汉律又承袭了秦律。因此《法经》在中国古代法律史上具有非常重要的地位。

西门豹治邺

西门豹是战国时期魏国著名的政治家、军事家、水利学家，同时也是一名无神论者。魏文侯时，西门豹被任命为邺（今河北临漳西南）令。

初到邺城时，西门豹看这里人烟稀少，田地荒芜，很是不解，后来才知道都是"河伯娶妇"带来的结果。

原来魏国的邺郡有条漳河，连年水患，祸害百姓。巫婆就勾结当地的官吏，说要为河伯娶媳妇，每年向老百姓收取钱财几百万，但是为河伯娶媳妇只用其中一二十万，其余的都被巫婆和贪官污吏据为己有。他们还威胁说，如果不给河伯娶媳妇的话，大水就会泛滥，老百姓都要被淹死。因此每年他们都要假借河伯娶妇，榨取民财。有些有漂亮女儿的人家担心巫婆会挑到自己的女儿，都逃往外地了。也是因为这个缘故，城里越来越空荡，以致更加贫困。西门豹想了想，对众人说："今年给河伯娶媳妇的时候，希望大家都去河边送新娘，也烦请你们通知我一声，我也去送送新娘子。"

于是到了"河伯娶妇"这天，西门豹也来了。他看了看哭哭啼啼的新娘子，说道："这个新娘子不漂亮，河伯肯定不满意，麻烦巫婆先去跟河伯说一声，我们要另外选个漂亮的，过几天给他送去。"说完，就叫卫士把巫婆投进了漳河。等了好一会儿，不见巫婆回来，西门豹又说："巫婆怎么还不回来？让她的徒弟去催一催吧。"说完，又叫卫士将巫婆几个打扮得花枝招展的徒弟相继投进了河里。等了一会儿，依然没有人回来，西门豹又说："看来还是得麻烦地方上的管事去说一说！"地方上的管事早已吓得面如土色，急忙跪在地上求饶，承认自己与巫婆勾结借漳河水患榨取百姓钱财的事情。就这样，西门豹不仅惩治了地方上的恶霸势力，还禁止了巫风，从此再也没有人提起为河伯娶媳妇的事情了。那些原来为了逃避灾祸而出走的人也陆续回到了家乡。

为了治理漳河水患，使老百姓能够安居乐业，生活富足，西门豹率人勘测水源，在漳河周围相继开掘了十二条水渠，使大片的田地成为旱涝保收的良田。在发展农业生产的同时，西门豹还实行"寓兵于农，藏粮于民"的政策，很快就使邺城民富兵强，成为战国时期魏国的东北重镇。西门豹治邺有方，因此深得当地百姓的爱戴。

浮纹雕壶

此为战国早期的壶，长颈鼓腹，低圈足，饰浮雕状纹，中间另有三道带状纹饰，周列浮雕小兽，形式多样。近底处还有一组浮雕雁兔，足上的陶纹有线刻和浮雕两种。

乐羊灭中山

乐羊本是中山国的人，后来投奔了魏国。中山国侵扰魏国，魏文侯决定出兵讨伐。素以识才荐才而闻名的翟璜推荐了乐羊，说乐羊是个文武全才。文侯打算召见乐羊的时候，有大臣上奏说："乐羊的长子乐舒，现在正在中山国为官，你怎么能派乐羊去攻打中山国。倘若他们父子狼狈为奸，我们该怎么办呢？"翟璜打断说："乐羊注重功名，他儿子刚在中山国做官的时候，曾替中山国君召乐羊做官，乐羊知道中山国君昏庸，不仅自己不去，还让儿子离开，结果谁也没能说服谁。现在如果陛下将乐羊封为大将，授以生杀之权，他必然会抛却父子之情去收服中山国。"翟璜的一番话说服了魏文侯，他当即召见乐羊，并拜其为元帅。

中山国本来就是个弱小的诸侯国，哪里抵挡得了魏国的进攻。中山国人在魏国的猛烈进攻下，无计可施，君臣经过一番商议后，决定拿乐羊的儿子作为筹码，要挟乐羊退兵。于是中山国把乐羊的儿子绑起来吊在城楼上，威胁乐羊。谁知乐羊全然不顾吊在城楼上的可怜巴巴的儿子，反而更加猛烈地攻城。中山国人没有想到乐羊原来是这样一个无情无义的人，于是将乐羊的儿子杀了，并烹煮成肉羹送给乐羊吃。

更让中山国人无法接受的是，乐羊面对此事仍然毫不动心，竟然没有丝毫悲伤之情，甚至将用儿子的血肉做成的羹汤吃了个干干净净，然后率领着魏军向中山国发起了更加猛烈的进攻，一举灭亡了中山国。

经过这场战争后，魏国的疆域开拓了一大片。庆功会上，魏文侯给了乐羊很重的奖赏，但是自此以后却冷落了他。有人很不理解，问道："乐羊为大王立了这样大的功劳，您为何如此疏远他呢？"魏文侯说："一个为了可以向上爬而背叛一切的人，连自己的故国、儿子都毫不顾惜，除了自己，他还会

对谁忠诚呢？我怎么可以去亲近、信任这样一个危险的人物呢？"

吴起拜将

魏文侯虽然不信任吃了儿子的乐羊，但是却信任杀死妻子的吴起。

吴起是战国初期著名的政治家、改革家，卓越的军事统帅、军事理论家、军事改革家。卫国左氏（今山东定陶，一说曹县东北）人，著有《吴子》一书，在中国古代军事典籍中占有重要的地位。后世把他和孙子连称"孙吴"，《吴子》与《孙子》又合称《孙吴兵法》。

吴起曾经在孔子的弟子曾参门下求学，在鲁国为臣。前412年，齐国进攻鲁国，鲁国国君想用吴起为将，但是因为吴起的妻子是齐国人，所以对他有所怀疑。吴起由于渴望当将领成就功名，于是就毅然杀死了自己的妻子，表示不倾向齐国，史称杀妻求将。

鲁君于是任命吴起为将军，率军与齐国作战。吴起治军严于律己，宽于待人，能与士卒同甘共苦，因而军士皆能效死从命。吴起率鲁军到达前线以后，并没有立即同齐军开战，而是先向对方"示之以弱"，以老弱之卒驻守中军，给对方造成一种"弱""怯"的假象，麻痹齐军将士，然后出其不意地以精锐之师突然向齐军发起猛攻。齐军仓促应战，一触即溃，鲁军大获全胜。

吴起的得势引起了鲁国群臣的非议，人们纷纷对鲁君说："吴起其人残暴无情。他小时候家境殷实，因为想当官而四处游说，结果不但没有成功反而弄得家境破产。乡邻们都耻笑他，他因此就杀了三十多个诽谤他的人，然后逃离卫国。后来他母亲去世，他竟然都没有回家。曾参为此鄙视他的为人，便和他断绝了师生关系。如今他杀死了自己的妻子来争取做将军，我们鲁国是小国，一旦有了战胜的名声，就会引起各国的图谋。而且鲁国和卫国是兄弟国家，任用吴起就是抛弃了卫国。"鲁君因而辞退了吴起。

吴起离开鲁国后又去了魏国，魏文侯于是问李悝："吴起这个人为人怎么样？"李悝回答说："吴起贪图名誉而且好色，但是却用兵如神。"这样魏文侯便任命吴起为将军，率军攻打秦国，攻克了五座城邑。

因为吴起善于用兵，廉洁而公平，因而能得到了士卒的拥护，魏文侯就任命他为西河（今陕西华阴北）守将。

据史料记载，这一时期吴起"曾与诸侯大战七十六，全胜六十四"，"辟土四面，拓地千里"。

魏文侯死后，吴起继续效力于他的儿子魏武侯。不久之后魏国选相，很多人都看好吴起，可是最后胜出的却是田文。吴起很不高兴，对田文说："你和我比一比功劳可以吗？"田文说："可以。"吴起说："统领三军，使士卒乐于为国牺牲，敌国不敢图谋进攻我们，你比我怎么样？"田文说："我不如你。"吴起又说："管理各级官员，亲附人民，使国家的财力充裕，你比我怎么样？"田文又说："我不如你。"吴起又说："镇守西河地区，使秦军不敢向东扩张，使韩国和赵国都尊从我们，你比我怎么样？"田文回答说："我也不如你。"吴起说："这三个方面，你都不如我，但是你的职位却比我高，这是为什么呢？"田文回答说："我们的国君还年少，现在全国人民都在为此忧虑，大臣不亲附，百姓不信赖，在这个时候，由你和我谁来任相合适呢？"吴起沉默了很久说："应该由你来任相。"

田文死了以后，公叔任相，他的妻子是魏国公主。公叔对吴起非常忌惮，他的仆人就献计说："吴起廉洁而重视声誉，您可以先向武侯说：'吴起贤明，我们魏国是小国，又和强秦接壤，恐怕吴起不愿意长期留在魏国吧。'武侯必然要问：'那应该怎么办呢？'你就乘机说：'您可以把一位公主许配给吴起，他如果愿意留在魏国就必定会欣然接受，如果不愿意就必然会辞谢。以此就可以探测他的想法。'然后您再把吴起邀请到府上，使公主故意发怒而轻慢您。吴起看见公主轻贱您，想到自己也将会被轻贱，一定会辞而不受。"于是公叔照计行事，吴起果然因为看见公主轻慢公叔就辞谢了武侯许配公主的好意。武侯也因此对吴起有所怀疑。后来吴起因为害怕武侯降罪，就离开魏国到楚国去了。

式间礼士

魏文侯十分重视举用贤人，他不仅能重用贤人，而且对贤人诚心诚意，路过贤人段干木居住的地方都要用手扶车轼来表示自己的敬意。

战国时期的楚国，国土十分辽阔，东到大海，南到苍梧（今湖南南部），西到巴、黔，与秦国为邻，北面与韩、魏、宋、齐等国相接。主要的国土包括现今湖北、湖南、江西、安徽、江苏、浙江等地，是战国七雄中土地面积最广的诸侯国。

吴起从魏国逃到楚国以后，受到了楚悼王的重用。楚悼王自从即位以来，一直受到新兴的三晋诸侯国的威胁。前404年和前391年，楚国曾两次被三晋打败。第二次由于向秦国赠送了丰厚的礼物，才得以在秦国的帮助下与三晋讲和。但是即便如此，国内的贵族却丝毫没有图强的意愿，既腐败又专横。在这种内外交困的情况下，吴起前来投奔，楚悼王便任命他为苑地守。吴起治苑时间不长，便收到了很好的效果，经济发展，边防巩固。楚悼王很是欣慰，便任用他为令尹。

吴起受到楚悼王的重用以后，决心在楚国进行一番巨大的改革。首先，吴起宣布限制旧贵族，改变世袭的分封制，规定封君凡超过三世的就要取消

吴起

吴起严明法令，加强军队，破除纵横捭阖的游说。于是楚国南面平定百越，北面兼并陈国和蔡国，楚国越来越强大。

爵禄，把住在国都的贵族们强行迁到地广人稀的地方。同时禁止儒生们到楚国宣讲不同的政治理念；

其次，吴起严肃法纪，裁减掉一批无能无用的官员，废除一些不急需的官职，节省费用以奖励耕战，加强国防。裁减下来的爵禄都被用来抚养士卒，以此建立起了一支强大的军队；

最后，吴起大力建设国都，把城墙加高加厚，增强了国都的防卫能力。

吴起在楚国的变革持续了十年，对楚国以后的发展产生了深远的影响。楚国的国力有所增强，三晋不敢再轻易侵袭。楚国还主动向外开拓疆土，例如南下平定百越，向北兼并陈、蔡等小国，与西面渐渐强大起来的秦国形成对峙之势。

不幸的是，就在楚国一步步走向强大的时候，楚悼王却一命呜呼了。楚国贵族们由于利益被损害，心里一直憎恨吴起，于是趁机在楚悼王的葬礼上发动叛乱。吴起伏在楚悼王的尸体上，想让作乱的人有所顾忌。但是追杀吴起的贵族才不管这一套呢，依然射杀了吴起，当然箭也射到了楚悼王的尸体上。

这一年是前381年。楚悼王下葬以后，太子即位，是为楚肃王，他依照楚国的法律将那些因射杀吴起而同时射中悼王尸体的人全部杀死，被诛灭宗族的多达七十余家。同时，吴起的革新举措也被废除。

吴起的治军方略

魏文侯在位的时候，曾派出大批军队攻取了秦国的河西地区。秦国因为失去了河西这一战略要地，感觉自身的安全受到了严重的威胁。于是经过数年准备，于前401年开始大举进攻魏国，前393年与魏国战于汪（今陕西澄城境），前390年又与魏国战于武城（今陕西华州东），企图夺回河西地区。魏国的军队全力与秦军作战，使得秦军的目的一直没有达到。后来秦国又再次调集五十万大军进攻阴晋。秦军在阴晋城外布下层层营垒，形势十分危急。魏国在河西地区驻守了一支精锐的军队。郡守吴起时刻激励军队保持高昂的士气，他请国君魏武侯举行庆功宴会，让那些立了大功的人坐在前面，使用金、银、铜等贵重的餐具，猪、牛、羊三牲都陈列在前；立了次等功的人坐在中间，适当减少贵重的餐具；没有立功的人坐在最后面，并且不准使用贵重餐具。宴会结束以后，还要在大门外面对有功的人的父母妻子及其家属论功行赏。对死难将士的家属，每年都要派使者前去慰问，赏赐他们的父母。

吴起吮卒病疽

一次一名士卒腿上生疮，吴起就用嘴为他吸脓。这名士卒的母亲知道后大哭起来。别人问她："你儿子是个士卒，而将军亲自为他吸去疮上的脓，你为什么还要哭呢？"这位母亲说："不是这样。往年吴公为他父亲吸过疮上的脓，他父亲作战时就一往无前地拼杀，所以战死了。现在吴公又为我儿子吸疮上的脓，我不知他又将死在哪里了，所以我哭。"

这一政策连续实行了三年。秦军一进攻河西，魏军马上就有数万士兵没有等待命令就自己穿戴甲胄，主动要求作战。面对秦军的大规模进攻，吴起请魏武侯派五万名没有立过功的人为步兵，由自己率领对秦军进行反击。武侯同意后，还给吴起加派战车五百乘、骑兵三千人。大战前一天，吴起还向三军发布命令说，诸位都应当和我一起去同敌人作战，无论车兵、骑兵还是步兵。随后吴起率领魏军在阴晋向秦军发起了猛烈的反击。这一天魏军的人数虽然比秦军少，但是却个个以一当十，将五十万秦军打得大败，取得了辉煌的战果。

吴起治军确有独到之处，他始终和最下层的士卒同衣同食。吴起在政治、指导战争诸方面积累了丰富的经验，其主要谋略思想是"内修文德，外治武备"。他一方面强调，必须在国家和军队内部实现协调和统一，才能对外用兵；另一方面强调必须加强国家的军事力量。他认为，军队能否打胜仗，取决于军队的质量。质量高的标准是：要有能干的将领，要有经过严格训练的兵士，要有统一的号令，要有严明的赏罚。他重视将帅的作用，尤其重视将帅的谋略，强调好的将帅应有优良的品质和作风。重视士卒的训练，提高实际作战能力，强调赏功以此激励士兵。

吴起把这些经验升华为军事理论。《汉书·艺文志》著录了《吴子》四十八篇，已佚。今本《吴子》共六篇，包括《图国》《料敌》《治兵》《论将》《变化》《励士》。

《图国》阐述了吴起的主要谋略思想。在《料敌》篇中，吴起强调了解和分析敌情的重要意义，很好地继承了孙武的"知己知彼，百战不殆"的思想。吴起懂得战争是千变万化的，要根据不同的情况而采取应变的措施。在《应变》篇中，就具体论述了在仓卒间遭遇强敌、敌众我寡、敌拒险坚守、敌断我后路、四面受敌及敌突然进犯等情况下的应急战法和胜敌的策略。《治兵》《论将》和《励士》三篇主要阐述了吴起的治军思想。

应该说吴起是继孙武之后，既善于用兵又具有高深军事理论的第一人。历史上吴起作为军事家与孙武齐名，后世论兵，莫不称"孙吴"；作为政治家、改革家，则与商鞅齐名。同时他治军严明，能与士卒同甘共苦，深得部众之心。但是他为博取功名而杀妻求将的做法，一直被后人所不齿。

田氏齐国跃起

齐国的国君原本姓姜，战国初年被田氏取代，史称"田氏代齐"。田氏的祖先是陈国的陈完，他们在齐国改姓田后，势力逐渐发展壮大。前386年，田和即被周天子封为齐侯，田氏在齐国的政权自此合法化了。

齐威王即位之后，认为连楚、吴、越这样的蛮夷国家都能够称王，自己不甘心落后，于是也开始称王。他刚即位时，整天吃喝玩乐，于是大臣淳于髡进谏说："有只鸟三年不飞，三年不鸣，请问这是只什么鸟？"齐威王说："这只鸟必定一鸣惊人！"从此他开始专注于国政，并重用田忌、孙膑、邹忌等人才。邹忌建议齐威王广开言路，虚心接受臣民提出的意见。

前354年，齐军在桂陵之战击败魏军，前341年又在马陵之战重创魏军。前334年，魏、齐两国在徐州会盟，魏惠王不得不承认齐威王的王号。短短几十年里，齐国就从中等的诸侯国一跃成为了首强。

邹忌以琴理谏齐威王

前356年，齐威王田因齐即位，他曾一度迷恋弹琴，不理朝政。周边国家看到齐国软弱，接连起兵进犯，齐国出现"诸侯并伐，国人不治"的局面。

有一天，一名叫邹忌的人，自称是高明的琴师，要拜见齐威王。齐威王很高兴，立即召见邹忌。邹忌走进内宫聆听齐威王弹琴，听完后连声称赞。齐威王不等邹忌称赞声落，就连忙问道，"我的琴艺好在哪里啊？"邹忌答道："大王那大弦弹出来的声音十分庄重，就像一位名君的形象；小弦弹出来的声音清晰明朗，就像一位贤相的形象；大王指法精湛纯熟，弹出来的音符个个和谐动听，既灵活多变又相互协调，就像一个国家明智的政令一样。这

历史细读

淳于髡喜欢打哑谜，听说邹忌从乐师被提拔到相国，就说："猪油涂在车轴上是为了润滑，但轴孔如果是方的就不好弄了。"邹忌说："我会小心侍奉国君的。"淳于髡又说："弓的干如果用久了要拿胶粘一下，但不能把裂缝完全合起来。"邹忌说："我会依附于人民。"淳于髡又说："狐皮大衣不能用狗皮补。"邹忌说："我不会让小人进入朝堂的。"淳于髡最后说："大车如果不校正就不能载货，琴弦如果调不好就会五音不全。"邹忌回答："我一定认真制定法律，监督官吏。"

么悦耳的琴声，怎么能不令我叫好呢！"邹忌接着又说："其实弹琴和治理国家一样，应弹哪根弦就该认真去弹，不应该弹的弦就不要去弹，七弦配合协调，才能够弹奏出美妙的乐曲，这正如君臣各尽其责，才能做到国富民强、政通人和一样。"

齐威王说："先生，你的乐理真是说到我的心坎里了，那么现在也请先生试弹一曲吧。"邹忌于是坐到琴位上，他的两手轻轻舞动，但是却只摆出了弹琴的架势，并没有真的去弹。齐威王便恼怒地指责道："你为何只摆了个空架子而不真弹呢？"邹忌答道："臣以弹琴为生业，当然要悉心研究弹琴的技法。大王以治理国家为要务，怎么可以不好好研究治国的大计呢？这就和我抚琴不弹，摆空架子一样。抚琴不弹，就没有办法使您心情舒畅；您有国家却不治理，也就没有办法使百姓心满意足。这个道理大王要三思。"

齐威王因之醒悟，并下令启用邹忌进行变法。

邹忌讽齐王纳谏

邹忌以鼓琴游说齐威王，后来被任命为相国，他于是劝说齐威王奖励群臣吏民进谏，主张革新政治，修订法律，选拔人才。

据说邹忌生得身材高大，容貌十分俊美。一天早晨，邹忌穿戴好衣帽，对着镜子左顾右盼，得意洋洋地问妻子："我同城北的徐公相比，哪个更漂亮些呢？"妻子回答说："当然是您漂亮，徐公哪里能比得上您呢？"

城北的徐公是齐国著名的美男子，因此听了妻子的话后，邹忌心里十分高兴。但还是不太相信，于是又去问他的妾："我同城北的徐公相比，谁更

邹忌鼓琴取相

邹忌因鼓琴游说齐威王，被任用为相国。他劝说齐威王奖励群臣吏民进谏，主张革新政治，从此齐国逐渐强大起来。此外邹忌还以相貌著称，品德也备受夸赞。

漂亮些呢？"他的妾回答说："徐公怎么能比得上您呢？"

第二天，有客人来拜访，邹忌同他坐着闲聊的时候，又问道："我同城北的徐公相比，谁更漂亮些呢？"客人回答说："徐公不如您漂亮。"

又过了一天，徐公亲自拜访邹忌来了，邹忌仔细地看了看他，觉得自己并不如徐公漂亮；再照镜子看看自己，又觉得自己远远不如徐公漂亮。晚上邹忌躺着一直在想这件事，心里终于明白了："我的妻子认为我漂亮，是因为她偏爱我；我的妾认为我漂亮，是因为她害怕我；而我的客人认为我漂亮，那是因为他有求于我。"

于是第二天，邹忌上朝拜见齐威王的时候，说道："我确实知道自己不如城北的徐公漂亮。可是我的妻子因为偏爱我，我的妾因为害怕我，而我的客人因为有求于我，他们都说我比徐公漂亮。如今齐国有方圆千里的疆土，一百二十座城池，宫中的妃子、近臣没有谁不偏爱您，朝中的大臣没有谁不害怕您，全国范围内的人没有谁不有求于您，由此看来，大王您受蒙蔽已经很深啦！"

齐威王一听此言有理，于是命令道："大小官吏百姓，有能够当面指责我的过错的，受上等奖赏；书面劝谏我的，受中等奖赏；能够在公共场所批评议论我的过失，并能传到我的耳朵里的，受下等奖赏。"

一时间，许多大臣都来进谏，宫门前、庭院内，人多得像集市一样。几个月以后，还不时地有人偶然来进谏。一年以后，即使有人想进谏，也没有什么可说的了。

燕、赵、韩、魏等国听说了这件事，都到齐国来朝见齐威王，承认他是英明的国君。

齐威王整顿吏治

齐威王励精图治，决心称霸天下。邹忌认为做臣下的，要尽心竭力辅佐国君，把国家的事放在第一位。做国君的，要顺应民心，体贴民众，亲贤臣，远小人，鼓励臣民进谏，不要被阿谀奉承的人所蒙蔽。齐威王完全采纳了邹忌的意见，为了整顿吏治，他还选择了两个典型，进行了严肃而认真的处理。

齐威王曾经多次询问臣下，在地方官中，谁好谁坏。不少人都说即墨（今山东平度东南）大夫最坏，最好的要算阿（今山东阳谷东北）大夫。齐威王听了之后便派人下去了解情况，然后把即墨大夫和阿大夫以及其他官员都召到了朝廷上。齐威王对即墨大夫说：“你到即墨后，经常有人说你不好。但是我派人去了解后，发现那里的人民都有吃有穿，社会秩序安定，府库也增加了积蓄。因为你勤勤恳恳，从不向上级送礼行贿，所以别人都说你不好。”于是下令赏给即墨大夫万户租税作为俸禄。齐威王接着又对阿大夫说：“你到阿地后，常有人在我面前为你说好话。但是我派人去了解后，发现那里田地荒芜，人民缺衣少吃，老百姓连话都不敢多讲。赵国和卫国进攻的时候，你也不去抗击，只知道向上司行贿，你把齐国的风气都败坏了！”于是下令把阿大夫和受贿者及为他说好话的官吏一起烹杀了。

如此一来，整个齐国的风气为之一变。齐威王接着精选郡守，加强边防。使檀子守南城拒楚国，田盼守高唐拒赵国，黔夫守徐州拒燕国。任用种首为司寇，田忌为司马，孙膑为军师，教兵习战，以谋征伐，并且把这些人才看作是比夜明珠还要珍贵的国家至宝。

旌贤去奸

严明从政，发展生产，处处为百姓着想的官吏，皇宫里却听不到对他们赞誉的话。而那些贪污腐败，懒惰奢侈的官吏，皇宫中却一片赞扬之声，这是一个问题。齐威王看透了这一点，所以齐国才能大治。

田忌荐孙膑

齐国经过齐威王和邹忌的努力整治后，在不长的时间内国家就出现了大治的局面，史称威、宣时“齐最强于诸侯”。当时的齐国，不仅打退了赵、卫的侵袭，还迫使赵国归还了侵地长城。三晋中最强大的魏国，也曾多次被齐国打败。这些战争的胜利，全都依靠田忌推荐的孙膑。

田忌，字期，因为封地在徐州（今山东滕州），又称徐州子期，以田齐宗族的身份被任用为齐将。田忌很赏识孙膑的军事韬略，便向齐威王举荐了孙膑。

有一天田忌和齐威王约定进行赛马，比赛按照马的优劣分成三场。齐威王每个等级的马都要比田忌的强，所以比赛过好多次，每次都以田忌的失败而告终。想到自己这次赛马又要输给齐威王，田忌的心里很不痛快。

这时孙膑上前，给田忌出了一个主意。于是在赛马的时候，田忌先以自己的下等马对齐威王的上等马，结果当然是输了。由于马的脚力都相差不多，所以接着进行的第二场比赛中，孙膑拿田忌的上等马对齐威王的中等马，结果田忌的上等马赢了齐威王的中等马。第三局比赛的时候，孙膑又拿田忌的中等马对齐威王的下等马，结果又胜了一局。三局两胜，田忌第一次赢了齐威王。

孙膑

孙膑著有《孙膑兵法》一书,此书久已失传。1972年在山东银雀山汉墓出土了此书的竹简,有一万一千余字。

同样的马匹,只不过是调换了一下出场顺序,就得到了转败为胜的结果。齐威王本来因为孙膑是个残疾人而怀疑他的才能,这样一来顾虑全消,于是任命孙膑为齐国的军师。

孙膑其人

齐威王一开始并没有打算重用孙膑,因为他看到孙膑是个双腿受过刑的残疾人。赛马一事后,齐威王询问孙膑对战争的看法,问他是否不用武力就能使天下归服。孙膑果断地回答:"那不可能,只有打胜了,天下才会归服。"然后孙膑又列举了黄帝打蚩尤、尧帝伐共工、舜帝征三苗,以及武王伐纣等事实,说明哪一个朝代都是依靠武力用战争实现国家统一的。这一番深刻独到的分析使齐威王大受震动。他再询问兵法,孙膑更是滔滔不绝,对答如流。齐威王感到孙膑这个人确实不简单,从此以"先生"相称,把他作为老师看待。

孙膑是齐国人,据说他曾拜鬼谷子为师学习《孙子兵法》,显示了惊人的军事才能。他有一个师弟叫作庞涓,庞涓虽然对他的才能很是忌妒,但是却从来都不表现出来,还时刻表现出对师兄的关心,因此很得孙膑信任。后来庞涓到魏国当了将军,指挥军队打了几次胜仗后,得到了魏惠王的宠信。

春风得意的庞涓很为自己的仕途一帆风顺而自豪,但一想到师兄孙膑,就生怕他断了自己的将来。于是他想了个陷害孙膑的办法,修书一封,赶紧派人将孙膑请到了魏国。孙膑到魏国后,庞涓并没有如信中所说向魏惠王举荐他,而是以间谍的罪名将他送进大狱,并派人剜去了孙膑的两个膝盖骨,还在他脸上刺了字。

孙膑这才明白庞涓在陷害自己,他为了保住性命,只得装疯卖傻。庞涓一开始并不相信孙膑会真疯了,便叫人把他扔到猪圈里去,然后偷偷派人观察。只见孙膑披头散发地倒在猪圈里,满身都是猪粪,有时甚至会把粪塞到嘴里大嚼几口。庞涓这才相信孙膑是真疯了,于是对他的看管也逐渐松懈下来。

有一天孙膑听说齐国有使臣来到了大梁,便偷偷让人给使臣传递了消息。齐国的使臣与孙膑谈论一番后,知道孙膑很有才华,便将孙膑藏在车子里,秘密带到了齐国。孙膑回到齐国以后,很快就见到了齐国的大将田忌。田忌很欣赏他的才华,将他留在了自己的府中,以接待上宾的礼节殷勤款待他。

历史细读

> 曾嫌胜己害贤人，钻火明知速自焚。断足尔能行不足，逢君谁肯不酬君。
>
> ——周昙《春秋战国门·孙膑》

桂陵、马陵之战

战国时期兵家的代表，非孙膑莫属。孙膑继承和发展了先辈孙武、吴起等人的军事学说，总结了战国时丰富的战争经验，主张用战争解决问题。对于如何进行战争，孙膑有许多精辟的论述。

孙膑主张，在战争发生以前一定要做好各种准备，否则就会失败。在力量悬殊的情况下可以战胜敌人，但要善战。善战的办法很多，如不和敌人硬拼，避开敌人锋芒，制造假象，表示软弱，使敌人骄傲而斗志松懈。迷惑敌人、瓦解敌人后，再集中力量狠狠打击敌人。孙膑主张采取以攻为主的战略，主张"攻其无备，出其不意"，就是要灵活机动地突然打击敌人。

孙膑主张严格治军，要求军法严明，下达的命令要像流水一样畅通无阻，继而赏罚分明，这样才能够鼓舞斗志，严明法纪。经常训练的军队就像佩剑一样，不一定马上用，一旦打起仗来，就要像剑一样锋利，所向无敌。这就是"养兵千日，用兵一时"的道理。孙膑还注意指挥员的选择和培养，要求指挥员能够精通兵法，善于指挥，有勇有谋。

前 354 年，赵国向依附于魏国的卫国发动了战争，迫使卫国屈服称臣。魏国大怒，于是出兵包围了赵国的国都邯郸。赵国抵挡不住，只得派遣使者向齐国请求救援。

齐威王赶忙召集大臣们进行商议，邹忌反对出兵救赵，齐将段干朋则认为不救赵既会失去对赵国的信用，又会给齐国自身造成麻烦，因而主张救援。齐威王本身是想要出战的，因此欣然采纳了段干朋的建议。

此时魏国以主力攻打赵国，两军相持已经一年有余了。邯郸形势危在旦夕，魏国也是非常疲惫。齐威王任命田忌为主将，孙膑为军师，统率齐军主力救援赵国。

田忌计划直奔邯郸，同魏军的主力交战。但是孙膑不赞成这种硬碰硬的战法，提出了"批亢捣虚""疾走大梁"的策略。他说："要解开乱成一团的

孙膑马陵伏弩

孙膑与庞涓再一次相逢在战场，展开了一场大规模的生死较量。马陵大捷庞涓自杀后，孙膑名声大震。

丝线，是不能用手硬拉硬扯的；要排解别人的聚殴，自己更不能直接参加进去打。派兵解围的道理也是如此，不能以硬碰硬，应该撇开强点，攻击弱点，避实击虚，冲其要害，使敌人感到形势不利，出现后顾之忧，自然解围的目的也就达到了。"孙膑建议田忌迅速向魏国的都城大梁进军，切断魏国的交通要道，攻击它防备空虚的地方。这样一来，魏军必然会被迫回师自救，这样齐军既可以一举而解救赵国之围，同时又能使魏军疲于遥远的路途，最终击败它。

田忌采纳了孙膑的这一建议，统率齐军主力迅速向魏国的国都大梁挺进。魏军闻讯后，不得不以少数兵力控制历尽艰难才刚刚攻克的邯郸，而由庞涓率主力回救大梁。而这时候，齐军已将桂陵（河南长垣西南）作为预定的作战区域，准备迎击回归的魏军。魏军长期攻赵，本来兵力消耗就已经很大了，加上这次长途跋涉地急行军，士卒疲惫不堪，在面对已经占有先机、休整良好、士气旺盛的齐军的截击时，顿时陷入了被动挨打的困境，遭受到一次严重的失败。魏国占据的邯郸等赵国的地方，至此得而复失。

不过，桂陵之战的失利并没有使魏国一蹶不振。前342年，魏国又发兵攻打比它弱小的韩国。韩国自然不是魏国的对手，危急之中遣使奉书向齐国求救。齐威王一如当年那样，召集大臣商议此事。邹忌依然充当反对派，而田忌则主张发兵。齐威王征求孙膑的意见，孙膑既不同意不救，也不赞成早救，而是主张"深结韩之亲，而晚承魏之弊"。即首先向韩国表示必定出兵相救，促使韩国竭力抗魏。然后当韩国处于危亡之际，再发兵救援，从而"尊名""重利"，一举两得。这一计策得到了齐威王的赞同。

韩国得到齐国的承诺后，人心振奋，竭尽全力抵抗魏军的进攻，但结果仍然是五战皆败。齐威王见韩国告急，忙任命田忌为主将，田婴为副将，率领齐军直趋大梁。魏国眼见胜利在望的时候，齐国又从中作梗，于是决定暂时放过韩国，转将兵锋指向了齐军。

这时齐军已经进入魏国境内的纵深地带，于是孙膑设计，只要齐军与魏军一接触，就立即佯败后撤。为了诱使魏军进行追击，齐军按照孙膑预先的部署，施展了"减灶"的计策，第一天挖了十万人煮饭用的灶，第二天减少为五万灶，第三天又减少为三万灶，造成在魏军的追击下，齐军士卒大批逃亡的假象。

庞涓看到齐军"减灶"，就得意地认定齐军已经斗志涣散了，于是下令丢下步兵和辎重，只带着一部分轻装精锐骑兵，昼夜兼程追赶齐军。孙膑根据魏军的行动，判断魏军将于日落后进至马陵（今河南范县西南）。马陵一带道路狭窄，树木茂盛，地势险要，是打伏击战的绝好地方。于是孙膑在齐军中选择了一万名善射的弓箭手埋伏在道路的两侧，规定到夜里以火光为号，一齐放箭，并让人把路旁一棵大树的皮剥掉，在上面书写上"庞涓死于此树之下"的字样。

庞涓的骑兵果真于孙膑预计的时间进入了埋伏圈，只见被剥皮的树干上写着字，因为看不清楚，庞涓就叫人点起火把照明。齐军一见火光，万弩齐发，给魏军以迅雷不及掩耳之势的打击。魏军大败，庞涓也自杀而死。齐军随后乘胜追击，连续大破魏军，前后歼敌十万余人，并俘虏了魏军的主帅太子申。

从此以后，魏国开始一步步走下坡路，并且失去了中原的霸权。更可悲的是，魏国的君主惠王好大喜功的作风却没有一点改变，丝毫没有奋发图强的意思。为展示所谓的大国风采，还动不动就宴请各国诸侯。一次酒酣耳热之时，魏惠王给鲁共公敬酒。按说一国国君敬酒，对方本该受宠若惊才是，岂料鲁共公一边站起身来，一边说出一番颇煞风景的话："从前大禹喝了仪狄进献的美酒，觉得很美妙，于是就戒喝甜酒，并说：'后世必有以酒亡其国者。'齐桓公吃了易牙精心烹制的夜宵，觉得很可口，因此直到第二天早晨还没有睡醒。后来他说：'后世必有以味亡其国者。'晋文公得到美女南之威，三天不理朝政，于是推开南之威而疏远了她，并说：'后世必有以色亡其国者。'楚昭王登上强台，唯觉山水之乐而忘记了人之将死，于是在强台上发誓不再游山玩水。后来他说道：'后世必有以高台陂池亡其国者。'现在主君酒杯里的酒就好似仪狄酿的酒；主君所吃的饭菜可以与易牙烹调的美食相媲美；主君身边左有白台右有闾须，都是和南之威一样的美貌；主君前面是夹林后边是兰台，犹如游强台一样有乐趣。如果在这里只有一种乐趣就可以使国家灭亡的话，如今你兼有了这四种乐趣，就完全可以不加戒备了！"在美酒、美味、美色、美景俱全，一派歌舞升平、其乐融融的氛围中，这一番劝诫之言不啻一盆败兴的冷水。鲁共公本意是想激励魏惠王振作朝纲，不想魏惠王却依然是一副大国之君宽容为怀的样子，对鲁共公的话称赞不已，但是却一句也没有听进脑子里去。

而与此同时，齐国的力量却在迅速发展，成了当时数一数二的强大国家。

田忌出逃

齐相邹忌和田忌不和，因此邹忌总想要寻找机会除掉田忌和孙膑。

公孙阅献计给邹忌说："您为什么不再去劝说一下大王，让他命令田忌再

历史细读

齐宣王喜欢听吹竽，手下有三百个善于吹竽的乐师。加上齐宣王爱摆排场，总想在人前显示威严，所以每次都叫这三百个人一起合奏。南郭先生听说后，吹嘘说："听过我吹竽的人没有不感动的，鸟兽听了也会翩翩起舞，花草听了也会颤动。"齐宣王于是把他也编进那支吹竽队伍中。其实南郭先生并不会吹竽，每逢演奏就混在队伍中，只在脸上装出一副动情忘我的样子。可是好景不长，齐宣王死了，齐潜王虽然也爱听吹竽，但是喜欢听独奏，南郭先生惶惶不可终日，只好逃走。

带兵去攻打魏国呢？如果到时候打了胜仗，那是您策划得好；如果到时候战败了，那么田忌即使不死在战场上，回国之后也定会枉死在军法之下。"邹忌于是劝说齐威王派田忌讨伐魏国。谁料田忌三战皆胜，邹忌又赶紧找公孙阅商量对策。公孙阅就派人带着十斤黄金招摇过市，找人占卜，自我介绍道："我是田忌将军的臣属，现在将军讨伐魏国三战三胜，名震天下，现在打算要谋大事，麻烦你占卜一下，看看吉凶如何？"卜卦的人刚走，公孙阅就派人逮捕了他，在齐威王面前验证了这番话。

齐威王本来对田忌手握重兵就有些疑惧，现在听了邹忌的话，就相信田忌有了谋反的意图。而这时田忌正率兵在外，于是齐威王遣使召田忌回临淄，准备审问此事。孙膑见齐威王无缘无故派人来召田忌回临淄，感觉到齐威王一定是听信了别人的谗言，认为田忌如果回到临淄，必将凶多吉少。于是孙膑提醒田忌说："齐王一定是听信了邹忌的谗言，千万不要贸然回临淄。"田忌于是率兵攻打临淄，要"清君侧"。但邹忌也不是等闲之辈，早已做好了守城的准备，田忌攻城不胜，又见各地勤王的兵马都云集而来，只好弃军逃亡到了楚国。直到齐宣王即位以后，田忌才受召回国复职。

宣王聚贤

齐宣王田辟疆在前320年继齐威王之位成为国君，不久后燕国发生内乱，齐宣王乘机发兵干涉，只用了五十天就攻占了燕国的都城蓟（今北京市），几乎灭亡了燕国。

宴乐渔猎攻战图壶
此壶斜肩鼓腹，矮圈足，自口下至圈足，被五条斜角云纹带划分为四区：壶颈部主要表现采桑、射礼活动；壶的上腹部一组为宴享乐舞的场面，一组为射猎的场景；壶的下腹部为水陆攻战的场面；第四区采用了垂叶纹装饰，给人以敦厚稳重的感觉。此壶纹饰内涵丰富，再现了古代社会生活的场景。

　　齐宣王心里很是得意，他看到西方秦国招揽贤士，得人而治，有越来越强大的情势，便也着意文化事业的发展，于是不惜耗费巨资招揽天下各派文人学士来齐国的"稷下学宫"讲学，使得"稷下学宫"迅速进入鼎盛时期。

　　不过，也有人对此颇不以为意。一次齐宣王对手下的大臣淳于髡说："先生谈一谈寡人喜欢的是什么？"淳于髡说："古代称王的人所喜欢的有四样东西，而现在大王喜欢的有三样。古代称王的人爱马，大王也爱马。古代称王的人爱美味，大王也爱美味。古代称王的人好美色，大王也好美色。古代称王的人尊崇有才德的人，但是大王却不尊崇有才德的人。"

　　齐宣王摇了摇头说："我们国中聚集了这么多的才德之士，你怎么能说我不尊崇有才德的人呢？"淳于髡回答说："古时有骅骝等好马，可是现在没有，大王就不惜花费重金，从所有的马中去挑选，可见大王是真的喜欢马。古时有豹象等动物的肠肚和嫩脆可口的肉，可是现在没有，大王就命令手下人不辞辛苦从众多美味中去挑选，可见大王是真的爱好美食。古时有毛嫱、西施那样的美女，可是现在没有，大王就从当今天下的众多美女中去挑选，可见大王是真的喜欢美女。至于才德之士，大王总说国中之人比不上尧舜禹汤时代的贤德之士，如果尧舜禹汤时代的贤德之士知道了，就会觉得大王并不是真心喜爱人才，所以也不会喜欢大王的。"

韩国申不害变法

韩国夹在魏与秦、楚二国之间，国土面积不大，范围在今天的山西省东南部、河南省中部和西部地区，国都在郑（今河南新郑）。韩昭侯在位的时候，列国大都经过了不同程度的变法和改革，一些国家相继强盛起来，开始不断地向外进行扩张。就连当时的小国宋国也敢欺侮韩国，并且攻取了韩国的黄池（今河南封丘西南），魏国更是多次进攻韩国。于是韩昭侯不得不考虑变革图强。前354年，韩昭侯任用申不害为相，开始推行改革。申不害变法后，韩国的国力迅速强盛起来，并跻身战国七雄之列。

申不害相韩

申不害也称申子，战国时期郑国京县（今河南荥阳，属郑州）人，是当时著名的思想家和改革家，法家学派的代表人物。他认为君主治国，必须明察法令，法就像是称重量用的秤那样，有了秤才能量知物重，有了法才能驾驭臣下的行为。因此只有确立了法，一切人事关系和国家制度才有一个客观的标准可依据。有了"法"之后，就要依法办事，不能凭主观心智和个人的善恶去随意决定政策措施、赏罚制度，即使国君也不能例外。

在提出法治的同时，申不害还强调"术"的作用，用"术"去推动"法"的实施。申不害主张国君集权于一身，用他的话说就是"独断"，他认为独断者才能为天下主。要把国家官吏的设置、任免、考核、赏罚等以及生杀予夺之权，都牢牢地掌握在国君个人手中。

为了能够更好地驾驭臣下，考核臣下，促使臣下各尽其能，办好任内之事，申不害主张国君要"无为"而治。也就是说，国君平常不要让臣下看出自己的欲望和某些弱点，使臣下猜不透自己内心的意图，臣下就不至于揣摩着国君的心理而投其所好，或弄虚作假，只好去尽力做自己份内的事情。

在经济方面，申不害特别注重农业生产，把土地看得十分重要。他说："四海之内，六合之间，曰奚贵？曰贵土。土，食之本也。"申不害认为，国家要富强，粮食一定要充足，这是先决条件。

在申不害推行改革的十五年间，韩国的君主集权政治得到了极大的加强，吏治严明，国治兵强，终于成为战国七雄之一。但是申不害的"术"在推行的过程中也遇到了许多困难，因此这场改革并不彻底。在发布新法令后，申不害并没有宣布废除旧的法令，因而一度使官员们感到无所适从。

韩昭侯不以情侵法

应该说韩昭侯在贯彻申不害的主张方面是非常有力的。有一次韩昭侯喝多了，醉卧在床上。手下的官吏典冠担心君王着凉，于是便找掌管衣物的典衣要了一件衣服，盖在了韩昭侯的身上。

睡得很舒服的韩昭侯睁开眼睛后，看到了自己身上的衣服，感到很满意。他本来打算表扬一下给他盖衣服的人，于是就问身边的侍从："这是谁替我盖的衣服啊？"侍从回答说："是典冠。"韩昭侯一听，脸就立即就沉了下来。他把典冠找来问道："是你给我盖的衣服吗？"典冠说："是的。"韩昭侯又问："你的衣服是从哪儿拿来的？"典冠说："是从典衣那里取来的。"韩昭侯于是又把典衣找来，问他："这件衣服是你给他的吗？"典衣回答说："是的。"

韩昭侯于是神色严厉地骂道："你们两个人今天都犯了大错，知道吗？"典冠、典衣两个人顿时面面相觑，只听韩昭侯指着他们说："典冠，你并不是寡人身边的侍从，你为何擅自离开岗位来干自己职权范围以外的事情呢？而典衣，你作为掌管衣物的官员，怎么能随便利用职权将衣服给别人呢？你这种行为是明显的失职。今天你们两个人一个越权，一个失职，如果大家都像你们这样随心所欲，各行其是的话，整个朝廷不是就都乱了套了吗？因此我必须重罚你们，让你们接受这个教训，也好让大家都引以为戒。"

韩昭侯就这样把典冠、典衣二人一起降了职，他说宁可自己因为受凉而生病，也要严明职责，严格执法，绝不以情侵法。

不过因为申不害的改革在韩国的推行得并不是十分彻底，再加上韩昭侯在晚年大兴土木，消耗了不少人力、财力，所以即便是君臣合力，韩国在战国群雄中，也还是处于相对弱小的地位。

韩昭侯敝裤待功

韩昭侯有一条很旧的裤子，他命令侍从给他收藏起来。侍从说："君王为什么不把这条旧裤子赐给别人却还要收藏起来呢？"韩昭侯说："我听说那些贤明的君王，连一颦一笑都十分珍惜，现在这条旧裤子哪里是一颦一笑就能相比的呢？我一定要等到一个有功的人，然后奖赏给他。"

赵国的改革之路

赵国的改革活动不像魏国、楚国那样轰轰烈烈，但在国内"选练举贤，任官使能"，根据功德和能力大小授予官职。在经济上能够注意节省财政开支，

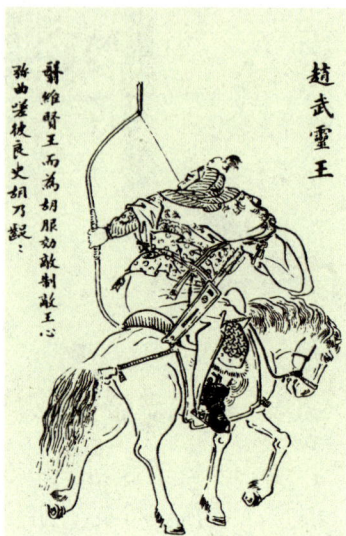

赵武灵王

赵国是一个游牧文明重于农耕文明的国家，赵武灵王的"胡服骑射"除了能适应同周边国家的军事竞争外，还可以解决以代郡和邯郸为代表的两种政治势力所造成的分裂局面。

实行所谓"节财俭用"，确实使得国库日渐充盈，国力得到了很大的增强。

赵武灵王"胡服骑射"

赵武灵王为国君的时候，赵国改革的步子开始向着军事上迈进。

一天，赵武灵王对臣子说："咱们东边有齐国、中山国，北边有燕国、东胡，西边有秦国、韩国和楼烦。我们如果不发奋图强，随时都会被人家消灭掉了。我看咱们穿的服装，长袍大褂，干活打仗都不方便，不如胡人（泛指北方的少数民族）的短衣窄袖灵活。我打算仿照胡人的风俗，把服装改一改，再学胡人那样骑马射箭，抛弃笨重的兵车。"

这个提议当即就遭到了不少大臣的强烈反对，他们认为改变祖先的传统大逆不道。但赵武灵王却认为，制度不分古今，应该顺应当时的情况；衣服器械，更是应该以方便实用为前提。于是双方在朝堂上争论得面红耳赤，不欢而散。

第二天上朝时，赵武灵王首先穿着胡人服装走出来，表明了自己坚持改革的决心。于是赞同改革的大臣们也相继换上了胡服。随着穿胡服的大臣越来越多，赵武灵王正式下了一道改革服装的命令。没过多少日子，赵国人不分贫富贵贱，都穿起胡服来了。接着赵武灵王又号令大家学习骑马射箭。不到一年，赵国就训练出了一支强大的骑兵队伍。

前305年，赵武灵王亲自率领骑兵打败临近的中山国，并收服了东胡和临近的几个部落，扩大了疆域，成为北方大国。

赵主父惨死沙丘

前299年，赵武灵王在东宫大朝君臣，举行传王位的礼仪，立王子赵何为王，这就是赵惠文王。以肥义为相国，赵武灵王则自号主父。主父想让儿子治国，自己则带兵征伐胡地，再从云中、九原南下攻打秦国。为了亲自察看地形和了解秦国的情况，主父化装成使者入秦。可惜的是，主父的雄心壮志还没有来得及施展，就因祸起萧墙而过早地死去了。

主父封长子赵章为安阳君，安旭君赵章很不满意父亲把王位传给了弟弟赵何，主父因此派田不礼去但任赵章的相。肥义对此很是担心，说："赵章为人骄横，党徒众多，欲望很大。田不礼又十分残忍，这两个人在一起，一定会搞阴谋。小人有欲望，就会轻虑少谋，只看得见利益而看不见祸害，那么祸患的降临也就不会用很长的时间了。"

前295年，主父和赵惠文王游沙丘。赵章与田不礼等趁机率党徒作乱，杀了肥义。主父的叔叔赵成与谋臣李兑也早在注意赵章的动向，连忙从邯郸赶来，调兵平乱。

赵章败退时，逃到主父的宫室里，赵成和李兑马上带兵围困了主父的宫室，赵章因抵挡不住被杀。赵成和李兑商议说："赵章躲到了主父宫中，而我们包围了主父，这也是谋反啊！"于是赵成和李兑决定不解围，命令宫中的人都走出来，只留下主父一个人。主父没有吃的，连幼雀都抓来吃了。苦撑了三个多月后，饿死在了沙丘宫。从此，赵成为相，李兑为司寇，由于赵惠文王年少，政权便落在了赵成手中。

学让国燕哙召兵
贪求让贤美名的燕王，竭尽全力扩大子之的权势，导致国家终日人心惶惶。

燕昭王求贤

燕国原是西周在北方的重要封国，春秋时期因为被戎狄所阻隔，因此与中原各诸侯国的交往较少。进入战国时期以后，燕国有了较大的发展，特别是对东北辽东地区的开拓，但是在战国七雄中比较起来还不是很突出。燕王哙在位的时候，燕国发生了内乱，致使国势急转直下。到燕昭王即位以后，便立志要使燕国重新强大起来，这才进行了改革。

燕王哙行禅让

燕王哙在位的时候，任用子之为相国，子之做事果断，深受燕王哙的信任。

前318年，苏代作为齐国的使臣出使燕国。燕王哙问他："你觉得齐王怎么样？"苏代回答说："齐王肯定不能称霸。"燕王哙问："这是为什么呢？"苏代回答说："因为齐王不能信任和重用他的大臣。"苏代的意思是要燕王哙重用子之。于是燕王哙很是重用和信任子之。为此子之还送给了苏代百金钱财，表示要听从苏代的吩咐。

　　大臣鹿毛寿见状劝燕王哙说："你不如把国家让给子之吧。当年尧帝之所以被后世称为贤君，是因为他曾经要把国家让给许由，而许由没有接受，所以尧帝既得到了让贤的美名，又没有失去天下。现在大王如果肯将国家让给子之，那么子之必然不敢接受，这样一来大王便可以与当年的尧帝相媲美了。"

　　燕王哙听信了鹿毛寿的蛊惑，便给予了子之更大的权力。这时又有大臣劝燕王哙说："当年大禹把伯益定为自己的继承人，但是他所任用的官吏都是启的党羽。等到大禹老了，觉得启的党羽不足以担当统治天下的大任时，就传位给了伯益。而启却和他的党羽攻打伯益，最终夺取了伯益的国君之位。所以天下人都认为大禹虽然名义上是传位给了伯益，但只不过是给了他一个虚位，而实际上是要让启取而代之。现在大王您说要把国家让给子之，但是您所任用的官吏却都是太子的人，这就和当年的大禹一样，表面上看起来是要把国家让给子之，但实际上却还是太子说了算。"

　　燕王哙一听，竟然将三百石俸禄以上大官的玺全部收回，任由子之擢拔任用。子之大权在握，成了实际上的君主，而燕王哙反而称臣，再也不上朝听政了。

　　燕王哙实行王位禅让，这在战国时代是绝无仅有的事情。第二年，即前315年，燕国发生了大乱。将军市被和太子平发动叛乱，谋划杀死子之。市被领兵包围了子之的宫殿，双方相持了很久，结果百姓起兵反攻太子平，杀死了将军市被，太子平也在内乱中被杀身亡。这次内乱持续了数月之久，前314年，子之终于平息了内乱。内乱期间，中山国趁机进攻燕国，夺取了十多座城邑，使燕国遭受了很大的损失。齐国也趁机攻打燕国，杀死了燕王哙，子之战败后不知所终。

　　燕王哙把国家让给了子之，所以死后连谥号都没有。前314年，赵武灵王趁燕国内乱之机，把燕王哙的庶子姬职从韩国送回燕国，是为燕昭王。

战国青铜马
此马身体圆滑肥硕，腿略细短，但整体健
壮。马的头部塑造生动传神，为青铜器中
的精品。

千金求马骨

　　燕昭王继承王位之后，登门前去拜访老臣郭隗，说："齐国趁我们国家内
乱的时候侵略我们，这个耻辱我是忘不了的。但是现在燕国的国力弱小，所
以我还没有办法报这个仇。要是有个贤人能来帮助我报仇雪耻，我宁愿伺候
他。您能不能推荐这样的人才给我呢？"

　　而郭隗摸了摸自己的胡子，讲了一个故事："古时候有个国君，最爱千
里马，派人到处寻找，一连找了三年都没有找到。有个侍臣打听到远处某个
地方有一匹非常名贵的千里马，就告诉了国君。国君非常高兴，就派侍臣带
了一千两金子去买这匹千里马。没料到侍臣到了那里的时候，这匹千里马已
经害病死了。侍臣想想，空着双手回去没有办法向国君交代，于是就拿出一
半金子的把千里马的马骨买了回来。侍臣把马骨献给国君以后，国君大发雷
霆，说：'我要你买的是活马，谁叫你花钱把没用的马骨买回来呢？'侍臣却
不慌不忙地回答说：'人家听说你肯花钱买死马，难道还怕没有人把活马送来
吗？'这个消息一传开，大家都认为这位国君是真爱千里马。不出一年，果
然从四面八方送来了好几匹千里马。"

　　郭隗说完这个故事后，又说："大王如果想要征求贤才治国，我愿意当
马骨。"

　　燕昭王听了后大受启发，马上派人造了一座精致的大房子给郭隗住，还
拜郭隗做老师，郭隗被给予了优厚的礼遇。燕昭王还在沂水之滨修筑了一座
高台，用来招揽天下的贤能之士。并在台上放了几千两黄金，作为赠送给贤
士的进见礼。这座高台便是著名的"黄金台"。各国有才干的人听说后，纷纷

乐毅

史书虽然没有记载乐毅军事理论上的建树，但他能指挥燕赵等国联军，连克齐国七十余城，说明他是一位具有杰出才能的军事家。

赶到燕国，其中最出名的就是赵国人乐毅。燕昭王拜乐毅为亚卿，请他整顿国政，训练兵马，燕国一天天强大了起来。

前 284 年，燕昭王拜乐毅为上将军，联合五国兵马，浩浩荡荡杀向齐国。只一仗就把齐国军队打得一败涂地。乐毅还亲率大军，一直打下了齐国的都城临淄。燕昭王认为乐毅立了大功，于是亲自到济水边劳军，并封乐毅为昌国君。

乐毅离燕

乐毅率领燕军在半年之内连下齐国七十余城，让燕国前所未有地强盛了起来。

前 279 年，燕昭王死亡，太子乐资即位，史称燕惠王。燕惠王做太子时，就与乐毅有矛盾，所以即位后对乐毅用而不信。齐国大将田单探知这种情况后，就派人到燕国散布说："齐国的大片土地现在全在燕国的军队手里。乐毅能在短时间内攻下齐国七十余城，难道用几年的工夫还打不下剩下的三座城池吗？其实他是想用恩德收服齐人之心，为他叛燕自立作准备。"

燕惠王本来就猜疑乐毅，听了这些话后便信以为真，于是就派骑劫为大将去齐国接替乐毅。乐毅深知燕惠王要收回自己的兵权，更想要加罪于自己，于是决定拒绝再回到燕国，而向西去了赵国。赵惠王见乐毅归赵，隆重地接待了他，并把观津（在今河北武邑东南）赐封给他，号望诸君。

骑劫寡思少谋而又骄狂自大，乐毅投奔赵国以后，他一反乐毅原来的战略部署和争取齐人的正确政策，而施之以残暴镇压，激起了齐国军民的强烈反抗。齐国的田单征集了一千多头牛，在牛身上穿上红丝绸衣服，画上五彩画，两只牛角上都绑上锋利的快刀，牛尾巴绑上灌饱油的芦苇。然后在城墙根挖了几十个洞口，把牛埋伏在里面。田单又挑选了五千名精锐壮士，全副武装跟在牛的后面。晚上烧着牛尾以后，"火牛"便从城门洞里猛冲了出去，它们拼命向前飞奔，直冲燕军兵营，顿时大火冲天。燕军看到五彩龙纹的火牛，十分害怕。五千名齐军壮士紧跟在牛后面，奋勇冲杀。燕军大惊，全无斗志，加上碰上牛非死即伤，顿时溃不成军，骑劫也被杀死。这就是著名的田单大摆"火牛阵"。然后齐军乘胜追击，很快就收复了齐国所丢失的城池，将燕军逐出了齐境。

此时燕惠王悔恨万分，可是他却不肯反思自己的错误，反而怨恨乐毅投奔了赵国，还派人责难乐毅说："先王曾经将举国的兵马都托付给了将军，将军也为了燕国而大败齐军，为我报了先王之仇。天下人都为之震动，我也时刻记着你的功绩。可是现在正逢先王去世，我又初立，你却听信于左右而误国。我之所以派骑劫代替将军，是因为将军经年累月地暴露于荒郊野外，怕你太辛苦，所以请你回来调息，并想同你共议国事。但是将军你却误听传言，和我产生怨隙，竟然抛弃了燕国而投向赵国。将军为自己打算，这样做当然是合宜的，可是你又如何报答先王对你的知遇之恩呢？"

于是乐毅慷慨激昂地写下了著名的《报燕惠王书》，在此书中他一针见血地指出了燕惠王的无理指责和虚伪粉饰，表明了自己对先王的一片忠心，以及与先王之间的相知相得，驳斥了燕惠王对自己的种种责难和误解，抒发了功败垂成的愤慨，申明自己不为昏主效愚忠，不学冤鬼屈死，故而出走的抗争精神。这才打消了燕惠王对乐毅的某些偏见，并封乐毅之子乐间为昌国君。

尽管乐毅受到了不公平的对待，但他却并没有因为个人的得失而说赵伐燕，以泄私愤。而是居于赵、燕两国客卿的位置，往来通好，最后卒于赵国。

树形灯

此灯为树形，有三虎形足。枝端有十五个灯盘，树枝间有鸟和猴子，形态各异。灯可拆为八节，极为巧妙。

秦国伟大的变法

秦国都咸阳（今陕西咸阳），东到黄河、函谷，与三晋为邻，南面是楚国，西面则是西戎和匈奴的地盘。国土范围在今陕西中部、甘肃东南部，以及四川、青海、宁夏的部分地区。秦国因地处西陲，所以长时间被中原国家视为戎狄之邦。直到春秋时期的秦穆公时，国力才逐渐强大起来。春秋后期，秦国的贵族侵凌公室，干涉君位，秦国曾多次发生内乱，政权分散，君权削弱，国势日衰。秦献公即位后，采取了一系列措施，国势有所好转。可是到了秦厉公、秦躁公以后，由于国内的动乱，秦国已经没有力量抵御外面来侵扰，以至于把之前开辟的河西地区都丧失殆尽，诸侯们都非常轻视秦国。秦孝公继位后，决心光复秦穆公的事业，开始广招贤才，进行富国强兵的改革。

商鞅

战国时期，奴隶制崩溃，封建制确立，社会处于大变革时期，商鞅的变法顺应了时代的要求和历史的发展，因此能够取得成功。

商鞅论法

就在这个时侯，有个叫商鞅的人从魏国来到了秦国。商鞅据说是卫国国君的后裔，公孙氏，因此也称卫鞅或公孙鞅，后来他被封于商，所以后人也称他为商鞅。商鞅"少好刑名之学"，专研以法治国，受李悝、吴起等人的影响很大。商鞅曾经担任魏国宰相公叔痤的家臣，公叔痤病重的时候对魏惠王说："公孙鞅年少有奇才，可以任用为宰相。但是如果您能不任用他的话，就一定要杀了他，千万不要让他为别的国家所用。"

可惜魏惠王并没有在意，还以为这是公叔痤因病重说的胡话。不久后公叔痤死了，公孙鞅听说秦孝公下令求贤后，就到了秦国。

商鞅来到秦国以后，他先后游说秦孝公学尧舜禹汤的仁义，行所谓的帝王之道。结果秦孝公一边听一边打瞌睡，事后还骂举荐商鞅的景监说："你所推荐的这个人简直是太迂腐了，我可不任用他！"景监将这些话告诉商鞅，商鞅听了很高兴，请求再与秦孝公谈一次话。过了不久，秦孝公第二次接见商鞅，这次他听到了一番洋洋洒洒的富国图霸之术。这一下秦孝公不打瞌睡了，决定起用商鞅。

但是秦国的一些大臣却表示反对。甘龙对秦孝公说："圣贤之人不用改变民众的习俗来推行教化，明智的人是不改变原来的制度来治理国家的。遵循民众的旧习来施教，不用费多大力气就会得到成功。依据旧有的法制来治理国家，官吏民众都很熟悉，就不会引起社会的混乱。如果现在要变法，却不

正史史料

商君，其天资刻薄人也。迹其欲干孝公以帝王术，挟持浮说，非其质矣。且所因由嬖臣，及得用，刑公子虔，欺魏将卬，不师赵良之言，亦足发明商君之少恩矣。余尝读商君开塞耕战书，与其人行事相类。卒受恶名于秦，有以也夫！

——《史记·商君列传》

按老规矩办事，天下人就会议论。"

商鞅说道："治理天下不能只按照一个道理，为了国家的利益，不一定要效法古代那一套成规。成汤和周武王并没有遵循古代的制度，也兴旺发达了。商纣王和夏桀王没有改变旧有的那一套制度，却照样亡国了。"

一番唇枪舌战之后，秦孝公最后拍板，决定变法。

商鞅变法

商鞅在颁布变法令之前，生怕秦国人对他不信任，专门命人把一根 10 米长的木头立在了首都栎阳（今陕西临潼）的南门，下令说："哪个人能把它扛到北门，就赏赐十两黄金。"大家听了都不敢相信，因为这件事情太简单了，他们生怕自己被愚弄，于是一连十多天都没有一个人来试。商鞅因此又提高赏金为五十两。

终于有一个好奇的青年把它扛了过去，然后商鞅如数将赏金给了他。

商鞅的这步妙棋，让秦国人对他产生了极高的信任度，变法的民众基础被确立了下来。商鞅在秦国的变法前后有两次。第一次是前 356 年公布的，主要内容是：

一、编定户籍，实行"连坐"。商鞅把全国居民按照五家为"伍"，十家为"什"的原则编定户籍。这样不仅使国家直接掌握了全国的户口数，而且便于相互监督。新法规定，有犯法而不报告的，十家都得受到连坐，并处以腰斩之刑。而主动报告的人和杀敌者同样受奖。隐藏罪犯的人，按投敌罪论处。

二、奖励军功，严禁私斗。新法规定，凡为国家立有军功的，按照功劳大小授予爵位和田宅。私斗者，不论有理无理，按情节轻重，都要处以不同的刑罚。

说秦君卫鞅变法
凡事都应以信为重，言必信，行必果。
商鞅立木为信，才有了成功的基础。

三、废除旧有的世卿世禄制，重新确定爵位和等级。新法规定，宗室没有军功的，不得再列入宗室的属籍，不得再享受宗室的特权。必须依据其对国家功劳的大小，确定爵位、田宅、奴婢以及车服器用等的占有量，不许僭越逾制。有功劳的就显荣，没有功劳的，虽然富有也不能享有尊荣。

四、鼓励个体小家庭经济，发展农业生产。新法规定，凡是一家有两个以上成年男子的就必须分家，否则要加倍出赋税。努力搞好生产，粮食和布帛生产得多的人家，可以免除劳役和赋税。而不务正业、游手好闲的人，全家都要罚做官奴，或是送到边疆去垦荒。其他国家的人，凡是愿意到秦国从事垦荒的，九年内不收田赋。

新法公布以后，引起了秦国国都很多人的议论。太子对新法很是不屑，明知故犯。于是商鞅决定依法处理太子，但太子是国君的继承人，不能施刑，于是他就命人把太子的老师公孙贾处以黥刑。从此以后，再也没有人敢于不遵守新法了。

前350年，秦国把都城迁到了咸阳，同时进一步进行改革，这就是商鞅的第二次变法。主要内容有：

一、在全国普遍建立县制。新法规定，把原来的小乡邑加以合并，全国统一规划为四十一个县。县设令、丞，令是一县之长，丞辅助令管文书、库房、狱讼等事务，这些官员直接由国君任免。

二、"开阡陌封疆"，"废井田"，"民得买卖"。即把从前所谓的"井田制"那种纵横疆界消除掉，鼓励开辟荒地，承认土地私有，可以自由买卖，按照土地多寡征收赋税。

三、统一秦国的度量衡，方便了税收和交换。

四、焚诗书，制秦律。秦国焚诗书，一般都以为是从秦始皇开始的，其实早在秦孝公时就实行过。商鞅根据李悝的《法经》，制定了秦国的法律。秦律的制定，是用法律的形式把他所实行的各种改革成果都固定下来，并且要求人们遵守礼仪，父子、兄弟、姐妹不能同睡在一个炕上，必须分室而居。

商鞅的这两次变法持续了十八年，宣传更是深入人心，即便是乡间的妇女也能把变法的内容讲得头头是道。

因为商鞅的变法侧重于军事，所以秦国从此崛起，成为一个超级强国。

商鞅量
战国时期秦国的量器，为商鞅变法时所造的标准的青铜量器，有明确的铭文说明。铭文三十二字，容积为 202.15 毫升。

　　不过商鞅的变法虽然让秦国富强起来了，却给自己带来了灾难。一些旧贵族因为商鞅的变法而失去了权力和财富，于是将其视为眼中钉，不断进行诋毁。秦孝公死后，继任的秦惠公就以谋反罪，将商鞅车裂而死。

　　商鞅虽然死了，但他的改革举措却被秦惠公一如既往地继续了下去，这就为日后秦国统一六国奠定了坚实的基础。

六国的灭亡

　　经过上述变法图强，魏、齐、赵、韩、楚、燕和秦国相继强大了起来，这七雄并列，开始兼并身边的小国。没用多久，七国便形成了对峙之势，开始了彼此间大规模的兼并战争。秦国由于商鞅变法发挥了富国强兵的重要作用，使得秦国终于后来居上，逐一灭掉了其他六国，统一了全国，建立了中国历史上第一个统一的中央集权制国家。

各国诸侯相继称王

变法之后，各国诸侯都已不再满足于周王室给予的封号了，于是纷纷称王，和周王的称号同等了。

楚国因为早在春秋时期就自封为王，所以到了战国也依然沿袭了下来。战国时期最早称王的是魏国。魏惠王时，魏国是七国中最强大的国家。前344年，魏国率领十二国诸侯朝见周天子，然后举行了会盟，宣布称王。不想魏国的这个举动引起了其他各国的反对。

为了确立自己的威信，魏国谋划讨伐秦国，秦王便和商鞅商议。商鞅于是出使魏国，对魏王说："要图谋王业不但要能让宋、卫、邹、鲁这样的小国听从，而且要讨伐齐、楚、燕、赵这样的大国。秦国是赞成魏国称王的，并且希望魏王能够一切都按照天子的礼仪行事。"

魏王听了以后非常高兴，就开始建王宫、造王车、制王旗、穿王衣，"称夏王"，俨然成了天子。各诸侯国本来就反对魏国称王，现在看到魏王居然这样嚣张，都表示不能容忍。

魏王见状，便和大臣惠施商议，要报桂陵之战、马陵之战的仇，和齐国进行决战。惠施说："现在我们国力弱小，没有力量，还不能决战。不如脱下王服去朝见齐王，这样楚王一定会大怒，就能转移大家的注意力了。"魏王觉得这个办法很好，就约齐王在齐国徐州（今山东滕州）相会，魏王和齐王互相承认对方为王。

见已有两国称王，前325年，秦国、韩国也相继称王。前323年，秦国派张仪和齐、楚两国的大臣在啮桑（今江苏沛县西南）相会。这时魏国的公孙衍为了对抗秦、齐、楚的联合，发起了"五国相王"。参加的五国是魏、赵、韩、燕、中山。"五国相王"就是参加的五国互相承认为王，赵、燕、中山国从这年起也开始称王。魏国用发起"相王"、承认一些国家称王的办法来组织联合阵线。燕国虽然是大国，但是力量较小。中山国是小国，别国看不起。他们看到利用"相王"的机会，能够得到一些大国的承认，也就称王了。

齐王很不屑于这"五国相王"，他还说："寡人羞与中山并为王。"并打算和赵、魏两国一起讨伐中山国，废掉中山王号。中山王非常害怕，和大臣张登商议，张登便带上重金去见齐国的权臣田婴。张登对田婴说："赵、魏两国愿意中山国称王，齐国却要废掉中山国称王的权力，中山王一旦被废，中山国就会与赵、魏两国更加亲密。这不是齐国为赵、魏两国增加力量吗？这对齐国是很不利的啊！不如齐国允许中山国称王，中山国一定与齐国亲密而与赵国和魏国断绝关

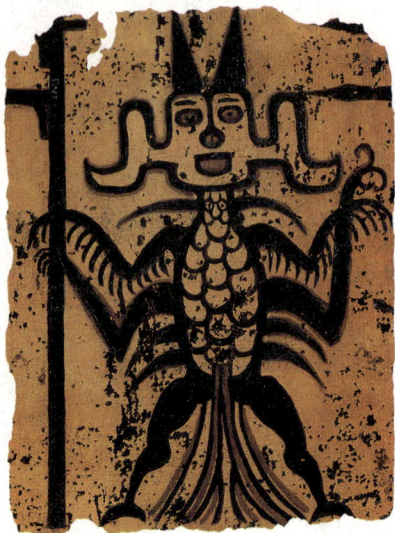

曾侯乙墓内棺漆画
漆画在内棺左右侧板及头档上，外表以生漆为地，用黄、黑、灰三色装饰图案和神异图像。此内棺漆画极富装饰性，内容诡秘，深受当时楚文化的影响。

系，这样是对齐国有利的。"田婴听信了张登的话，转说给齐王，齐国于是允许中山国称王。

这时张登又对赵、魏两国的君主说："齐国想要征伐魏国的河东，因为齐国很不愿意中山国称王，现在允许中山国称王，是想利用中山国的兵力。"赵、魏两国相信了张登所说的话，于是对齐国很是反感，反而更加保护和支持中山国称王，中山国这才和齐国断绝了关系。齐王知道后大怒，对中山国"闭关不通"，还想割平邑地方给燕、赵两国，然后一起攻打中山国。但是燕、赵却认为这是齐国在故意离间燕、赵两国和中山国的关系，想把中山国置于自己的势力之下，反而更加坚决地支持中山国称王了。

合纵连横之术

战国时代，有一批能言善辩之士，以三寸不烂之舌，陈说利害于诸侯，纵横捭阖于天下，甚至身佩六国相印。他们往往又不讲原则，朝秦而暮楚。这批人就是纵横家。其实他们只是顺应了天下的大势，于是组成了支持秦国统一的连横派和联合六国抗秦的合纵派，由此奠定了战国中后期的战略格局。

秦国并巴蜀

六国相继称王后，秦国首先展开了攻势，目标是巴国和蜀国。

巴和蜀在战国时代指的是两个国家，巴国约有今天四川省东部以及重庆沿长江南北的地方，北到剑阁，西边沿嘉陵江与蜀国交界，西南沿长江流域到泸州、宜宾一带，东面和楚国交界。蜀国约有今天的四川中部岷江、沱江、涪江流域的广大地区，南边、东边和巴国接壤，北到今天甘肃的文县与秦国交界。巴、蜀地方气候温暖，物产丰富，在战国时期就很富饶。

在和中原各国的交往上，巴、蜀两国与楚国、秦国的来往相对密切。蜀国与巴国的关系并不和睦。前318年，巴蜀互攻，双方都向秦国求救。

这时韩国正发动攻秦的战争，秦王很是犹豫，遂和大臣们商议。司马错认为应该讨伐蜀国，张仪却表示反对，他说："那还不如去讨伐韩国。"秦王不明就里，张仪解释说："我们与魏国亲近，与楚国友善，沿伊水、洛水、黄河向下游派兵，堵住轩辕山口，挡在通往屯留的路上，让魏国断绝了南阳的通道，楚国管制着南郑，我们就可以攻打新城、宜阳，以此威逼东周、西周京都的城郊，声讨周王朝君主的罪行。随后占领楚国、魏国的领土。周王朝自己知道没有救了，九鼎宝器必然会被献出来求和。我们拥有了九鼎后，依照版图和户籍，挟持天子来命令天下，天下没有人敢不听的，这么做是称王的霸业啊！现在那蜀国，是西方偏远落后的国家，都是些野蛮人，劳师动众不足以成名，得到它的土地也不足以获利。为什么我们要去征伐它呢？"

有鞘双剑
剑呈柳叶形，剑身中间有条状纹饰。两剑并列，插于鞘中，鞘面饰蟠螭纹，为巴蜀地区特有的武器。

司马错说："不对。我听说想要使国家富强，就务必要扩展它的疆土；想要使军队强大，就务必要使它的民众富有；想要称王，就务必广施他的美德。这三种资格具备了，那么称王的形势便会随之而来。现在我们国家的疆土狭小，民众贫穷，所以我希望从容易的事情开始做起。蜀国虽然是西方偏远的国家，但如果我们要攻打它，就如同豺狼驱逐羊群一样容易。取得它的土地，足以扩展我国的疆土；得到它的钱财，足以使我国的民众富有。消灭了拿下这个国家，天下人都不会在意，不会因此认为我们是残暴的。从蜀国土地上获得的利益，各诸侯国也都不会放在眼里，不会因此就认为我们有贪婪之心。这样我们一个行动而名声实惠都能得到，还有了制止叛乱的名声。现在攻打韩国、劫持天子，这是恶名啊！而且未必能够成功，实在不如攻打蜀国那么完满。"

于是秦王采纳了司马错的意见，派兵伐蜀。前316年，司马错带领秦兵攻入蜀国，蜀王为秦军所杀。占领了蜀地后，司马错矛头一转，继续攻取了巴国。秦王于是在巴蜀之地设巴郡，封儿子嬴通国为蜀侯，并开始大量移民进入巴、蜀，兴修水利，秦国的人力物力由此得到了极大的增强。

秦国攻占巴、蜀以后，军事上对楚国就处于十分有利的地位，秦军从蜀地的中心地带乘船而下，不费很大的力气，不到十天就可以直达楚国的国境。汉中的兵甲如果乘船出巴地，水涨时下汉水，四天就能到达楚国。

不光是楚国，其他诸侯国看明白这一形势后，都开始坐立不安起来，合纵抗秦被提到了议事日程上。

所谓合纵，就是从北到南，各国缔结军事同盟，共同抵御秦国的侵略。秦国如果对某一个国家发动侵略，就等于是侵略所有的盟国，各国同时出兵向秦国开战。

彩绘出行图夹胎漆奁

此器奁为圆盒形，整器由盖、身两部分组成。内壁髹红漆，外壁髹黑漆，之后又以红、黄、蓝等色漆彩绘。盖顶绘两组凤鸟纹图案。盖壁绘一幅出行图。腹壁绘几何形云纹图案，腹底外围绘一组以连续"Y"形为主、内填云纹的图案。各组彩绘交相辉映，布局合理，堪称战国漆画中的瑰宝。

第一次合纵盟约于前333年签订。秦国对此立即采取了对策，向魏国表示让步，愿意把从前侵占魏国襄陵（今山西襄汾）地区的七座城池归还。魏国抵抗不住这个诱惑，于是同意脱离合纵盟国。而且为了扩张土地，魏国还向赵国发动攻击。齐国在秦国的鼓动下，认为可以从赵国瓜分到土地，就也参加到魏国这一边。两国的军队虽然被赵国击退，但第一次合纵对抗秦国的盟约，就只仅仅维持了一年便告瓦解。秦国在合纵国盟约瓦解之后，便拒绝归还襄陵七城，魏国在大怒之下出兵攻打秦国，被秦国击败。

前318年，第二次合纵国盟约达成，五国联军向秦国东方边界重镇函谷关（今河南灵宝东北）进发。当秦国守关大将樗里疾打开关门迎战之时，联军却慑于秦军的声威，谁都不敢率先进攻。僵持了几天以后，他们的粮道被秦国切断，楚国率先撤退，其他国家的军队也跟着仓皇拔营，合纵国盟约又一次遭遇瓦解。

张仪推销纵横术

秦国之所以能够瓦解六国的合纵方略，第一功臣当首推张仪。张仪本来是魏国人，前329年来到秦国，被秦惠文王拜为客卿。次年张仪与公子华带兵攻打魏国，一举拿下了魏国的蒲阳城。张仪便乘机提出自己的连横政策，建议秦王把蒲阳归还给魏国，并且派公子繇到魏国去做人质，而他将利用护送公子繇入魏的机会与魏王接近，游说魏王投靠秦国。

来到魏国以后，张仪便对魏王说："秦国对待魏国可是真心实意的好啊！得到城邑都不要，反而又送人质到魏国，魏国怎么说也不应该对秦国失去礼节呀，您应该想办法来报答一下吧？"魏王问道："我应该怎么样来报答呢？"张仪回答说："秦国只喜欢土地，魏国如果能送一些地方给秦国，那么秦国一定会把魏国视为兄弟之国。如果秦国和魏国能够结成联盟，合兵讨伐其他的诸侯国，那么魏国将来从别的国家取得的土地肯定会比送给秦国的土地多很多倍。"魏王被张仪说动了心，于是就把上郡十五县和河西重镇少梁献给了秦国，从此秦魏和好。张仪的连横政策首战告捷。至此黄河以西的地区全部归秦国所有。张仪回到秦国后，立即被秦王提拔为相。

张仪游说楚怀王

对秦国而言，虽然再一次瓦解了合纵国约联盟，但是南面的楚国和东面的齐国永远是最大的威胁，两国一旦联合起来，秦国的形势必然会出现危机。于是相国张仪决定凭借自己的三寸不烂之舌，使楚、齐两国断交。

前313年，张仪出使楚国。他来到楚国以后，用重金贿赂了楚怀王的宠臣靳尚，由靳尚引荐拜见了楚怀王。他知道楚怀王狂妄自大，便向楚怀王建议说："天下诸国之间，秦国最敬重的就是贵国了，我最崇敬的君王也是大王您啊！只要贵国答应跟齐国断绝邦交，秦国愿意把从前占领你们的商于（今陕西丹凤至河南西峡一带河谷）六百里地归还。"楚怀王听了十分高兴，秦国的诚意如此真切，条件又是如此优厚，还有什么不满足的呢？于是楚怀王想也没想就同意了，他立即宣布与齐国绝交。为了表示态度的坚决，还派人到两国的边界上对齐国国君大肆辱骂，然后派使臣逢侯丑随同张仪到秦国接收土地。

然而张仪带着逢侯丑到达咸阳后，先将逢侯丑安顿在旅馆住了下来，自己就回去以"养病"为由在家里闭门谢客，直到三个月后才露面。当他看到在朝门外等候的逢侯丑时，还故作惊讶地说："啊呀，你怎么还在这里呢？那些土地难道还没有接收吗？"逢侯丑回答说："是啊，我现在还等着接收那块地呢。秦王说这是您决定了的事情，让我找您解决呢！"结果张仪交出的竟然只是他自己的六里封地。逢侯丑十分吃惊，说："我奉楚王之命来此接收土地，当时不是说好了六百里的吗？"张仪也作吃惊状："那怎么可能呢？楚王一定是听错了，秦国的每一寸土地都是从血战中得来的，怎么可能平白无故就送掉六百里呢？我说的一定是六里。"

逢侯丑没有办法，只得回国禀报。楚怀王听了后愤怒至极，命令大将屈匄率军进攻秦国，结果被打得一败涂地，汉中地区（今陕西南部）的三百余里疆土也丧失殆尽。

伪献地张仪欺楚

张仪曾随鬼谷子学习纵横之术，在割据战争频繁的时代，张仪作为杰出的纵横家出现在政治舞台上，对列国兼并战争的形势产生了较大影响。

气急败坏的楚怀王于是动员全国兵力，向秦国作了最猛烈的一击。这一次楚国一直攻到了距离秦国首都咸阳（今陕西咸阳）四十里的蓝田（今陕西蓝田），秦国岌岌可危，于是向齐国求援。齐王恼恨楚怀王曾经对自己的辱骂，便立即发兵攻入楚国本土，韩、魏两国也开始集结军队，准备南下坐收渔翁之利。楚军因此不得不忍痛从秦国撤退。

前306年，楚、齐、韩三国第三次缔结合纵盟约，准备进攻秦国。可是盟约刚刚签订，楚怀王就又变了卦，致使三国无功而返。

张仪再欺楚怀王

过了不久，秦王又派使者告诉楚怀王，希望以秦国武关（今陕西商洛以东）以外的地方换取楚国的黔中之地。楚怀王咬牙切齿地说："我并不愿意换地，我愿意秦国用张仪来换取黔中一带的土地。"秦王听说后，犹豫起来，不知道该如何对张仪开口。没有想到张仪却主动站了出来，自己请求去楚国。

张仪到了楚国后，楚怀王立即把他关押了起来，准备杀他以泄愤。但是张仪通过楚国大夫靳尚，向楚怀王十分宠爱的夫人郑袖说情。靳尚对郑袖说："秦王十分喜爱张仪，现在如果知道楚王要杀掉他，秦国肯定愿意用上庸（今湖北竹山西南）六县的地方和美女来换回张仪。到那时候，如果楚国能从秦国那里得到土地和美女，那夫人你的状况可就不妙了！"郑袖听了之后很害怕，就在楚王面前日夜哭泣道："现在楚国没有把土地给秦国，秦王还派张仪来到这里，说明秦国还是很看重我们楚国的。我们要是杀了张仪，秦王必定会大怒，到时一定会报复楚国。我请求把我们母子都迁到江南去，以免遭到秦国的宰割蹂躏。"

楚怀王受了夫人的蛊惑，又害怕得罪秦国，加上贪图土地，权衡再三，最后不仅下令把张仪释放了，并且还客客气气地招待他。张仪趁机又开始游说道："当今天下的强国，不是秦国就是楚国，不是楚国就是秦国，如果两个大国交战，一定会势不两立。一旦秦国攻打楚国的西面，韩魏攻打楚国的北面，楚国怎么会没有危险呢？秦国现在据有巴蜀，大战船顺江而下，一日能行五百余里，用不了十天，楚国的东部地区就会被秦军占领。所以楚国不与秦国保持好关系那是很不明智的。再说坐等弱国的援救而忽视秦国的威胁，

历史细读

相传张仪完成学业之后就去游说天下诸侯，曾在楚国的相国手下做事。后来楚国相国丢了一块玉璧，其他人认为张仪生活贫穷，一定是他偷的。于是大家一起把张仪抓起来，打了几百棍，险些就要把他打死了。可张仪始终不肯承认，最后只好把他放了。张仪的妻子说："要是你不读书到处游说诸侯，怎么会受到这样的羞辱呢？"张仪则对妻子说："你看我的舌头还在吗？"他的妻子说："舌头还在。"张仪说："那就够了！"在张仪看来，只要舌头还在，他的本事就还在，就能继续游说诸侯。

这正是下臣为大王所担心的事情啊。"

看到楚怀王心动，张仪又说道："现在秦国和楚国接境连界，本来是地缘亲近的邻国。大王如果能听取我的意见，我让秦国的太子到楚国来做人质，您让楚国的太子到秦国去做人质，把秦国女子做大王的姬妾，又进献居民万户的都邑，长久作为兄弟邻邦，永世互不攻伐。我认为没有比这更好的计策了。"

张仪的一席话说得楚怀王连连点头称是，马上同意与秦国和好，并送走了张仪。不久屈原出使齐国归来，问楚怀王为什么不杀死张仪时，楚怀王又后悔了，派人去追但为时已晚。

前 299 年，秦王写信给楚怀王表示友好，约楚怀王会盟。楚怀王犹豫不决，屈原和其他大臣都劝怀王不要相信秦国。可怀王的儿子子兰却不同意，说："何必绝了秦国的欢心。"怀王听了子兰的话，前去赴会，结果被秦国扣留了。秦王胁迫楚怀王割地，楚怀王不肯。楚国的大臣们乱成一团，最后只得来求齐国，假称楚怀王死了，要求在齐国作人质的太子回国继位，这就是楚顷襄王。

前 297 年，被秦国扣留的楚怀王逃走了，秦王派人封锁了通往楚国的道路，于是怀王逃到赵国。赵国不敢收留他，怀王又企图逃往魏国，但是在途中被秦国追兵抓获了。前 296 年，忧愤成疾的怀王在秦国病亡，秦国才把他的遗体送还楚国。前 278 年，秦国大将白起带兵南下，攻破了楚国国都，屈原亦在同年五月初五这天投汨罗江自杀。

王字铜衡
战国时期各国都有自己的度量衡标准，楚国铜衡体形扁长，横杆背部都刻有一个"王"字，可能是宫廷之物。

秦国的扩张

秦国奉行连横的策略，与东方的齐国联合，分割两国之间的赵、魏、韩、燕、楚五国，以此破坏六国联合攻秦的合纵策略。因此秦国采用远交近攻的政策，与距离本国最远的齐国交好，进攻近处的其他五国。秦国不断向外扩张土地，人们把这种占领比为蚕食桑叶，如"蚕食六国"。前328年，秦国攻下了魏国的蒲阳（今山西隰县），魏国被迫把上郡十五个县（今山西西南一带）献出。至此现在的陕西、山西黄河东西地区全部成为了秦国的领土，黄河天险被秦国掌握，秦国的声威震动了各国，这为秦国以后一统天下奠定了基础。

秦齐互帝

秦国不断向外扩张领土，占领魏国十五个县后，于前314年又打败了韩军，迫使韩国派太子仓去秦国做人质。前313年，魏国被迫按照秦国的意志立公子政为太子。这一年秦国还攻取了赵国的蔺地（今山西离石西），俘虏了赵国的守将庄豹。

此时此刻，秦武王意气风发，对左相甘茂说："我一直有个心愿，就是想乘着垂帷挂幔的车子，通过三川之地，去看一看周朝的都城。如果能够实现这一心愿，那么即使死去我也算心满意足了。"甘茂听了以后心领神会，说道："请允许我到魏国，与魏国相约去攻打韩国，并请求让向寿辅助我一同前往。"秦武王答应了甘茂的请求。甘茂到达魏国以后，对向寿说："您先回去吧，把我们出使的情况报告给大王，就说'魏国已经听从我的主张了，但是我希望大王先不要攻打韩国'。事情成功的话，全算作您的功劳。"

向寿回到秦国以后，把甘茂的话报告给了秦武王，武王到息壤迎接甘茂。

甘茂抵达息壤后，武王问他先不攻打韩国是什么缘故。甘茂回答说："宜阳是个大县，上党、南阳财赋的积贮在那里已经很久了。名称叫县，其实是个郡。现在大王离开自己所凭据的几处险要关隘，远行千里去攻打它们，取胜有很大困难。从前曾参住在费邑，鲁国有个与曾参同姓同名的人杀了人，有人告诉曾参的母亲说'曾参杀了人'，他的母亲正在织布，神情泰然自若。过了一会儿，一个人又来告诉他的母亲说'曾参杀了人'，他的母亲仍然织布，神情不变。不一会儿，又有一个人告诉他的母亲说'曾参杀了人'，他的母亲马上扔下梭子，走下织布机，翻墙逃跑了。凭着曾参的贤德与他母亲对他的深信不疑，有三个人怀疑他，还使他母亲真的相信他杀了人。现在我的贤能还比不上曾参，大王对我的信任也不如曾参的母亲信任曾参那样，可是怀疑我的决非只是三个人，我唯恐大王也像曾母投杼一样怀疑我啊！当初张仪在西边兼并了巴蜀的土地，在北面扩大了西河之外的疆域，在南边夺取了上庸，天下人并没有因此而赞扬张仪，却认为是大王贤能的原因。魏文侯让乐羊带兵去攻打中山国，一直打了三年才攻下。乐羊回到魏国论功请赏，而魏文侯却把一箱子告发信拿给他看，吓得乐羊一连两次行跪拜大礼说：'这可不是我的功劳，能打胜仗，依靠的全是主上的威力啊。'如今我只是个寄居在此地的臣僚，樗里疾和公孙奭二人会以韩国的国力强大为理由来同我争议攻韩的得失，大王您一定会听从他们的意见，这样就会造成大王欺骗魏王，而我也将遭到韩相公仲侈怨恨的结果。"秦武王说："我会听从他们的意见，请让我跟您盟誓。"终于让丞相甘茂带兵攻打宜阳。一直打了五个月都还没有攻下宜阳，樗里疾和公孙奭果然提出反对意见。武王于是召甘茂回国，打算退兵。这时甘茂说："息壤就在那里，您可不要忘记您和臣下有过的盟誓。"秦武王于是调集了全部兵力，让甘茂进攻宜阳，斩敌六万人，终于拿下了宜阳。韩襄王派公仲侈到秦国谢罪，同秦国讲和了。

秦军占领宜阳后，周都洛阳门户洞开，秦武王亲率大军进攻洛阳。周天子无力抵御，只好出迎秦军。秦武王于是直奔周室太庙观看九鼎。当秦武王看到雍州鼎时，对众大臣们说："这鼎有人举起过吗？"守鼎的人回答说："自从有鼎以来，没有听说也没有人见谁举起过，这鼎重达千钧，谁能举得起呀！"秦武王于是问身边的任鄙、孟说二将谁能举起。任鄙知道秦武王一向恃力好胜，婉言辞谢。孟说却是个直性子，伸出两臂走到鼎前便举。只见鼎被他举离地面有半尺高后重重地落下，孟说顿时感到一阵晕眩，差点站立不住。

少虡剑

此剑为窄长条形，平脊微凹，圆茎，圆饼形首。剑格错金饰窃曲纹，首饰错金同心圆纹，脊两面有错金铭文 20 字。

赛举鼎秦武王绝脰

秦武王身高体壮，勇力超人，重武好战，常以斗力为乐，结果却因此而死于大鼎之下。

秦武王大笑，也上前将鼎举起了半尺，不料突然右脚一滑，大鼎失手落下，正好砸到武王的右脚上，足骨被压得粉碎。当晚秦武王喃喃自语道："心愿已了，虽死无恨。"入夜便气绝身亡。秦武王的异母弟嬴稷继位为王，是为秦昭襄王。

秦武王虽然死了，但是秦国的征伐脚步并没有因此而停下来，且已经不满足于称王了。于是秦国相约同样强大的齐国一同称帝。前288年，秦昭王自称西帝，并尊齐湣王为东帝，史称"秦齐互帝"。

这时燕国的苏秦来到齐国，劝说齐王放弃称帝，他说："您答应秦王一同称帝，我建议您还是再观察一下吧。如果秦王称帝以后天下的诸侯都不反对，那么您也称帝。如果秦王称帝遭到了天下人的声讨，那么您就不要称帝了。不仅可以借此机会讨伐秦国，还可以收获民心。"

见齐王没有说话，苏秦又说道："齐国和秦国并立为帝，天下人是尊崇齐国呢，还是尊崇秦国呢？"齐王回答说："当然是尊崇秦国了！"苏秦又问："那么齐国如果放弃帝号，天下是爱戴齐国呢，还是爱戴秦国呢？"齐王回答说："当然是爱戴齐国了！"苏秦笑道："那么两帝并立，相约一起讨伐赵国，与齐国的军队单独讨伐宋国，哪一个更有利呢？"齐王想了想，回答说："当然是讨伐宋国有利！"苏秦接着劝齐王道："如果我们和秦王一样称帝，天下只会尊崇秦国；如果我们放弃帝号，天下就会爱戴齐国；相约一起讨伐赵国又不如单独讨伐宋国。所以我主张放弃帝号来顺应天下百姓的意愿。"

齐王听从了苏秦的建议，于是联合赵国约定共同抗秦，秦国和齐国的关系由此恶化。苏秦趁机又劝齐王攻打宋国，说道："宋国的国君荒淫无度，天下共愤，如果我们挥师击宋，正是奉天讨罪的壮举，大王必然贤名震于诸侯，且可得到实际的利益，使齐国雄踞东方，成为中原诸侯之长。"

齐国于是出兵攻打宋国。燕国为了取得齐国的信任，也派兵协助齐国攻宋。宋国在齐、燕联军的攻击下，割让淮北一带的土地求和。

齐湣王识破了秦国的阴谋，放弃了帝号。秦昭王迫于压力，也随之放弃了帝号。"秦齐互帝"的局面仅仅维持了不到一年的时间。

楚国的衰落

楚国一直是秦国进攻的重点。前 280 年，秦国攻取了楚国的上庸及汉水北岸等地。前 279 年，秦国又攻占了楚国的鄢（今湖北宜城）、邓（今河南邓州）、西陵。前 278 年，秦国大将白起攻占了楚国的国都郢（今湖北江陵北），放火烧了楚国先王的陵墓所在地，楚国被迫迁都。

这对楚国是很大的打击，引起了楚国上下极大的震动。屈原更是放声悲歌，写下了著名的《哀郢》诗篇。

可是楚国的宗室贵族们却依然故我，没有一丝进取、改革的心思。秦国看到这种情况，就想联合韩、魏两国继续进攻楚国，企图一举灭亡它。

楚国的春申君黄歇于是上书劝秦昭王说："秦国和楚国是最强大的两个国家，如果秦国想要攻打楚国，必然会导致两败俱伤，很容易使韩、赵、魏、齐等国家坐收渔翁之利。这还不如让秦国和楚国结盟，然后联合起来一起对付其他的国家。"春申君提醒秦王说："秦国和楚国互相争斗，魏国一定会乘机占领宋国的领土，齐国也一定会占领楚国淮北的徐泗地方。这样就会使齐、魏、韩三国强大起来。"

屈原

屈原精通历史与文学，洞悉各国形势和治世之道，主张改革。但他的改革精神和措施，招来了楚国贵族和大臣们的反对和嫉妒，他们只想维护自己的特权，却把国家的长远利益置之脑后。昏聩的楚怀王听信谗言，渐渐疏远了屈原。

秦王看了春申君的信以后，取消了和韩、魏联合伐楚的打算，派使者和楚国再次修好。楚国顷襄王于是派黄歇和太子熊完去秦国做人质，秦昭王将他们扣留了十年。前 263 年，楚顷襄王病重，但是秦国却不同意让太子熊完回国，黄歇知道秦国的丞相范雎和熊完的关系很好，于是试图说服范雎。黄歇说："楚顷襄王这次可能会一病不起，如果秦国能让熊完回去，熊完即位之后必然会感激秦国，努力维护和秦国的良好关系。如果不放熊完回去，而是利用熊完来要挟楚国，楚国必然会另立太子来对付秦国，那么秦国和楚国的关系就会破裂，而被秦国所掌握的太子熊完也就变成了一个没有价值的人。"秦昭王动了心，便让熊完的师傅回去探问一下楚顷襄王的病情，回来以后再作打算。于是黄歇让熊完换了衣服，假扮成楚国使臣的车夫出关，自己留守，并以熊完生病为借口谢绝访客。等熊完走远了，秦国没有办法再追到时，黄歇才向秦昭王说出了实情。秦昭王大怒，想让黄歇自尽。范雎劝道："熊完即位以后，必定会重用黄歇，不如让黄歇回去，以表示秦国的亲善。"秦昭王听从了范雎的意见，这才把黄歇送回了楚国。

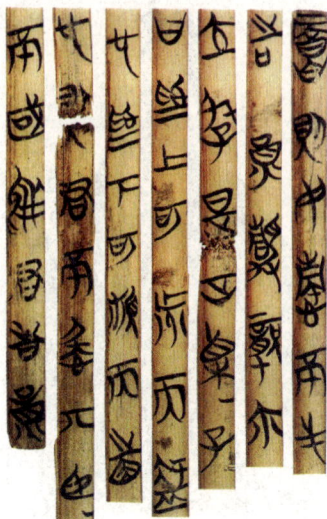

战国楚简

战国时期的楚简，文字是楚国的古文，字体呈方形，结构紧密，用笔平缓流畅，笔画匀称。

蔺相如完璧归赵

对于三晋，秦国攻魏伐韩，却在赵国身上吃了哑巴亏。原来赵惠文王得到了世上稀有的宝玉——楚国的和氏璧。秦昭王知道后，写信给赵王，说自己愿意拿十五座城来交换这块玉璧。赵惠文王看完信以后，心里十分为难，心想秦国一向爱占便宜，这次居然肯拿十五座城池来交换这块玉璧。如果相信他的话，又怕上当受骗；但是如果不给的话，又怕秦王一怒之下发兵来攻。于是他便找大臣们商量，大家都没有什么好办法。这时蔺相如站出来说："自己愿意带着和氏璧前去秦国，如果赵国能够得到秦国的城邑，那么就将和氏璧留在秦国；如果赵国没有办法得到那些城池，自己一定会完璧归赵。"赵惠文王没有其他的办法，只得同意让蔺相如带着和氏璧前往秦国。

蔺相如到达秦国以后，将和氏璧献上，秦昭王大喜，他将和氏璧捧在手里仔细把玩，非常喜爱。自己看完以后又传给大臣看，大臣看完以后又给宫里的美人看，全然没有要将十五座城池送给赵国的意思。蔺相如于是诓说和氏璧上面有一个小疵点，要指给秦昭王看，待他拿到和氏璧后，就往后退了几步，将身子抵住一根柱子，说道："赵王担心秦国自恃强大，得到和氏璧以后却不给城池，经过我的劝说方才答应与秦国交换。赵王斋戒五天，然后才让我捧璧前来，以示对秦国威严的尊重和敬意。不料大王却礼仪简慢，丝毫没有交割城池的诚意。现在如果大王一定要抢走宝玉，我宁可将脑袋与宝玉一起在柱子上撞碎。"说着就要朝柱子撞去。秦昭王害怕他把和氏璧撞碎，赶紧命人拦住，无奈地拿出地图，划出十五个城池给蔺相如看。蔺相如估计秦昭王不过是假意应付，便提出要秦昭王也斋戒五日，再郑重其事地进行交换。秦昭王只好应允。蔺相如回到驿所后，便派随从化装成做买卖的商人，怀揣和氏璧，偷偷从小道返回了赵国。

秦昭王斋戒完毕，在朝堂举行交换仪式的时候，蔺相如才把自己为了保全和氏璧，已经偷偷派人将其送回赵国的事情告诉秦昭王。秦昭王听了十分生气，但也没有杀掉蔺相如，放他回了赵国，赵惠文王以功封蔺相如为上大夫。

几年以后，秦王又派使臣去赵国，约赵惠文王在渑池（今河南渑池）相会。赵王很害怕，不打算赴会。但是蔺相如和大将廉颇认为，赵王应该前往，可以借此显示赵国的坚强和赵王的果敢。

前279年，秦王和赵王相会于渑池。在筵席上，秦王很轻蔑地对赵王说："我听说赵王爱好音乐，请您鼓瑟让我听听吧。"赵王忍气鼓了瑟。这时秦国的史官写道："某年某月某日，秦王与赵王赴会饮宴，令赵王鼓瑟。"蔺相如看到这种情况，便上前对秦王说："赵王听说秦王擅长秦国音乐，请秦王击缶，让大家高兴高兴。"秦王大怒，厉声拒绝。蔺相如于是跪在秦王的面前，捧着缶请秦王敲击。秦王还是不肯，蔺相如于是愤怒地说："五步之内，我就可以把颈血飞溅到大王的身上！"秦王害怕了，勉强敲了一下缶，蔺相如连忙也叫赵国的史官记下："某年某月某日，秦王为赵王击缶。"秦国的大臣们看到这种情景，都非常不高兴，便挑衅地说："请赵国拿十五座城池为秦王祝寿。"蔺相如也回应道："请秦国拿国都咸阳为赵王祝寿。"

蔺相如

蔺相如凭借着自己的智慧和勇气，让强秦兼并六国的图谋屡屡受挫。此外他还有容人之量，处处以大局为重，是一位胸怀广阔的政治家。

在这次宴会上，秦王施展了威逼、恐吓等手段，但都没能使赵国屈服。而且这时，廉颇已经在赵国的边境上集结了大量的军队，防止秦国的侵犯，秦军也不敢轻举妄动。凭着蔺相如的机智和勇敢，赵国在与秦国的外交上取得优势，避免了兵祸。

范雎的远交近攻

对赵国外交的失败让秦昭王很是气恼，担心六国的合纵策略再起作用，便任命范雎为相，实行"远交近攻"的策略。

所谓远交近攻，也就是大棒和橄榄枝相互配合使用。近攻就是对邻国挥舞大棒，把它消灭。因为如果和邻国结交，恐怕变乱会在近处发生。远交就是和远方的国家交好。当然，这种交好也不是长期和好，在消灭近邻之后，远交之国也就成了近邻，那时再开展新一轮的征伐也不晚。秦国这个外交政策被有效地推行了以后，其余国家都陷于一种孤立的状态。

范雎本来是魏国须贾的一名门客，在一次出使齐国时，齐襄王因为欣赏他的才能，便秘密邀请他到齐国任职。范雎不愿意背叛魏国，就没有同意齐襄王的要求。齐襄王虽然感到很失望，但还是打算送给范雎一份厚礼，却再次被范雎拒绝。须贾听说后，既妒且怒，一口咬定范雎泄露了魏国的机密，将他毒打一顿后投入监狱。

范雎在遭遇了魏国官员的凌辱以后，哀求狱卒救他。于是范雎装死，狱

范雎死里逃生
范雎逃到秦国后，被任用为丞相，他"远交近攻"的谋略对后世用兵影响深远。此外范雎"固干削枝"的平内策略，以及长平之战时所采用的反间计，也令人十分叹服。

卒便在奉命把范雎拖出去埋葬时，暗地里送他回家疗养。后来范雎逃亡到了秦国。

范雎到秦国后，一直没有机会向秦昭襄王进谏，直到秦国决定派穰侯发兵攻打齐国时，范雎才得以面见秦王。

秦昭襄王在离宫召见范雎，范雎犹豫再三，这才说道："不是我求见大王您后一言不发，而是我在秦国不过是一个过客，和大王您没有交情，而我要说的，却牵涉到大王您的骨肉之亲穰侯，我虽然愿意以一片忠心进谏，但是我却不知道大王的心是怎样的。我也不是因为害怕而不敢讲，而是知道我今天讲了明天就会被害。人免不了一死，如果能够对秦国有些好处，我即使死了也是值得的。但是我害怕的是，在我这样死了以后，天下的人就都不敢再讲话了，不敢再来了，也不肯再入秦了。"秦王很是惊诧，命他只管放心大胆地说。

范雎于是说道："秦国地势险要，军队众多，战士勇敢，是可以成就霸王之业的地方。但是现在穰侯却要越过韩、魏两国去攻打齐国的纲、寿，这是很失策的。如果出兵少了就不能对齐国构成威胁，如果出兵多了就会对秦国有危害。如今秦国和邻国的关系并不和睦，却越过邻国去攻打别的国家，这能行吗？只有远交近攻才是上策。"秦昭襄王认为范雎说得很有道理，就封他为客卿，常和他商议国家大事。

范雎日益得到秦昭襄王的信任，几年之后范雎对秦昭襄王说："臣在魏国的时候，只听说过齐国有孟尝君，没有听说过齐王；只听说过秦国有穰侯、华阳君、高陵君、泾阳君，却没听说有秦王。如今穰侯把持着对外大权，华阳君、高陵君、泾阳君可以自行决断，大王的地位在哪里？权力又在哪里呢？秦国从有等级的官吏到大臣，以及大王左右的人，没有一个不是属于相国的，大王您在朝廷是孤家寡人啊！我实在很为大王您感到惶恐不安。"秦王听了后十分惊恐。因此前266年，秦王果断地把穰侯、高陵君、华阳君、泾阳君逐出关中，贬逐了"四贵"，巩固了王权，继而封范雎为相，封以应地（今河南宝丰），号为应侯。依靠范雎远交近攻的策略，秦国开始一步步削弱其他六国的实力。

穰侯的悲哀

被范雎和秦昭襄王逐出关中、剥夺了兵权的穰侯名叫魏冉，是秦昭襄王的舅舅，宣太后同母异父的弟弟，在秦武王死后力推年幼的昭襄王即位，因此深得宣太后的信任，被任用为丞相，掌握秦国的兵权。

据说魏冉膂力过人，豪爽猛断。秦武王在位的时候，在自己熟悉的亲戚中选拔大臣，尤其重视选拔军事人才。尽管魏冉是武王的挂名舅舅，但两人实际年龄相差不多，性情相投，终日在一起习武。魏冉不仅力气大，军事素质过人，而且精通兵法，善于统兵打仗。前306年，秦国开始设置武官的最高官职——将军。魏冉因为战功卓著，成了秦国历史上第一位将军。

前291年，魏冉被封为穰侯。后来又加封陶（今山东定陶地）。陶地本来属于宋国，是战国时期最繁华的商业大都市，历来为各国所垂涎。齐湣王灭宋以后，陶地被齐国所占领。乐毅率领燕、秦、韩、赵、魏五国联军攻破齐国后，秦将斯离占领了陶，宣太后便把陶地封给了魏冉。

在宣太后主持秦国国政的几十年中，魏冉一直能很好地配合宣太后的内外政策，先后五次根据时局的变化为相，又五次罢相，但是都没有怨言。宣太后在秦昭襄王年幼的时候执掌秦国大权，把秦国的相国职位作为实行内外政策的最高礼帽，根据不同的政治需要，戴在不同人的身上：赵国强大的时候，就任命赵国派来的楼缓为相，表明秦赵两国友好；齐国强大，对秦国有威胁的时候，就重金聘请齐国的孟尝君为相；为安抚秦国的客卿，就拜秦国的客卿寿烛为相；为强化秦昭襄王的权威，就让与昭襄王少年同衣、成年同车的向寿为相。

魏冉少年成名，军功显赫。被封为穰侯以后，仍然经常带兵打仗。前290年，魏冉率兵攻魏，魏国被迫割地四百里（今山西西南部）。前289年，拔魏国河内，取城池大小六十余座。前275年，魏冉打败魏国名将芒卯，围

嵌红铜狩猎纹壶

此器颈部两侧有环耳，饰蕉叶状云纹。鼓腹，
低圈足，腹部饰嵌红铜狩猎纹，加有络绳纹。
壶上所绘的动物非常生动。

困魏都大梁（今河南开封），魏国被迫求和。前274年，魏国背叛秦国，与
齐国结盟。魏冉再次讨伐魏国，斩首四万，击败从韩国投奔魏国的名将暴
鸢，得魏国三县。前273年，魏冉与白起、客卿胡阳攻打魏国，取卷、蔡
阳、长社、观津等地。魏冉将观津还给赵国，与赵国结成盟国，共同讨伐齐
国，齐王被迫求和。

魏冉长期掌握秦国的军权，秦国的高级将领多出自魏冉的门下。惠文王
朝的司马错和武王朝的任鄙都是秦国的重要将领，也都投靠了魏冉。在魏冉
提拔的大批青年将领中，白起是最出色的一个。

正是因为执政时间长，战功显赫，魏冉的势力让秦王感觉到了压力，因
此秦王要铲除他，也在情理之中。

魏冉虽然功成失势，但是秦国却据此稳定了内部的统治核心，为最终吞
并六国创造了有利的条件。

七雄兼并诸国

战国七雄中的六国，除了秦国外势力都在逐渐削弱，而那些夹杂在大国中的
小国，命运只剩下灭亡了。虽然它们在不同程度上也曾经兴盛过，但依然无法逃
脱弱肉强食最终被吞并的结局。

宋康王亡国

在《战国策》中，战国七雄被称为万乘之国，而宋国则略逊一筹，属于

历史细读

宋康王喜欢美色，但凡有点姿色的女子，都要据为己有。一次他看上韩凭的妻子何氏，便将何氏纳入后宫，把韩凭罚去做苦役。韩凭悲愤自杀，何氏闻讯后也上吊了。宋康王大怒，吩咐人把韩凭夫妇的尸骨分开安葬，坟墓与坟墓之间可望而不可即。然而一夜之间，两株大的梓木便生长在两座坟的坟头，弯曲了身体互相靠拢，树根盘结在下面，枝条交错在上面。树丛当中又生长了一对形状像鸳鸯的鸟，在这两棵树上悲哀地鸣叫，声音凄楚动人。宋国人哀念韩凭夫妇，便把这两棵大梓树叫作连理枝，把鸳鸯鸟叫作韩凭鸟。

千乘之国。

战国初年，宋国曾兼并了淮泗一带的小诸侯国，领土东到今徐州西的几县，南到今安徽的宿县，西到今河南商丘地区西部，北到今山东菏泽定陶一带，地跨河南、山东、江苏、安徽四省，与齐、楚、魏等大国接壤，有着陶邑这样著名的都市，国都则在商丘（今河南商丘西南），后迁到徐州。

前 322 年，宋康王自立为王，一度曾经打败齐国，夺得五城；打败楚国，占地三百里；还打败过魏国；继而灭滕国、代薛国，攻取了淮北地方。

恰巧这个时候，宋国的城墙上，一只小鸟孵出了一只鹯鹰。依今天的眼光来看，肯定是鹯鹰的卵生在小鸟的窝里了。但是宋康王可没有想到这一层，他马上让人卜了一卦，大吉，说是要以小生大，预示着宋国将吞并天下。这句小人的谄媚之词顿时让宋康王头脑发热、心潮起伏起来，他欢天喜地地砍倒了祭天的神坛，射天鞭地，自称天子，命宫中从此依照周王的饮食起居来侍奉他。

宋康王对此似乎并不满足，问相国唐鞅说："我杀的人已经够多了，但是臣民还是不害怕我，这是为什么呢？"唐鞅回答说："主公杀的人，都是有罪的人。只杀有罪的人，没罪的人当然不会害怕。主公想让臣民都害怕的话，就要不管有罪没罪，时不时地滥杀无辜。那样臣民就会人人自危，对主公非常害怕了。"

宋康王觉得有理，于是没过多久，就把唐鞅杀了。

宋康王的所作所为惹怒了各国，它们纷纷骂宋康王是"桀宋"。前 286 年，齐国兴兵伐宋，宋国军民溃败，城邑不守。宋康王于是逃到魏国，死在

中山侯钺

此器中部有一孔，两肩各有一长方形穿，内为横长方形。内为勾连纹，钺饰勾连纹带及垂叶纹。器上有铭文两行，计十六字。钺是刑杀威权的象征，战国时期的钺，迄今所见仅此一例。

了温（今河南温县西）。

齐国独占了宋国的领土，这让秦国十分忌妒，秦王甚至怒吼道："我喜爱宋国，就像我喜爱新城和阳晋那样。"楚、魏两国也很想能够在瓜分宋国中分得一杯羹，因此齐国灭宋只过了两年，各国就组成了联军攻伐齐国，齐国几乎因此而亡国。

卫国绝祀

卫国也是一个千乘之国，战国时期，卫国的领土，东和南可到今山东郓城、菏泽一带，西到河南滑县，北到河北、河南交界的地方，国都在今河南濮阳。

战国初年，赵国就想吞并卫国，卫王向魏国求救，魏王于是亲自领兵与赵军交战，赵军战败之后便派人向楚国求救，楚国于是发兵袭击魏国的后方。这样一打，赵、魏、楚三国反倒把卫国给忘记了，卫国得以渡过一次危机。

还有一次，秦国攻打卫国的蒲地，卫国赶紧派使者胡衍去秦国向樗里疾游说道："这样打下去，卫国肯定招架不住，就会连同蒲地一起投降魏国。这样魏国强大了，魏国以前献给秦国的西河地方，不就有能力收回了吗？"樗里疾一听有道理，连忙召回了军队，卫国再次利用了秦魏两国之间的矛盾保存了自己。

后来卫国一直遭到魏国的侵扰，失去了很多土地。卫怀君时，到魏国朝拜，结果魏王扣留并杀害了卫怀君，立了嗣君的弟弟元君做卫国的国君，因为元君是魏王的女婿。前241年，秦国攻打卫国，卫国把国都迁到了野王，苟且偷生而已。前230年，卫元君死，其子角立。前209年，秦二世废角为庶人，卫国从此绝祀。在战国众多的诸侯国中，卫国倒是最后一个绝祀的。

中山国的灭亡

中山国也是千乘之国，在春秋时期被称作鲜虞，属于白狄族，位于今河北正定东北。

战国早期，魏国曾经征服了中山国，魏王派李悝治理了一段时期后，将公子挚封为中山君。中山国的残余势力退入了太行山中。中山国被灭后，中山桓公经过20多年的励精图治，积蓄力量，终于在前380年前后重新复兴了中山国，定都灵寿（今河北平山三汲附近）。复兴后的中山国位于赵国的东北部，成了赵国的心腹之患。赵国强大后，不断地攻伐中山国。前 377 年和前 376 年，赵国曾两次攻打中山国，均未成功。前 296 年，中山国最终还是被赵国灭掉了，中山王尚被迁徙到了送到肤施（今陕西绥德东南）。中山国自春秋末年立国，经过 350 多年时间，宣告灭亡。

目前灵寿地区的中山国遗址已经被发掘，出土了许多铁制生产工具和生活用具。其中一座中山王的墓葬中，还出土了大量的金币、银贝、戈、剑、铜镜、玉饰、玛瑙和铜鼎、铜壶、铜盂、盘、匜等器皿，技艺非常精巧。

灵寿的中山国古城遗址规模也相当大，城址南北长四公里，东西宽约两公里，城内有居住遗址、制陶作坊、制骨作坊、制钢铁器作坊遗址等。从瓦件等建筑遗物看，王宫建筑一定相当宏伟。这些考古发现，有力地佐证了中山国曾经昌盛一时，但终究逃不了被强国吞并的结局。

郑国和鲁国

西周时期，周厉王的小儿子被封在郑地，于是开始有了郑国（今河南新郑一带）。到了战国时期，郑国占有了河南新郑作为统治中心，东到杞县、陈留，南到鄢陵、许昌，西到登封，北到荥阳、郑州。在众多小国里，郑国算是比较大的。

战国初期，韩国和郑国一直在互相攻伐。如前 408 年，韩国攻占了郑国的雍丘（今河南杞县）。前 385 年，韩国又攻占了郑国的阳城（今河南登封境内）。

前 398 年，郑国国君杀了相国子阳，因为子阳要实行改革，执法很严厉，宗室贵族无法容忍。没想到这一来却引起了国家的分裂，开始了长达三年的混乱。这之后郑国一直国力不盛。前 375 年，韩国灭亡了郑国，并将自己的国都迁到了郑地。

鲁国最早是周公旦的封地，都城在曲阜（今山东曲阜）。战国时期，鲁国地域北至今山东泰安、新泰，东到今山东曹县、临沂，南到今山东滕州、鱼台，西到今山东巨野、单县，约有今山东临沂、济宁地区和泰安地区的一部分。长平之战时，楚国乘机进攻鲁国。前 261 年，楚军占领了鲁国的徐州。前 256 年，楚国灭亡了鲁国。

其他小国

在淮河和汉水流域，还分布着许多小国，它们大多处在楚国的势力范围之下。从战国初年开始，楚国不断在这些地区活动，先后灭唐（今湖北随州西北）、顿（今河南汝南附近）、胡（今安徽阜阳）。楚惠王在位（前 488 年—前 432 年）

期间，灭了陈、蔡（今安徽寿县）、杞（今山东境内）。楚简王（前431年—前408年）期间，灭了莒（今山东境内）。

楚国东南的越国，先人是著名的越王勾践，春秋晚期勾践灭吴，占有了吴国全境。战国时期，越国国境自今江苏淮安地区向南，经江苏长江两岸和浙江全省直到福建境内，西到今安徽南部和江西东部地方，面积十分广大。但是越国的国势却并不强盛，楚王兴兵伐越，"五年而亡越"。前306年，楚国灭掉了数十个小国后，成为战国时期疆域最大的国家。

秦王扫六合

秦王嬴政执掌大权后，听取了李斯关于灭亡六国、统一全国的建议，开始着手规划统一中国的大业。其战略方针是由近及远，集中力量，各个击破；先北取赵，中取魏，南取韩，然后再进取燕、楚、齐。经过多年征战，秦王嬴政在他登上王位的第二十六个年头，即前221年，消灭了六国，统一了中国。至此战国时代结束，中国进入了一个全新的历史时期。

阏与之战

到了战国后期，能在军事上和秦国较量的，也只有赵国了。

前270年，秦国征伐赵国，围困了阏与（今山西和顺）。赵惠文王问廉颇和乐乘怎么办，两个人都说："道路遥远而又危险狭窄，难以解救。"赵惠文王又问赵奢，赵奢说："道路遥远而又危险狭窄，就好像是两只老鼠在窝里争斗，只要将帅勇敢就能取得胜利。"赵惠文王一向欣赏赵奢，于是派他带兵去解救。

赵军离开都城邯郸刚走了三十里地，赵奢就下令扎营，然后传令全军："有谁敢上书说要与秦军作战的，斩无赦。"秦国的军队此刻正驻扎在武安以西，他们擂鼓呐喊，连房屋上的瓦都给震碎了。这时赵军中有一个人要求赵奢出兵急救武安，赵奢立即把他杀了。赵军驻扎了二十八天，不仅没有采取任何军事行动，而且还在不断加强了防守工事。秦军的奸细窜入赵军被抓后，赵奢都很好地招待他们，然后将他们放了回去。奸细回去后将自己所见到的

持剑木俑

此木俑头部五官略显，身体略微前倾，一副临阵状态。木俑的身躯由整块木头雕刻而成，两臂为另外安装，手法虽然简练，但是却表现了战国武士的粗犷与英勇。

历史细读

　　赵奢任田税官时，平原君家不肯交租税，赵奢便杀了管事的九个人，平原君大怒。赵奢说："你是赵国的贵公子，你不守法，法就削弱，法削弱国就弱，国弱诸侯就来攻打，就没有赵国了。那时你还会有富贵吗？"平原君看他说得有理，于是将他推荐给赵王治理国家的田赋，因此赵国的粮食十分充实。

情况报告给了秦军将领，秦将大喜，说："赵军怕了。"

　　赵奢在遣送走秦军的奸细以后，命令全军轻装急行奔赴阏与，只用了两天一夜的工夫，赵军就赶到了离阏与五十里的地方驻扎修筑工事，并抢先占领了制高点北山。

　　秦军没有想到赵军这么快就赶到了阏与，仓猝之间分兵迎击。赵军居高临下，猛击秦军。阏与守军也出城配合。秦军死伤逃散过半，大败而走。赵惠文王因此封赵奢为马服君，地位与廉颇、蔺相如相等，被后人列为东方六国的八位名将之一。

　　不过曾以"火牛阵"复兴齐国的田单并不认可，他对赵奢说："我并不是不佩服将军的兵法，我所不服气的地方，是将军用这么多的兵才取得胜利，实在没有什么可以值得赞许的。过去帝王之兵不过三万，就能令天下人臣服。如今将军带领十万、二十万之众才能打胜一场战斗，我田单不服。"赵奢认为田单并不懂得用兵之道，他说："过去四海之内分为万国，城池虽大，但是却没有超过三百丈的；人口虽多，却也不过三千户。然而现在情况不同了，古代的万国变成了七国，千丈之城中，人口多达万家。时势已发生了很大变化，战争的形式和规模也必须有相应的改变。你难道还想用三万之众围千丈之城吗？你连一个城门角都围不过来，更不要说大规模的平原战了，不足以实行包围，你将怎么办呢？"赵奢的一席话，说得田单"喟然太息"，这才表示诚服。

　　在这一历史阶段，秦国是主角，赵国是六国中最强大的，所以秦赵之战影响着历史的进程。阏与之战，赵国战胜了秦国不可战胜的神话，正是这一战役维持了秦、赵8年的战略平衡，秦灭赵的脚步因此而迟滞。

艰难的联盟

赵武灵王的次子赵惠文王，算得上是一位英明的国君。可惜的是，在阏与之战后不久就死了，他的儿子赵丹继位，这就是赵孝成王。

秦国见赵国易主，便发兵攻赵，一连拿下了三座城池。赵国急忙向齐国求援，齐国国君说："帮忙当然可以，不过要先让你们君王的弟弟长安君来我们这里当人质吧！"

本来王室为了国家的利益互为人质，在春秋战国时期是非常普遍的事情，可是赵孝成王的母亲心疼小儿子，死活抱着不放。任凭边关的告急文书雪片般飞来，老太太就是不肯让小儿子去当人质，还狂喊着说："有哪个人敢再来说要长安君为人质的，我就要把唾沫吐在他的脸上。"

无奈之下，赵孝成王只得请左师触龙出马。赵太后料定触龙是来游说的，就气冲冲地等着他。触龙来到宫中，一路都慢慢地小跑，到了太后跟前谢罪道："我脚上有毛病，竟不能快步走。好久都没有见您了，我还自己原谅自己呢。我怕您玉体欠安，所以想来见见您。"赵太后听见这话，脸色稍缓，说道："我现在也是靠车子才能走动。"触龙又问道："您每天的饮食应该没有减少吧？"太后道："不过是吃点稀饭罢了。"触龙又说："我近来很不想吃什么，却勉强自己散散步，每天走三四里地，食欲就稍稍增加了一些，身体也舒畅了一些。"太后的怒色这时候已然消减了不少，说道："我可做不到那样啊。"

触龙说："老臣今天过来，是有事求太后帮忙。我的那个不肖的儿子舒祺，他年岁最小，也不成器得很，而我已经衰老了，心里很怜爱他，希望他能充当一名卫士，来保卫王宫，求您答应。"太后一听是这事，就笑道："这

聘礼行迎图（局部）
聘礼行迎图画面用土黄、橘红、海蓝、棕四色漆成，一部分以奔驰的车马、冕冠垂缨的乘人与襦衣青帻的随从表现聘问出行途中的景象，另一部分由气宇轩昂的褒衣博带者与待发的骈车表现主国出使接宾的场面。据此图可见我国早期马车驾御和乘载的真实风貌。

有什么难的啊，他今年多大了？"触龙道："已经十五岁了。不过虽然他年龄还小，我却希望在我还没死的时候就把他托付给您。"太后问道："男子汉也疼爱小儿子吗？"触龙答道："比女人还爱得很呢！"太后答道："女人格外疼爱小儿子。"触龙说："但是我私下里认为您对燕后的爱怜超过了对长安君的疼爱。"太后道："您说错了，我对燕后的爱远远赶不上我对长安君的爱啊！"触龙道："父母疼爱自己的孩子，就必须要为他考虑长远的利益。您把燕后嫁出去的时候，拉着她的脚跟，还为她哭泣，不让她走，想着她远嫁，您十分悲伤，那情景够伤心的了。燕后走了以后，您不是不想念她。可是在祭祀的时候为她祝福，还是说：'千万不要让她回来。'您这样做难道不是为她考虑长远利益，希望她有子孙能够相继为燕王吗？"太后答道："不错，是这样的。"

触龙又说："从现在的赵王往上推三代，直到赵氏从大夫封为国君为止，历代赵国国君的子孙受封为侯的人，他们的后嗣继承其封爵的，现在还有存在的吗？"太后答道："没有了。"触龙又问："不只是赵国，各诸侯国还有这种情况吗？"太后道："我还没有听说过。"触龙说道："这大概就叫作近一点呢，祸患就落到自己身上；远一点呢，灾祸就会累及子孙。难道是这些人君之子一定都不好吗？但是如果他们地位尊贵，却对国家一点军功都没有，俸禄十分优厚，却一点功劳政绩都没有，而他们又持有许多的珍宝异物，这就难免危险了。现在您使长安君地位尊贵，把肥沃的土地封给他，赐给他很多宝物，可是却不趁现在使他有功于国，有朝一日您不在了，长安君还凭什么在赵国立身呢？我觉得您为长安君考虑得太短浅了，所以认为您对他的爱不及您对燕后的爱啊！"太后回答道："行了，任凭您把他派到哪儿去吧。"

就这样，赵太后为长安君准备了上百辆车子，送到了齐国，齐国于是派

坑弃万军

白起坑弃万军

白起善于分析敌我形势，然后采取正确的战略进攻。长平之战歼敌45万，创造了先秦战争史上最大的歼灭战战例。但是白起杀敌太多，因此被排斥于军事奇才之外，而被看作杀人魔王。

兵前来救赵，两国共同抵御秦国。

长平之战

前264年，缓过劲来的秦国大举攻打韩国，沿着黄河北岸向东挺进，占领了南阳（今河南获嘉以西）。两年之后，秦国又占领了野王（今河南沁阳），切断了韩国上党郡（今山西长子）与国都新郑的联系。于是韩国的国君韩桓惠王让上党郡守冯亭把上党郡献给秦国，以求得秦国罢兵。冯亭不愿意降秦，同上党郡的百姓谋划之后决定利用赵国的力量抗秦，把上党郡的十七座城池献给赵国。于是冯亭便派遣使者去通报给赵国。赵考成王与大臣们商议后，决定封冯亭为华阳君，派平原君去上党接收土地，同时派老将廉颇驻守长平。

秦军一路逼近，占领了上党。在到达长平关（今山西晋城高平市王报村）后，由于老将廉颇的坚守，三年都没能攻下。范雎于是运用反间计，向赵国散布谣言说："廉颇太老了，已经丧失了锐气，屡战屡败，早晚都要投降。秦国最怕的是赵国的赵括，只要赵括不当统帅，秦国就一定能够取得胜利。"赵孝成王果然中计，把廉颇免职，任命赵括继任。

赵括是赵国名将赵奢的儿子，但他的本事只是纸上谈兵而已。赵括的母亲知道儿子被任命为统帅后，立刻上书给赵孝成王说："赵括是一个书呆子，只会读父亲的兵书，根本不会灵活运用，不是做大将的材料，请不要派遣他去。"赵孝成王以为是赵括的老母谦让，仍然坚持。没办法，赵括的母亲只得请求说："如果您一定要用他，万一丧师辱国，但求赦免我们全家。"赵孝成王答应了。

赵括就任后，撤除了所有的防御工事，他还亲自率领精锐，向秦军最弱的营垒进攻。秦将白起下令退却。

赵括突破秦军的阵地后，仍然保持猛烈的攻势以扩大战果，白起于是下令再退，然后派出二万五千人的奇袭部队，切断了赵括的退路。接着白起又切断了赵军的粮道。赵括数次强攻，都没有办法突破秦军的包围。赵军勉强支持了四十多天，士兵杀马充饥，战马杀尽后又互相攻杀，煮食战友的尸体。赵括无奈，亲自挑选了敢死队想做最后一次突围，结果全军覆没，自己也死在了乱箭之下。赵军剩下的四十万人全部投降。为防止兵变，白起命令这四十万饥饿疲惫的俘虏，进入长平关附近一个名为"杀谷"的深谷之中，把谷口两端堵塞。预先埋伏在山顶上的秦军抛下土石，像暴雨一样，将四十万赵军全部活埋。

长平关一役，活着回到赵国的只有二百四十人。赵国举国上下哭声震天，全国的青壮年几乎都在这一役中牺牲，赵国从此没落。

此战加速了秦国灭六国的进程，秦国想要一鼓作气拿下赵国，于是攻伐不断，不久就围困了赵国的都城邯郸。此时的赵国精锐士兵早已于长平之战中伤亡殆尽，邯郸城内的士卒多为四十岁左右的老人和十几岁的孩子。廉颇亲自上城督战，硬是率领这支老弱残兵坚壁清野，挡住了秦军一次又一次的攻击。最后在魏国和楚国的援军到来之后，赵军与他们内外夹击，打败了秦军，解了邯郸之围，也保全了赵国。这时燕国想趁人之危大捞一把，也趁机发兵攻打赵国。不料老将廉颇亲自迎击燕军，士兵们同仇敌忾，决心保卫国土，个个奋勇冲杀，大败燕军，斩杀其主将栗腹。廉颇还率军追击了五百里，直入燕境，进围燕都蓟（今北京城西南），燕王只好割让五座城邑求和。廉颇回国后出任相国，六七年间多次击退入侵的敌军。前 245 年，还带兵攻取了魏地繁阳（今河南内黄西北）。

可惜的是，赵悼襄王即位后，听信郭开的谗言，解除了廉颇的军职。廉颇因为受到排挤而发怒，投奔了魏国。魏王虽然收留了廉颇，却并不信任和重用他。赵国因为多次被秦军围困，于是赵王萌生再用廉颇的意思，就派使者带着一副名贵的盔甲和四匹快马前去慰问廉颇。郭开唯恐廉颇回来后再度得势，就暗中买通了使者。使者来到魏国后，廉颇在他面前一顿饭就吃了一斗米，十斤肉，还披甲上马，表示自己的身体尚好，现在还能够为国效力。但是使者回来却向赵王报告说："廉将军虽然老了，但是饭量还好，只是和我坐在一起，不多长的时间就拉了三次屎。"赵王于是认为廉颇老了，就没有再任用他，廉颇也就没有再得到为国效劳的机会。

楚国听说后，暗中派人迎廉颇入楚。但是廉颇担任楚国的将军时并没有建立什么功劳，只是说："我思用赵人。"这流露出廉颇对祖国乡亲的眷恋之情，但是赵国终究未能重新启用他，致使这位为赵国作出过重大贡献的一代名将，抑郁不乐，最终死在楚国的寿春。廉颇作为战国时期一位杰出的军事将领，征战数十年，攻城无数，歼敌数十万，从来没有失败过。他为人坦荡，

肉袒负荆

廉颇肉袒负荆

蔺相如因功被拜为上卿，引起老将廉颇的不满，并扬言要当众羞辱蔺相如。对此蔺相如采取了忍让的态度，他解释说："强秦之所以不敢出兵攻打赵国，是因为我和廉颇同在朝中为官，如果我们相斗，就如两虎相伤，没有两全之理了。我避让他只是不想把国家危难放在个人恩怨上罢了。"廉颇听后深受感动，于是身背荆条，赤膊露体到蔺相如家中请罪。从此两人结为刎颈之交，生死与共。这就是后世津津乐道的"将相和"。

历史细读

　　一次，有个跛子经过平原君楼下，平原君的小妾看到大笑起来。第二天，跛子到平原君面前，跪着请求杀了这个小妾。平原君答应之后，却认为这个要求太过分而没有理会。没过多久，平原君的门客们陆续都离开了。平原君很诧异，经过查问，才知道原来门客们认为平原君重女色，轻士人。于是平原君杀了那个小妾，并亲自登门向跛子道歉，门客才又陆陆续续地回来。

有知错就改的勇气。他的一生，正如司马光所说："廉颇一身用与不用，实为赵国存亡所系。此真可以为后代用人殷鉴矣。"

邯郸之战

　　秦军围攻赵国都城的邯郸之战，最后赵国得以顺利解围，还要归功于赵国的平原君赵胜。

　　邯郸被围困的时候，赵孝成王派平原君赵胜前去楚国求救。平原君打算在门客中挑选文武俱备的二十个人一同前去，选来选去，只选出了十九个人。这时门客中有个叫毛遂的，主动要求一同前往。平原君于是问他来到门下有几年时间了，毛遂回答说三年了。平原君说："贤士处世，就好像是锥子放在囊中，锥尖马上就会露出来。先生来到我这里已经三年的时间了，却没有人称赞过你，我也没有听说你有什么本领，所以你还是不要去了吧。"毛遂回答说："我是直到今天才请求将自己放在那个囊中啊，如果我能早些处于囊中，整个铁锥全都会露出来，而不是只露出一点点尖来。"平原君听见这话以后，就带了毛遂等人前往楚国，但那十九人却都对毛遂表现出了轻蔑示意。

　　到达楚国以后，平原君与楚王商谈合纵抗秦的事情，可是楚王就是不愿意派兵救援赵国。从早晨一直谈到中午，都没有结果。毛遂于是大步跨上台阶，远远地就大声叫道："出兵的事情，不是有利就是有害，不是有害就是有利，简单而又明白的事情，为什么商量了半天还不能够决定呢？"楚王非常恼火，问平原君："这个人是谁？"平原君回答道："这个人名叫毛遂，是我的门客。"楚王喝道："赶快退下！我在和你的主人说话，你来干什么？"毛遂看到楚王发怒，不但不退下，反而又走上了几个台阶，他手按宝剑，大声说道："现在十步之内，大王您的性命就掌握在我的手中！"楚王见毛遂那么勇敢，没有再呵斥他，就听毛遂讲话。

毛遂于是把援赵有利楚国的道理，做了非常精辟的分析。毛遂说道："我听说成汤王、周文王原来都占有很小的一块地方，但是他们都能使诸侯臣服于自己，难道是因为他们的军队众多吗？那是因为他们能够掌握形势，发挥出自己的威力。今天楚国有地五千里之大，士卒百万之众，天下谁能阻挡。可是白起率数万军队，兴师征伐楚国，一仗就攻取了鄢、郢，再一仗就烧了夷陵，第三仗就烧毁了您祖先的宗庙。这是楚国的百世仇怨！连我们赵国都替你们感到羞辱，难道大王就没有感到耻辱吗？赵楚联合抗秦，这是为了楚国，而不是为了赵国。"毛遂的一番话说得楚王心悦诚服，答应马上出兵。

与此同时，赵国还在不断向魏国求救，魏国派将军晋鄙带领十万士卒救援赵国。秦王听说后，派使者威胁魏王说："赵国很快就会被攻取，谁要是救援赵国，我们攻下赵国以后就攻打谁。"魏王害怕了，命令晋鄙在邺（今河北临漳）地安营，不再前进，然后派将军辛垣衍潜入邯郸，想说服赵王和魏王共同尊秦王为帝，换取秦军从邯郸撤兵。

夷门访监

长平之战后，秦军又包围了赵国的首都邯郸。平原君的夫人是信陵君的姐姐，他多次向魏国求救。魏王派晋鄙救赵，却持观望态度而不出兵。大梁城东门的守门人侯赢向信陵君献计窃符救赵，信陵君听从了他的计策，解救了邯郸，保全了赵国。

这时，恰好齐国的名士鲁仲连在赵国，听说此事后便去见平原君，平原君便介绍鲁仲连见辛垣衍。鲁仲连对辛垣衍说："今天的秦国，不要礼义，奖励杀伐，对他的士卒玩弄欺诈手段，对他的民众任意驱使。如果让秦国放肆称帝，我宁可跳入东海而死也不愿意做秦国的臣民。"辛垣衍无言以对。

平原君的夫人是魏国信陵君的姐姐，平原君见魏国的救兵隔岸观火，便写信责怪信陵君说："我以为你有急人的高义，现在邯郸这么危急，你却无动于衷。纵然你轻易地抛弃我，难道也要抛弃你的姐姐吗？"

信陵君当然不愿意抛弃姐姐，无数次去请魏王发兵，但魏王害怕秦国，始终不肯答应。信陵君愤怒至极，亲自率领自己那一百多辆车出发，要去和秦军死拼。路过东门时，遇见侯赢，信陵君意气风发地说自己要去和秦军死拼。侯赢说："公子努力吧！老臣不能和你一起去了。"信陵君心里不快，走出数里后又返回去质问侯赢。侯赢笑着说："你的行动好像是以肉去投喂饿虎，有什么用呢？为什么不偷取兵符来调动晋鄙的军队呢？"

这位侯赢是魏国的隐士，七十多岁了，是个看守城门的小官。信陵君知道他有才华，曾几次去请他，还送上丰厚的礼物，可侯赢都不接受。信陵君大宴宾客时，亲自去请侯嬴赴宴，还亲自为他驾车。如今信陵君急得火烧眉毛了，侯嬴建议信陵君说："我听说调动晋鄙的兵符，就藏在魏王的卧室里，魏王最宠爱如姬，因此如姬可以随便进出卧室。如姬的父亲被人所杀，三年都没有找到仇人。是您派人杀了她的仇人，如姬非常感激你，愿意为您而死，只要你一开口，如姬一定会答应。"

信陵君如梦初醒，果然如姬偷出了兵符。这时侯嬴又对信陵君说："将在外，君令有所不受。如果晋鄙不交兵权，那就危险了，一定要带大力士朱亥去。如果晋鄙听话，那就正好；如果他不听话，就打死他。"信陵君等一行人到了邺地后，假传魏王命令要取代晋鄙。晋鄙合了虎符，突然说："我拥有十万之众，今日你几辆车子就来取代我，这不对头吧！"朱亥在旁边一听这话，猛地从袖子里抽出四十斤重的铁锤，就把晋鄙打死了。

就这样，秦军在魏军、楚军、赵军的内外夹攻下大败，邯郸之围遂解。

信陵君杀死了晋鄙，拯救了邯郸。赵孝成王非常感谢他，准备亲自到郊外去迎接他。唐雎对信陵君说："我听人说：'事情有不可以让人知道的，有不可以不知道的；有不可以忘记的，有不可以不忘记的。'"信陵君听得一头雾水，说："你说的这是什么意思呢？"唐雎回答说："别人厌恨我，不可以不知道；我厌恨人家，又不可以让人知道。别人对我有恩德，不可以忘记；我对人家有恩德！不可以不忘记。如今您杀了晋鄙，救了邯郸，破了秦兵，保住了赵国，这对赵王是很大的恩德啊！现在赵王亲自到郊外迎接您，我们仓促拜见赵王，我希望您能忘记救赵的事情。"信陵君感激地说："我敬遵你的教诲。"相见之后，信陵君十分谦逊，很得赵孝成王的赏识。

然而邯郸之战后，秦昭襄王却很是恼怒，将一腔怒火都发泄到了白起头上。秦军出征前，白起就预言秦军将会失败，他说："邯郸是不容易攻下的。长平之战虽然我们胜利了，但兵卒死了一半多，国内也空虚了。远征别国国都，赵国坚守，诸侯救援，内外夹攻，怎么能取胜呢？"

因此白起称病不愿前去领兵，秦王对白起很不满意。如今果然战败了，白起又说："当初不听我的劝告，今天怎么样？"这话传到秦王耳里后，他便把白起逐出了咸阳。白起走出城门十里，秦王又派人送来一把剑，说是由白起自己定夺，或是领兵再攻邯郸，或是自杀。白起选择了后者，临死时叹息道："我何罪于天而至此哉？"良久又说："我固当死。长平之战，赵卒降者数十万人，我诈而尽坑之，是足以死。"

白起是中国历史上著名的军事家和军事统帅，素以深通韬略著称，他是中国历史上战功最辉煌的将军，战国时期最为显赫的大将，曾经征战沙场长达三十余载，为秦国的统一大业立下了不世之功，他的战绩创造了中国兵法史上的最高实战典范。白起用兵，善于分析敌我形势，然后采取正确的战略、战术方针对敌人发起进攻。如伊阙之战中集中兵力,各个击破;鄢郢之战中的掏心战术,并附以水攻;华阳之战的长途奔袭。长平之战白起佯败诱敌,使其脱离既设阵地,尔后实行分割包围战术,歼敌四十万,创造了先秦战争史上最大的歼灭战战例。其规模之大、战果之辉煌,在世界战争史上也是罕见的,而且也是世界军事史上最残酷、最惨烈的战役。

嬴政执掌秦国

就在长平之战的四年后,也就是前256年,秦国军队在征讨韩、赵两国的路上,顺手牵羊灭掉了周朝。前246年,少年嬴政即位,由相国吕不韦主持朝政。

吕不韦,姜姓,吕氏,名不韦,卫国濮阳(今河南省滑县)人。战国末年著名的商人、政治家、思想家,官至秦国丞相。他往来各地,以低价买进,高价卖出的方法,积累了万贯家财。

吕不韦

大商人吕不韦往来各地,积累了万贯家财。他辅佐秦始皇的父亲子楚登上帝位,任秦国的相国。秦王嬴政即后来的秦始皇继位后,又尊他为相国,号称"仲父"。他曾组织门客编写了著名的《吕氏春秋》,也是杂家思想的代表人物。吕不韦执政时曾攻取周、赵、卫的土地,立三川、太原、东郡,对秦王嬴政兼并六国的事业有重大贡献。

嬴政的父亲嬴异人是秦昭王的太子安国君的庶子。安国君有二十多个儿子,出于战略需要将嬴异人作为人质派往赵国。由于秦国屡次攻打赵国,所以赵国对待嬴异人很不友好。一次吕不韦在邯郸见到嬴异人,认为他"奇货可居",就对嬴异人说:"我能壮大您的门户。"嬴异人笑笑说:"你还是壮大自己的门户吧!"吕不韦说:"您还不知道,我的门户要靠您的门户来壮大。"嬴异人领悟到他的意思后,便与他进行深谈。吕不韦说:"现在秦王老了,太子安国君宠爱华阳夫人,而华阳夫人没有儿子,只有她能够劝说安国君立太子。你们兄弟有二十多人,你排在中间,又不得宠,还长期在赵国当人质。以后安国君当了国君,您是最没有希望做太子的。"嬴异人当然清楚这些情况,又想到自己窘迫的处境,只能沮丧地摇头叹息。吕不韦又说:"我愿意想办法弄千金为您去秦国游说,让安国君和华阳夫人立您为太子。"嬴异人听罢,对吕不韦叩头说:"如果真的能够这样,我愿意和你共同享有秦国。"

于是吕不韦送给嬴异人大量财物,要他结交宾客,自己则买了珍奇宝物去秦国,求见了华阳夫人的姐姐,请她把珍奇宝物献给华阳夫人。吕不韦通过华阳夫人的姐姐传话给华阳夫人说:"嬴异人贤智,结交天下的宾客,常说'以夫人为天,日夜思念太子和夫人'。"华阳夫人听说后很高兴,接见了吕不韦。吕不韦趁机又说:"凡是以美色得人欢喜的,色衰以后也就得不到欢喜了。今天夫人十分得太子的宠爱，可是没有儿子，您应该在诸子中选择一个贤明孝顺的立为嫡子。以后夫人立的儿子继承了王位，夫人就不会失势了。现在嬴异人对夫人很孝顺，他自己知道排行在中间，不能成为嫡子。如果夫人现在立他为嫡子，那就是'异人无国而有国，夫人无子而有子'，夫人终身都能得宠于秦国了。"

这番话打动了华阳夫人，华阳夫人开始不断地在安国君面前吹风，说异人如何贤明孝顺，往来赵国的人都称赞他，希望立异人为嫡子，以便日后有所依靠。安国君对华阳夫人言听计从，当然就答应了，还和华阳夫人刻玉符立约，立嬴异人为嫡。

此时吕不韦正和邯郸一个十分美貌的女子赵姬同居，有一次吕不韦便宴请嬴异人，席间让赵姬歌舞作乐，命赵姬向嬴异人敬酒，令嬴异人神魂颠倒（有传说赵姬此时已有身孕）。席后嬴异人请求吕不韦把赵姬送给他，吕不韦假装大发脾气，异人苦苦哀求后，才得到了赵姬。后来赵姬生下一个男孩，就是后来的秦始皇嬴政。

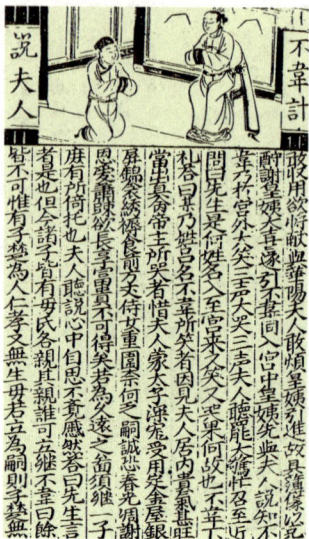

吕不韦计说夫人

作为一名以商人转型的政治家，吕不韦把国家治理得坦然有序，为秦始皇统一中国奠定了坚实的基础。他敏锐的政治眼光和高超的政治谋略，值得今人思考。

秦国围攻邯郸时，赵王想杀掉嬴异人。吕不韦用黄金六百斤买通了守城的人，帮助嬴异人逃出了邯郸。回到咸阳后，吕不韦对嬴异人说："华阳夫人是楚女，你应穿楚国的服装去见她，表示依恋之情。"嬴异人就穿着楚服拜见安国君和华阳夫人。华阳夫人端详嬴异人，说不出的高兴，安国君令异人改名为子楚，正式立其为继承人。

前249年，子楚终于继承了秦国的王位，即秦庄襄王，以吕不韦为相国，封为文信侯，食洛阳十万户。三年后庄襄王死亡，秦王嬴政即位，尊吕不韦为相国，号称"仲父"。

吕不韦在秦国一言九鼎，权倾天下，还与嬴政的母亲赵姬私通，因怕事情败露，就让门客嫪毐假充阉人进入宫中，说是伺候太后。太后赵姬非常喜欢嫪毐，不久之后就怀了身孕，怕别人知道，就利用占卜移居到雍城，生下了两个孩子，私自养了起来。

太后为嫪毐请封，秦王便封嫪毐为长信侯，赐给他山阳的地方，以太原为封国。至于太后给嫪毐的赏赐，更是不计其数。前238年，秦王嬴政去雍城行冠礼。这时有人告发嫪毐根本不是阉人，还与太后有了两个私生子。秦王大怒，要惩治嫪毐，嫪毐的党徒急忙告密。嫪毐于是假称秦王和太后的旨令，调动军队想杀掉秦王。秦王的卫队拼力奋战，最终击败了嫪毐。秦王嬴政下令车裂嫪毐，夷其三族，并把太后囚禁在了雍地。

战国末年的秦国地图
秦国最初的领地在今天陕西省西部，在当时属于中国的边缘地区。前316年秦灭蜀，从此正式成为一个大国。嬴政掌权后开始了对六国的兼并战争，秦国疆域逐渐扩大。

因为嫪毐一事，吕不韦被牵连进来，因此罢相，被遣出京城，前往洛阳的封地。一年多后，嬴政看到各国的宾客使者去看望吕不韦的人络绎不绝，恐怕他作乱，下令让吕不韦全家迁到蜀地。吕不韦既生气又害怕，便喝毒酒自杀而死。

继吕不韦之后，嬴政任命法家学派的李斯担任宰相，制定了统一中国的伟大战略。

李斯是战国末年楚国人，大儒荀况的学生，学业完成后，他把战国七雄逐个打量琢磨了一番，认定只有秦国才是实现自己抱负的地方，便离开家乡游历到秦国，在吕不韦的门下做了门客。

当时韩人郑国为了削弱秦国的国力，阻遏秦国东扩，说服秦王修建大规模的水利工程，即后来的郑国渠，这就是有名的"疲秦计"。在水渠修建过程中，"疲秦计"被识破，秦王大怒，要将一切从六国投奔来的"游士"都驱逐出去。李斯就是其中的一员，当然也在被驱逐之列。为了说服秦王收回成命，李斯上了著名的《谏逐客书》。在文章中，李斯列举了"游士"对秦国的功绩，详细分析了留客、逐客的利弊，晓以利害。秦王读罢这篇洋洋洒洒的高论，悚然动容，立即废除逐客令，对李斯加以重用。

在秦王去除逐客令后不久，大梁人尉缭也来到秦国，劝秦王不要爱惜财物，要收买各国的豪臣，搞乱他们国家的君臣关系，这些事情不过花些钱财而已，但却可以收到兼并各国诸侯的效果。秦王接受了这个建议，厚待尉缭，让尉缭的衣服饮食与自己一样，还封他为国尉，即统率全国军队的长官。

历史细读

纵横家苏秦想有所作为，却没有引见之路，一气之下，变卖家产到别的国家去寻找出路，但是都没有成功。后来钱用光了，只能狼狈地回家。到家后，妻子坐在织机上织帛，连看也没看他一眼。他求嫂子给他做饭，嫂子也扭身走开了。苏秦于是发奋读书，天天到深夜。一年多以后，他重新出游，仕途一帆风顺。嫂子与家人都因此而改变了对他的态度，变得十分恭敬。

合纵的彻底失败

面对日益强大的秦国，六国都感到了前所未有的恐惧，不约而同地希望能再一次合纵抗秦。

其实早在秦、齐去除帝号后不久，曾出现了一次五国攻秦的合纵。苏秦以齐国使者的身份积极活动，赵国的奉阳君李兑也积极谋划。最后齐国出兵，赵国派了驻在上党的军队，燕国则派兵两万人，联军驻扎在韩国的荥阳（今河南荥阳东北）、成皋（今河南荥阳汜水镇）之间。可是联军在这里停留了很长一段时间，一直没有发起对秦国的进攻。原因是各国都有自己的打算。齐国想利用合纵攻秦达到兼并宋国的目的，对于攻秦则是三心二意。赵国则是在起兵后心猿意马，总想退出合纵，与秦国联合征伐魏国。魏国当时以孟尝君为相，他是反对齐国的，因此魏军的态度一直摇摆不定，而且孟尝君还想得到宋国的平陵。燕国一方面害怕秦国的强大，一方面担心齐国的强大，对于合纵攻秦也是动摇的。

正是由于六国的不同利益和矛盾，加上秦国对于各国的合纵策略始终极力采取分化瓦解的政策，所以合纵攻秦往往归于失败。到了战国后期，六国虽有合纵之心，却再没有合纵之力了。

反间之计亡赵国

前 230 年，秦国大军攻陷了韩国都城新郑，把韩国的国土设为颍川郡，开始了统一霸业。

韩国的灭亡引起了其他各诸侯国的震惊和恐惧，赵国在过度紧张中，中了秦国的离间计，杀害了那位唯一可以挽救国家、忠心耿耿的名将李牧。

李牧是战国时期的赵国名将、军事家，是赵国赖以支撑危局的唯一良将，素有"李牧死，赵国亡"之称，是继赵奢、蔺相如、廉颇与乐乘之后，赵国仅剩的重臣。

前234年，赵将扈辄为秦将桓所败，丧师十万。秦军又自北路进攻赵国的后方，形势十分危急，李牧率兵南下反击秦军，在宜安（今河北藁城西南）大破秦军，十余万秦军全部被歼。桓仅率少量亲兵冲出重围。此战给秦国以沉重打击，李牧因功被封为武安君。

次年秦国再次攻打赵国的番吾（今河北平山南），李牧出兵迎战，重创秦军，但赵国的军力损失也很大。当时韩、魏两国听命于秦，随秦军攻赵，李牧为此又向南进军，抵御韩、魏两国的进攻。

前229年，秦王派王翦攻打赵国，赵国以李牧、司马尚率军抵抗。秦军见无法取胜，就以重金贿赂赵王的宠臣郭开，让他在赵王面前散布李牧、司马尚想谋反的谣言。赵王信以为真，派赵葱和齐将颜聚代替二人。李

李牧

李牧破匈奴之战和肥下之战，前者是中国战争史中以步兵大兵团全歼骑兵大兵团的典型战例，后者则是围歼战的范例。但是他因与匈奴迂回作战的战略方针被赵王认为是胆小害怕而被撤职。

牧不从命，赵王竟暗中布置圈套逮捕了李牧，并斩杀了他，然后撤换了司马尚。三个月后，也就是前228年初，秦将王翦乘势急攻，大破赵军，攻陷了邯郸，杀了赵葱，俘虏了赵王和颜聚，赵国灭亡。

荆轲刺秦王

此时的燕国由太子姬丹主持国政，眼见赵国灭亡，燕国的大臣们纷纷劝姬丹与齐、楚、魏等国再组合纵联盟，对抗强秦。但姬丹认为合纵的办法已不切实际，决心派刺客去刺杀秦王嬴政。

姬丹选择的刺客是著名的勇士荆轲，人称庆卿，据说是齐国庆氏的后裔，后迁居卫国，始改姓荆。荆轲来到燕国后，与当地的一个狗屠夫和擅长击筑的高渐离交上了朋友。荆轲喜好喝酒，整天与狗屠夫、高渐离一起在街市中喝酒，然后高渐离击筑，他和着乐声唱歌，唱着唱着就哭起来了。

燕国的隐士田光把荆轲推荐给了太子姬丹，姬丹请求他刺杀秦王，荆轲说道："没有信物，无法接近秦王。现在秦王正用千两黄金和万户封邑来悬赏缉拿从秦国叛逃到燕国的樊於期将军。如果能得到樊将军的首级和燕国督亢（今河北涿县、固安、易县一带）的地图献给秦王，秦王一定乐于接见我，这样我才有机会。"

姬丹哭道："樊将军是因为走投无路才来投奔我的，我又怎么忍心为了自己的私事而伤害忠厚老实人的心呢，还望您另想个办法。"荆轲知道太子不忍心，于是就私下里去见樊於期说："秦王对您可以说太狠毒了，父母和同家族

荆轲刺秦王壁画
燕太子丹为了保卫自己的国家，说服勇士荆轲刺杀秦王，虽然没有成功，但是荆轲以弱小的个体反抗强秦的勇气和甘为理想献身的牺牲精神却千古流芳。

的人都被杀害了。现在我又听说秦王正悬赏千两黄金和万户封邑来求您的头颅，您打算怎么办呢？"

樊於期仰天长叹，泪流满面地说："我每次想到这些，就恨入骨髓，考虑再三，只是不知道如何才能报仇罢了。"荆轲说："我现在有一个建议，不但可以解除燕国的祸患，而且可以为您报仇。我希望能得到将军的首级，去进献给秦王，秦王一定会感到很高兴，就会接见我。到那时我左手抓住他的衣袖，右手用匕首刺进他的胸膛。这样，您的大仇可报，燕国遭受的耻辱也可以洗刷了。将军可有这番心意吗？"樊於期道："这是我日夜咬牙切齿、痛彻心胸的事情，居然在今天能听到您的教诲。"说完就自杀了。

燕国还有个勇士叫秦舞阳，十三岁时就杀过人，别人都不敢正眼看他。姬丹就派秦舞阳做荆轲的助手。荆轲正等着另一个人，想跟他一起去，那人住得远，还没有赶到，荆轲为此滞留了几天。但是姬丹却怀疑荆轲反悔了，又去请求他说："现在时间已经不多了，你难道不打算去了吗？请让我先派秦舞阳去吧。"荆轲听了很生气，呵叱道："你先派秦舞阳去是什么意思？只顾去而不顾能否完成使命回来，就是秦舞阳这种没出息小子！如今我拿着一把匕首到吉凶难测的秦国去，之所以还不动身，是要等我的朋友一起走。现在您既然嫌我行动迟缓，那就诀别吧！"于是就出发了。

出发这天，姬丹以及知道这件事的宾客，都身穿白衣，头戴白帽为荆轲送行。到了易水岸边，祭祀完路神，高渐离击起了筑，荆轲和着曲调唱起歌来："风萧萧兮易水寒，壮士一去兮不复还！"歌声凄厉悲怆，人们听了都流下了眼泪。

荆轲一行人到达秦国后，秦王很是高兴，亲自在咸阳宫接见他们。荆轲捧着封藏樊於期头颅的匣子，秦舞阳捧着装地图的匣子走上前去。走到宫殿前的台阶下，秦舞阳脸色陡变，浑身发抖，秦国的大臣们都感到奇怪，荆轲回过头朝秦舞阳笑了笑，走上前去向秦王谢罪说："他是北方荒野之地的粗人，没有见过世面，今日得见天子，所以害怕，希望大王稍加宽容，让他能在大王面前完成使命。"

秦王并不介意，对荆轲说："起来，把秦舞阳拿的地图取过来。"荆轲取过地图献上，打开卷轴地图，地图完全展开时露出了匕首。荆轲左手拉住秦王的衣袖，右手抓过匕首就刺向秦王，可惜没能刺中。秦王大吃一惊，抽身而起，挣断了衣袖。秦王伸手拔剑，剑身太长，卡在剑鞘里了，竟然没能立刻拔出来。荆轲于是追赶秦王，秦王只好绕着柱子逃跑。群臣都惊慌失措。按照秦国的法律，大臣在殿上侍奉君王时不得携带任何兵器，守卫宫禁的侍卫虽然带着武器，但是都站在殿外，没有秦王的命令不能上殿。正在危急的时刻，秦王来不及召殿下卫兵，因此荆轲追赶秦王的时候，大臣们在仓猝之间惊慌失措，却没有什么东西能拿来还击荆轲，只好一起用手抓他。这时御医夏无且只好拿起他身上带着的药袋向荆轲投去。秦王这才拔出剑来砍荆轲，一下子砍断了他的左腿。荆轲重伤跌倒在地，举起匕首向秦王投去，没有击中，扎在了柱子上。

秦王又砍荆轲，荆轲自知失败，靠着柱子大笑起来，这时武士冲上殿来，把荆轲杀了，秦王头晕目眩了好久才回过神来。

愤怒的嬴政立即向燕国发起了攻击，增派军队赶往赵国旧地，命令王翦的部队去攻打燕国，很快就攻陷了燕都蓟城。燕王喜、太子姬丹等率领精锐部队退守辽东。秦将李信追击燕王，燕王情急之下，只好杀了太子姬丹，打算献给秦王。但秦军仍旧继续进攻，五年之后终于灭掉了燕国。

唐雎保安陵

前225年，秦军进攻魏国，决开黄河的堤防，从天而降的河水灌入魏国都城大梁（今河南开封），魏国灭亡。

漆奁彩绘狩猎图

漆奁从奁口往下共有五组装饰带，狩猎图为第二组，狩猎的紧张情节十分生动，富有生气与活力。

历史文献

唐雎曰："此庸夫之怒也，非士之怒也。夫专诸之刺王僚也，彗星袭月；聂政之刺韩傀也，白虹贯日；要离之刺庆忌也，仓鹰击于殿上。此三子者，皆布衣之士也，怀怒未发，休祲降于天，与臣而将四矣。若士必怒，伏尸二人，流血五步，天下缟素，今日是也。"挺剑而起。

——《战国策·魏策》

魏国的附庸小国安陵（今河南鄢陵西北），处于楚、魏两国接壤的地界，秦王要攻打楚国，势必先要灭亡安陵。面对这个小国，秦王不愿意浪费军队的战斗力，就派人对安陵君说："我要用方圆五百里的土地交换安陵，安陵君可要答应我啊！"不想安陵君回复说："大王给予恩惠，用大的交换小的，这当然是好事。虽然如此，但我从先王那里接受了封地，愿意始终守护它，不敢交换！"

秦王很不高兴，正准备发兵征服安陵之时，安陵君派来的使臣到了秦国，他就是九十岁高龄的唐雎。

秦王对唐雎说："我用方圆五百里的土地交换安陵，安陵君不听从我，这是为什么呢？况且秦国灭亡了韩国和魏国，而安陵君却凭借着方圆五十里的土地幸存了下来，这是因为我把安陵君看作忠厚的长者，所以不打他的主意。现在我用十倍的土地，让安陵君扩大领土，但是他违背我的意愿，这是因为他看不起我吗？"

唐雎回答说："不，不是这样的。安陵君从先王那里接受了封地而守护它，即使是用方圆千里的土地也不敢交换，何况仅仅是用五百里的土地交换呢？"

这话让秦王听了很不舒服，对唐雎说："您曾听说过天子发怒吗？"唐雎回答说："我没有听说过。"秦王说："天子发怒，死人百万，血流千里。"唐雎说："大王曾经听说过平民发怒吗？"秦王一愣说："平民发怒，也不过是摘掉帽子赤着脚，用头撞地罢了。"唐雎说："这是平庸无能的人发怒，不是有才能有胆识的人发怒。从前专诸刺杀吴王僚的时候，彗星的尾巴扫过月亮；聂政刺杀韩傀的时候，一道白光直冲上太阳；要离刺杀庆忌的时候，苍鹰扑击到宫殿上。这三个人都是平民出身且具有胆识的人，心里的愤怒还没有发作出来，上天就降示征兆。现在专诸、聂政、要离，再加上我，将要成为四个人了。如果有才能有胆识的人发起怒来，就要让两个人的尸体倒下，血流五步远，全国人民都要为他们穿丧服了，今天的情况就是这样。"

说完唐雎拔出宝剑站起来。秦王没想到这位九十岁高龄的老者还能有如此气魄，顿时变了脸色，长跪着向唐雎道歉说："先生您请坐，怎么会到这种地步呢！我明白了，韩国、魏国之所以灭亡，而安陵国却能够凭借着五十里的土地幸存下来，就是因为有先生这样的人在啊！"

王翦平楚国

虽然暂时放过了安陵，可秦国的终极目标依然是楚国。秦王嬴政此刻倾心于年少壮勇的秦将李信，认为他贤能果敢。李信曾经领兵数千，破燕军并虏获太子姬丹。嬴政于是问李信："想要灭掉楚国，须要多少人马？"李信表示二十万即可。嬴政又问王翦，王翦回答说："非六十万不可。"嬴政于是说："王将军老矣，何怯也！李将军果势壮勇，其言是也。"于是派李信和蒙恬率兵二十万伐楚。王翦见状，托病辞官，回家养老去了。

不久秦军大败，嬴政后悔不已，知道王翦确有远见，亲自向王翦谢罪，说："我没有听从将军的话，李信终使秦军受辱。如今楚军逐日西进，将军虽有病在身，怎能忍心背弃寡人？"嬴政坚持要王翦领兵，王翦说："若非要用老臣，必给我六十万大军。"嬴政答应了。

出征之日，嬴政亲自送行，王翦于是请求赏赐给自己大批田宅。嬴政说："将军即将率领大军出征，为什么还要担忧生活的贫穷呢？"王翦说："臣下身为大王的将军，立下汗马功劳，却始终无法封侯，所以趁大王委派臣下重任时，请大王赏赐给田宅，作为子孙日后生活的依凭。"嬴政听了放声大笑。王翦率军抵达关口后，又曾五次遣使者向嬴政要求封赏。有人劝王翦说："将军要求封赏的举动，似乎有些过分了。"王翦却说："你错了。大王疑心病重，用人不专，现在将秦国所有的兵力都委托给我了，我如果不是用为子孙求日后生活保障为借口，多次向大王请赐田宅，难道要大王坐在宫中对我生疑吗？"

就这样王翦率领六十万大军来到前线，坚壁而守，不肯出战。楚军屡次挑战，秦军始终不出。王翦每日要求士兵休息洗沐，安排好的饭食安抚他们，同时与士卒同饭同食，意在养精蓄锐，消耗敌军，以待殊死一战。不久王翦

人形柄短剑
此短剑的柄为赤裸上身着短裙的人形，耳有垂铛，为南方少数民族的造型，是珍贵的艺术品。

打听士兵在军中用什么来娱乐，有人回答说："投掷石头，进行跳远比赛。"王翦说："士卒可用了。"于是发令出兵，一举大破楚军，进而灭亡了楚国。

前221年，在五个诸侯国尽数灭亡之后，齐国没做任何有效抵抗便投降了。至此秦国在十年之内便灭掉了东方六国，为时二百五十多年的战国时代到此终结，秦王嬴政完成了统一全国的大业。

战国的社会形态

　　战国时期剧烈的社会大变革，使当时的社会形态随之发生了一系列的变化。官僚体制、行政制度都发生了变化，一切权力都集于国君之手，同时礼乐制度也相应地发生了改变。各国的变法也使法律制度逐渐完善，他们竞相制定严刑酷法，如烹、肢解、贯耳、刳腹等。

韩将伏虎节
此伏虎形的节为半扇，伏虎昂首翘尾，四足蜷曲，正面有铭文十字，背面有凸榫两处，造型古朴。

从王道到霸道

战国时期比春秋时期更加"混乱"，西周以来建立起的礼仪制度和社会结构被彻底颠覆了。有实力的诸侯不再满足于做霸主，兼并战争愈演愈烈。商鞅游说秦孝公时，先后以标榜无为的帝道、宣扬仁义的王道和追求富国强兵的霸道三者来试探，秦孝公选择了第三者。这是历史的选择，于是一个新的时代到来了。

分封制度的瓦解

战国时代，各诸侯国为了应付大规模且频繁的战争，不但需要一支可以直接调遣的庞大常备军，还需要一套完善的国家行政机构，以便有效地动员全国的人力、物力。于是"官分文武"，建立以国君为首的中央集权制，就成为新时代的要求了。

所谓官分文武，就是在中央设置由国君直接任免的辅相和将军，由他们负责统率文武百官。在地方置郡县，由国君亲自任免长官，镇守国土和治理民众。只有这样，国君才能将全国的行政、军事、财政、司法等大权，有效地集中在自己手中，一切政令才能直达各部门、各地方。这套官制之所以能够建立起来，主要是推行了以下的制度。

首先，战国时代，各国对官吏的任用一般都采用俸禄制度。当时各国俸禄计算的单位是不同的，如卫国是用"盆"来计算，有"千盆""五百盆"等等级。齐、魏等国用"钟"来计算，魏文侯时魏成子为相国，有"食禄千钟"。秦、燕等国用"石""斗"来计算，秦国有五十石、一百石以至五百石、六百石以上俸禄的官，大体上以五十石为一级，最小的官吏也还有"斗食"的。燕国也有三百石以上俸禄的官。

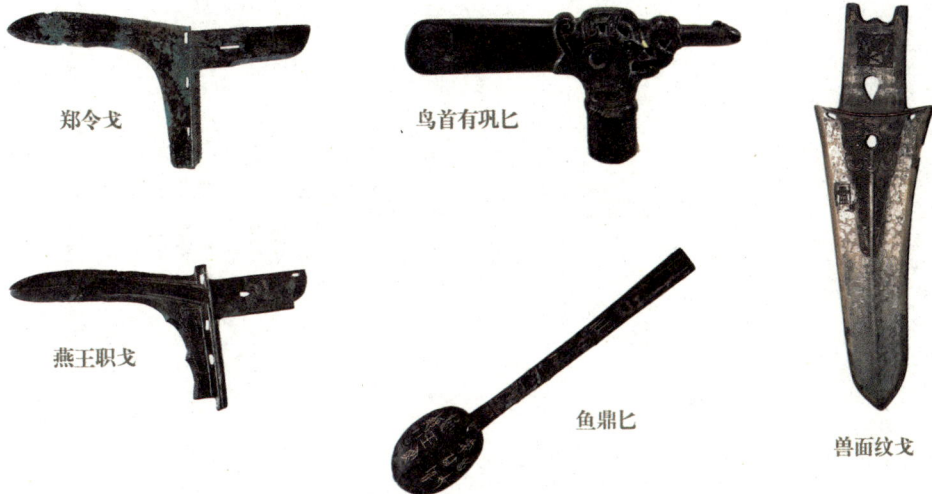

郑令戈　　　　鸟首有巩匕　　　　　　　兽面纹戈

燕王职戈

鱼鼎匕

战国时期各种各样的武器
战国时代的青铜兵器有了显著的进步，矛的锋部越来越结实，戈的刃部成弧线形，装柄的内部有锋刃，绑扎用的"穿"也增多。新发明的武器有很多，最著名的进攻工具为云梯和钩拒。

　　其次，这时已建立了公文用玺和发兵用符的制度。无论下达命令或来往公文，都必须用玺来封泥作为凭信，否则便不能生效。军队的调发则必须以存在君王处的右半片虎符来拼合作为凭信，否则便不能调发。秦国曾明确规定："甲兵之符"，右半归王掌握，左半归将领掌握。凡用兵五十人以上的，必须有存在国王处的半个虎符来拼合，才敢行动。但是如果突然遇到外敌侵略，边塞有烽火，虽没有国王的右半个虎符拼合，也可以行动。由于这种严密制度的推行，大权就集中到国君手中了。

　　在官员的管理上，还创立了年终考核制度。重要官吏都必须把一年赋税收入的预算数字写好送到国君那里，到了年终就到国君那里去报核，如果考核成绩不佳，国君可以当场收玺免官。高级官吏对下级官吏的考核，也是采取同样的办法。更为可贵的是，战国时打破了贵族的世袭，平民也可以做相、将和地方的军政长官。

　　除了官职，郡县制在战国时期也普遍发展起来，各国都在地方上设郡、县。设郡起初是为了边境的安全和加强对边境的管理，郡管辖县，各郡的大小不一。例如赵国代郡管辖三十六县，上党郡管辖二十四县，河间郡管辖十二县等。县在战国时期已经普遍设立，县令为一县长官，县令下设丞、尉，

历史细读

秦始皇三十三年遣大将蒙恬北逐匈奴，为了防止匈奴的侵袭，又修筑了万里长城。秦长城多半修筑在山峦北坡，依山就险、因坡取势。现存的一般外壁高度在 4 米以上，基宽 4 米，顶宽 2 米左右。秦长城不仅在构筑方法上有自己的风格，而且防御设施的建置也有一定的特色。秦长城以石筑见称，是中华民族的瑰宝，也是世界建筑史上的奇迹，更是我们中华民族辉煌历史、灿烂文化的象征。

丞主管民政，尉主管军事。郡守、县令都由国君任免。县以下设乡、里、邑、聚和亭，这是属于军事性的组织，从中央到地方，都建立了系统的、相当严密的各级组织。

当然战国时期还有封君，并设有爵位的等级制度。有了爵位就有相应的政治经济特权，可以得到官职，享有食邑和赏赐，减免刑罚。

军事装备的发展

春秋时期，战争一般为车战，即交战双方排成整齐的车阵，有步兵跟随，但步兵的作用并不重要。到了战国时代，步兵和骑兵作战成了主要的方式，车战退居到了次要的位置。水军和船战也是战国时期常见的一种作战方式。

在兵源方面，战国时期各国普遍实行了征兵制，有常备兵和根据战争需要随时征发军队的。除此之外，还有少量的雇佣兵。通常情况下，只有常备兵受过一定的训练，装备也比较优良。

战国时期的兵器以铜制兵器为主，还有部分铁制兵器。种类有戈、矛、戟、刀、剑、匕首、弓、箭、弩、盾等。

这些武器与春秋时期相比，有了较大发展。以剑来说，剑身的长度增加了，出现了剑脊背和剑刃含锡不同的复合剑，剑身更不易断，剑刃更加锋利。在防护武器方面，铁甲胄出现了，这种铁制的甲胄不但可以防护身体，连手足都能遮住。这是战国时代才开始出现的。

由于战争的需要，中原各国开始修筑长城。齐国的长城从今天的山东平阴县境内经泰山北麓，东至今天山东日照县北的黄海之滨。楚国的长城西起今河南内乡县，南经鲁山县、叶县等地，一直到今河南泌阳县境内。魏国的长城西起今天的陕西华县境内，沿洛水北上至今天的陕西葭县，东边自今河

云梦秦简
云梦秦简长23.1～27.8厘米，宽0.5～0.8厘米，其内容主要是秦朝时的法律制度、行政文书、医学著作以及关于吉凶时日的占书，为研究中国书法和秦帝国的政治、法律、经济、文化、医学等方面的发展历史提供了翔实的资料。

南新郑县东北至黄河北岸的原阳县西北。赵国的长城南边自今天的河北省涉县境内，经临漳县等地至今天的河北曲周县境内。燕国南边的长城自今天的河北易县，西经徐水、安新等县，至今天的河北文安县境内。

法制初具

战国时期，法制较之前代有了很大发展。每年的正月初一，君王都会在群臣的拥戴下，向全国发布命令，也就是治国的依据，叫作"布宪"。

1975年，湖北云梦睡虎地秦墓发掘出了大量记载着秦朝法律的竹简，这就是现在研究秦律的主要文献——云梦秦简。这些竹简并不是秦国官方颁布的法律，而是墓主人生前抄录的秦律，竹简是他的陪葬品，涉及的法律文书有《秦律十八种》，包括《田律》《金布律》《军爵律》《秦律杂抄》《法律答问》等。

《田律》是关于农田水利的管理和山林保护的法律。《金布律》是关于货币与市场管理的法律。《军爵律》是关于军爵赏赐的法律。

在《秦律杂抄》中，有许多与军事有关的条文，有关于军官任免、军队训练、战场纪律、战勤供应、战后赏罚奖惩的条文。如有一条规定：战死不屈者，爵位授予其子。后来如果察觉该人没死，就要剥夺其子的爵位，并惩治其同伍的人，那个未死归来的人还要被罚做奴隶。

《法律答问》则采用问答的形式，对秦律条文作出了明确解释，所解释的主要部分为刑法，还有部分是关于诉讼程序的说明，其中内容最多的是对

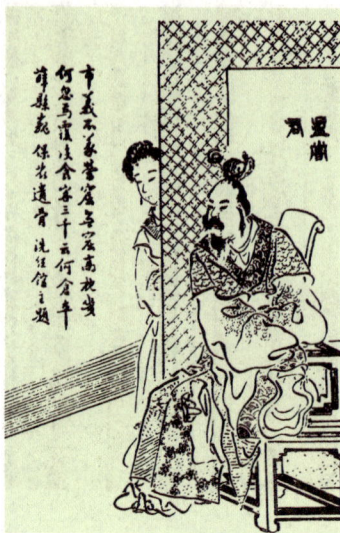

孟尝君

孟尝君仗义疏财，招来许多游士，在他家吃住的食客经常有几千人，很快孟尝君便名重天下。

"盗""贼"的处罚，其次是对逃亡的人和诬告的人的处罚。

云梦秦律是今天所见时代最早、保存条文最多、内容最丰富而又有系统的定型的成文法典。它的发现，是中国法制史上的一件大事，在世界法制史上也占有重要的地位。

养士成风

春秋时期，诸侯、卿大夫虽然也有养士的，不过还很少。在战国时期，"养士"之风非常盛行，特别是到了战国末年，掌握一定实权的大贵族，各自为政，更注重罗织人才。他们不惜"珍器重宝肥饶之地"，以"致天下之士"。其中最著名的养士贵族是齐国的孟尝君、赵国的平原君、楚国的春申君和魏国的信陵君，即"战国四君子"。战国的士，在政治生活中起到过不可估量的特殊作用。一些士本来是布衣平民，有些甚至是赌棍、小偷、屠户，由于贵族官僚的养士、下士，成了某一政治事件中举足轻重的人物，显示了卓越的才能。从战国四公子养士中，我们能对士这个阶层有一定的了解。

倾倒天下之士的孟尝君

孟尝君是齐国的宗室大臣，姓田名文。父亲田婴是齐威王的小儿子、齐宣王的庶母弟。田婴有四十多个儿子，他的小妾生了田文，因为田文是五月初五出生的，田婴认为不吉利，告诉田文的母亲说："不要养活他。"可是田文的母亲还是偷偷把孩子养大了。长大后，田文的母亲通过田文的兄弟把田文引见给田婴。

田婴愤怒地骂道："我让你把这个孩子扔了，你竟敢把他养活了，为什么呢？"不等田文的母亲回答，田文叩头大拜，反问田婴说："您不让养育五月生的孩子，是什么缘故？"田婴说："五月出生的孩子，长大了身长跟门户一样高，会害父害母的。"田文说："人的命运是由上天授予的呢，还是由门户授予的呢？"田婴不知道怎么回答才好，便沉默不语。田文接着说："如果是由上天授予的，您何必忧虑呢？如果是由门户授予的，那么只要加高门户就可以了，还担心什么呢！"田婴无言以对。过了些时候，田文问父亲说："儿子的儿子叫什么？"田婴答道："叫孙子。"田文接着问："孙子的孙子叫什么？"田婴答道："叫玄孙。"田文又问："玄孙的孙子叫什么？"田婴说："我不知道了。"田文说："您执掌大权担任齐国宰相，到如今已经历三代君王了，可是齐国的领土没有增广，您的私家却积贮了万金的财富，门下也看不到一位贤能之士。我听说将军的门庭必出将军，宰相的门庭必有宰相。现在您的姬妾可以践踏绫罗绸缎，贤士却穿不上粗布短衣；您的男仆女奴有剩余的饭食肉羹，而贤士却连糠菜也吃不饱。现在您还一个劲地加多积贮，想留给那些连称呼都叫不上来的人，却忘记了国家在诸侯中一天天失势。我私下是很奇怪的。"从此以后，田婴改变了对田文的态度，让他主持家政，接待宾客。宾客来往不断，日益增多，田文的名声随之传播到各诸侯国中。田婴去世后，田文继承了田婴的爵位，成了孟尝君。这段父子间的对话是真是假已经无从考证，但是孟尝君的仗义疏财、养士却是非常著名的。

孟尝君偷过函谷关

当初孟尝君把会鸡鸣狗盗的人安排在宾客中的时候，宾客们无不感到羞耻，但是等孟尝君在秦国遭到劫难时，竟然是靠着这两个人才得以脱险。从此以后，宾客们都佩服孟尝君广招宾客不分人等的做法。

孟尝君即位后，招揽各诸侯国的食客以及犯罪逃亡的人，很多人都投奔到了他的门下。他从来不挑选食客，全部礼遇有加，因此天下士人很快归心于他。孟尝君门下一共养了三千多名食客，一时间颇有倾倒天下之士的美名。孟尝君对于来到门下的宾客都热情接纳，不挑拣，无亲疏，一律给予优厚的待遇。所以宾客人人都认为孟尝君与自己亲近。他每当接待宾客时，总是在屏风后安排侍史，记录自己与宾客的谈话内容，记载所问宾客亲戚的住处。宾客刚离开，孟尝君就已经派使者到宾客亲戚家里抚慰问候，献上礼物。一次孟尝君招待宾客吃晚饭，有人遮住了灯光，宾客很是恼火，认为饭食的质量肯定不相同，放下碗筷就要辞别而去。孟尝君马上站起来，亲自端着自己的饭食与他的相比，是一模一样的。那个宾客羞愧得无地自容，就以刎颈自杀表示谢罪。此事发生后，孟尝君好士的名声就更大了。

前299年，孟尝君出使秦国，秦昭王让孟尝君担任了秦国宰相。臣僚中有的人劝说秦王道："孟尝君的确贤能，可他是齐王的同宗，现在任秦国宰相，谋划事情必定是先替齐国打算，而后才考虑秦国，秦国可要危险了。"于是秦昭王罢免了孟尝君的宰相职务，把孟尝君囚禁起来，图谋杀掉他。孟尝君知道情况危急，派人去见秦昭王的宠妾请求解救。那个宠妾提出条件说："我希望得到孟尝君的白色狐皮裘。"孟尝君来的时候，带有一件白色狐皮裘，价值千金，天下没有第二件，到秦国后献给了昭王，再也没有别的皮裘了。

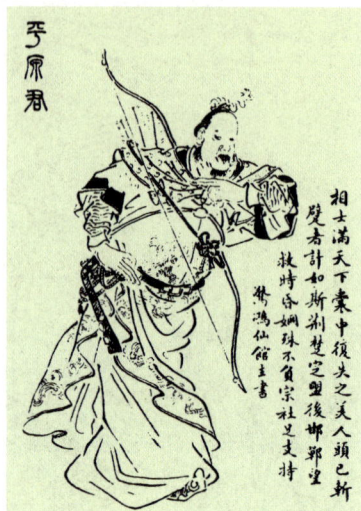

平原君

平原君杀嘲笑士人的姬妾，散家财让李同领兵退秦，用毛遂与楚国定盟，这些都是其功绩。但是他却因贪图土地而引发长平之祸，使赵国的都城邯郸几乎覆亡。

孟尝君正在为这件事发愁，问遍了宾客，谁也想不出办法。有一位能力差但善于偷盗的人说："我能拿到那件白色狐皮裘。"于是当夜化装成狗，钻入了秦宫的仓库中，取出献给昭王的那件狐白裘，拿回来献给了昭王的宠妾。宠妾得到后，替孟尝君向昭王说情，昭王便释放了孟尝君。

孟尝君获释后，立即乘快车逃离。此刻秦昭王后悔释放了孟尝君，派人飞奔前去追捕。孟尝君一行到了函谷关，按照关法规定，鸡叫时才能放来往客人出关。孟尝君恐怕追兵赶到，万分着急。宾客中有个能力较差的人，但很会学鸡叫，他一学鸡叫，附近的鸡随着一齐叫了起来。守关的士兵以为天要亮了，打开了城门。孟尝君一行得以逃脱。

幸亏那两个门客通过鸡鸣和狗盗这样的雕虫小技帮助孟尝君逃回到了齐国，此后孟尝君广招宾客不分人等的做法深受大家称赞。

视门客如朋友的平原君

平原君名叫赵胜，是赵武灵王之子，赵惠文王之弟，封于东武（今山东武城），在赵惠文王和赵孝成王时担任相国，也以善于养士而闻名。

前265年，秦昭襄王任用范雎为相，范雎在魏国时曾受当时宰相魏齐的羞辱，于是威胁魏国要杀了魏齐。魏齐逃到赵国，躲在平原君处。秦昭襄王得知后，修书邀请平原君宴饮。平原君不敢不从。到了秦国后，秦王要平原君交出魏齐，平原君回答说："在富贵时结交的朋友，都是为贫贱时所预备的。魏齐既然是我的朋友，就算他在，我也不会交出来，何况他现在不在我那里。"

秦王于是扣留了平原君，威胁赵孝成王交出魏齐，赵王于是发兵包围了平原君的宅第。魏齐趁夜逃出，拜访虞卿，虞卿认为赵王无法说服，就带着魏齐逃奔魏国，向信陵君求助。信陵君并不愿意见他们，魏齐得知后自刎身亡。赵王于是取了魏齐的头送到秦国，平原君才得以回国。

平原君为了贤才，宁可牺牲自己的利益，也因如此的礼遇才士，他才能有门下宾客好几千人。

历史细读

前 241 年，楚国的都城由陈（今河南淮阳）地迁到寿春（今安徽寿县）。这时春申君的封地由淮北十二县改封吴地，其家族也随之迁离黄国故城。他在改封的广大地域内分设都邑，在今上海、苏州一带，治理申江，疏通河道，抑制水患，政绩显著，深得民心。因此当地人纷纷以其姓或号为许多山、水、地方命名，如江苏省江阴县的君山也叫黄山，今天上海的黄浦江，上海的简称为申等，这些名称都是因纪念黄歇而得名。

仁而下士的信陵君

信陵君名叫魏无忌，是魏昭王的儿子，魏安釐王同父异母的弟弟。信陵君"仁而下士"，不管对什么人都能以礼相待，从不以自己的富贵而对待士人骄傲。士人因而争相前往归附于他，信陵君因此威名远扬，各诸侯国连续十多年都不敢兴兵侵犯魏国。

窃符救赵后，魏无忌知道自己无法再在魏国容身，就留在了赵国。赵孝成王感激魏无忌的义举，把汤沐邑封赏给魏无忌。魏无忌遂在赵国广交隐士，无论是隐于赌场的毛公还是隐于酒馆的薛公，都与他们交游，所以天下的很多士人，包括平原君的门客也有转归于魏无忌门下。

前 247 年，秦国大举进攻魏国，魏安釐王焦虑不安，派使者去请魏无忌回国。在毛公和薛公的劝谕下，起初犹豫不决的魏无忌终于回到魏国，担任了魏国军队的最高统帅。魏无忌派使者向各诸侯国求援，各国得知魏无忌担任了上将军，都纷纷派兵救魏。魏无忌率领五个诸侯国的联军在黄河以南大败秦军，使秦国将领蒙骜战败而逃。联军乘胜攻至函谷关，秦军紧闭关门，不敢再出关。这次合纵攻秦的胜利，使魏无忌的声威大震，各诸侯的宾客都向他进献兵法，魏无忌把它们编写成书，后世称为《魏公子兵法》。

秦昭王深感魏无忌是秦国的威胁，派人持万斤黄金到魏国行贿，一面散布魏无忌想自立为王的谣言，同时假意祝贺魏无忌，问他是否已经做了魏王。这些谣言让魏安釐王信以为真，剥夺了魏无忌的军权。魏无忌心灰意冷，将印信兵符都交还给魏王，以美女醇酒为伴，日夜享乐，过了四年就郁郁而死。

习射画像砖

射是古代六艺之一，因此贵族男子多尚武习射，此画面表现的就是习射场面。画像上左边的人物侧身向右，右手执弓，左手持箭；右边的人物右手执弓，左手持箭欲搭弦上。此画像比例适度，造型生动准确。

博闻善辩的春申君

春申君黄歇曾任楚相，明智忠信，宽厚爱人。黄歇年轻的时候曾经四处拜师游学，见识广博，以辩才出众深得楚顷襄王的赏识。他曾成功地说服秦昭王不要起兵伐楚。

楚顷襄王去世后，太子熊完即位，称为楚考烈王，黄歇被任命为令尹，封为春申君，赐给淮北十二县的封地。当秦国的军队包围赵国都城邯郸时，春申君曾领兵救援赵国。通过援赵灭鲁，黄歇在诸侯中的威望大增。春申君黄歇在对外穷兵黩武的同时，对内则和齐国的孟尝君、赵国的平原君、魏国的信陵君一样竞相礼贤下士，招引门客。据说黄歇的门客多逞强好斗，奢侈浮华。一次赵国的平原君派门客拜访春申君，春申君把他们安排在上等的客馆住下。平原君的门客想向楚国夸耀赵国的富有，特意在头上插上玳瑁簪子，亮出装饰着珍珠宝玉的剑鞘，前去拜见春申君，而春申君的上等门客都穿着宝珠做的鞋子，让平原君的门客自惭形秽。

楚考烈王病重后，楚国的国舅李园想取代黄歇的地位，暗中豢养了刺客准备刺杀黄歇。黄歇的门客朱英得到了这个消息，提醒黄歇注意李园的动向，但黄歇没有理会朱英的警告。不久楚考烈王去世，李园抢先进入王宫，在棘门埋伏下刺客。春申君前去王宫奔丧，在棘门受到李园刺客的伏击，当即被斩头扔在棘门外。同时李园派官兵前去春申君的家中，将春申君的家人满门

战 国 | 273

抄斩。同年考烈王之子悍继位，是为楚幽王，李园取代黄歇，被任命为楚国令尹。

形形色色的士

战国的士从事各种活动，可以说有各种不同的士。

齐国著名的士人淳于髡，虽然学无所主，但博闻强记，能言善辩，多次用隐言微语的方式讽谏齐威王，要其居安思危，革新朝政。他还多次以特使身份，周旋于诸侯之间，不辱国格，不负君命。前349年，楚国侵齐，他奉命出使赵国，说服了赵王，得精兵十万，车千乘，楚国闻风，不战而退。

一次齐王派淳于髡去楚国进献黄鹄。谁知刚出都城门，那只黄鹄就飞走了，淳于髡只好托着空笼子去拜见楚王，说道："齐王派我来进献黄鹄，从水上经过，不忍心黄鹄干渴，放出让它喝水，不料它离开我飞走了。我想要刺腹或勒脖子而死，又担心别人会非议大王因为鸟兽的缘故致使士人自杀。黄鹄是羽毛类的东西，相似的很多，我想买一个相似的来代替，这既不诚实，又欺骗了大王。想要逃奔到别的国家去，又痛心齐楚两国君主之间的通使由此断绝。所以前来服罪，向大王叩头，请求责罚。"楚王赞道："很好，齐王竟有这样忠信的人。"于是用厚礼赏赐淳于髡。

钟簴铜人

此人双手上举，着衣裳，带佩剑，身上有彩绘。头顶有方柱形榫，脚下有座，座饰浮雕蟠螭纹。此人为曾侯编钟钟架的一部分，面部表情肃穆庄重，是青铜人像中的佳作。

后来孟子游历到齐国，淳于髡去拜访他，说道："请问先生，男女之间授受不亲，是礼制所规定的吧？"孟子是个老实人，便规规矩矩地回答道："淳于先生，你说的男女授受不亲当然是礼制规定的。"淳于髡笑道："那么如果你老婆掉进了水里，兄弟我是救她还是不救她呢？"孟子听了很生气，说道："如果嫂嫂溺水了而不去救援，那简直就是狼心狗肺！虽然男女授受不亲是礼，但救嫂子是权宜之计。"

淳于髡听见这话，讥讽孟子道："那现在天下黎民生活在水深火热之中，你为什么不伸出友爱之手去救呢？"孟子无奈地说："拯救天下黎民要授之以道。我老婆掉进了水里，可以拉一把。难道天下之人还得挨个去拉吗？"

孟子要离开齐国时，淳于髡又跑去问他："你身居三卿的高位，却下不能救济天下老百姓，上不能辅佐君王，所谓的'仁者'就这样跑了，对得起你的俸禄吗？"孟子于是将伯夷、伊尹和柳下惠都扯了出来，说道："我是臣子，不以贤事不肖，伯夷就是这样干的。周旋于汤、桀之间五次，那是伊尹。

正史史料

非独政能也，乃其姊亦烈女也。乡使政诚知其姊无濡忍之志，不重暴骸之难，必绝险千里以列其名，姊弟俱僇于韩市者，亦未必敢以身许严仲子也。严仲子亦可谓知人能得士矣！

——《史记·刺客列传》

不厌恶污君，不推辞做小官，那是柳下惠。他们三个人虽然处事不同，但都是为了'仁'。君子只要心中有'仁'就行了，又何必事事一致呢？"

淳于髡很是不屑，继续责问道："鲁穆公的时候，公仪子为政，子柳、子思为臣，但鲁国不断失地。这样看来，所谓贤者对国家有什么用呢？"孟子说："虞国不用百里奚而被灭亡，但到了秦穆公那里却成就了霸业。不用贤人就会灭亡，有了贤人却不会任用，他怎么会不被削弱呢？"见淳于髡还是一副不屑的表情，孟子便叹道："我像孔子一样被无礼对待，还是离开齐国吧！圣贤的行为，滑稽如淳于髡者又怎么会明白呢？"

除了滑稽的淳于髡，刺客聂政也是战国时期非常著名的士人。当时韩国大夫严仲子因为受到韩哀侯的宠信，而遭到了韩相侠累的忌恨，便逃离了韩国。他想寻找侠士为自己报离乡之恨，刺杀侠累。听说魏国人聂政因杀人避仇，携母及姐隐迹于齐国后，便去拜访他，准备了酒馔，亲自向聂母致礼，并赠黄金白镒。

聂政坚辞不受，但已心许严仲子为知己，只因老母在堂，所以不能以身许友。

聂母辞世后，严仲子帮助聂政葬母，聂政感激在心。服完母丧三年，再办完姐姐的婚事后，聂政遂孤身赴韩，去刺杀侠累。侠累府宅护卫森严，聂政仗着武艺高超，仗剑直入，将侠累刺死。侠累家的甲士们追杀聂政，聂政自知难逃重围，倒转剑柄，以剑尖划破面颊，剜出双眼，剖肚出肠而死。

聂政死后，韩侯暴其尸于市，悬赏购求能辨认其人的人。聂政的姐姐聂荣闻听消息后，即刻与人言："此必聂政。昔韩相仇人严仲子国士相交，政必报其知遇。我当往认之。"来到韩国后，聂荣见到那尸身果然是弟弟的，伏尸痛哭。好心人劝她说："这是刺韩相的凶手，韩侯悬赏千金要知道他的名字，你不躲避，怎么还敢来辨认呀？"聂荣说道："我知道这些。聂政之所以蒙受屈辱隐迹于市贩之中，都是因为老母在堂，我尚未出嫁。严仲子欣赏我弟弟，

聂政自屠
聂政孝顺母亲，能牺牲自己报答别人的知遇之恩，又怕连累亲人而自毁容貌，英勇侠义，
千古留名。

屈身结交，这深厚的知遇之恩怎可不报呀！士为知己者死，聂政不过是因为我还活着，才毁坏自己的躯体，以免被辨认出来牵连于我。但我又怎么能因为害怕被牵连而任由他的英名被埋没呢！"说完后聂荣长呼三声"天啊"，因心力交瘁，死在了聂政的尸体旁。

婚丧礼制

　　虽然孔子认为春秋时期已是"礼崩乐坏"，但先秦时期还是十分强调礼的，认为"非礼无以辨君臣上下长幼之位，非礼无以别男女父子兄弟之亲"。虽然周天子不再有能力维护天子的礼乐制度，但各诸侯国还是维系着各自国家的礼乐制度。

　　由于春秋战国时期的百家争鸣，礼乐制度也相应地发生了变化，且不同学派对此都有不同的认识。儒家的孟子认为"无礼义，则上下乱"。荀子则写了《礼论》和《乐论》，系统地阐述了礼乐的重要性。其核心"天地者，生之本也；先祖者，类之本也；君师者，治之本也"，被后世称作"礼三本"。

　　杂家学派基本维持了儒家学派的观点，还加入了一些墨家的思想。墨家不仅反对儒家深恶痛绝的"淫乐"，还反对一切娱乐活动。法家则不同，他们

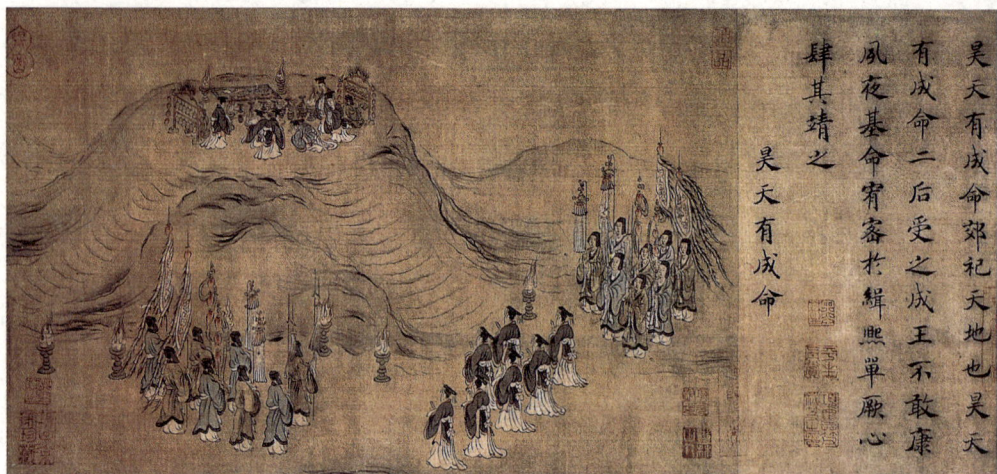

古代的祭祀场景
祭祀就是按照一定仪式，向神灵致敬和献礼，请它帮助人们达成难以实现的愿望。此图表现的是古代郊祭的场景。

推行法治，批判儒家的礼乐，强调法与刑才是治国的根本。

虽然战国时期对礼乐有各家异说，但事实上，各国以礼乐制度来维护统治秩序和过去并没有什么本质的区别，多是继承过去，有些还有所发展。战国时期沿袭下来的礼制很繁杂，重要的如朝觐礼、祭祀礼、乡饮酒礼、冠礼、婚礼、丧礼等。我们就以最普遍的婚礼和丧礼来看看战国的礼乐制度。

关于战国时期的婚礼制度，普遍的说法是男子三十而娶，女子二十而嫁。《墨子》和《韩非子》中，则记载男子二十而娶，女子十五而嫁。

男女青年的婚姻必须有媒，然后由父母作出决定，当事人是没有决定权的。

确定了婚姻后，就要举行六礼，也就是从议婚至完婚过程中的六种礼节，即纳采、问名、纳吉、纳征、请期、亲迎。

纳采即男方家请媒人去女方家提亲，女方家答应议婚后，男方家备礼前去求婚，这礼通常是一只大雁。问名是男方家请媒人问女方的名字和出生年月日。纳吉，即男方家卜得吉兆后，备礼通知女方家，决定缔结婚姻。如果卜辞不吉利，则婚事告吹。纳征亦称纳币，即男方家把聘礼送给女方家，通常是鹿皮。请期，即男家择定婚期，备礼告知女方家，求其同意。到了亲迎，就是新郎亲至女方家迎娶了。

较之婚礼，丧礼在战国时期的各种礼制中更为重要，因为丧葬是"孝"

彩绘漆内棺

此棺为战国时期曾侯乙墓所出土，呈长方形盒状，为木胎。盖面与棺身都呈圆弧形，盖和身为子母口扣合。漆棺外壁有用黑、黄色漆绘成的龙、蛇、鸟、兽、神等形象，俨然一幅神灵护佑的地宫图画。

彩绘漆内棺（局部）

的重要内容。战国时期，厚葬表明孝道，孟子和荀子都提倡"三年之丧"。

正是人们对厚葬的要求，战国时期棺椁葬非常盛行，且一直延续到了后代。棺就是通常意义上的棺材，装尸体的。而椁则是用来装棺的。一些贵族甚至还在棺椁外包上层层的丝绸，以显示隆重。

除了棺椁，死人的衣裳也非常讲究，而且还有严格的规定和等级划分。王室甚至可以穿着金缕玉衣下葬，然后在七窍中都放置美丽的玉石。当然穷人是没有玉石随葬的，一般是在死者的口里放入粟。

送丧之人的丧服是白色，分为五等，叫作五服，即斩缞、齐缞、大功、小功、缌麻。丧服的上衣叫缞，下衣叫裳。缞用生粗麻布制成，衣服的边角都不缝边，"斩"就是不缝的意思，所以叫作斩缞。儿子为父亲服丧、父亲给长子服丧、妻妾给丈夫服丧都要穿斩缞，为期三年。

齐缞是用熟麻布做的，缝边整齐。齐缞有三年、一年和三月丧期之分。如果是父亲已死，儿子为母亲服丧，或是母亲为长子服丧，服齐缞三年。父亲健在，儿子为母亲服丧，还有丈夫为妻子服丧，是服齐缞一年。

大功也是用熟麻布做的，比齐缞更精细些，是女子为丈夫的祖父母、伯叔父母服丧，时间是九个月。小功的丧服比大功还要精致，是男子为伯叔祖父母服五个月穿的丧服。缌麻可想而知，比小功还要精细，是男子为族里的曾祖父母、外甥、外孙服丧穿的，为期三个月。后来就习惯称五服以内为亲，五服以外为疏。

抵御夷狄侵犯

战国时期，各国都在修筑长城，主要的目的便是防备周边少数民族的侵扰。

赵国大将李牧常年驻守在北部的代郡、雁门郡（今山西代县西北）一带边境地区，就是为了防御匈奴。李牧防备匈奴侵扰的方法并不是主动出击，而是根据实际情况采取有力措施加强军队的战斗力。比如说，他任用自己认为能干的人为官，把收来的货物、税款掌握在自己的驻军公署，充当士卒的日常开销。每天李牧都会宰杀数头牛犒赏将士，优待士兵。其次才是练习骑马射箭，重视警报系统，增设侦察人员。匈奴每次入侵，严密的警报系统都发挥了威力，士兵迅速退回营垒固守，不许擅自出战，使匈奴掳掠无所得。赵国军队因此保存了实力，多年来在人员、物资上没有多少损失。但是匈奴却认为李牧这是胆怯，就连赵国边境上的士兵也认为自己的将军是胆小怯战。

李牧的我行我素激怒了赵王，就另派将领替代了他。新任将领到职一年多，每当匈奴士兵来犯，他都命令部队出战，往往受挫失利，损失伤亡惨重，边境地区不能按时耕种、放牧。于是赵王又请李牧复出，李牧闭门不出，坚持说自己有病。赵王一再恳请，李牧提出："王必用臣，臣如前，乃敢奉令。"赵王只好答应。

再次镇守边境后，李牧仍然按照原来的规约行事，让匈奴始终认为是李牧胆怯。戍边的将士日日受到犒赏而不出战，都请求愿与匈奴决一死战。李牧看准时机，一举出击就歼灭了匈奴骑兵十余万人。其后十多年，匈奴都不敢再接近赵国边境的城邑。

与此同时，秦国也在不断地对周边各民族发动进攻。秦孝公时，羌族被迫向西迁移。义渠是秦国西、北边地区实力最为强大的戎族，约有今陕西北部和甘肃东北部泾水、渭水以北和宁夏的少数地方，都城在今甘肃宁县。很长一段时间义渠和秦国都互相征战不断。前272年，秦昭王诱杀了义渠王，灭了义渠部族。

前279年，楚国派兵征伐西南部，占领了夜郎、滇池等地，即以今云南昆明为中心的大片领土。

李牧雁门纵牧

李牧是战国末年东方六国中唯一能与秦军抗衡的将领，深得士兵和人民的爱戴，有着崇高的威望，在一系列作战中屡次重创敌军而未遭失败，显示了高超的军事指挥艺术。

铁器时代的开始

　　在春秋时期的中后期，各诸侯国的经济都有了较快的发展，铁器和牛耕得到大面积推广，手工业也有了极大的发展，冶铁、青铜器铸造、漆器、丝织业的生产水平都有显著的提高。而战国时期各个诸侯国之间的变法改革，也使得当时的经济水平有了明显的提高。

历史细读

由于牛耕广泛地应用于农业，所以与牛耕相关的名字也出现了。孔门七十二贤人中就有一位，他就是冉耕，字伯牛。冉耕比孔子小七岁，鲁国人，以德行著称。后来冉耕患了麻风病，不愿意见人。孔子去探望他的时候，站在窗外面握着他的手，叹息着说："如果没有希望的话，这也是天命啊！这样的好人，竟然会染上这种恶病！"

废井田，开阡陌

战国时期，铁农具和牛耕已经普遍地应用于农业生产中，极大地提高了劳动效率。此时的农民更加注重积累农耕经验，在选种、施肥、防治病虫害、掌握农时等方面都有了极大的进步。战国初期，各国普遍开展了变法运动，发展农业被认为是富国强兵的重要途径，因此荒地被大面积开垦，土地的潜力被尽可能地开发，倚靠周天子权威建立起来的井田制也只有颓然地退出历史舞台。

牛耕的普遍运用

战国时期农业最显著的特点，就是由青铜器时代进入了铁器时代，把家畜作为动力应用到了农业上。

目前，史学界对中国家畜拉犁起于何时，还有不同的看法。有的说商代已有牛耕，有的则认为直到汉武帝时期才真正推广了牛耕。考古发现表明，中国在新石器时代就有了石犁，据成书于战国时代的《山海经》记载，后稷之孙叔均，是"始作牛耕"之人。从史料文献中的记载来看，商代已经有了马拉的车子，而用畜力拉犁耕地，虽然没有直接的考古材料，但是很可能在商代就已经开始了。不过春秋之前就出现大面积牛耕的局面是不可能的，因为周王更喜欢把大量牲畜，特别是牛，用来祭祀祖先和鬼神。

到了春秋时期，牛耕开始逐渐普遍起来。到了战国时期，农业上使用牛耕的现象就更为普遍了，这从考古学的成果中可以得到证实。考古工作者曾经在河南辉县、河北易县等地的战国墓葬中，发现过 V 字形的铁犁铧，那正是牛耕用的工具。

牛耕图
牛耕技术的使用，是人类社会开始进入文明时代的一个标志，推动了当时社会制度的变革。

　　正因为有了牛拉的铁犁，战国时期的农业生产才被推进到精耕细作的阶段，从而使生产力水平达到了一个崭新的高度，农产品有了较大幅度的增长。据《吕氏春秋》记载，战国后期，上等之田一个人耕种，收获的粮食可以供九个人食用，下等之田一人耕种，收获的粮食也能养活五口人，这其中还包括马、牛、羊、鸡、犬这些家畜的饲料。在江西新干县，发现了四座战国时期的大型粮仓，每一座面积都达六百平方米左右，仓内还保存着大量已经炭化了的粳米。

　　当然牛耕只是搞好农业生产的第一步，接下来还必须进行播种等一系列的田间管理。正确把握耕翻时节，这是自夏朝以来就已经做到的。战国时代的人对于什么季节是什么天象，生物的生长变化情况如何，观察得很细致，掌握得也很清楚。

　　至于播种的行距、间隔、施肥等问题，战国时期的人也都有了心得。据《吕氏春秋·辩土》记载："茎生于地者，五分之以地。茎生有行，故速长；弱不相害，故速大。衡行必得，纵行必术，正其行，通其风。"意思是说，农作物的行距适当，互相就不会受影响，这样才能长得快，长得好；行距适当，便于通风，农作物才能舒展地生长发育，这样也就可以得到好的收成了。种子播下以后还要施肥，施肥是改良土壤、保持地力、促进农作物生长的一项重要措施。根据一年四季的时间不同、土质的不同、农作物的种类和生长阶段的不同，对肥料的要求也不相同。据《周礼·地官》记载，战国时期已经有了专门掌管改良土壤、按照不同的土质播种适宜的庄稼的政府官员。《吕氏春秋·季夏纪》中，讲到了积肥造肥的问题。当时除施用各种粪肥外，还比较盛行在夏天把野草割下来晒干烧成灰，或是浇上水使其腐

场中打稻图

当稻穗垂下，金黄饱满时，就可以开始收割了。一般是农民一束一束用镰刀割下，再用绳子扎成捆。图中描述的就是古代的脱粒办法。

烂沤成有机肥料的办法。除此以外，还把油渣也用作肥料。这些积肥造肥的方法一直延续到近现代。

更为先进的是，战国时代的农民对于治理病虫害，也有了精确的认识和描述。当时的人们把吃苗心的害虫叫作"螟"，吃叶片的害虫叫作"螣"，吃根的害虫叫作"蟊"，吃节的害虫叫作"贼"。害虫虽然是认了不少，但消灭的方法却还比较原始落后。大部分人选择的除害虫的方法，依然是祈求神灵的保佑，希望让神灵来驱杀这些害虫。还有人希望太阳显示威力，把害虫晒死。直到战国中期，农夫们才"得而杀之"。

农耕经验的总结

春秋战国时期农业生产的发展成果，不再是口口相传，而是得到了理论的总结，一些农学著作开始出现。

在春秋战国时期的"百家争鸣"中，有一家就叫作"农家"。不过农家的大多数人都是名不见经传的无名学者。可正是这些无名学者，把农业生产技术的零散知识系统化，并且上升到理论，写成专著留给了后代。

现今所能见到的农家作品，学者公认的只有《吕氏春秋》中的《上农》《任地》《辩土》和《审时》。

《上农》就是重农的意思，提出了重农的理论，着重阐明了农业与政治的重要关系。《任地》一开端则提出了十大问题，十分耐人寻味。

这十个问题是：你能把洼地当作突起来的高地利用吗？你能把干燥的土地撇在一边，而让出湿润的土地来吗？你能使土地不含过多的盐碱吗？你能使土地内部保持湿润吗？你能不让野草蔓延危害农田吗？你能使庄稼通风良好吗？你能使庄稼不要长得细长，而长得强壮吗？你能使穗子长得结实均匀吗？你能使子粒饱满而皮薄吗？你能使米粒长得有油性，吃起来皮薄吗？

这十个问题，在《辩土》篇中都得到了解答。而在《审时》篇中，则重点讲各种庄稼与时节的关系。文章列举了当时通常见到的禾、黍、稻、麻、菽、麦等主要农作物，逐一论述其耕作时节。比如说"禾"，《审时》篇中讲：下种适时之禾，穗长得长而壮，禾秆长得坚实，结的籽粒饱满，吃起来有油性，有劲好吃，味道纯正。如果下种过早，茎叶长得细弱，整个穗短小光秃，籽粒不满，打出的米也不香。若是下种晚，茎叶长得细弱，穗不大而且还不成熟就零落了，打下的籽粒不饱满而且糠壳多。

不难看出，战国时代对主要农作物的栽培已经有了相当深入的研究。

耕作图

春秋战国时期，农作物不仅产量稳定，而且随着生产技术的进步，农作物的收获及食用品加工的方式都有了改变。图为《耕织图》中的秋收场面。

井田制的没落

战国时期，除了农业、手工业技术的进步外，其生产关系也发生了巨大变化。

在春秋战国以前以及春秋时代早期，土地、土地上出产的果实，以及土地上所有的人，都属于周天子。周天子将土地及附着在土地上的人分封给诸侯，诸侯再将一定数量的土地赏赐给卿大夫等贵族。土地也有转手易主的时候，但不能买卖。土地被划成若干豆腐干似的方块，叫作"井田"，由平民或奴隶来耕种。

井田制是我国古代社会的土地国有制度，它还保留有原始社会公有制下农村公社对土地管理的某些形式或外壳，但其性质实际上已经是一种奴隶制下的土地剥削制度。

铁器的使用和牛耕的推广，是当时生产力水平提高的标志。随着社会的发展，井田制的衰败在西周末年开始了。进入春秋时期后，其消亡的速度进一步加快了。

而且早在西周中期，就有个别贵族为了额外积累财物，强迫庶民开垦井田以外的空地。由于这样开垦出来的田地是瞒着公室而不纳税的私有物，所以叫作"私田"。到西周末期，"私田"的存在已经相当普遍。开辟和耕种大量的"私田"，需要大批劳动力，而用奴隶制的办法已经不能够调动生产者的劳动积极性。于是一些顺应新形势的贵族为了招徕劳力，就改变了剥削的方式，如齐国的田氏向民众征赋税使用小斗，而把粮食贷给民众则用大斗；晋国韩氏、魏氏、赵氏采取扩大地亩，而不增税额的办法等，收买民心。这样奴隶们纷纷从公室逃往私门，成为封建农民的前驱。而奴隶大量逃亡，劳动力的短缺，势必会使一些公田沦为荒地，井田制再也维持不下去了。另一方面，由于各诸侯国家需要扩大兵源，只由贵族出身的武士充任甲士是远远不够的，加上步卒的作用越来越大，甚至成为主要的兵种，这样一来，庶人在战争中的重要性增加，地位也更加重要了。庶人开始从土地上解放出来，可以成为士兵。假如作战有了战功，庶人包括工商阶层都可以晋升而为士了，原来处在最下层的"人臣隶国"，就可以成为自由民了。

兴修水利

对农业生产来说，水利建设是非常重要的。春秋战国时期，各国已很注意水利的兴修，或者沿河建筑堤防，或者开凿运河。运河的开凿，水利工程的修建，不但便利了交通，而且有利于农业生产的发展，其中秦国的都江堰、郑国渠和鸿沟最为著名。

鸿沟

魏国的引漳灌邺工程，历经多年，彻底改变了邺（今河南安阳以北）这个地方的落后面貌。魏国的水利工程见于记载的、最出名的，当属鸿沟。鸿沟是中国古代最早沟通黄河和淮河的人工运河。

鸿沟也被叫作大沟，约在前360年，魏惠王时期开凿。为了灌溉农田，魏国在黄河与圃田泽（今郑州东圃田一带）之间开挖了一条运河，从荥阳引黄河水向东南流，浇灌田地，这就是鸿沟。鸿沟流到圃田泽后继续向东，一直延伸到了魏国的都城大梁（今河南开封），然后向南流入颍水，再经颍水下流注入淮水。鸿沟开凿之后，不仅使济水、颍河、淮河、泗水和黄河互相贯

历史文献

　　岷江遥从天际来，神功凿破古离堆。恩波浩渺连三楚，惠泽膏流润九垓。劈斧岩前飞瀑雨，伏龙潭底响轻雷。筑堤不敢辞劳苦，竹石经营取次裁。

　　　　　　　　　　——清代黄俞《都江堰》

通，构成了鸿沟运河系统，而且还可以灌溉大片农田，形成了这一流域的农业丰产区。据记载，当时的鸿沟曾经有几百里长，现在因为黄河水土流失，只剩下三四里长，再也看不到往日的辉煌了。

都江堰

　　除魏国外，秦国的都江堰也非常著名。都江堰水利工程是全世界迄今为止，年代最久、唯一留存的、以无坝引水为特征的宏大水利工程，而且至今仍然发挥着巨大的作用。

　　都江堰在今四川灌县西北，岷江流经这里，每当春夏山洪暴发的时候，江水奔腾而下，从灌县进入成都平原，由于河道狭窄，古时候常常引发洪灾，洪水一退，又是沙石千里。而灌县岷江东岸的玉垒山又阻碍江水东流，造成东旱西涝。秦昭王时期，蜀郡太守李冰和他的儿子，吸取前人的治水经验，率领当地人民，主持修建了都江堰水利工程。他们对都江堰水利工程的整体规划，是将岷江水流分成两条，其中一条水流引入成都平原，这样既可以分洪减灾，又可以引水灌田、变害为利。

　　首先李冰父子请教了许多有治水经验的农民，虚心地向他们了解当地的地形和水情，并做了一系列实地勘察后，决心凿穿玉垒山引水。由于当时还未发明火药，李冰父子便以火烧石，使岩石爆裂，终于在玉垒山上凿出了一个口子。因其形状酷似瓶口，故取名"宝瓶口"，开凿玉垒山分离出的石堆被称作"离堆"。宝瓶口引水工程完成后，虽然起到了分流和灌溉的作用，但因江东地势高，江水很难流入宝瓶口，李冰父子又率领大家在离玉垒山不远的岷江上游和江心筑分水堰，用装满卵石的大竹笼放在江心，堆成一个形如鱼嘴的狭长小岛。鱼嘴把汹涌的岷江分隔成外江和内江，外江排洪，内江通过宝瓶口流入成都平原。为了进一步起到分洪和减灾的作用，在分水堰与离堆之间，又修建了一条长的溢洪道，以保证内江无灾害。溢洪道前修有弯道，

煮海盐

盐在远古时代就被当作调味品，先民不再满足于依靠自然的恩赐所得到的盐，便开始摸索从海水、盐湖水、盐岩、盐土中制取。海盐制作是中国关于食盐制作的最早记载。

江水形成环流，江水超过堰顶时洪水中夹带的泥石便流入外江，这样便不会淤塞内江和宝瓶口水道，故取名"飞沙堰"。

郑国渠

秦国的另一大型水利工程是关中的郑国渠。郑国原是韩国的一位水利专家，韩国为了消耗秦国的国力，使其无力东向扩张，在前237年派郑国其人去到秦国游说，劝秦国凿一条运河，引泾水东流入洛水，即从今天的陕西礼泉东北谷口地方起，引泾水往东到今天的三原县北汇合浊水及石川河道，再向东入洛水。

本来就想发展水利的秦国，很快采纳了郑国的这一建议，并征集了大量的人力和物力，任命郑国主持兴建。在施工的过程中，不幸韩国"疲秦"的阴谋败露，秦王大怒，要杀掉郑国。郑国却说："始臣为间，然渠成亦秦之利也。臣为韩延数岁之命，而为秦建万世之功。"（《汉书·沟洫志》）秦始皇嬴政是位很有远见卓识的政治家，认为郑国说得有理，于是仍然对其加以重用。经过十多年的努力，这条渠才竣工，人称郑国渠。

郑国渠建成后，秦国的经济效益得到了显著的提高，粮食亩产量较黄河中游高出许多倍。郑国虽然是个奸细，但在水利建设上可是当之无愧的专家。这一条运河干道的选择，是经过精心考虑的，充分利用了自然的地形特点，渠道开凿在高处，形成了一套自流灌溉系统，最大限度地发挥了渠道的作用，扩大了灌溉面积。

这条历时十余年才完成的伟大工程，非但没有起到消耗秦国国力的作用，反而给秦国带来了农业的丰收，让关中地区成为名副其实的沃野。郑国渠工程之浩大、设计之合理、技术之先进、实效之显著，在我国古代的水利史上是少有的，也是世界水利史上罕见的。

手工业生产技术的进步

战国时期，手工业也取得了巨大的发展，分工非常细密。仅以木工这一手工业者来说，战国时期叫作"攻木之工"，分为七部，分别是轮、舆、弓、庐、匠、车、梓。"轮"即"轮人"，主造车轮和车盖；"舆人"专管造车舆，也就是车厢；"弓人"专门造兵器弯弓；"庐人"负责制造兵器的把柄；"匠人"除主管营造宫室城郭外，还管制造农具；"车人"主管制造各种车辆，也管制造农具；"梓人"主要制造木质饮食用具和乐器的架座之类。

细致的分工让产品的种类、质量乃至数量都达到了一个前所未有的水平。从采矿、冶炼等大型手工业，到人们日常生活的必备用品，如煮盐、纺织、竹木漆器等等，都出现了前所未有的发达景象。

陶缸

这只陶缸直径与高度均为 97 厘米，缸底均匀排列漏孔 7 个，缸体自上而下收缩为圆尖形，底部不能直立地面，说明此缸是用于酿酒的过滤缸。这一滤缸的发现，说明当时的酿酒业已十分繁荣发达。

煮盐业

食盐是人们日常生活的基本必需品，古代称自然的盐为"卤"，只有经过人力的加工以后，才能称为"盐"。中国古代最早发现和利用自然盐始于洪荒时代，与动物对岩盐、盐水的舐饮一样，是出自生理本能。据说炎黄二帝的对决，就是为了争夺盐。

中国关于食盐制作的最早记载是海盐的制作，即炎帝时的宿沙氏首创用海水煮制海盐。到了春秋战国时期，制盐已经分为池盐、海盐和井盐了。春秋时期，晋国河东池盐煮造业和齐国的海盐煮造业都已经兴盛起来。当时河东的盐池被称为"盬"，已被视为"国之宝"（《左传·成公六年》）。到战国时期，齐燕两国的海盐煮造业更加发达，所谓"齐有渠展之盐，燕有辽东之煮"（《管子·地数篇》）。魏国的河东池盐煮造业也很发达，猗顿便是由经营池盐而成巨富的（《史记·货殖列传》）。而井盐出现较晚，最早出现于战国时期的巴蜀地区。在秦并巴蜀以后，李冰做蜀郡守时，广都（今四川双流东南籍田镇一带）的井盐已经开始开发。

酿酒业

此时酿酒技术已经有了很大进步，《礼记·月令篇》于仲冬之月说："乃命大酋，秫稻必齐，麹蘖必时，湛炽必洁，水泉必香，陶器必良，火齐（剂）必得。兼用六物，大酋监之，毋有差贷。"这六个"必"，就是对当时酿酒技术的经验总结。

酒是用秫稻做的，首先要挑选好秫稻。用麹来造酒，是我国古代酿酒技术上的重要发明，它能把糖化和酒化两个过程结合起来进行。因为麹既富有

飞鸟花卉纹绣

此绣属于战国中期。绣底为浅黄色绢，针法为锁绣。绣线有红棕、土黄、黄绿色。凤鸟口衔花枝，展翅飞翔。尾后与花枝相连。凤尾作二分之一的交错排列，连接成严整而有变化的装饰纹样。

糖化力的丝状菌毛霉，又有促成酒化的酵母。蘖是发芽糖化的谷粒，古时曾用作酿酒原料。酒是用麹、蘖酿造的，所以要"麹蘖必时"。因为毛霉和酵母菌是很敏感的低级生物，受到污染就会影响菌类活动，或者滋生杂菌，所以要"湛炽必洁，水泉必香，陶器必良"。温度的控制也很重要，酵母活动最适当的温度是三十摄氏度左右，因此需要"火齐必得"。可见酿酒业在当时也有了极大的发展。

纺织业

中国早在原始社会后期就有了丝麻纺织。到了战国时期，在黄河、长江中下游的广大地区，丝织业非常发达，而且已经形成了不少具有地方特色的纺织品。加上缲车、纺车等手工纺织机器的应用，劳动生产率有了大幅度的提高，手艺日益精湛，缲、纺、织、染等工艺逐步配套。纺织品则大量成为交易物品，有时甚至成为交换的媒介，起到了货币的作用。

齐鲁之地在当时被称作"冠带衣履天下"，意思是说，各国人身上穿戴的都有齐鲁地方出产的纺织品。据说鲁国的纺织工艺水平极高，即"强弩之末不能穿鲁缟"。也就是说，鲁地生产的素白细丝织物非常轻薄精细，而且又很结实耐用。

齐国不仅能生产出罗、纨、纱等大批丝织品，而且能生产出更加精致的锦帛、缟缣等近二十种精品。

漆器制造业

战国时期蓬勃发展起来的手工业，还有竹木漆器的制造。

漆器是中国特有的一项发明，它的历史几乎和纺织品一样悠久。相传早在尧、舜、禹之时，人们已开始用漆器做食具和祭器了。到了战国时期，漆器的颜色种类非常多，而且有了繁复细致的彩绘，并用桐油作稀释剂。桐油是中国特产的一种桐树果实榨出的干性植物油，直到近现代依然是漆料的稀释剂和配料。将桐油掺进漆料中，可以改善漆液的性能，从而调配成更多更便于描绘细致图案花纹的彩色漆料。

在漆器的胎质方面，战国时代也有所创新和发展。当时已能根据不同器物的特点创造出不同的胎质。除一般的木质施漆外，有的还采用了薄木加裱麻布，然后在表面上施漆并绘制各种美丽的图案。

彩绘透雕漆座屏

此座屏为战国晚期楚国的物品，木胎，长方形。屏的左右各有两条透雕的龙，两两相悖。屏座上有阴刻云卷纹，屏框及屏中隔木饰三角形卷云纹，龙身满绘条纹。

彩绘漆盒

此战国中期的彩绘漆盒为木胎，盖、身以子母口扣合，矮圈足。盖顶周围绘有对称的卷云纹，盖边缘和器身上部绘有勾连卷云纹。

建筑业

战国时期的木工，除了使用斧、凿、锥等铁工具以外，还有画方形用的矩，画圆形用的规，弹直线用的绳，测量垂直线用的县（悬），测量水平线用的水准，同时还发明了一种矫正木料曲直的工具，叫作櫽栝或榜檠。

木工的工作主要是建筑房屋、制造车舟等交通工具和建筑坟墓等。这时富贵人家的棺椁往往选取七围八围的楸、柏、桑来制作，坟墓里往往有棺椁数重，外面一层层地堆积着石块、木炭。在安徽寿县和河南汲县战国墓的发掘中，都曾发现木椁外堆积着深厚的石子层和木炭层。战国时期棺的制作，底和壁已运用套榫来镶拢。战国时的车，车辐已多到三十辐到三十四辐。这些都说明当时木工技术已相当进步。

当时房屋的建筑，已有葺屋（草屋）和瓦屋之分。富贵人家的房屋往往用石基石础、木柱木架，上盖瓦顶，并开始有两层的楼房，说明建筑技术有了较大进步。战国铜钫上的建筑图案，屋下有高基，上为木结构，屋分两间，有立柱三根。每间各有一门，门扉双扇。柱顶有斗拱承枋，枋上更有斗拱作平坐。上层楼没有柱，只有两门。上层楼的平坐似有栏杆，平坐两端作向下斜垂线，用来代表屋檐，说明当时平坐直压在腰檐上。战国宴射椭杯上的建

兆域图铜版

《兆域图》用金银镶嵌，是世界现存最早的建筑设计平面图，标志着我国古代北方少数民族卓越的聪明才智和创造力。此图在考古学、历史学、语言学、社会学、建筑学等方面都具有很高的研究价值。

筑图案，是架空的阁，阁基有三个支柱，两旁有阶梯五级，阁的两边有立柱，柱顶有斗拱承枋，阁顶有檐伸出很长。根据燕下都故城宫殿建筑的遗址来看，建筑时先挖坑，再填土打夯，然后挖出间次，留出墙壁，挖好柱窝。房屋的结构，是面阔三间，进深两间，其梁架部分大概用木材。房顶先铺芦苇，再涂草泥土，在草泥土上又涂厚一厘米的"三合土"，然后盖瓦。从已经发掘的秦咸阳宫第一号遗址来看，宫殿建筑在较高的大夯土台基上。宫殿四周设有回廊，宫殿之间有复道相连接。有的墙是在夯土台壁上补砌土墼，有的墙全用土墼筑成，并有壁柱用来巩固土墙。据推测，宫室之内设有大柱，用以承托屋盖的大梁。可见当时建筑技术已经达到了相当高的水平，后代建筑技术就是在这个基础上发展起来的。

当时的大规模建筑，已经有了简单的平面设计图。河北平山中山王墓出土的金银错铜版《兆域图》，是一幅中山王陵园建筑的平面设计图。在这幅设计图上，四周有三道长方形的围墙，外面一道叫"中宫垣"，中间一道叫"内宫垣"，里面围住坟墓封土的一道叫"丘"。三道围墙之间都有规定的距离。在"丘"以内设计建筑五个"堂"，"堂"就是建筑在封土上的"寝"。现在发掘的中山一号和二号墓，都有覆斗形封土，封土下部有平台彼此相连，封土半腰都有一圈方形的回廊建筑。一号墓保存较好，以外檐面积计算约为五十二米见方，和《兆域图》所记王堂方二百尺面积相近。由此可见当时国君陵园的建筑规模。

从青铜到铁器

铸造业的发展主要体现为冶铁业和青铜业的发展，随着采矿业的快速发展，这一时期的青铜冶铸技术有了突飞猛进的进步。

采矿业的进步

战国时代的采矿的遗迹，目前已经发现了许多处，其中以湖北大冶铜绿山和湖南麻阳铜矿遗址最为有名。

饕餮纹半瓦当

瓦当可以增加屋檐的美观，战国时期流行半圆形瓦当，饕餮纹的最有特色，富于变化和奇妙的魅力。

湖北大冶铜绿山遗址面积相当广，南北长约两公里，宽约一公里。在这里发现了当时的矿井支架、坑道，出土了不少采矿用具，同时还发现了大小炼炉数座和十多块饼状的铜锭。这里堆积着古代的大量矿渣，有的达数米厚，估计约有四十万吨左右。根据这四十万吨的炼渣计算，当时提炼出来的铜当在万吨以上。

遗址中发现的竖井采用四根圆木，每根的两端砍成台阶状的搭口榫，相互搭成方框支架，然后用这种方框层层迭压构成。这种竖井主要是供采矿工人上下和运取矿石、提取井下积水以及通风换气用的。斜井也用圆木构成，是把两根圆木的两端凿成孔，再将另外两根圆木的两端劈成榫头，穿接成一个方框，然后用这些方框若干，沿着矿层的倾斜走向，由浅入深，节节伸延到需要的位置。在这些框形支架外面，还用小树棍排成一片，防止矿井坍塌。从这种结构来看，当时已经很好地解决了井下的支护问题。

从发掘的情况来看，当时已经把矿井挖掘到了地下五十多米深的地方，而且初步解决了井下的通风、排水、提升、照明等复杂技术问题。在通风方面，当时的矿工们利用井口内外自然形成的不同气压，封闭已经废弃的巷道，使空气沿着采掘方向前进。这样就可以在没有鼓风设备给井下送风的情况下，也能使空气到达工作的地方，从而保证了采掘工人对空气的需要。而当时对地下水的排除方法是，将水先引到积水坑，然后通过竖井，用辘轳把水提上地面。

青铜铸造技术的进步

春秋战国时期是中国古代青铜器铸造的又一个高潮期。在战国早期，青铜器的纹饰发展成浮雕状，繁复的镂空花纹达到了东周时期青铜器制作的顶峰。到了战国中晚期，许多铜器都变成素面的，而且日用器皿大量增加。

这一时期对青铜的取材、配料等，都有了相当精密的分析记录，并且总

嵌红铜龙纹扁壶
此器为春秋早期的器物，平盖，中有小钮，小口鼓腹，平底，肩腹部有环耳，腹下有环形鼻。颈饰两道弦纹，其上为变形顾首龙纹，其下为象纹，腹部饰嵌红铜龙纹。

结归纳出了一套科学的理论。不少论述用今天的科学方法去验证，也是符合科学道理的。

《周礼·考工记》中，对青铜器中铜与锡的比例问题有这样的记录："金有六齐（金即铜，在化学上称铜锡合金为齐），六分其金，而锡居一，谓之钟鼎之齐；五分其金，而锡居一，谓之斧斤之齐；四分其金，而锡居一，谓之戈戟之齐；三分其金，而锡居一，谓之大刃之齐；五分其金，而锡居二，谓之削杀之齐；金锡半，谓之鉴燧之齐。"也就是说，各种不同用途的青铜器，铜与锡的比例是各不相同的。据现代科学分析，这种比例是十分正确的。

值得一提的是，这一时期的青铜工艺技术不断有着新的创造。首先是"金银错"技术的创造，就是在铜器表面上镶嵌金银丝，构成文字或图案。战国中期，这种工艺的精致程度就达到了高峰，不仅施用于兵器、礼器和用器上，还施用于车器、玺印、铜镜、带钩和漆器的铜扣上。同时有镶嵌红铜工艺技术的创造，就是用红铜薄片镶嵌在铜器表面上，构成各种图案。

冶铁技术的创造

战国时期，铁器得到了大范围的应用，但还没有完全取代青铜器。虽然都是金属，但采矿和冶炼的要求以及技术水平却很不一样，因为铁的熔点比青铜的要高许多。

按照一般冶铁的历史发展过程，是先炼成熟铁，即块炼铁，因为它不像炼生铁要求的温度那样高。这种块炼铁出炉的时候，是一种含杂质较多的海绵状铁块，从炉中取出时往往会影响炉膛，这样就不可能连续冶炼。生铁则不然，它是把铁熔成了液体。这样不仅不影响炉膛，还能接二连三地持续冶炼，而且可以进行铸造，是十分有利于铁器的使用和推广的。根据有关记载，在国外，生铁的冶炼大约直到 14 世纪，才用熟铁渗碳的办法炼得。在中国，根据对战国时代的一些铁工具的分析研究，当时已经能够对生铁进行不同工艺的柔化处理了。因为发明了鼓风设备，极大地提高了炉温，所以当时中国在冶铁方面居于世界领先的地位。

战国时期，一些远近驰名的铁器生产地，如赵国的邯郸，楚国的宛地，韩国的冥山、墨阳等等，都是当时非常有名的铁器冶铸中心。从有关文献记载和历年各地考古发现来看，铁农具有耒、犁、铫、锄等，铁工具有刀、斧、

生熟炼铁炉
战国时期，冶铁水平有了显著提高，已经较好地掌握了高温液体还原法的
生铁冶铸技术，能锻打出用于剑身的高碳钢，铸铁柔化术开始出现。此图
为生熟炼铁炉。

凿、锯、锥、锤等，铁兵器有杖、矛、剑、甲胄等。礼器中也有用铁做的，
甚至在人们的装饰品中，也出现了一些铁制品。

生产模式的改变

　　春秋战国时期，铁器在农业和手工业生产上的逐步得到了广泛地使用，
标志着当时的社会生产力水平有了显著的提高。生产力水平的提高，反映在
生产方式上，就表现为生产模式的改变。

商业的繁荣

　　在春秋时期，手工业生产都是由政府经营的，由"工正"负责对手工业
进行管理。而从事生产劳动的人，主要是手工业"徒隶"，包括世代相袭的手
工业奴隶和罪犯，后来还出现了定期服役的自由民做手工工匠的情况。
　　战国时期，私有土地的进一步发展，地主、自耕农的普遍出现，使得手
工业生产的性质也起了变化。除了仍由官府直接掌握的部分手工业生产外，

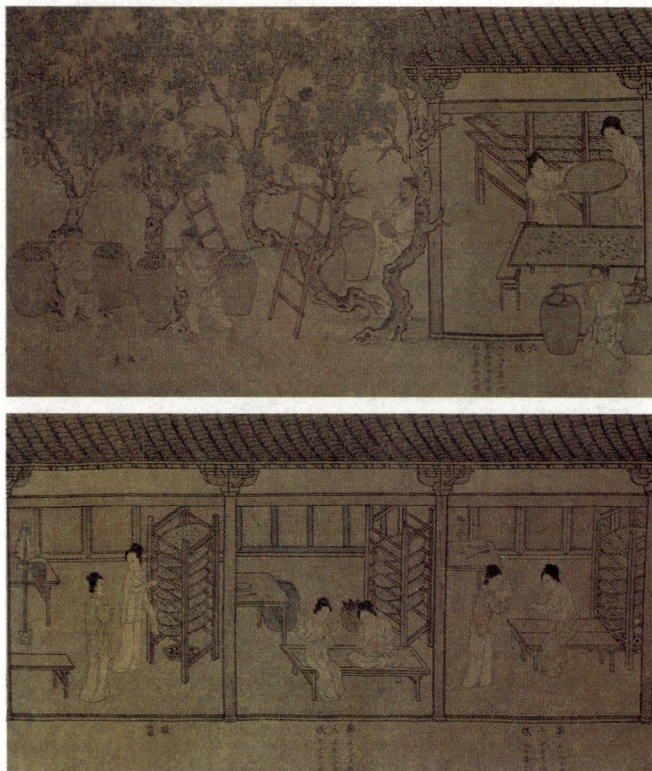

蚕织图
战国时期生产工具的发展，促进
了当时农业的进步，蚕织业在当
时已经十分普遍。

还有"豪民"（大地主）们经营的大规模私营手工业、个体的小手工业以及小农家性质的手工业。

此时官营手工业生产的范围，主要包括兵器、礼器以及专供贵族使用的部分消费品。在官府手工业工场中，直接从事生产的人大致分两部分：一部分是官奴和刑徒；还有一部分是征调或雇请的私人手工业工匠，这部分人大致有一定的期限。

私营手工业包括了私营大手工业主和不脱离农业生产的家庭手工业、个体手工工匠等。

一些有名的私营手工业主，如赵国邯郸的郭纵，以冶铁成业，其富可与王侯相比。他们都拥有大批的奴隶性质的手工业工人为他们劳动。

至于个体小手工业者和普通农户家庭手工业，则是农业生产的一种补充。中国古代传统的"男耕女织"，在战国时期已经十分普遍。一般来说，农家从事的手工业多为纺织、编制竹器、草鞋等。这些除了可供自身消费以外，有多余的还能与其他事物进行交换。

此外，战国时期的个体小手工业者也有了新的发展。当时一般人使用的生产和生活用具，像农民使用的铁农具、木工使用的铁制工具等，有不少都是小手工业者所生产供应的。这些专门从事手工业生产的工人，不从事农业生产，而以自己的手工业产品换取农民生产的粮食。这种个体手工业生产者在战国时期已经相当普遍了，有人还在都市里开店摆摊，一面生产，一面出售。

随着交易的频繁，商业繁荣起来，商人的地位也上升了，人们不再视从事工商业活动的人为下贱，而能够公正地对待他们。商人的经营范围很广，商品种类也很多，上到贵族的高级消费品和军需物资、礼乐祭器，下到人们日常生活所需要的盐、铁、牲畜、竹木漆器等，都是商品。

商人为了获得丰厚的利润，在诸侯国之间往来贩运。不仅如此，这个时期还出现了一些讲述生意经的商业理论著述。例如范蠡曾说："贵上极，则反贱；贱下极，则反贵。"这话的意思是说，物价涨到顶了就必然会下降，降到极低就又要上涨。做生意贵在把握好这种极限，千万不要错失良机，贱的时候就应该大量买入，贵的时候就要及时卖出。据说范蠡还写了一本叫作《计然》的书，专门论述有关商业交换、怎样才能获取高额利润的问题。

随着生产的发展和商业贸易的扩大，货币也开始广泛流通起来，高利贷也在这时发展起来并逐渐普遍，甚至连堂堂的周天子也不得不向高利贷者借债。周赧王就因欠债太多而无力偿还，害怕回宫居住，于是就造了一座高台，自己躲藏到上面去，人们称之为"逃债台"，"债台高筑"一词即由此而来。

多样的货币

货币是商品交换发展到一定水平时自发地产生的。它的历史和商品交换的历史分不开，它的起源和发展水平也是与交换的起源和发展水平相适应的。中国最早使用的货币是天然贝，据有关文献的记载，这在夏代就已经出现了，但是在考古发现中，只能证实商代确实出现了大量的用于交易的贝币。西周时仍以贝币为主，同时还发现了不少铜贝，楚国的"蚁鼻钱"就是一种仿贝形的金属铸造货币。

战国时期，贵金属黄金真正加入到了货币的行列。以前所谓的赐"金"，一般都指的是铜，而不是黄金。

与此同时，铸造的货币也更加广泛流行，并且走向定型化。战国时的铸造货币，一般都铸有铭文，或是标明价值、重量。春秋中叶，不但政府铸造货币，一些富商大贾也私自铸钱，各国政府并未完全掌握铸钱的大权。战国时期，各国相继把铸币权收归政府，但因为各国之间还不统一，各国货币的形制、重量、单位各不相同。

这一时期，货币的形制主要有铜贝、布币、刀币和圆钱。在黄河中下游

蚁鼻钱范

三孔布币

三晋布币

卢金

郢爰

齐刀币

多种多样的货币
战国时代群雄割据，货币的形式也多种多样，这为各国之间的经济交流带来了不便。直到秦始皇统一中国后，货币的形制才得以统一。

的三晋、齐、鲁等国，多用铜贝，贝上有齿棱，没有文字。南方的楚国也用铜贝，贝上有文字，被称为"蚁鼻钱"。周王室和郑国使用的是布币，称作空首布，上面有文字，多为地名。刀币流行在渤海、黄河中下游地区，主要是齐国、燕国、赵国和中山国的货币。不过这些国的刀币样子也各不相同。齐国的刀币正面有文字，背面上部有三道横纹，边线从首一直至尾。燕国的刀币，正面的铭文多为一个字。赵国则是圆首的直型刀币。圆钱在秦国使用，有圆形圆孔和圆形方孔两种，文字一般为四个字，顺序为"上下右左"，称为直读。"顺时针"排列称为旋读。两个字的圆钱，顺序为"左右"，称为顺读。圆钱的发展，一说由纺轮发展而来，一说与玉璧、石璧有关。

人流摩肩接踵的城市

商品经济的发展，商贾的往来贩卖，必然会促进都市的繁荣和交通的发达。都市成为商业的集散地点，交通要道就成了货物运输、加强各地经济联系的纽带。除了各国的国都之外，大大小小有名的都市不断涌现，它们基本上都是工商业高度发达的城市。

这些大城市都位于陆路和水路交通的纽带上，不但城市的规模较大，人口也十分密集。城市人口的迅猛增长原因有很多，如原来城中人口的自然繁衍，由于战争的需要而驻守军队等。但是商业的发展对城市人口的增加，起的却是举足轻重的作用，影响非同一般。

以当时齐国的都城临淄为例，有人口七万户。若以每户五口计，人口达到了三十五万之多。所以不难想象当时街道上的繁华景象，车水马龙，行人拥挤塞路。用战国人的话说就是："车毂击，人肩摩，连衽成帷，举袂成幕，挥汗成雨。"

四通水道
战国时期的城市建筑构件已十分科学。这件四通水道的出土，说明当时的人在城市用水处理方面已经十分先进。

据考古发现佐证，齐国故城临淄包括大城和小城两部分，小城在大城的西南方，其东北部伸进大城的西南隅，两城衔接十分巧妙。大城南北近九里，东西七里左右，是官吏、平民以及商人居住的城。小城南北四里，东西近三里，是国君居住的宫城。两城总面积达六十余平方里，正所谓"三里之城，七里之郭"，"筑城以卫君，造郭以守民"。

城内的交通与排水布局也比较规整科学，最宽的道路有十七米，最狭窄的道路也有四米。城内的主要排水系统有两处，大小城各一条，将天然的河流、城壕和城内的河道紧密地联系在一起，构成了一个完整的排水网。城里已经发现有冶铁、炼铜、铸币、制骨等各种手工业作坊多处。据有关文献记载，那时的临淄城店铺毗邻，店门外高高飘着各种招徕客人的小旗子，有卖酒的，有兑换金钱的，有弹琴下棋的，有斗鸡走狗的。四方土特产、手工业产品齐集市上，有行商，也有坐商，交易繁忙，买卖兴隆，一派热闹繁荣的景象。

商业集散地都邑发展的同时，联系各个集散地的交通网道也相应地发展起来。四通八达的道路形成了一个交通贸易网，各地物资交流非常活跃。无论是北方特产的大马牲畜，还是南方特产的羽毛、丹青，亦或是东方特产的渔盐海产，西方特产的皮革，都可以在中原地方买到。

文化与生活

　　战国时期的哲学思想和文化创造活动十分丰富活跃，诸子百家的互相争辩和设坛讲学，使得思想学术空前繁荣。科技也有所发展，天文、医学等领域都取得辉煌成就。此外随着农业、手工业和商业的发展，音律和绘画的进步，百姓的精神生活也发生了很大变化。

百家争鸣

战国时期的长期兼并战争，使中国的社会结构发生了很大的变化。世袭贵族千余年来对土地和知识的垄断权丧失了，平民阶级（包括奴隶）通过军功掌握了权力。私学的大量涌现，让平民也有了学习知识的机会。一个人的权务，不再取决于他的祖先是不是贵族，而决定于他自己的思想和能力。中国所有的古哲学思想和文化创造，几乎都在这个时代中萌芽成长。最主要的有四大学派，即儒家、道家、墨家、法家。此外还有阴阳家、名家、农家、杂家和兵家等。诸子百家到处宣传他们的思想，互相争辩和收徒讲学，使思想学术进入了空前的辉煌时代。

《孟子》书影

孟子是儒家最主要的代表人物之一，他继承和发扬了孔子的德治思想，发展为仁政学说，成为其政治思想的核心。

孟轲好辩

战国时期百家争鸣，儒家是当时最有影响的学派之一，为孔子所创。儒家主张礼治，强调伦常，曾遭到墨、法、道等学派的激烈批判，但因为儒学植根于中国固有的价值系统而又能随时自我调整，因此儒家文化适应了时代和社会的变化而得以绵延至今。

儒家学派对中国人的影响至为深远，继它的创造人孔子以后，孟子将儒家学派的理论体系发展得更为完善。

孟子名轲，邹国（今山东邹城）人，是孔子的第四代门徒，后世尊称他为亚圣。孟子小时候非常调皮，母亲为了让他接受好的教育，花了不少心思。刚开始他们居住在一片墓地附近，孟子就对丧葬之礼熟稔在心。他母亲觉得这里不适合孩子居住，于是带着孟子搬到了一个集市附近。在这里孟子又学起了商人做生意的样子，母亲知道后，又带着他搬到了一所学校附近。在这里孟子开始变得守秩序、懂礼貌、喜欢上了读书。孟子的母亲很满意地点着头说："这才是适合居住的地方呀！"后来"孟母三迁"的故事为历代的人们所称道，就流传了下来，用以说明人应该要接近好的人、事物，才能学习到好的习惯。孟子最主要的政治思想，就是"性善论""王道"和"仁政"。

孟子继承了孔子的"天命"思想，他说："莫之为而为之者，天也；莫之致而至者，命也。"就是说，没有人去做而自然做出来的，就是天意；没有人去招致而自然到来的，就是命运。他还说，只要充分扩张善良的本性，就

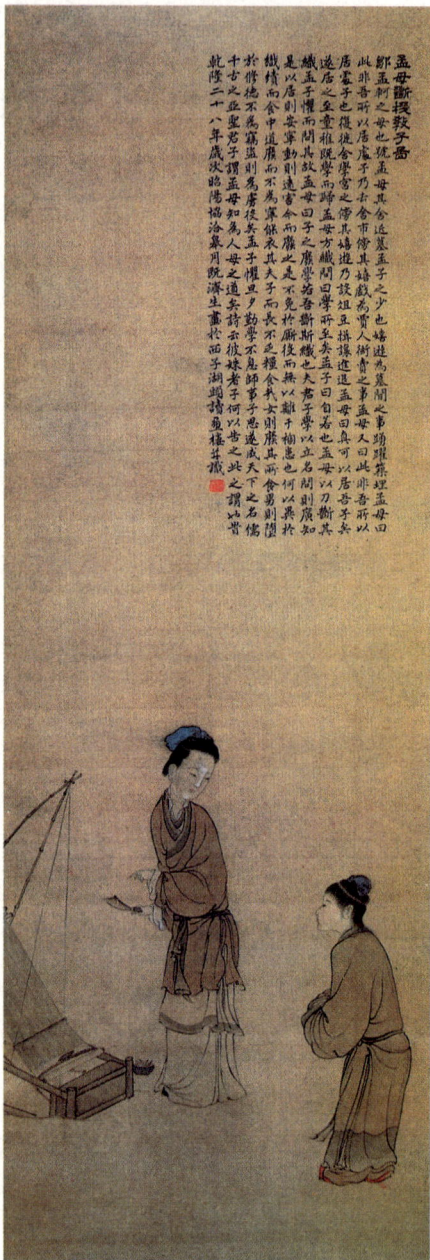

孟母断机教子

孟子虽然天性聪颖，但是特别顽皮。一次孟子逃学回家，母亲正在织布，看到孟子逃学，就把织了一半的布割断，说："学习就像织布，要靠一丝一线的积累。只有持之以恒，才能获得渊博的知识。"孟子幡然悔悟，从此勤学苦读，终于成了一位伟大的思想家。

懂得了人的本性；懂得了人的本性，就懂得天命了。这样就能达到"天人合一"的境界，也就能够顺应"天命"了。孟子还说："五百年必有王者兴。"即五百年左右会出现一个"明君""圣人"，然后周而复始地循环。

孟子认为，人一生下来便具备四善：仁，恻隐之心；义，羞恶之心；礼，辞让之心；智，是非之心。而君子能够一直保存这四善。所谓王道，即尊崇尧、舜、禹、商汤、周公和孔子，尊崇先王圣人之道。而王道的核心，就是要施仁政，即"民为贵，社稷次之，君为轻"。孟子曾对齐宣王说："假如大王有一个臣下要去楚国，将他的妻子儿女托付给他的一个朋友照料。等他回来时，却发现自己的妻子儿女在挨饿受冻，他应当怎样对待这个朋友呢？"齐宣王回答说："跟这个朋友断交。"孟子接着说："长官管理不好属下，该怎么办呢？"齐宣王说："那就罢免他。"孟子说："全国都没有得到治理，那又该怎么办呢？"齐王不敢正视孟子，扭头看着左右侍从，说起别的事情来了。

孟子反对兼并战争，认为应该对那些提倡富国强兵，能征善战的国君、将领施行最重的刑罚。强调道德修养才是搞好政治的根本，即所谓"天下之本在国，国之本在家，家之本在身"。后来《大学》提出的"修齐治平"，就是根据孟子的这种思想发展而来的。

荀卿守正

荀子虽然是韩非子和李斯的老师，但他本人却是儒家的代表人物，只是他的观点和孟子大相径庭。荀子名况，字卿，战国时赵国猗氏（今山西临猗）人，对儒家思想有所发展，对重整儒家典籍也有较大的贡献。因为提倡性恶论，常被拿来与孟子的性善论比较。

荀子的思想偏向经验及人事方面，从社会

脉络方面出发，重视社会秩序，反对神秘主义，重视人为的努力。孔子中心思想为"仁"，孟子中心思想为"义"，荀子继二人之后提出了"礼"，重视社会上人们行为的规范。荀子认为人与生俱来就想满足欲望，若欲望得不到满足便会发生争执，因此主张人性本恶，需要由圣王及礼法的教化来"化性起伪"，使人格提高。

现存的《荀子》三十二篇，大部分是荀子自己的著作，涉及哲学、逻辑、政治、道德等许多方面的内容。

在自然观方面，他反对信仰天命鬼神，肯定自然规律是不以人的意志为转移的，并提出人定胜天的思想；在人性问题上，他提出"性恶论"，否认天赋的道德观念，强调后天环境和教育对人的影响；在政治思想上，他坚持儒家的礼治原则，同时重视人的物质需求，主张发展经济和礼治法治相结合；在认识论上，他承认人的思维能反映现实。他非常重视教师在教学中的地位和作用，认为国家要兴旺，就必须重视教师的作用，同时对教师提出严格要求，认为教师如果不给学生做出榜样，学生是不能躬行实践的。

《荀子》书影

《荀子》论题鲜明，语言丰富多彩，说理透彻，有很强的逻辑性，对后世说理文章有一定影响。

庄周梦蝶

道家的始祖是老子。传说孔子还曾到周朝向老子探询过关于《周礼》的若干细节问题，老子则用一种教训的语气回答道："你问的那些人，骨头都已经腐烂了，只剩下了言论。英雄人物遇到可以施展抱负的机会，就应该立即献身。没有这种机会时，也不必勉强追求。我认为有钱的商人要像没钱的人一样，有才能的人不必外表精明。把你的骄傲去掉，再把你的欲望去掉，这些东西对你无益。"

这一段话答非所问，但恰恰说明了老子的思想——不要作为，任凭事物自然发展。在老子所著的《道德经》中，这种清静无为的思想被表述得淋漓尽致。老子认为，无为即是有为，自然就是一切规律，什么事都不做，就是已经做了很多重要的事情。

庄子是继老子之后的道家代表人物。庄子名周，宋国人，其出身可能是没落贵族，曾在家乡做过管漆园的小官，没多久就归隐了。庄子愤世嫉俗，生活很穷困，却不接受楚威王的重金聘请，在道德上非常廉洁、正直。他一生淡泊名利，主张修身养性、清静无为，在他的内心深处则充满着对当时世态的悲愤与绝望。从他退隐、不争、率性的表象上，可以看出庄子是一个对

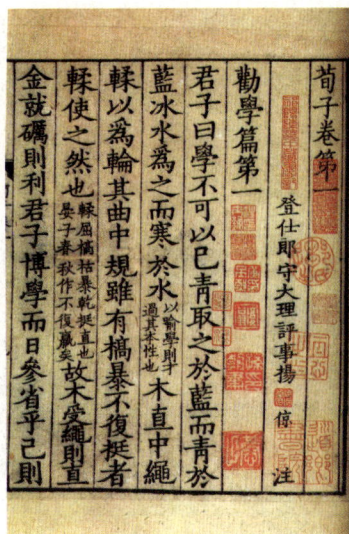

梦蝶图
此图取材于庄周梦蝶。梦蝶是庄子对人生如幻、变化无常的世事反映，因此常被后人借用来悲今伤古，咏叹人生。

现实世界有着强烈爱恨的人。

庄子的虚无主义比老子更加消沉，反对对任何事情认真，认为世上根本没有真，是非无法肯定，善恶也无法肯定，所以不必发扬善反对恶。不但抽象的事物如此，庄周认为他自己这个人是否存在，同样也无法肯定。相传有一天，庄子梦见自己变成了蝴蝶，飞来飞去，十分快乐。醒来之后，他感到很迷惑，弄不清是他在梦中变成了蝴蝶，还是蝴蝶在梦中变成了他。

"知其不可奈何而安之若命"，这是庄子的主要思想。他把生死、贫富、饥渴、寒暑等都说成是命中注定的，认为理想的境界当是超脱人世的所谓"至人"。这种人水火伤害不了，活也无所谓，死也无所谓，随随便便地来，随随便便地去，没有忧患，没有利害烦恼，可遨游太空，达到理想境界。庄子的妻子死时，他曾敲起瓦盆歌唱道："形变而有生，今又变而之死，是相与为春秋冬夏四时行也。"表达了对生死无所谓的超然态度。

庄子的哲学思想和老子一样，也以"道"作为天地万物的本源，他发展了老子哲学的消极部分。"道"本身既是有情有实的，又是人们看不见摸不着的。"道"是根本，天地还没有的时候，它就已经存在了。到底从什么时候开始，什么时候终了，谁也不知道。鬼神、上帝、天、地都是由"道"生出来的，自然界的万物也是由"道"生出来的。"道"是天地万物的本源，是永恒的、绝对的、无变化的；而万物是暂时的、相对的、有变化的。"道"无所不在。

庄子的"道"和老子有不同的地方，老子的"道"是客体的，庄子的"道"是指人的主体精神，认为人只要自以为精神上得了"道"，就可以与"道"同体。"道"既然存在于天地万物之中，也就存在于"我"，"我"就是"道"，"道"就是"我"，世界就成为"我"的主观观念的产物。

庄子的文章，文字汪洋恣肆，意象雄浑飞越，想象奇特丰富，情致滋润旷达，给人以超凡脱俗与崇高美妙的感受，在中国的文学史上独树一帜。他的文章体制已脱离语录体的形式，标志着先秦散文已经发展到成熟的阶段，可以说，《庄子》代表了先秦散文的最高成就。其名篇有《逍遥游》《齐物论》《养生主》等，《养生主》中的"庖丁解牛"尤为后世传颂。庄子一生洁身自爱，始终过着清贫的隐居生活，是才华横溢的

庄子

庄子的学说涵盖了当时社会生活的方方面面，但根本精神还是归于老子的哲学。后世将他与老子并称为"老庄"，他们的哲学被称为"老庄哲学"。

文学奇葩。《庄子》的出现，标志着在战国时代，我国的哲学思想和文学语言已经发展到非常玄远、高深的水平，是我国古代典籍中的瑰宝。因此庄子不但是我国哲学史上一位著名的思想家，同时也是我国文学史上一位杰出的文学家。

《庄子》中还有很多寓言故事，富有幽默讽刺的意味。例如惠施在梁国做宰相，庄子于是去梁国看这位好朋友。有人报告惠子说："庄子来梁国是想取代您的相位呢。"惠子很惶恐，便派人在国中搜了三日三夜。正在为找不到庄子发愁的时候，庄子居然从容地来拜见他了。庄子说："南方有一只鸟，它的名字叫作鹓雏，你有没有听说过？这只鹓雏展翅而起，从南海飞向北海，不是梧桐它不栖息，不是精致的食物它不吃，不是醇美的泉水它不喝。这时有一只猫头鹰正在津津有味地吃着一只腐烂的老鼠，恰好鹓雏从头顶飞过。猫头鹰看到后，急忙护住自己的腐鼠，仰头看着鹓雏说：'吓！'现在您也想用您的梁国来吓我吗？"

还有一次，庄子带着弟子出外访友，夜间留宿在朋友家中。主人很高兴，命儿子杀鹅款待。他的儿子问："一只鹅会叫，一只鹅不会叫，我应该杀哪一只呢？"他父亲说："当然杀那只不会叫的了。"第二天庄子带着弟子出了朋友的家门，没走多远，弟子便忍不住问道："昨天在山中，有树木因为不成材而得以终老天年，现在这朋友家的鹅却因为不成材而被杀，弟子不明白这是为什么。"庄子回答说："成则毁，锐则挫，尊则议，有为则亏，贤则厚，不肖则欺。怎能免累呢？只有道德之乡才逍遥啊！"弟子回答说："人应像鹔鹴一样起居，以四海为家，居无常居，随遇而安；像鸟一样饮食，不择精粗，

历史文献

秋水时至，百川灌河；泾流之大，两涘渚崖之间，不辩牛马。于是焉河伯欣然自喜，以天下之美为尽在己。顺流而东行，至于北海，东面而视，不见水端。于是焉河伯始旋其面目，望洋向若而叹曰："野语有之曰，'闻道百，以为莫己若'者，我之谓也。且夫我尝闻少仲尼之闻而轻伯夷之义者，始吾弗信；今我睹子之难穷也，吾非至于子之门则殆矣，吾长见笑于大方之家。"

——《庄子·秋水》

不挑肥瘦，随吃而饱；像飞鸟一样行走，自在逍遥，不留痕迹。"庄子微笑着点点头。

又有一次，庄子独自骑着匹瘦马，慢慢地行走在通向楚国的古道上，他看到哀鸿遍野，骷髅遍地，一派兵荒马乱后的悲惨景象。夕阳西下，庄子走到一棵老树下，想找块石头坐下休息，忽然看到旁边露出一个骷髅。庄子拿过来，问它道："先生是贪生患病而落到如此地步的吗？还是国破家亡、刀斧所诛而落到如此地步的呢？先生是因有不善之行、愧对父母妻子而自杀才落到如此地步的吗？还是因冻馁之患而落到如此地步的呢？抑或是寿终正寝所致？"说完，拿过来枕在上面就睡着了。半夜时分，骷髅出现在庄子梦中，说道："先生，刚才你所谈的那些情况，皆是生人之累。你想知道死后的乐趣吗？"庄子回答说："当然。"骷髅说："无君于上，无臣于下，无四时之事。从容游佚，以天地为春秋。即使南面称王之乐，也不能与此相比。"庄子不信，问道："如果让阎王爷使你复生，将你的亲朋妻儿都还给你，你还愿意吗？"骷髅现出愁苦的样子说："吾安能弃南面王乐而复为人间之劳乎！"

列子御风

列子，名寇，又名御寇，是继老子和庄子之后又一位道家学派的代表人物，他的学识以老子为本，主张清静无为。列子贵虚尚玄，修道炼成御风之术。庄子《逍遥游》中记载其"冷然善也，旬有五日而后返"。

列子因为穷而常常面有饥色，却拒绝郑国暴虐的执政者子阳馈赠的粮食，他主张应摆脱人世间贵贱、名利的羁绊，顺应大道，淡泊名利。列子终生致力于道德学问，在郑国隐居四十年，先后著书二十篇，现存八篇，其中

北溟图

北溟即北海。此图描绘的是北海的波澜壮阔，其水势的浩大，动人心魄。北溟最早出现于庄子的《逍遥游》。

有寓言故事百余篇，篇篇意味深长，发人深省。如《列子学射》《纪昌学射》和《薛谭学讴》三个故事告诉我们：学习时，不但要知其然，还要知其所以然；真正的本领是从勤学苦练中得来的；知识技能是没有尽头的，不能只学到一点就感到满足。又如《承蜩犹掇》告诉我们，曲背老人捕蝉如神的技艺源于他的勤学苦练；情节更离奇的《妻不识夫》则说明，一个人是可以移心易性的。

兼爱非攻

墨家的人多来自社会下层，十分重视艰苦实践。墨家纪律严明，墨者必须服从巨子的领导。按照墨家规定，被派往各国做官的墨者，必须推行墨家的政治主张，如果没有办法推行就要辞职。做官的墨者还要向团体捐献俸禄，当首领的更要以身作则。墨家是一个有领袖、有思想、有组织的学派，他们有强烈的社会实践精神，因此大多数都是有知识的劳动者。墨者勇于吃苦耐劳，严于律己，将维护公理与道义看作是自己义不容辞的责任。

墨家学派是由鲁国人墨翟开创的，他被后人尊称为墨子。

墨家学派的代表思想就是博爱与和平，反对浪费，反对享受，更反对侵略。他们认为儒家尊崇的一切繁文缛节都是犯罪。墨家有十大主张，即兼爱、非攻、尚贤、尚同、天志、明鬼、非乐、非命、节用和节葬。

墨子曾经提出许多问题，例如：为什么在街上杀一人是犯罪，在战场上杀一万人是英雄？为什么抢夺别人的鸡鸭是盗贼，抢夺别人的国土是名将？为什么一个人死后要用活人殉葬？为什么埋葬一个死人要花费许多钱财？为什么父母死了，儿子要守丧三年，不去劳动，却要平白受人供养？

这些问题说明了墨子务实的思想。因此当孔子的信徒在各国间游说宣扬自己的信念时，墨子的弟子却在努力耕田。

墨子死后，他的门徒把他生前的言论编纂为一本书，命名《墨子》，作为墨家学派的经典。他的信徒都自称墨者，组成小的团体，首领被称为巨子。

后期的墨家充分肯定人的认识能力，认为通过感官与外界事物接触就能获得知识。他们认为知识的来源有"闻知""说知""亲知"三条途径。"闻知"是听别人传授的知识；"亲知"是自己亲身经历得来的知识；"说知"是思维推理得来的知识。他们认为在室内而不直接接触事物得来的知识，即是判断推理，有理性认识的意思，在认识论上比墨子进了一大步。

在此基础上，墨家还提出了一整套逻辑思想和方法。当时盛行"辩"，他们提出概念要准确，要能充分表达事物的含义；理由要充分，要用同类的事物或概念进行类比、类推，不能把不同的事物或概念进行类比、类推。概念应该适应于事物的变化，不要强求别人承认自己的论证等。

后期墨家的认识论和逻辑学在对名家的批判中得到发挥。他们给空间和时间下了比较确切的定义，"宇"是空间的总称，"宙"是时间的总称。空间包括东、西、南、北、中一切方位，时间包括古、今、日、夜所有历程。空间有远近，时间有先后。这看来好像是很普通的道理，可却是针对名家的诡辩说的，很有意义。墨家能够取得这样的成就，应该说和他们许多人亲身掌握生产技能和自然科学的知识有直接的关系。

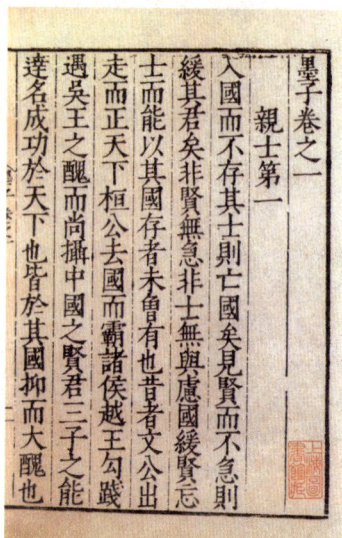

《墨子》书影

《墨子》一部分记载了墨子言行，阐述了墨子思想。另一部分则着重阐述墨家的认识论和逻辑思想，还包含许多自然科学的内容。

以法代礼

战国时期，社会各阶层原有的界限被打破，大国之间互相侵略兼并，各个国家都想要在这种残酷的竞争中保全自己的国家，因而就需要有强大的军事、政治、经济等实力。而要有这样的实力，就要强化国家的统治，加强中央集权。在这样的情况下，法家登上了历史的舞台。他们为自己鼓吹的统治方略提供的理论依据，构成了法家的主要思想。法家的历史哲学观相对于其

历史文献

臣非非难言也，所以难言者：言顺比滑泽，洋洋然，则见以为华而不实；敦祇恭厚，鲠固慎完，则见以为掘而不伦；多言繁称，连类比物，则见以为虚而无用；总微说约，径省而不饰，则见以为刿而不辩；激急亲近，探知人情，则见以为谮而不让；闳大广博，妙远不测，则见以为夸而无用；家计小谈，以具数言，则见以为陋；言而近世，辞不悖逆，则见以为贪生而谀上；言而远俗，诡躁人间，则见以为诞；捷敏辩给，繁于文采，则见以为史；殊释文学，以质信言，则见以为鄙；时称诗书，道法往古，则见以为诵。此臣非之所以难言而重患也。

——《韩非子·难言》

他哲学流派完全是一种全新、革命的观点。法家是先秦诸子中对法律最为重视的一派，他们以主张"以法治国"的"法治"精神而闻名，并提出了完整的理论和方法。他们在法理学方面作出了贡献，对于法律的起源、本质、作用等关系作了探讨，而且卓有成效。但是法家也有不足的地方，如极力夸大法律的作用，强调用重刑来治理国家等。

法家的集大成者是韩非子。韩非是韩国的贵族，据说他有口吃，不善言谈。他和李斯都是荀子的弟子。韩非将自己的见解写成了《孤愤》和《五蠹》，秦王嬴政读后极为赞赏，急切地下令攻打韩国。韩王本来不任用韩非，在形势急迫的情况下，便派韩非出使秦国。前234年，韩非作为韩国的使臣来到秦国，上书秦王，劝其先伐赵而缓伐韩。李斯妒忌韩非的才能，加以陷害，致使韩非被迫服毒自杀。

韩非继承和总结了战国时期法家的思想和实践，提出了君主专制中央集权的理论，主张"事在四方，要在中央；圣人执要，四方来效"。主张改革和实行法治，强调只要制定了"法"，就必须严格执行，任何人都不能例外，而且只有实行严刑重罚，人民才会顺从，社会才能安定。韩非虽然死了，但其理论并没有被嬴政摒弃。

韩非认为，作为国家，谁的力量大就能实施兼并，因此必须要富国强兵。要实现富国强兵，就要实行法治，要实行法治，就要批判儒家的仁义。

韩非说："法者，宪令著于官府。"就是以官府的宪令作为法治的依据，人人都要遵守。"法"是规矩，是准绳，不能离开，更不能任意行事。他主张

历史细读

惠施的友人田需一度受到魏王的器重和宠用，惠施告诫他说："你一定要好好对待魏王身边的人。比如那杨树，横着栽下能生存，倒着栽下能生存，折断栽下它也能生存。但是如果有十个人栽它而只有一个人拔它，那么它就难以生存了。十个人栽这一易生之物，却抵不过一个人的破坏，原因就在于栽起来困难，而拔除它很容易。你今天虽然能使自己受器重于君王，但如果想要除掉你的人多了，你一定会很危险。"

大力宣传"法"，要让"卑贱"的人都知道，无论什么人都不能犯"法"。为了行"法"，不惜设重刑。

韩非说，"术"是国君驾驭群臣的手段，是一种权术。而这"术"是不能让人知道的。商鞅行法，之所以数十年没有能够成就帝王的事业，在韩非看来，就是因为没有掌握"术"，"法"也就不能施行了。

韩非的哲学思想继承了老师荀子的传统，批判地改造了老子"道"的思想，把"道"说成是自然界的本身和运动着的规律。他认为自然界是在不断地发生变化的，没有永恒不变的东西。他非常反对天命鬼神，认为"天"是没有意志的，就是十个尧那样的"圣人"，也不能使农作物在冬天里长出一株穗来，因此迷信鬼神是国家将亡的一种征兆。

对于韩非的这些思想，秦王嬴政在拜读了他的著作后也不由得感慨说："寡人得见此人与之游，死不恨矣。"

慎到是战国时期法家的另一位著名代表人物，赵国人。他早年学黄老道德之术，把道家学说向法家理论方面发展。曾在齐国的稷下讲学，受上大夫之禄，负有盛名。他受老子影响，认为"道"的本质是万物相等。他是法家中主"势"的一派，提出了集权的主张，在政治上把权势放到了第一位。他把君主的权势看作行法的力量，认为有了权、有了法，一个平凡的君主就可以无为而治天下。贤能和智慧并不足以服众，权势地位则能够使贤者屈服。慎到尊君，但并不主张独裁，这和申不害不一样。他反对治理国家的关键全在于君主一人，国家兴亡的责任亦非属个人。他强调遵循"天道"，并指出"天道，因则大，化则细；因之者，因人之情也"，这带有较浓的道家色彩。慎到将自己的主张归纳为《慎子》一书，《汉书·艺文志》中著录四十二篇，现仅存残本。

名家

战国时期，"诸侯异政，百家异说"，思想极为活跃，以逻辑与认识论问题为讨论内容的名辩思想，就是在这种情况下形成的。名家着重于讨论"名"与"实"的关系，也就是事物的名称和事物本身的关系，往往在事物的名词、概念和逻辑的分析研究上下工夫，当时人称他们为"察士"或"辩者"，"名家"是汉代人叫出来的。

宋国人惠施是名家的重要代表人物之一，他和墨家一样，曾努力钻研宇宙万物构成的原因。他的著作今已失传，只有《庄子·天下篇》中保存了他的十个命题。这十个命题主要是对自然界的分析，其中有些含有辩证的因素。他说："至大无外，谓之大一；至小无内，谓之小一。""大一"是说整个空间大到无所不包，不再有外部；"小一"是说物质最小的单位，小到不可再分割，不再有内部。惠施认为一切事物都处于变动之中，比如说太阳刚升到正中，同时就开始西斜了；一件东西刚生下来，同时也就开始走向死亡了。这种看法在一定程度上认识了事物矛盾运动的辩证过程。但是他无条件地承认"亦彼亦此"，只讲转化而不讲转化的条件。

对于惠施的哲学思想，人们至今依然津津乐道的莫过于他与庄子的那一场辩论。庄子和惠施在濠水的桥上游玩。庄子说："小鱼悠闲地游出来，这是鱼的快乐啊！"惠子问："你不是鱼，怎么知道鱼是快乐的呢？"庄子回答说："你不是我，你怎么知道我不晓得鱼的快乐呢。"惠子辩说："我不是你，固然不知道你。由此而推论，你既然不是鱼，那么你不知道鱼的快乐，是很明显的了。"庄子回答说："请把话题从头说起吧！你说：'你怎么知道鱼是快乐的'云云，就是你知道了我的意思而问我，那么我在濠水的桥上也就能知道鱼的快乐了。"

惠施的学问很渊博，魏王经常听他讲学，十分赞赏他的博学。一年魏国的宰相死了，魏王急召惠施。惠施接到诏令立即起身，日夜兼程直奔魏国都城大梁。途中一条大河挡住去路。惠施心里记挂着魏王和魏国的事情，心急火燎，结果失足跌落水中。眼看就要沉入水底了，幸亏一个船家赶来，才救了惠施一命。

船家问道："既然你不会水，为什么不等船来呢？"惠施回答说："时间紧迫，等不及了。"船家又问："什么事这么急，让你连安全也来不及考虑呀？"惠施说："我要去做魏国的宰相。"

船家笑得差点从船上栽下去，露出鄙视的神情对惠施说："看你刚才落水的样子，可怜巴巴地只会喊救命，如果不是我赶来，恐怕连性命都保不住。像你这样连凫水都不会的人，还能去做宰相吗？真是太可笑了。"惠施听了

公孙龙

公孙龙为平原君的门客，因其《白马论》而一举成名，强调"名"是绝对的、不变的。

这番话十分气恼，很不客气地对船家说："要说划船、凫水，我当然比不上你。可是要论治理国家、安定社会，你同我比起来，大概只能算个连眼睛都没睁开的小狗。凫水能与治国相提并论吗？"

惠施作为战国时期"名辩"思潮中的思想巨子，公孙龙与他共同将名辩学说推向了顶峰。

公孙龙是赵国人，曾经是平原君的门客，因《白马论》一举成名。当时赵国的马匹流行烈性传染病，导致大量马匹死亡。秦国战马很多，为了严防这种瘟疫传入秦国，就在函谷关口贴出告示："凡是赵国的马都不能入关。"

一天公孙龙骑着白马来到函谷关前。关吏说："你可入关，但马不能入关。"公孙龙辩道："白马非马，怎么不可以入关呢？"关吏说："白马是马。"公孙龙讲："我公孙龙是龙吗？"关吏愣了愣，但仍坚持说："按规定不管是白马黑马，只要是赵国的马，都不能入关。"公孙龙道："'马'是指名称而言，'白'是指颜色而言，名称和颜色不是一个概念。'白马'这个概念，分开来就是'白'和'马'或'马'和'白'，这也是两个不同的概念。譬如说要马，给黄马、黑马都可以，但是如果要白马，给黑马、给黄马就不可以，这证明'白马'和'马'不是一回事呀！所以说'白马'就不是'马'。"

关吏越听越茫然，被公孙龙这一通高谈阔论搅得晕头转向，如坠云里雾中，不知该如何对答，无奈之下只好让公孙龙和白马都过关去了。

公孙龙的哲学思想不像惠施那样强调"实"是相对的、变化的，而是强调"名"是绝对的、不变的。

阴阳家

阴阳家的代表人物是齐国人邹衍，他曾是燕昭王的老师，游历过魏、赵、燕、秦等国。《邹子》一书共四十九篇，但今已失传，只有从秦汉时期他人的著作中才能了解到邹衍的思想。

邹衍的学说包括三个部分：一是天论，二是地理学说，三是阴阳五行的五德终始学说。阴阳五行本是解释宇宙的哲学思想。五行分别是水、火、木、金、土。不同的二物在一起能发展，相同的东西在一起就不能发展，这五种物质合起来则可以造成百物、万物，以至发生无穷的作用。这是关涉到宇宙构成的学说，还属于朴素的五行说。邹衍扩大了这五行学说，成为阴阳五行家。

依据当时的地理知识，邹衍称中国为赤县神州，赤县神州外面是大洲大海。这个说法虽然不着边际，但也扩展了人们的空间概念。

邹衍将金、木、水、火、土与"五德"相联，与天的青、赤、黄、白、黑五种颜色相呼应。"五气"相胜，木胜土，金胜木，火胜金，水胜火，土胜水，一气胜一气，循环往复。与此对应，"五德"也循环往复，相代而兴。每一个朝代相当于一个"德"，一切制度设施都要和这个"德"相应。邹衍的五德终始说以宗教迷信的神秘色彩提出了皇权神授的观点。

纵横家

纵横家多为策辩之士，是中国最早也是最特殊的外交家。

纵横家们在国力富足的基础上利用联合、排斥、利诱等办法不战而胜，或以较少的损失争取较大的利益。

他们的智谋、思想、手段、策略在当时历史条件下所创造的智慧是后世无法超越的。纵横家人物多出身贫贱，他们以布衣之身、用三寸之舌退百万雄师，或者解不测之危，非常有智慧。纵横家的始祖为鬼谷子，他是春秋时期的人，以隐居于鬼谷而得名。追随鬼谷子学习纵横术的人有很多，著名的人物主要有苏秦、张仪、甘茂、司马错、乐毅、范雎等。《战国策》记录了这些纵横家们的活动和言行。

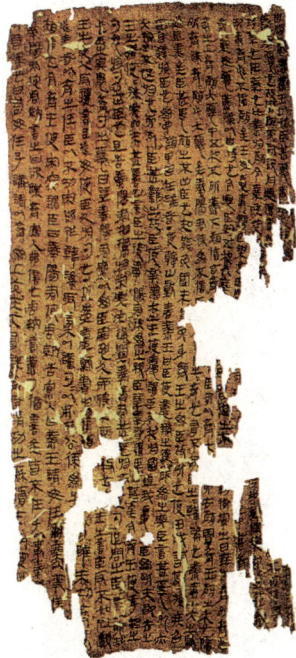

战国纵横家书

纵横家们或合众弱以攻一强，或事一强以攻诸弱。他们对人类智慧的超常创造和发挥，对当时的政治形势影响极为巨大。

杂家

杂家，顾名思义，就是各家的学说兼而有之。春秋战国时期，百家争鸣，各家都有自己独特的治国主张与理论。为了打败其他流派，各学派或多或少地会吸收其他流派的学说和观点，或以攻诘对方，或以补充自己学说的缺陷。可是任何一个流派也都有其特色与长处，而"杂家"便是充分地利用这个特点，博采众议，成为一套在思想上兼容并蓄，却又切实可行的治国方针。《吕氏春秋》就是杂家的集大成之作。

《吕氏春秋》是秦国丞相吕不韦组织属下门客集体编纂的，又名《吕览》，在前 239 年写成，当时正是秦国统一六国的前夕。《吕氏春秋》写成之时，吕不韦把此书放在咸阳市门，无论诸侯游士，有能增减一字者，悬赏千金。

马王堆帛书老子《道德经》
稷下学宫的学术氛围浓厚，思想自由，各家各派都有一定程度的发展。此帛书为《道德经》，出土于湖南长沙马王堆3号汉墓。

《吕氏春秋》共分为十二纪、八览、六论，共二十六卷，一百六十篇，二十余万字。其内容驳杂，有儒、道、墨、法、兵、农、纵横、阴阳等各家思想，所以《汉书·艺文志》等将其列入杂家。《吕氏春秋》的编著目的就是为了集各家之精华，成一家之思想，那就是以道家思想为主干，融合各家学说。据吕不韦说，此书对各家思想的取舍完全是从客观出发，对各家都抱持公正的态度，并一视同仁。因为"私视使目盲，私听使耳聋，私虑使心狂。三者皆私没精，则智无由公。智不公，则福日衰，灾日隆"。

《吕氏春秋》的十二纪是全书的大旨所在，分为《孟春纪》《仲春纪》《季春纪》《孟夏纪》《仲夏纪》《季夏纪》《孟秋纪》《仲秋纪》《季秋纪》《孟冬纪》《仲冬纪》《季冬纪》。每纪都是五篇，共六十篇，使用十二月令作为组合材料的线索。《春纪》主要讨论养生之道，《夏纪》论述教学道理及音乐理论，《秋纪》主要讨论军事问题，《冬纪》主要讨论人的品质问题。八览现存六十三篇，从开天辟地说起，一直说到做人务本之道、治国之道，以及如何认识、分辨事物，如何用民、为君等。六论共三十六篇，杂论各家学说。

值得一提的是，"杂家"并不是一门有意识、有传承的学派，所以它也并不自命为"杂家"学派。自从《汉书·艺文志》第一次把《吕氏春秋》归入"杂家"之后，这个学派才正式被定名。

群英汇于齐鲁

在齐国都城临淄（今山东淄博东北）稷门（西边南首门）的附近，设有中国古代最早的学术活动和政治咨询中心——稷下学宫。齐宣王在位时扩置学宫，招揽天下贤士近千人，任其"不治而议论"，其中七十六人被尊为"上大夫"。著名的有彭蒙、田骈、慎到、宋钘、尹文、兒说、邹衍等。邹国的孟轲和赵国的荀况，也曾先后到稷下学宫游学。孟子在齐威王和齐宣王时两度游齐。荀子在齐襄王时游学稷下，并多次出任学宫主持人——祭酒。

稷下学宫汇集了道、法、儒、名、兵、农、阴阳等百家之学，成为当时各学派荟萃的中心，历时约一百四、五十年，逐渐形成一个具有一定倾向的学派，后人称为"稷下学"。各家在稷下自由讲学、辩论，各自著书，言治乱之事，向君主提出建议，促进了百家争鸣的开展和学术文化的繁荣。

赵国的慎到，早年学黄老道德之术，把道家学说向法家理论方面发展，

楚帛书
楚帛书中间写有两段文字，书写方向互相颠倒。四周环绕十二段文字，每段都附有神怪图形，为旋转状。有学者认为，写在中间的为《四时》和《天象》篇，四周的为《月忌》篇。楚帛书是已知出土最早的古帛书，也是最完整的长篇。

曾在齐国的稷下讲学，受上大夫之禄，负有盛名。齐国的彭蒙、田骈，他们的学说也都有道家倾向，均在稷下讲学。他们主张"齐万物以为首""贵齐"，强调事物的齐一、均齐。认为对万物应取"莫之是，莫之非"的态度，"万物皆有所可，有所不可"。主张因循自然，不置可否，齐一万物。还提出行不教之教，认为"选则不遍，教则不至，道则无遗者矣"。

宋钘是宋国人，其思想受到道家和墨家的影响，主张以"宽""恕"为处理人与人之间关系的总原则，"设不斗争，取不随仇"，"见侮不辱，救民之斗"。主张在国与国之间"禁攻寝兵，救世之战"，禁止攻伐，息止兵事，反对诸侯间的兼并战争。提出"接万物以别宥为始"，认为只有破除了见侮为辱、以情为欲等偏见，才能认识事物的真相。力图从主观上清除荣辱、誉非、美恶的界限，要求做到"定乎内外之分，辨乎荣辱之境"。荣辱等是属于外在的东西，不应以之妨害内心的平静，即使身陷牢狱之中，也不以为羞耻。如能做到人人"见侮不辱"，即虽然被侮，但不以为耻辱，这样就不会互相争斗，能够"救民之斗"，天下便安宁了。

科技、文学与生活

战国时期生产力的发展，也促进了科技的发展。天文方面主要表现为二十八星宿体系的形成，医学方面则是中医体系逐步建立，当时的数学知识

扁鹊针刺行医图

扁鹊具有丰富的医疗实践经验，他遍游各地行医，而且医学知识十分全面，无所不通，很快名扬天下。扁鹊还被推崇为脉学的倡导者，对中医学的发展有着特殊的贡献。

也日益丰富，很多科技知识和学科在这个阶段萌芽。

战国时期思想文化领域十分活跃，百家争鸣的局面促进了文学的繁荣，产生了不同于前代而又风格各异的诗赋，影响十分深远。

天文和历法

战国时代通用的天文历法叫作四分历，是春秋末年开始有的。这种历法将一年分为三百六十五又四分之一日，规定每十九年置七个闰月，一个朔望月为二十九天半多。这是当时世界上最精密的历法。

战国时代有名可考的天文学家，齐国有甘德，魏国有石申，楚国有唐昧，赵国有尹皋。其中以甘德和石申在天文学上取得的成就最为突出。甘德写有《天文星占》八卷，石申写有《天文》八卷，后人把这两部著作合成为一部，称为《甘石星经》。

《甘石星经》是中国历史也是世界历史上最早的一部天文学著作，可惜它在宋代以后就失传了，今天只能从唐代的天文学书籍《开元占经》里见到它的一些片断摘录。这些片断摘录表明，甘德和石申曾系统地观察金、木、水、火、土五大行星的运行，发现了五大行星出没的规律。记录了八百颗恒星的名字，测定了一百二十一颗恒星的方位。后人将甘德和石申测定的恒星记录称为《甘石星表》，这是中国历史、也是世界历史上最早的恒星表，比希腊天文学家伊巴谷测编的欧洲第一个恒星表大约早二百年，在中国和世界天文学史上都占有重要地位。

为了准确地计时，战国时还创造了一种在中国一直使用到明清时代的"滴漏"。这些成就，在当时的世界上都是十分先进的。

医学

中国现存最早的医学著作是《内经》。《内经》因假托是黄帝所作，故又称《黄帝内经》。实际上这部医学经典并非出自一人之手，而是许多医学家长期积累的成果，它大约成书于战国时期。

《内经》包括《素问》和《灵枢》（又称《针经》）两大部分。《素问》和《灵枢》各有九卷八十一篇，合为十八卷，一百六十二篇。《内经》在我国古代哲学思想阴阳五行学说的指导下，全面而系统地论述了人体生理学、病理学、病因学、诊断学等，介绍了内科、外科、儿科、妇科等三百余种病候，以及对这些疾病所应该采取的汤液、针灸、按摩等治疗方法。直到今天，它仍是中医学的必读之书。

战国时期，有一位伟大的医学家，名叫扁鹊。扁鹊本名秦越人，齐国人，精于内、外、妇、儿、五官等科，应用砭刺、针灸、按摩、汤液、热熨等法治疗疾病，被尊为医祖。

据说扁鹊看病行医有"六不治"原则：一是依仗权势，骄横跋扈的人不治；二是贪图钱财，不顾性命的人不治；三是暴饮暴食，饮食无常的人不治；四是病深不早求医的人不治；五是身体虚弱不能服药的人不治；六是相信巫术而不相信医道的人不治。扁鹊在总结前人医疗经验的基础上，创造总结出望、闻、问、切的诊断疾病的方法。在这四诊法中，扁鹊尤擅长望诊和切诊。他遍游各地行医，声名大震。

相传有一次扁鹊路过虢国，见到那里的百姓都在进行祈福消灾的仪式，就问是谁病了，宫中术士说，太子死了有半日了。扁鹊问明详细情况，认为太子患的只是一种突然昏倒不省人事的"尸厥"症，鼻息微弱，像死去一样，便亲去察看诊治。他让弟子磨研针石，刺百会穴，又做了药力能入体五分的熨药，用八减方的药混合使用之后，太子竟然坐了起来，和常人无异。继续调补两天后，太子完全恢复了健康。从此天下人都传言扁鹊能够"起死回生"，但扁鹊否认说，他并不能救活死人，只不过能把应当活的人的病治愈罢了。

还有一次扁鹊拜见蔡国桓公，扁鹊说道："君王您的皮肤表面有病，如果不治恐怕会深入体内。"蔡桓公认为扁鹊想故意卖弄自己的医术，很不高兴地说道："我没有病。"扁鹊出去后，桓公对身边的人说："医生就喜欢治疗没有

《九歌》图（局部）
《九歌》是屈原根据民间祭神的乐歌改写或加工而成的，共十一篇，具有楚国民间祭神巫歌的特色，因而别具神秘奇异的艺术魅力。

病的人，想以此来邀功。"过了十天，扁鹊又拜见桓公说："您的病在肌肤里了，如果不治恐怕会更深入体内。"桓公这回连话都没说，扁鹊只好出去。过了十天，扁鹊又拜见蔡桓公说："您的病在肠胃里了，如果不治恐怕会更深入。"桓公还是不予理睬。过了十天，扁鹊望见到桓公就回头跑开了。桓公很是纳闷，派人去问他原因。扁鹊说："病在皮肤表面的时候，汤剂和熨敷就可以治疗它；在肌肤里的时候，用银针和石针就可以治疗它；在肠胃的时候，用火剂汤就可以治疗它；在骨髓的时候，那是掌管性命之神所管辖的地方，就无可奈何了。"过了五天，桓公身体疼痛，派人去找扁鹊，扁鹊已经逃往秦国去了，桓公很快就死了。

扁鹊到秦国后去拜见秦武王，当时秦武王正在患病，就把病情告诉了扁鹊。扁鹊建议及早医治，可是武王左右的大臣却提出异议，说："君王的病在耳朵的前面，眼睛的下面，未必能治好，弄不好反而会使耳朵听不清，眼睛看不明。"秦武王把这话告诉了扁鹊，扁鹊听了很生气，把治病的砭石一丢，说："君王同懂医术的人商量治病，又同不懂医道的人一道讨论，干扰治疗。凭着这件事就可以了解到秦国的内政如何了，如此下去，君王随时都会有亡国的危险。"

秦武王听了觉得有道理，可要不要让扁鹊给自己治病，心里还是拿不定主意。秦国太医令李醯见状，因为忌妒扁鹊的医术，就设计把他害死了。

离骚楚风

先秦时期还出现了一些伟大的诗人，他们的文学成就对后世的影响十分深远。

　　屈原是中国历史上最伟大的浪漫主义诗人之一，也是我国已知最早的著名诗人和伟大的政治家。他的代表作主要是《离骚》《九章》《九歌》《天问》等，其中《离骚》是我国古代最长的抒情诗。

　　屈原出生于楚国的贵族家庭，因为家族衰落，屈原只担任了楚国的大夫。屈原是楚国贵族中的杰出人才，精通历史、文学，洞悉各国形势和治世之道。他二十多岁就做了楚怀王的左徒，对内和楚王讨论国家大事，发布号令，对外接待宾客，应对诸侯。楚王还让他草拟法令，又让他出使齐国，联齐抗秦。屈原的开明政策，曾一度使楚国出现了国富兵强、威震诸侯的局面。但是楚怀王对屈原的信任以及屈原的改革精神和措施，却招来了楚国贵族大臣们的反对和忌妒。他们只知道维护自己的权益，而将国家的利益置之脑后，于是对屈原的诋毁之声终日围绕在怀王的周围，终于昏聩的楚怀王听信了谗言，渐渐疏远了屈原。

　　前304年，张仪由秦至楚，使得齐楚断了交。怀王发觉被骗后，派屈原出使齐国重修旧好。而此时张仪又一次由秦至楚，瓦解了齐楚联盟的活动，楚国彻底投入了秦国的怀抱。于是屈原被逐出郢都，到了汉北。前299年，屈原回到郢都。同年楚怀王被秦国扣留，最终客死秦国。楚国人因为此事心里很是不平，屈原更是气愤，劝楚顷襄王搜罗人才，操练兵马，为国家和怀王报仇雪耻。屈原的话再一次招来了令尹子兰和靳尚等人的仇视，他们天天在顷襄王面前说屈原的坏话。楚顷襄王于是就把屈原革了职，放逐到了湘南。这是屈原第二次被放逐。

　　屈原第一次被放逐以后，有三年的时间没有见到楚怀王。他对国家竭尽了忠诚、智慧，可是却被奸佞遮蔽、阻挠。他心烦意乱，不知如何是好，于是去见太卜郑詹尹，说道："我心中有疑惑，想靠您帮助我解答。"詹尹就把

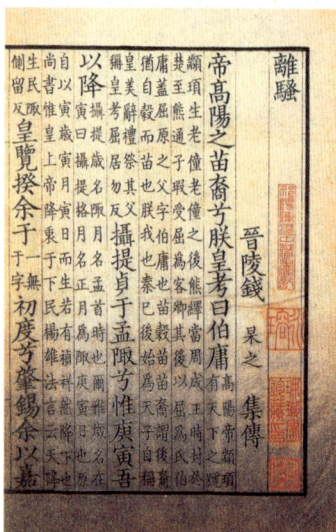

《离骚》书影

《离骚》是一部具有现实意义的浪漫主义抒情诗,神话传说的充分运用,更加强了《离骚》的浪漫主义气韵。《离骚》的语言吸收了部分楚国方言,颇有特色。

策摆正,拂去龟壳上的灰尘,问道:"您有什么事,请说吧。"

屈原道:"我应该勤勤恳恳,朴实忠诚呢,还是无止境地去应酬逢迎、往来周旋呢?我应该去锄掉茅草,勤劳耕作呢,还是去逢迎达官贵人以博取荣誉呢?我应该直言不讳以致使自己受到危害呢,还是随波逐流贪图富贵,苟且偷生呢?我该超越浊世,远举高蹈,以保持自己的本性呢,还是去巧言奉承,强作笑颜来侍奉一位女人呢?我应该廉洁正直以保持自身的洁白呢,还是圆滑世故、柔弱取媚于人呢?我应该像一匹千里马那样昂然翘首呢,还是像野鸭浮游一样,随波起伏,偷生全躯呢?我应该与骐骥抗轭并驾呢,还是尾随劣马的足迹呢?我应该与天鹅一道并翅高飞呢,还是去和鸡鸭争食呢?所有这些,究竟孰好孰坏,何去何从?人世混浊,没有一块干净之处。人们认为知了的翅膀很重,却把千斤的物体看得很轻;体庞音亮的大钟被人们抛弃不用,却敲起瓦钵让它发出雷鸣。谗佞者位高权重,十分显赫;贤仁之士却毫无地位,默默无闻。唉,我还能说什么呢,谁又知道我的廉正忠诚呢?"

詹尹听后,放下了手中的蓍草说:"尺有所短,寸有所长。事物各有不足之处,人的智慧也有不明的时候。占卜也有不能解答的问题,神灵有时也无法通晓。您就按照自己的意志去行事吧。我的龟壳、蓍草实在无济于事,占卜是解决不了您这些问题的。"

屈原于是天天在汨罗江(在今湖南东北部)一带徘徊,写着伤心的诗歌。一天,屈原在江边遇见了一名渔父。这名渔父对屈原说:"您不是楚国的大夫吗?怎么会弄到这等地步呢?"屈原说:"许多人都是肮脏的,只有我是个干净人;许多人都喝醉了,只有我还清醒着,所以被赶到这儿来了。"

这名渔父对他的话很不以为然,说道:"既然您觉得别人都是肮脏的,就不该自命清高;既然别人都喝醉了,那么您何必独自清醒啊!"屈原反驳说:"我听人说过,刚洗过头的人总要把帽子弹弹,刚洗过澡的人总是喜欢掸掸衣上的灰尘。我宁愿跳进江心,填在鱼肚子里去,也不能拿自己干净的身子跳到污泥里,染得一身脏。"

由于不愿意随波逐流,在前278年五月初五楚国都城被攻破的那天,屈原抱着一块大石头,跳到汨罗江里自杀了。附近的渔民没有找到屈原的尸体,便把竹筒子里的米撒下去,希望鱼儿吃这些米,不要咬食屈原。

五月初五从此被称为端午节。直到今天，人们还在每年的这一天举行划船竞赛和吃粽子，表示对屈原营救不辍。

屈原留下的长诗《离骚》，表达了他忧国忧民的情怀，对楚国的一草一木，都寄托了无限的深情，人们常把它与《诗经》并称。

另一位楚辞的集大成者是宋玉，也有人说他是屈原的弟子。宋玉又名子渊，战国时鄢（今湖北襄樊宜城）人。

宋玉的作品，流传至今的只有《九辩》一篇。宋玉的成就虽然难与屈原相比，但他是屈原诗歌艺术的直接继承者。在他的作品中，物象的描绘趋于细腻工致，抒情与写景结合得自然贴切，在楚辞与汉赋之间，起着承前启后的作用。